DU MÊME AUTEUR

...awayh, édition critique, Damas, B.E.O., 1961.
...islamique classique, Paris, IPN, 1963.
...ociété, Paris, Le Cerf, 1982; trad. italienne, Rome,

...in, 1 re éd. Paris, Buchet-Chastel, 1978; 2 e éd.
...astel, 1982.
...islamique, 1 re éd. Paris, Maisonneuve et Larose,

...la raison islamique, Paris, Maisonneuve et Larose,

...politique, Paris, UNESCO-Desclée de Brouwer,

...une approche laïque de l'islam, L'Arbrelle, Centre
...989.
...1 e éd. Paris, Maisonneuve et Larose, 1982; 2 e éd.
...91.
...slam, 1 re éd. Paris, J. Grancher, 1989; 3 e éd.
...che critique, Paris, Le grand Livre du mois, 2002.
...Contemporary Islamic Thought, London, Saqi

...agdad. Au-delà du Bien et du Mal, en collaboration
...Paris, Desclée De Brouwer, 2003.
...be au IV e/X e siècle : Miskawayh, philosophe et
...d. Paris, Vrin, 2005.
...lam. Combats et propositions, Paris, Vrin, 2006,

...or to Subvert ?, London, Saqi Books, 2006.
...usulmans en France du Moyen Âge à nos jours,
...r.), Paris, Albin Michel, 2006.
...m. Pour sortir des clôtures dogmatiques, Paris,
...007.
...8 e éd. Paris, PUF, 2010.
...ue et juridique dans la pensée islamique, Paris, Vrin,

...ité d'éthique, trad. fr., introd. et notes du Tahdhîb
...e éd. Damas, 1969; 3 e éd. Paris, Vrin, 2010.

HUM

Deux Épîtres de Mis
Aspects de la pensée
L'islam, religion et s
  RAI, 1980.
L'islam, hier, dema
  Paris, Buchet-Cl
Essais sur la pensé
  1973, 1984 2.
Pour une critique de
  1984.
L'islam, morale et
  1986.
Religion et laïcité :
  Thomas More,
Lectures du Coran,
  Tunis, Aleef, 1*
Ouvertures sur l'
  L'islam. Appro
The Unthought i
  Books, 2002.
De Manhattan à B
  avec J. Maila,
L'humanisme ara
  historien, 3 e é
Humanisme et Is
  2008 2.
Islam : To Reform
L'islam et les m
  M. Arkoun (di
L'ABC de l'isla
  J. Grancher, 2
La pensée arabe,
La question éthiq
  2010.

MISKAWAYH, *Tr*
  al-akhlâq, 1 r

ÉTUDES MUSULMANES

Mohammed ARKOUN

HUMANISME ET ISLAM

COMBATS ET PROPOSITIONS

Deuxième édition corrigée

PARIS
LIBRAIRIE PHILOSOPHIQUE J. VRIN
6, place de la Sorbonne, V^e

2014

© *Librairie Philosophique J. VRIN,* 2005, 2006
Imprimé en France
ISSN 0531-1888
ISBN 978-2-7116-1731-9

www.vrin.fr

J'offre cette longue et exigeante réflexion à l'Algérie brutalement interrompue dans son élan vers un destin historique paradigmatique : celui dont parle chacune de ces pages inspirées par l'indéfectible attachement au remembrement intellectuel, culturel, spirituel et politique de tout l'espace historique méditerranéen.

JUSTIFICATIONS

Le titre choisi pour ce livre ne se justifie pas seulement par son contenu; il vise davantage à expliciter la visée constante de ce que L. Massignon appelait à propos de Ḥallâj, une courbe personnelle de vie. J'avais seulement vingt ans quand j'ai commencé à enseigner la langue et la littérature arabes au Lycée d'Al-Harrach en Algérie. Ma vocation d'enseignant ne s'est pas limitée à mes publics d'élèves, puis d'étudiants à la Sorbonne; j'ai toujours répondu avec empressement aux demandes de publics extrêmement variés dans les cinq continents pour donner des conférences nombreuses en français, en anglais, en arabe et même en tamazirt (berbère). C'est dans les confrontations orales, vivantes, répétées avec des publics aux attentes, aux sensibilités, aux exigences multiples et toujours fortes, voire passionnées que s'est renforcée en moi l'idée que l'humanisme vécu se construit, se consolide, s'enrichit dans la pratique exigeante de l'écoute et du débat: un débat conditionné par la qualité de l'écoute, une écoute qui transforme le sujet humain chaque fois que le débat progresse et fait surgir des questionnements nouveaux pour aller plus loin. Après chaque conférence, des auditeurs très motivés, souvent déstabilisés et renvoyés à leur conscience critique, se précipitent vers moi pour poursuivre des cheminements, des interrogations dont ils viennent de découvrir la pertinence existentielle, la portée intellectuelle, les enjeux de valeurs pour une reconstruction du lien social, un réexamen de certitudes héritées, une participation plus active aux efforts de l'homme pour libérer l'homme de toutes les formes récurrentes de la servitude.

Quand j'ai découvert l'œuvre d'Abû Ḥayyân al-Tawḥîdî, j'ai mieux mesuré l'importance de la communication orale pour l'enrichissement de l'attitude humaniste engagée dans l'immédiateté de la confrontation avec des points de vue multiples soutenus par des auditeurs présents. Dans ses œuvres majeures (voir bibliographie), ce grand écrivain et intellectuel révolté du xe siècle, fait irrésistiblement penser à A. Camus dont je suis également proche puisque ma propre exigence critique puise ses aliments, ses incitations dans l'histoire tragique de l'Algérie. Tawḥîdî fait ressortir clairement les visées essentielles de toute attitude humaniste : la quête constante du sens non pas tant dans ses articulations rhétoriques abstraites qu'il dénonçait avec sévérité (voir *mathâlib al-wazîrayn*), mais dans ses incarnations psychologiques et historiques concrètes. Il sait que la substance et la vitalité du sens sont proportionnelles à la réciprocité des consciences qui le forgent et le partagent, aux niveaux de réception et de rejet par des subjectivités mises à l'épreuve dans la *disputatio* médiévale, ces *munâẓârât* percutantes rapportées dans les *Muqâbasât* et *l'Imtâ' wal-mu'ânasa*. On vérifiera cela dans plusieurs autres ouvrages d'autres humanistes que je mentionnerai dans le chapitre premier. Le passage de la pratique orale à l'expression écrite de l'attitude humaniste est assuré par une plume acérée, éloquente, véhémente qui nous permet de saisir un autre trait distinctif et fondateur de l'attitude humaniste : l'articulation écrite du discours humaniste doit respecter à la fois les visées communes aux locuteurs engagés dans le débat et les parcours discursifs propres à chacun d'eux. La mise par écrit de l'ensemble permet de tenir sous un même regard critique et englobant les enjeux réels de chaque argumentaire et la portée ultime des confrontations. Ces enseignements récapitulés dans l'écrit viennent nourrir et dynamiser l'attitude humaniste requise dans la communication orale.

On vérifiera tout cela dans les textes réunis ici [1] pour faire participer le plus grand nombre possible de lecteurs non seulement à l'élargissement de leurs connaissances sur la pensée islamique, mais davantage encore à une quête humaniste dans des sociétés ravagées

---

[1]. Je renvoie à mes *Essais sur la pensée islamique* publié en 1973, que je compte rééditer prochainement pour illustrer la force et la pertinence de l'humanisme classique.

depuis les années 1950 par des forces dont on peut dire sans exagération qu'elles ont travaillé consciemment ou inconsciemment contre tout souci humaniste de la condition humaine. Ce jugement ne porte pas seulement sur les sociétés travaillées par le fait islamique ; la page coloniale écrite par les colonisateurs européens depuis le XIXe siècle est largement entachée d'antihumanisme. Le nazisme et le stalinisme, produits spécifiquement européens, ont prouvé à l'excès combien les plus belles œuvres de culture et de civilisation au cœur de l'Europe des Lumières et des révolutions scientifiques peuvent être dénaturées, reniées, abolies par l'inversion radicale de leur message humaniste. Nous osons parler d'humanisme avec la mémoire vive de toutes les tragédies humaines qui se sont multipliées surtout après l'expérience radicalement antihumaniste de la deuxième guerre mondiale. Dans la deuxième moitié du XXe siècle, les Partis-États postcoloniaux ont partout contribué à éloigner l'avènement d'une attitude et d'une culture humanistes dans leurs pays respectifs. On a vu des hommes travailler systématiquement, obstinément à la destruction programmée d'autres hommes. Les belles résolutions de la Charte universelle des droits de l'homme adoptée par les Nations Unies après 1945, ont été de plus en plus contournées, ignorées, violemment déniées. À la course folle aux armes nucléaires de dissuasion, ont succédé les guerres inégales pires à tous égards, que celles des conquêtes coloniales au XIXe siècle. Je dis pire parce que les peuples éprouvés par ces guerres n'ont même plus les espoirs nourris par les élites militantes des guerres dites de libération. La déréliction généralisée des peuples a fini par conforter des argumentaires en faveur du terrorisme présenté comme recours obligé pour défendre des droits élémentaires. Les attentats du 11 septembre 2001 et les ripostes qui ont suivi représentent à cet égard un moment tragique de la défaite de toutes les formes de pensée et de légitimité pouvant se prévaloir de valeurs humanistes. Car il n'est pas possible d'occulter comme on l'a fait systématiquement, continûment la genèse historique, géopolitique et même « intellectuelle » de cet immense fracas des « valeurs », des « cultures » et de la pensée libératrice. Au lieu d'une gestion solidaire à l'échelle mondiale de ce syndrome d'une grave crise qui atteint chaque conscience, on a vu se constituer une nouvelle Sainte alliance contre un Axe du mal désigné par un nouveau Magistère doctrinal siégeant à Washington. On verra que je concentre la critique la plus radicale sur le fonctionnement de la *raison islamique* depuis ses premières énonciations dans le discours coranique. Je n'ai pas attendu le 11 septembre pour le faire ; mon déchiffrement immédiat de cet événement a été de le penser comme **avènement** d'une autre manière d'écrire et de vivre l'histoire des cultures et des systèmes de pensée pour produire enfin notre histoire dans la perspective de la solidarité humaniste des peuples. Et tous les peuples, toutes les cultures sont conviés à la même autocritique radicale pour fonder leur participation au travail historique commun d'émancipation de la condition humaine. Il faut pour cela repenser toutes les théologies et les philosophies politiques invoquées en désordre après 1945 pour soutenir la prorogation d'un ordre juridique mondial consigné dans les accords de Yalta entre les quatre grands.

La Charte universelle des droits de l'homme adoptée à l'ONU proroge aussi les principes de l'humanisme abstrait et romantique de la première version des Lumières européennes. C'est dans l'imaginaire de la métaphysique classique où se sont moulées les théologies monothéistes médiévales que s'engouffrent les idéologies nationalistes de libération dans les années 1950. L'un des thèmes centraux de mes combats est la déconstruction de l'idéologie arabe de combat anticolonial pour montrer sa structure composite mêlant indistinctement les grands principes des Lumières, les slogans de la lutte finale du prolétariat mondial et la rhétorique apologétique sur le patrimoine universel de la civilisation arabo-islamique. Avec ce bricolage débridé, on a effectivement soulevé un puissant imaginaire de libération et réactivé les espérances combinées de l'eschatologie religieuse, de l'utopie socialiste, de la révolution prolétarienne et aujourd'hui, des recettes d'une démocratie pour tous. L'effondrement de la religion communiste en 1989 a ouvert des avenues plus larges au retour triomphal d'une philosophie libérale qui donne des chances d'expansion à toutes les formes d'expressions sectaires, « religieuses », politiques, y compris le terrorisme comme combustible fécond de certaines stratégies géopolitiques. Parallèlement, les philosophes européens de l'ère dite *postmétaphysique* continuent d'annoncer sous diverses appellations, la sortie de la religion, la fin de la métaphysique classique, la *post* ou la *métamodernité*, l'après chrétienté ou « un christianisme non religieux », la gouvernance démocratique des sociétés multi-culturelles, etc.

Les combats pour un autre humanisme n'auront jamais de fin, car toute forme d'humanisme doit faire face aux *effets pervers* de toute activité des hommes en société. Il faut demeurer à l'écoute de toutes les forces en travail en compétition dans les processus de production de l'histoire. On verra que mes combats s'inscrivent tous du côté de ce que j'appelle la **raison émergente**. Celle-ci assume les poids historiques des passés des sociétés où s'exerce sa vigilance critique ; elle demeure à l'affût de tous les **événements herméneutiques** comme le 11 septembre, porteurs d'avenir humaniste s'ils sont lus avec une totale honnêteté intellectuelle. La raison émergente se distingue de tous les usages antérieurs de la raison sur les registres religieux, philosophiques et anthropologiques par les outils de pensée et le regard qu'elle se donne pour transformer en **avènements** tous les événements porteurs d'évidentes richesses révélatoires sur les espérances de la personne humaine et des sociétés où se déploient les existences individuelles et collectives. On s'interdit de parler prématurément et abstraitement de cet universel qui a nourri pendant des siècles ce qu'on appelle le discours à *double critère* légitimant l'usage de la force pour faire triompher la Vérité, le Bien, le Droit, la dignité de la personne humaine en excluant tous les « autres » humains enfermés dans le camp du mal, de la violence, de la barbarie destructrice. Ce discours se retrouve dans toutes les cultures ; nous vivons sous son empire plus absolu que jamais parce qu'il est véhiculé quotidiennement depuis le 11 septembre 2001 dans le monde entier où la chaîne arabe Al-Jazeera rivalise avec CNN. Le discours à double critère est hérité des théologies politiques qui légitiment des **régimes de Vérité** universels, intangibles, éternels car révélés par Dieu ou un Sage éponyme ; il a été requalifié, réapproprié idéologiquement par les Lumières du XVIIIᵉ siècle qui ont couvert d'un voile de modernité la vieille métaphysique binaire où convergent les oppositions manichéennes, les Idées platoniciennes et le substantialisme-essentialisme aristotélicien. L'idée forte que veut promouvoir la raison émergente est que le discours occidental de légitimation du recours à la force réutilise les mêmes fondements théologico-métaphysiques invoqués par les contre discours de tous les mouvements de libération aussi bien en Europe/Occident séculier que dans les sociétés colonisées avec la combinaison de la force militaire et des promesses d'émancipation « nationale ». Le fait historique que les Lumières du XVIIIe siècle ont fait progresser la culture démocratique et la philosophie des droits de l'homme pour la première fois dans le monde, n'a pas empêché la réactivation permanente en Europe même des graves dérives du discours à double critère. Le débat sur les légitimités politiques subsume celui qu'instaure la raison émergente sur la cohérence de la critique philosophique. Mais que peut la cohérence de celle-ci contre le primat de fait d'une légitimité politique qui se contente de la légalité issue du suffrage dit universel, ou pire encore, de l'intolérable légalité imposée par le tyran ?

La raison émergente intègre cette inversion des légitimités comme l'aporie non dépassée – peut-être indépassable – de tout exercice de la raison, même dans les contextes démocratiques les plus avancés. Depuis le 11 septembre 2001 nous avons vu des philosophes, de grands juristes, des intellectuels respectés passer sous silence ce qu'il faut peut-être appeler plus vulgairement une concession de la raison contemporaine aux impératifs catégoriques du politiquement correct. Le terme aporie nous maintient dans ce qu'on a appelé le sérieux philosophique ; or c'est ce sérieux justement qui semble perdu au point que parler d'aporie, c'est tout simplement continuer de rêver philoso-phiquement en un temps, dans une conjoncture historique où le premier et le dernier mot appartiennent à la *Machtpolitik*. Il n'y a pas de problèmes en amont, ni de légitimité bâtie sur des fondements *a priori* ; rechercher des responsabilités historiques à des tragédies politiquement programmées est une préoccupation d'érudits qui pourrait obstruer l'action des décideurs. Il n'y a que des tâches concrètes prioritaires assignées à des agents compétents pour attein-dre les objectifs définis par une volonté politique mise au service de « *la seule vraie guerre juste menée pour le triomphe de la justice et du droit* ». Tel est bien le slogan disputé par les protagonistes de la violence guerrière dans tous les temps, toutes les cultures et toutes les religions institutionnalisées. Les humanistes peuvent se lamenter sur la dissolution de tous les fondements ; l'impossibilité de fonder facilite l'action et permet d'invoquer des légitimités *a posteriori* basées sur les succès de l'action, plutôt que des légitimités abstraites *a priori*

invoquant des fondements spéculatifs. On touche là à l'une des faiblesses de la modernité qui a tendu à privilégier les seules réalités
concrètes de l'action pragmatique autorisant un profit et un surplus de
puissance; la quête systématique de la puissance a rendu de plus en
plus dérisoires les exigences intellectuelles de la quête de sens. Privée
du soutien de la responsabilité intellectuelle, l'exigence éthique est
refoulée dans les sermons religieux et les spéculations de la philosophie politique.

À ce niveau d'analyse, le combat entre les interrogations et le
radicalisme critique de la raison émergente face à la marche assurée de
la raison pragmatique ne peut avoir d'issue décisive; l'effort pour
connaître et canaliser le mieux possible les pulsions de l'animal
politique est vite mis en échec dans les sociétés de consommation et du
spectacle où ces mêmes pulsions sont sollicitées par les puissantes lois
du libre marché. En d'autres termes, la raison *télétechnoscientifique*
reçoit toutes les aides des États en quête de puissance hégémonique,
tandis que la raison émergente n'est même pas vraiment soutenue par
une raison philosophique de plus en plus enfermée dans sa seule
trajectoire européenne depuis le XVIe siècle.

Pour illustrer mes *Combats pour l'humanisme*, j'ai une réserve de
textes qui alimenteraient plusieurs volumes. J'en ai retenu sept
seulement pour ce livre dont le format n'autorise pas plus de 600 000
signes. Mme Anne-Marie Arnaud directrice de l'éditeur J. Vrin, a vite
accepté l'idée de publier ce livre directement en format poche pour le
rendre accessible au plus grand nombre possible de lecteurs. Je
m'adresse aussi bien au vaste public musulman qu'aux publics exi-
geants, peu ou mal informés, positivement ou négativement prévenus
d'un Occident hautain, sûr de lui et dominateur. Selon l'accueil
réservé aux itinéraires de la pensée critique proposés dans ce premier
volume, je me déciderai soit à en offrir d'autres, soit à retourner aux
recherches érudites par lesquelles j'ai commencé mon parcours
d'enseignant chercheur. J'espère que le lecteur partagera avec moi la
patience du pédagogue qui s'obstine à gagner à la pensée réflexive des
publics habitués à consommer de la **pensée jetable** et des descriptions
ou récits redondants. Je sais que je demande des efforts inhabituels
pour entrer dans les cheminements anciens et contemporains de
systèmes de pensée islamiques et occidentaux toujours abordés séparé-

ment par les chercheurs comme par les enseignants. Il y a là aussi une volonté de désenclaver l'islam, de le forcer à sortir de sa clôture dogmatique érigée en citadelle de résistance aux défis de l'histoire, alors que le monde attend des réponses responsables à des défis urgents et précis.

Les thèmes des six chapitres ont fait l'objet de conférences données dans diverses rencontres ou institutions; mais les versions initiales ont été élargies et entièrement réécrites pour ce livre, sauf le chapitre 6 que je viens de publier dans la revue *Arabica* 2004/3. L'ordre de succession des chapitres obéit aux impératifs d'un argumentaire qui reflète mon itinéraire intellectuel depuis mon *Humanisme arabe* publié chez Vrin en 1970 jusqu'à la reprise de la question humaniste que je propose ici après avoir intégré les enseignements de la période cruciale allant de 1945 à 2004. C'est ce que j'appelle la richesse révélatoire de l'histoire en cours. On découvrira une stratégie critique orientée vers la construction d'**outils de pensée** et de problématiques qui permettent de renforcer la dynamique intellectuelle résumée dans les trois opérations illustrées dans le chapitre 3. Cette quête réflexive de significations élargies valorise à sa manière les enseignements de l'érudition la plus rigoureuse. Je pouvais soit ouvrir le livre, soit le conclure par un court récit autobiographique; pour laisser au lecteur le soin de décider lui-même, j'ai placé ce texte en appendice à la fin du volume. Il s'agit d'un fil conducteur qui permet de suivre les cheminements d'une pensée du stade vécu de la culture orale au stade le plus avancé de la culture savante ; et cela sans jamais couper le contact avec la pratique et l'écoute de l'oralité.

CHAPITRE PREMIER

RETOUR À LA QUESTION DE L'HUMANISME EN CONTEXTES ISLAMIQUES

> ... À partir du moment où la possibilité est donnée
> à des groupes, sinon à des individus, d'être clandestins,
> apatrides, et de confondre les moyens et les fins jusqu'à faire
> de la violence un but sans avoir à se soucier de la capa-
> cité de riposte de l'ennemi, on se trouve alors devant une
> nouvelle forme d'anarchisme incontrôlable et planétaire.
>
> J. Daniel, cité dans *Le Monde*, 1er novembre 2002

Je ressens la nécessité de reposer cette question à laquelle, pourtant, j'ai donné une réponse positive il y a plus de vingt ans. J'ai en effet consacré deux ouvrages à cette question : *L'Humanisme arabe au IVe/Xe siècle*[1] et la traduction française annotée du *Traité d'Éthique* de Miskawayh[2]. Lorsque je préparais ces deux livres dans les années 1960, la discussion sur la légitimité scientifique, intellectuelle et culturelle d'un humanisme qualifié d'*arabe*, parce que la langue arabe a été son outil d'expression et d'expansion culturelle dans l'espace méditerranéen, ou d'*islamique*, parce qu'il s'est développé dans un espace politique et culturel dominé par la référence au fait islamique, était encore prisonnière de la vision imposée par Jacob Burckhardt

---

1. 2e éd., Paris, 1982.
2. 2e éd., Damas, 1982.

dans son célèbre ouvrage *Die Kultur der Renaissance im Italien*. En 1922, Adam Mez avait publié un ouvrage devenu lui aussi un classique *Die Renaissance des Islams*[1]. L'auteur a effleuré la question de l'humanisme dans le cadre conceptuel lié à l'historiographie européenne sur la Renaissance à partir du XVIe siècle. Depuis la parution de cette monographie, des progrès ont été enregistrés au sujet de la documentation et des informations historiques, mais guère sur la problématisation de l'humanisme vécu et pas seulement spéculatif et littéraire dans les différents contextes historiques et culturels influencés, ou conditionnés par des références islamiques. Parmi les contributions les plus significatives, on retiendra les titres suivants :

Makdisi George, *The Rule of Humanism in Classical Islam and the Christian West*, with special reference to Scholasticism, Edinburgh, University Press, 1990.

Mottahedeh Roy, *Loyalty and Leadership in an Early Islamic Society*, Princeton, 1980.

Miquel André, *La géographie humaine du monde musulman jusqu'au milieu du XIe siècle*, 2e éd., Paris, 1976.

Kraemer Joel, *Humanism in the Renaissance of Islam. The Cultural Revival during the Buyid Age*, Leiden, Brill, 1986.

Todorov Tzvetan, *Le jardin imparfait*, Paris, Grasset, 1998.

Goodman Lenn E., *Islamic Humanism*, Oxford, Oxford University Press, 2003.

Dans les années 1950-1960, G. Von Grunebaum contestait encore l'application au domaine de l'islam d'un concept lié à l'émergence de la modernité en Europe des XVe et XVIe siècles. On comprend pourquoi j'ai consacré une longue introduction non seulement pour justifier le retour à la question, mais pour défendre un programme précis des tâches requises par la réactivation, l'expansion et l'appropriation modernes de l'attitude humaniste en contextes islamiques. Et on a vu à quel point ces tâches intègrent les combats et les discussions en cours en Europe/Occident. On voudrait partager les combats pour faire progresser partout la posture, la créativité et les conduites humanistes. Trop souvent, cependant, on s'enlise dans des rivalités oiseuses sur la

---

1. Réimp. Hildesheim, 1968; trad. anglaise par S. K. Bakhsh et D. Margoliouth, London, 1927; trad. arabe Muh. Abû Rîda, *al-Ḥaḍâra-l-'arabiyya fî l-qarn al-râbi' al-hijrî : 'aṣr al-nahḍa fî-l-islâm*, Beyrouth, 1967.

hiérarchie des civilisations, ou les lamentations sur les situations de régression et de sous-développement. C'est dans cette perspective de dépassement des obstacles de toutes sortes et des échecs répétés de la quête humaniste pour construire un avenir commun, que j'examinerai brièvement les quatre points suivants :

1) Que recouvrent les qualificatifs *arabe* et *islamique* ?

2) Quand et en quels milieux sociaux liés au fait islamique a pu émerger une attitude humaniste ?

3) Pourquoi et comment cet humanisme a reculé et fini par disparaître dans les sociétés contemporaines travaillées par un fait islamique régressif ?

4) De l'humanisme classique à l'antihumanisme contemporain. Humanisme, Démocratie et Violence.

ARABE ET/OU ISLAMIQUE ?

Quiconque s'intéresse au domaine arabe et islamique rencontre cette difficulté terminologique. *Arabe* réfère à une ethnie concentrée dans la Péninsule arabique jusqu'à l'avènement de l'islam et à l'émergence du fait coranique entre 610 et 632. Le phénomène de la conquête entre 632 et 800, a favorisé la dispersion des Arabes, mais davantage encore la promotion de l'arabe, langue du Coran, à la fonction de langue de civilisation. Jusqu'au début du XIe siècle, tous les convertis à l'islam, mais aussi tous les musulmans vivant dans la *Mamlakat al-islâm*, l'espace politique géré par un pouvoir musulman – le Calife ou l'Imâm – utilisent la langue arabe dès qu'il s'agit d'articuler un savoir et de le diffuser par écrit. Iraniens, Turcs, Berbères, Kurdes, Coptes, Andalous, Indiens, Juifs, Chrétiens, Zoroastriens, Manichéens, écrivent en arabe pour être admis dans la communauté savante. Nous avons ainsi une théologie juive, chrétienne d'expression arabe (exemple célèbre de Maïmonide) au même titre que la théologie musulmane. Dans le domaine de la philosophie et des sciences, l'unité est plus totale et bien moins discutée non seulement pour l'utilisation de l'arabe, mais également pour les outils de la pensée, l'appareil conceptuel et les horizons de sens. La notion d'humanisme arabe s'impose dans cette perspective linguistique et conceptuelle au même titre que la culture véhiculée par l'anglais dans le monde d'aujourd'hui.

Qu'en est-il du qualificatif *islamique*? Précisons d'abord que
la forme *islamique* réfère à l'islam comme doctrine, ensemble de
croyances, de non croyances, d'enseignements, de codes normatifs
éthico-juridiques qui fixent les horizons d'une pensée et régulent
les conduites des croyants; le qualificatif *musulman* s'applique aux
musulmans eux-mêmes en tant qu'agents sociaux, politiques et culturels et aux conduites et œuvres produites par ces agents. On parlera
d'*humanisme islamique* chaque fois qu'il y a continuité dans les
conduites des fidèles entre ce qu'on appelait *al-ʿilm* et *al-ʿamal*, c'est-
à-dire la connaissance nécessaire des qualifications théologico-juridiques (*aḥkâm*) dérivées du Coran et des traditions prophétiques
(prolongées par les traditions liées aux douze ou sept Imâms chez les
shî'ites imâmiens et isma'iliens) en vue d'y conformer strictement les
conduites individuelles et collectives. On peut dans la même perspective religieuse, parler d'un humanisme chrétien, juif, bouddhiste,
hindouiste. Cependant, dans son livre sur *l'humanisme de l'islam
classique*, G. Makdisi soutient une thèse séduisante, mais fort discutée
par les historiens de la scolastique médiévale en contexte chrétien. Il
postule une filiation directe entre les premières universités et les collè-
ges de l'Europe chrétienne avec les institutions musulmanes d'enseignement et de transmission de la pensée religieuse et de la culture
savante à partir du XIᵉ siècle. Cela voudrait dire que l'humanisme
islamique aurait déjà esquissé un mouvement vers une intellectuali-
sation des disciplines scientifiques (*al-ʿulûm*) en général, de la science
religieuse normative (*al-ʿilm*) en particulier. Parler de « laïcisation »
ou sécularisation des savoirs, c'est tomber dans l'anachronique. Mais
avec ce que j'ai appelé l'*adab* philosophique du IVᵉ/Xᵉ siècle, on peut
parler d'une libéralisation de l'activité cognitive à l'instar de celle
de la Renaissance européenne qui n'était pas non plus libérée de
l'emprise du théologique comme le sera la raison des Lumières. Le
débat est ouvert et mérite d'être approfondi. Toujours selon Makdisi,
un genre littéraire répandu dans l'islam classique depuis le IXᵉ siècle,
la *Munâẓara*, se retrouve dans la scolastique chrétienne sous la forme
perpétuée jusqu'à nos jours de la *disputatio*[1]. Même si elles sont
authentifiées historiquement, ces données n'autorisent pas à confondre

---

1. Cf. le déroulement actuel de la soutenance de thèse de doctorat.

les parcours et les contenus de l'humanisme islamique avec ceux de l'humanisme chrétien tel que l'avaient défendu dans les années 1930, le néothomiste Jacques Maritain auteur de *L'humanisme intégral* et ses disciples comme Louis Gardet dont l'islamologie a été clairement marquée par le souci comparatiste.

Dans mes travaux cités dans la bibliographie, j'ai proposé un certain nombre de chantiers pour une autre histoire de la pensée dans l'espace géohistorique méditerranéen, visant à dépasser d'une part, les clivages théologiques entre les trois traditions monothéistes, d'autre part, les oppositions plus militantes qu'explicatives et réflexives entre les postures théologiques et les postures philosophiques. On peut ainsi proposer des évaluations critiques des deux théories concurrentes qui n'ont cessé de s'opposer depuis le Moyen Âge entre un *humanisme centré sur Dieu* ou théocentriste avec ses trois versions juive, chrétienne et islamique et un humanisme philosophique *centré sur l'homme raisonnable* dans la perspective platonicienne des intelligibles et le cadre conceptuel logocentriste de l'aristotélisme. Je ne reviendrai pas ici sur les dépassements en cours des humanismes enfermés dans les clôtures dogmatiques léguées par les théologies médiévales et la métaphysique classique [1].

La force de soulèvement historique de l'islam politique actuel nous oblige à refaire les parcours critiques, généalogiques déjà effectués par la pensée européenne face aux pressions, aux résistances, aux rejets, aux positions de pouvoir de l'Église catholique, rejointe ultérieurement par les fondamentalismes protestants. L'expérience que j'ai des publics musulmans depuis les années 1960, m'a convaincu que tout ce qui peut être entrepris, écrit, enseigné pour libérer la pensée islamique de ses propres clôtures dogmatiques ne peut aboutir tant que les cadres et les fondements mythohistoriques de la croyance ne sont pas subvertis comme l'ont été depuis le XVIIIe siècle ceux de la croyance chrétienne. J'ai montré que cette subversion n'est pas une démolition brutale, mais une entrée méthodique dans les processus discursifs et culturels de la littérature de référence dont se servent encore aujourd'hui les gestionnaires de la croyance. Celle-ci pourtant n'a ni les mêmes contenus, ni les mêmes fonctions, ni les mêmes

---

1. Voir l'ouvrage de T. Todorov cité ci-dessus.

finalités depuis que l'islam politique fortement ritualisé a envahi tous les niveaux de production des sociétés contemporaines qui plus que jamais, veulent se présenter comme islamiques. On prétend appliquer les normes de la Loi divine (*sharî'a*) alors que l'analyse même rapide révèle qu'il s'agit surtout de signes extérieurs (barbe, moustache, voile, maintien, interdictions alimentaires, prière en commun, pèlerinage…) d'appartenance à une «identité» et une forme de solidarité sociale. Les clercs réformistes (*işlâḥ*) du xixᵉ-xxᵉ siècle jusqu'en 1950 laissaient encore croire que la restauration des enseignements et des formes premières de la croyance était nécessaire et possible; aujourd'hui, on se limite aux consultations juridiques de muftis coupés de la pensée théologique classique et obligés de donner des avis isolés, ponctuels à des «croyants» livrés aux bricolages de la culture populiste.

Ainsi les qualificatifs *arabe* ou *islamique* qui se sont imposés au temps où la production intellectuelle, scientifique et culturelle exprimait directement en langue arabe des apports neufs dans tous les domaines, ne s'imposent plus aujourd'hui avec la même pertinence. La pensée et la culture d'expression arabe s'épuisent à reproduire ou à commenter maladroitement des modèles, des idées, des œuvres qui viennent d'Occident. On mobilise non pas une pensée islamique créatrice, libératrice, mais un islam politique d'essence idéologique pour «islamiser» la modernité. Ce faisant, on confond régulièrement les attributs intellectuels et scientifiques de la modernité et les conforts divers de la modernisation de la vie matérielle. Ce phénomène est massif et touche toutes les sociétés qui n'ont jamais participé aux combats intellectuels conduits par les philosophes depuis les xviiᵉ-xviiiᵉ siècle en Europe pour rendre possible le passage des cadres de pensée de la théologie politique à ceux de la philosophie politique. Les États postcoloniaux aussi bien que les élites intellectuelles qui les ont soutenus ont cru faire l'économie de ce parcours historique de la pensée qui a nécessité le recours à des révolutions violentes et à des affrontements continus entre le Magistère catholique de l'Église et celui émergent de la pensée bourgeoise laïcisante, critique, calculatrice, empirique. Quand les sociétés colonisées ont accédé à l'indépendance politique, elles ont été entraînées dans l'idéologie du développement économique et social, alors que la construction des États, la

diffusion de la culture scientifique, politique et juridique qui soutiennent l'expansion du capitalisme libéral demeuraient des tâches
immenses sans les acteurs habilités pour les conduire avec succès. En
Algérie, par exemple, on s'est lancé avec euphorie dans l'industrie
industrialisante pour s'assurer non seulement l'autonomie à l'égard de
l'Europe, mais pour concurrencer le capitalisme dans la conquête des
marchés africains. Parallèlement à cet imaginaire du développement
rapide, on a mis en branle la construction non moins imaginaire de la
personnalité arabo-islamique pour servir de plateforme idéologique
au nouvel État-Nation conquérant. On connaît les suites de ce double
imaginaire dont les effets pervers convergent dans une tragique et
interminable guerre civile.

Aujourd'hui, la question de la modernité ne se pose plus dans les
termes d'un passage obligé par toutes les étapes de ce que les historiens nomment la première et la seconde raison des Lumières. On est
entré dans l'ère de la raison émergente qui travaille au dépassement de
toutes les formes de rationalités héritées soit du parcours religieux,
soit du parcours d'une modernité appartenant désormais à l'histoire
des systèmes de pensée. Il s'agit de prendre en charge de nouveaux
défis liés aux forces de production de la mondialisation de la pensée,
de l'économie, de la raison télétechnoscientifique, du droit national et
international, de la redéfinition anthropohistorique du fait religieux et
du fait politique.

Le qualificatif islamique oblige à répondre ici à une question
théorique récurrente dans les débats sur l'humanisme en contextes
chrétiens modernes. J. Maritain a parlé d'*humanisme intégral* plutôt
que chrétien ; Emmanuel Mounier a parlé de personnalisme, P. Ricœur
a toujours gardé la référence philosophique, bien qu'il s'inscrive dans
une mouvance humaniste chrétienne. Avant lui, Gabriel Marcel, Karl
Jaspers ont nourri un existentialisme à référence chrétienne. Émile
Bréhier a refusé de parler de philosophie chrétienne contre Étienne
Gilson qui a défendu le concept. Henry Corbin a défendu avec une
chaleureuse conviction le concept de philosophie islamique en insis-
tant sur un versant de la pensée islamique dite orientale (*ishrâqî*), que
les philosophes stricts dans la ligne grecque logocentriste, appelle-
raient plutôt théosophie ou ontologie spiritualiste. J'ai toujours quant
à moi laissé la question ouverte en parlant de contextes ou climats

islamiques, chrétiens, juifs. La richesse humaniste d'une pensée religieuse varie, en effet, avec les niveaux de culture dans lesquels elle s'exprime. Ainsi, la distinction que j'ai rappelée dans l'introduction entre le fait coranique et le fait islamique permet de saisir une condition *sine qua non* du passage d'un cadre de pensée religieuse orthodoxe à un cadre humaniste qui laisse toutes les options ouvertes quant aux articulations actualisées ou potentielles du sens. Le discours coranique laisse ces options ouvertes en raison de sa structure mythique comme les autres discours fondateurs, tandis que les constructions théologiques et juridiques qui définissent des islams orthodoxes, limitent les expansions humanistes de la pensée. Il va sans dire que les expressions fondamentalistes d'aujourd'hui sont explicitement antihumanistes. L'attitude humaniste, en revanche est une des bases constitutives de la pensée et de la pratique démocratiques : elle n'exclut rien de ce que produit l'homme ou engage son destin, mais elle soumet tout à l'examen critique, y compris les dogmes de la croyance religieuse et les vérités sacralisées/sacralisantes.

L'HUMANISME ARABE AU IVᵉ/Xᵉ SIÈCLE

Le lecteur reconnaîtra maintenant la légitimité historique qu'il y a à parler d'un humanisme arabe au IVᵉ/Xᵉ siècle. À Bagdad, à Ispahan, à Shiraz, à Damas, au Caire, à Kairouan, à Mahdia, à Fès, à Cordoue, tous les intellectuels, les écrivains, les hommes de science utilisent la langue arabe pour diffuser une pensée et des savoirs qui débordent largement les limites de ce qu'on nommait les sciences religieuses par opposition aux sciences profanes dites rationnelles : *al-'ulûm al-naqliyya-al-dîniyya vs. al-'ulûm al-'aqliyya*, dites aussi intruses, *dakhîla*, par les opposants. L'expansion de la littérature et des savoirs profanes est assurée par la conjonction de plusieurs facteurs : politique, économique, social, culturel.

Politiquement, une famille iranienne, les Banû Buwayh, venue du Daylam, prend le pouvoir à Bagdad en 945. Le Califat censé détenir la légitimité islamique n'est maintenu que pour éviter des troubles sociaux graves ; la réalité du pouvoir est passée aux émirs Bûyides qui s'appuient sur des élites cosmopolites, multiconfessionnelles, mais unies dans l'adhésion à l'idéal philosophico-littéraire d'une sagesse éternelle (*al-Ḥikma al-Khâlida*) recueillie dans de nombreuses anthologies, des œuvres encyclopédiques, des manuels pratiques où l'«honnête homme», l'*adîb* vient puiser toutes les connaissances nécessaires à l'exercice de son métier (secrétaire de l'administration centrale, magistrat, conseiller des princes ou des mécènes, écrivain, poète, juriste, théologien, et surtout philosophe). Non seulement le Califat disparaît comme référence politique centralisatrice, mais les trois frères bûyides – Mu'izz al-Dawla à Bagdad, Rukn al-Dawla à Rayy, Mu'ayyid al-Dawla à Shîrâz – décentralisent le pouvoir et favorisent la compétition intellectuelle, le pluralisme doctrinal et culturel dans l'espace irano-irakien jusqu'à l'avènement des Saljoukides, qui favorisent l'«orthodoxie» sunnite à partir de 429/1038. Installée à Mahdiyya (Tunisie) en 296/909, puis au Caire à partir de 358/969, la dynastie fatimide incarne une théologie politique concurrente de la théologie sunnite, mais renforce la tendance humaniste, pluraliste de la culture telle qu'elle s'exprime dans la fameuse encyclopédie philosophico-scientifique des Frères sincères (*Ikhwân al-Ṣafâ'*). Le dynamisme politique et culturel du mouvement ismâ'ilien suscite de fécondes réfutations du côté sunnite en Orient (Iran-Irak), mais guère dans le bloc occidental du Sunnisme (Espagne musulmane et Maroc) où le califat de Cordoue (300-422/912-1031) favorise l'éclosion de la fameuse civilisation andalouse dont on admire encore aujourd'hui des restes prestigieux.

Économiquement, la classe marchande connaît au IVe/Xe siècle un épanouissement exceptionnel puis elle commencera à déchoir à partir du Ve/XIe siècle et ne cessera de s'affaiblir face à la montée corrélative de l'hégémonie européenne avec l'entrée en scène de Bruges, Troyes, Gênes, Venise, puis l'Espagne (*Reconquista*), le Portugal, l'Angleterre, la France jusqu'à la colonisation au XIXe siècle. Les marchands contrôlent les routes maritimes (Méditerranée et Océan indien) et les routes terrestres (Sahara) ainsi qu'en témoigne la riche littérature géographique où les voyageurs humanistes ont consigné des connaissances précises, variées, étendues sur des peuples, des cultures, des civilisations très éloignés de l'islam arabe qui demeure le centre politique, le modèle obligé de référence, mais qui n'empêche pas l'élargissement des horizons dans le temps et dans l'espace. Dans les centres urbains, ces marchands enrichis constituent les cadres sociaux d'accueil d'une culture à dominante profane et rationnelle. C'est alors que se dessinent des lignes de clivage entre un humanisme théocentriste contrôlé par les *'ulamâ* – les gestionnaires du sacré – et un humanisme philosophique centré sur la formation de l'homme raisonnable capable d'initiative intellectuelle, d'exercice critique et responsable de la raison. On pense irrésistiblement au rôle évidemment plus décisif que jouera la bourgeoisie capitaliste en Europe à partir des XVIIᵉ-XVIIIᵉ siècles dans le triomphe de la Raison des Lumières.

Socialement, la classe des secrétaires d'administration – *Kuttâb* – des intellectuels, des lettrés tous formés dans les disciplines de l'a*dab*, soutenus par des mécènes riches et puissants, renforcent l'impact de l'humanisme séculier dans les milieux urbains. Il faut bien souligner que tous les courants de pensée, tous les cadres sociaux, toutes les œuvres de civilisation dont il est question ici sont liés à la civilisation urbaine. En dehors des centres urbains, nous devons parler de société paysanne, montagnarde ou de civilisation du désert dont les caractéristiques sociales, économiques et culturelles sont dédaignées, jugées négativement par les élites savantes qui parlent de masses (*'awâmm*) ignorantes, dangereuses. La division sociale existe dans les villes elles-mêmes entre les classes cultivées, savantes, participant aux idéaux de l'humanisme (*adab*) et les classes dangereuses, irrédentistes, nécessaires au bien-être des élites, mais abandonnées aux cultures que nous nommons aujourd'hui populaires, avec leurs croyances et rituels « superstitieux », leurs codes coutumiers et leurs pratiques fortement censurées par les élites aussi bien religieuses que profanes. Il est donc nécessaire de corriger par une sociologie de la culture et de la pensée tout ce qui s'écrit et se dit habituellement sous les titres glorifiants et globalisants de civilisation ou culture arabes, d'islam classique, de pensée, d'architecture, d'arts islamiques.

Culturellement, c'est l'avancée de la philosophie et de la science grecques qui permet le renforcement de l'humanisme laïcisant au IVᵉ/Xᵉ siècle. Au IIIᵉ/IXᵉ siècle déjà, un écrivain très en vue comme Ibn Qutayba (m. 276/889) dénonçait l'emprise très forte d'Aristote, de la philosophie grecque sur la pensée islamique[1]. Le retour à une politique sunnite antimu'tazilite après 848 avec le calife Mutawakkil, n'a

---

1. Cf. sa préface-manifeste à son livre *Adab al-Kâtib*.

pas empêché la philosophie de progresser, de gagner un public plus large en s'introduisant dans les ouvrages de culture générale (*adab*), alors qu'elle a été longtemps confinée dans des traités spécialisés (Al-Kindî, m. 256/870, Fârâbî, m. 339/950). Dans une abondante littérature que j'ai appelée l'*adab* philosophique [1], on peut relever plusieurs signes annonciateurs de la naissance d'un sujet humain soucieux d'autonomie, de discernement libre dans l'exercice des responsabilités morales, civiques, intellectuelles. Des chrétiens comme Yahyâ Ibn 'Adî (m. 364/974), Ibn Zur'a (m. 399/1008), des juifs comme Isḥâq Isrâ'îlî (m. 320/932), Ibn Gabirol (c. 450/1058), Maïmonide (601/1204) participent à ce mouvement d'une société, certes réduite en nombre, mais dont le rayonnement a atteint, de proche en proche, l'Europe par la Sicile, l'Andalousie, le Midi de la France et de l'Italie.

Les œuvres de Tawḥîdî (m. 414/1023) et de Miskawayh (m. 420/1029) sont, à cet égard, exemplaires. Elles expriment avec clarté, rigueur critique et chaleureuse conviction les préoccupations, les idées, les objectifs, les activités de toute la génération qui succède à Fârâbî et se termine avec Avicenne (m. 428/1037). «*L'homme est un problème pour l'homme*» (*al-insân ushkila 'alayhi-l-insân*), énonce clairement Tawḥîdî dont les écrits, la révolte intellectuelle, la critique incisive sont centrés sur l'homme, sans pour autant oublier sa dimension spirituelle. Tawḥîdî a voulu à la fois déritualiser la religion pour en faire le lieu d'un approfondissement spirituel [2], lier l'action politique à une éthique concrète de l'homme en société, enrichir la rhétorique d'Aristote par la sémantique et la grammaire de l'arabe, exploiter l'historiographie pour clarifier les débats théologiques et juridiques, convoquer toutes les disciplines, tous les savoirs disponibles et dûment contrôlés pour expliquer les mystères de l'homme, du monde, de l'histoire. Tout cela conduit à un constant élargissement des horizons de l'esprit par le culte de la créativité, la quête du beau, du vrai, du juste, l'accueil de toutes les traditions culturelles vivantes dans des cités cosmopolites comme Bagdad, Rayy, Isfahân, Shirâz. Miskawayh a été son répondant et son «*discussant*»; il illustre la sérénité, la pédagogie patiente, la vision pondérée du sage philosophe

---

1. Cf. *L'humanisme arabe, op. cit.*

2. Voir ses *Ishârât al-ilâhiyya* et cet ouvrage perdu intitulé : *Al-Ḥajj al-'aqlî idhâ ḍâqa-l-faḍâ' ilâ-l- ajj al-shar'iyy.*

nourrie de la plus ancienne culture iranienne, ouvert à une histoire « universelle » des cultures et des peuples tels qu'ils étaient connus en son temps, conquis par la force explicative de la physique, de la métaphysique, de l'Éthique, de la logique d'Aristote.

Ces deux figures d'humanistes n'étaient évidemment pas isolées. Avec sa verve critique et son exigence existentielle aiguë, Tawḥîdî nous a laissé des portraits courts, mais très suggestifs de plusieurs contemporains qui se rencontraient régulièrement dans des salons philosophiques et littéraires nommés *Majâlis al-'ilm*. C'est là que la *disputatio*, la *munâẓara* entre experts de diverses disciplines et de différentes écoles de pensée, a connu ses plus belles applications jusqu'à devenir un genre littéraire. Les grandes vizirs, exerçant des pouvoirs à la fois intellectuels et politiques, comme Abû-l-Faḍl et son fils Abû-l-Fatḥ Ibn al-'Amîd (m. respectivement en 360/970 et en 366/976), Al-Ṣāḥib Ibn 'Abbâd (m. 385/995) rehaussèrent par leur participation et leur soutien politique ces confrontations, ces combats pour l'homme et le prestige des salons.

Ibn Sîna (Avicenne) récapitule et enrichit dans une œuvre majestueuse tous les savoirs et les courants de pensée développés avant lui; il est ouvert lui aussi à tous les grands vents de l'esprit, alliant plus que les précédents la rigueur de la raison et les élans de l'imagination créatrice. Il puise autant dans la riche tradition iranienne toujours vivante bien qu'elle s'exprimât longtemps en langue arabe, dans les œuvres accumulées par la pensée islamique alors parvenue à sa maturité classique et, bien sûr, dans la tradition philosophique retravaillée par les apports syriaques et arabes. La médecine telle qu'il la pratique est inséparable de la philosophie comme savoir, comme sagesse et comme style de présence dans la Cité. Ses enseignements deviennent vite incontournables même pour les défenseurs d'une raison religieuse orthodoxe, humble servante du *donné révélé*, comme Ghazâlî, Mâwardî, Juwaynî, Fakhr al-dîn al-Râzî, etc. La logique, l'éthique, la politique d'origine philosophique se combinent aux conceptions, aux traditions défendues par les gardiens des sciences dites religieuses par oppositions aux sciences intruses (*dakhîla*). En métaphysique, Ghazâlî et Ibn Rushd (m. 595/1198) ont porté le débat à un niveau de fécondité théorique qui non seulement n'a jamais été dépassé dans la pensée islamique, mais a été oublié depuis le XIIIᵉ siècle jusqu'à nos jours.

HUMANISME ET IDÉOLOGIE DE COMBAT (*JIHÂD*)

Sous ce titre englobant, je veux référer à une ligne de force non seulement de l'histoire du fait islamique depuis ses premières émergences entre 610-632, mais à celle de toutes les grandes visions idéologiques qui ont imposé « la guerre juste » pour soumettre les sociétés à un régime de vérité fondateur de toutes les légitimités. C'est à ce niveau anthropologique radical et non encore dépassé que se déploient les tensions éducatives entre violence, sacré et vérité. C'est à la lumière de cette problématique hautement actualisée depuis l'événement révélatoire du 11 septembre 2001 et les guerres punitives en cours que l'historien doit suivre les vicissitudes de l'attitude humanisme en contextes islamistes des XIIIᵉ-XIVᵉ siècles à nos jours. Dans les travaux consacrés jusqu'ici à cette longue période, la référence à l'humanisme disparaît complètement. Ce que G. Makdisi décrit sous le titre *The rule of humanism* prête à beaucoup de controverses que je ne peux ouvrir ici. On retiendra seulement qu'une certaine ligne de pensée du courant globalement décrit comme hanbalite a maintenu une certaine ouverture à une culture générale nommée *adab* chez des auteurs féconds et critiques comme Ibn 'Aqîl (m. 513/1119) qui a eu des difficultés avec le courant rigoriste de son école, Ibn al-Jawzî (m. 597/1200) auteur de *Sayd al-khâtir*. La mort d'Ibn Khaldûn en 1406 représente une date repère qui marque le passage historique à de nouvelles conditions politiques, sociales, économiques, culturelles, linguistiques d'exercice de la pensée critique et scientifique. Les dates repères qui marquent également des passages significatifs du point de vue qui nous occupe, sont celles de la *Nahdha* décrite comme « l'Âge libéral » (1800-1940), de la Révolution arabe socialiste (*thawra 'arabiyya* 1950-1970), de la Révolution dite islamique avec ses prolongements dans l'expansion des guerres civiles, du terrorisme international et des « guerres justes » de 1979 à nos jours.

On voit que dans toutes ces périodes, il y a eu recours au *Jihâd* que je traduis par idéologie de combat pour englober les enjeux réels et multiples d'une mobilisation collective surtout dans les luttes contemporaines de libération ou de résistance où la dimension proprement religieuse connote plus qu'elle ne légitime théologiquement les engagements dans des combats, en fait, profanes.

Avec la *Nahdha*, on renoue incontestablement avec une production intellectuelle, scientifique, culturelle abondante, variée, orientée
vers la reprise critique des passés respectifs de chaque société et la
conduite de réformes et d'émancipations porteuses d'avenir. À partir
de 1826, l'égyptien Rifâ'a-l-Tahtâwî ouvre des horizons prometteurs
à une pensée libérale accueillante à toutes les conquêtes positives de la
modernité d'alors. Le mouvement s'amplifie non sans susciter des
résistances et des refus d'une pensée et d'une pratique religieuses
demeurées prisonnières de plusieurs siècles de répétitions scolastiques et de régression du champ intellectuel et spirituel. Avec le
lancement du mouvement des Frères musulmans en 1928 par Hasan
al-Bannâ, la résistance à un humanisme moderne – qui avait ses
difficultés, ses limites et ses dérives idéologiques en Europe même –
réussit à mobiliser l'imaginaire social des catégories sociales populaires demeurées à l'écart des faibles élites urbaines plus ou moins
touchées par les productions et les ambitions émancipatrices de la
modernité. La ligne de partage social et idéologique entre les masses
populaires et les « élites » ne cessera de se durcir jusqu'aux grandes
ruptures révolutionnaires de la deuxième moitié du xxe siècle.
Essayons de détailler davantage les changements qui interviennent
dans le cadre chronologique qu'on vient d'esquisser.

Depuis le xixe siècle, on ne cesse de répéter paresseusement la
fameuse métaphore de la fermeture et de la nécessaire réouverture de
la « porte de l'*ijtihâd* ». Cette expression nourrit les discours incan-
tatoires de théologiens autopromus qui ignorent tout des conditions
intellectuelles et scientifiques d'accès au rang et aux fonctions de tout
docteur en sciences islamiques. On laisse croire qu'il suffit de réclamer le retour à l'*ijtihâd* médiéval pour rétablir l'instance de l'autorité
théologico-juridique et exégétique qui a fonctionné dans l'islam
classique dans les conditions exceptionnelles d'un pluralisme doctrinal particulièrement fécond. J'ajoute que l'attitude réformiste affichée
par un nombre croissant d'apprentis imâms n'a jamais dépassé
jusqu'ici des bricolages exégétiques simplistes qui redonnent une
certaine confiance aux croyants et aux croyantes entraînés en fait vers
les usages ritualistes et idéologiques d'un islam de combat politique.

On a vu que les conditions d'épanouissement d'une attitude humaniste aux iiie-ive/ixe-xe siècles, sont à la fois politiques, économiques,

sociales et culturelles. Or, c'est un fait historique que ces conditions ont progressivement cessé d'être remplies à partir du ve/xie siècle. La politique sunnite d'orthodoxisation – c'est-à-dire de rigidité dogmatique qui restreint le pluralisme doctrinal – s'accentue avec l'avènement des Turcs Seljukides à partir de 421/1038. Elle se consolide pour longtemps avec l'avènement des Ottomans à partir de 857/1453 (prise de Constantinople) jusqu'à l'abolition du Sultanat par Atatürk en 1924. Les shî'ites imâmiens consacrent la séparation des deux islams avec la même politique active d'orthodoxisation conduite en Iran par les Safavides (907/1145-1501/1732). Durant l'été de 907/1501, le Safavide Ismâ'il proclamé Shah eut pour première décision la transformation de l'appel à la prière, *'adhân*, en ajoutant après la formule « et *Muhammad est l'Envoyé de Dieu* », la confession shî'ite que « *'Alî est l'ami proche (walî) de Dieu* ». Ce fut la naissance de l'islam imâmien officiel, concurrent désormais indépendant de l'islam sunnite officiel depuis l'avènement du pouvoir omeyyade en 661. Ainsi, le processus d'Étatisation de l'islam se généralise dans tous les contextes islamiques, avec pour conséquence la réduction des écoles de pensée théologico-juridique à une seule école officielle. Cette évolution si préjudiciable à l'attitude humaniste, produira ses effets les plus pervers pour l'islam comme expérience spirituelle du divin, avec l'arrivée au pouvoir de Partis-États dans les années 1950-1960 après les luttes dites de libération contre les dominations coloniales.

Les nombreux groupes ethnolinguistiques et confessionnels qui coexistent dans de vastes empires, tendent eux aussi à s'autonomiser sous la direction de chefs de confréries locales. Celles-ci se développent à partir des xiie-xiiie siècles et seront reconnues comme communautés confessionnelles (*Millet*) par l'administration ottomane. Les croyances, les pratiques rituelles, les célébrations, les coutumes de chaque groupe sont inséparables des cultures et des mémoires collectives purement orales. L'extension des dominations coloniales au xixe siècle renforce le plus souvent les processus de repliement et d'autonomisation, donc le durcissement des clivages culturels et confessionnels à l'intérieur d'une Communauté virtuelle (*Umma*) fragmentée par le jeu mécanique des forces internes et externes de production des sociétés où les fonctions de la pensée critique et de la culture savante écrite s'amenuisent sans interruption au profit de l'expansion corrélative de l'idéologie de combat nommée *jihâd* contre des « infidèles » de l'intérieur et de l'extérieur. Le *jihâd* puise sa légitimité dans l'obligation de défendre ce que le Coran a déjà défini comme la « religion vraie » (*dîn al-ḥaqq*) explicitée ensuite par les théologiens juristes dans des professions de foi « orthodoxes » (*ʿaqîda*), elles-mêmes ritualisées en disciplines rigides du corps et de la mémoire, soit par les clercs (« *ʿulamâ* ») stipendiés par les États autrefois impériaux, aujourd'hui « républicains », soit, localement, par les chefs de confréries rivales jalouses de leurs frontières territoriales et rituelles.

On rappellera que la première croisade a été lancée en 1095, suivie par plusieurs autres ; la *Reconquista* espagnole se termine par l'expulsion des musulmans et des juifs d'Espagne en 1492, date de la découverte de l'Amérique, c'est-à-dire de l'ouverture de la route atlantique pour l'expansion de l'Europe. Les Espagnols et les Portugais commencent leurs conquêtes coloniales dès le XVIe siècle. Les rapports de force s'inversent progressivement et irréversiblement entre le monde de l'islam et la montée irrésistible de l'Europe hégémonique. Le *jihâd* s'est ainsi imposé au cours de nombreux siècles comme une obligation collective sacralisée et sanctifiante qui structure ce que j'appelle l'**imaginaire islamique commun** exactement comme l'idée de croisade a longtemps conditionné l'imaginaire chrétien commun. Voici un texte très éloquent qui illustre la montée et l'expansion d'un imaginaire religieux indissociable du régime théologique de la « religion vraie » qui a dressé chaque religion contre toutes les autres, y compris les religions séculières modernes, au nom de la division de l'humanité en fidèles et infidèles.

> Le chevalier du Christ tue en conscience et meurt tranquille : en mourant, il fait son salut ; en tuant il travaille pour le Christ. Subir ou donner la mort pour le Christ n'a, d'une part, rien de criminel et, de l'autre, mérite une immensité de gloire. Sans doute, il ne faudrait pas tuer les païens non plus que les autres hommes s'il y avait un autre moyen d'arrêter leurs invasions et de les empêcher d'opprimer les fidèles. Mais dans les circonstances actuelles, il vaut mieux les massacrer que de laisser la verge des pécheurs suspendue sur la tête des justes. (…) La vie est utile, la victoire glorieuse, mais une sainte mort est bien préférable.(…) Quelle sécurité dans la vie quand non seulement on

attend la mort sans crainte, mais, bien plus, quand on la désire comme un bonheur et qu'on la reçoit avec dévotion [1].

Ce texte chrétien pourrait servir de commentaire « spirituel » dans le style des musulmans d'hier et d'aujourd'hui qui légitiment avec le même argumentaire sacralisateur et sanctificateur, ce verset 5 de la sourate 9 :

> Quand les mois sacrés seront expirés, tuez les polythéistes (*al-mushrikûn*) partout où vous les trouverez ! Capturez-les, assiégez-les, dressez leur des embuscades ! Mais s'ils reviennent à Dieu (*tâbû*) en accomplissant la prière, en versant l'aumône légale, alors laissez les libres, car Dieu est toute indulgence et toute compatissance.

Cette confrontation entre l'attitude humaniste et ce que j'appelle le régime théologique de « la religion vraie » appelle deux remarques fondamentales. La première concerne le regard condescendant porté sur « l'islam » par les chrétiens d'abord, puis par la pensée moderne scientifique et laïque : dans les deux cas, l'islam est interprété comme la religion du sabre, de la violence fanatique. Ce faisant, les chrétiens oublient que les changements théologiques introduits par Vatican II en 1965 ont été rendus possibles, après des siècles d'enfermement dogmatique, par les progrès de la modernité intellectuelle et scientifique d'une part et la catastrophe humaine du nazisme et du communisme inséparables de l'Europe moderne, d'autre part. Nietzsche avait déjà montré de manière convaincante la genèse historique de la « mort de Dieu » dans le cheminement européen de la pensée religieuse et philosophique. Le moment structuraliste de cette même pensée critique moderne dans les années 1950-1970, a proclamé de la même façon la mort de « l'homme » comme construction humaniste abstraite dévoilée, anéantie par la traversée du Goulag, des camps nazis et de l'entreprise génocide des juifs. Malgré les procès instruits contre la négation radicale de toute référence à l'humanisme littéraire, idéaliste, spiritualiste, personnaliste… en Europe, la violence structurelle véhiculée par des formes de la démocratie libérale depuis 1945, continue de faire des ravages dans le monde entier sous la « gouvernance »

---

1. *Éloge de la nouvelle milice*, à la demande de Saint Bernard de Clairvaux au Concile de Troyes 14 janvier 1128; cité par J. Daniel dans *La jouissance du pire*, 24 janvier 2002 à propos du 11 septembre 2001.

revendiquée par les seules « valeurs » de l'Occident telles qu'elles ont été définies aux États-Unis par des penseurs politologues bien connus.

Ces considérations n'absolvent en rien l'islam d'hier et d'aujourd'hui de sa contribution coupable à l'expansion de la violence terroriste en réponse à la violence structurelle que continue de légitimer la philosophie libérale séculière/laïque avec des argumentaires « humanistes » de plus en plus ravalés à des entreprises humanitaristes pour soulager des misères mondialisées par des volontés de puissance qui transgressent impunément toutes les limites de l'Éthique et du droit dont elles continuent de se réclamer. Mes combats pour l'humanisme ont pour premier objectif la mise en crise intellectuelle et spirituelle d'une pensée islamique confisquée par l'idéologie de combat et enchaînée à ses constructions mythohistoriques depuis 661, par des cohortes de néo-apologètes et de soi-disant théologiens célébrés par les médias. Dans la perspective historique longue où je place mes enquêtes et mes analyses, l'événement du 11 septembre 2001 n'est qu'un avatar après beaucoup d'autres d'une lutte à plusieurs enjeux, à plusieurs dimensions non encore analysées avec objectivité par les historiens. Du côté musulman, les contributions à cette histoire critique et exhaustive sont rares et trop timides, tant l'idéologie de combat a soit détourné les énergies vers des luttes politiques sans succès notable, soit imposé l'autocensure aux meilleurs esprits.

Toute la deuxième moitié du XXᵉ siècle et les premières années de ce siècle naissant ont été dominées par des forces contraires à l'épanouissement d'un humanisme ouvert sur les autres cultures, comme ce fut le cas dans la période éphémère que je viens de présenter. Les expressions de l'islam actuel reflètent les ruptures historiques successives qui ont rejeté dans l'oubli, le discrédit, l'interdit les acquis les plus féconds de la pensée classique et, plus gravement encore, de la modernité accueillie avec confiance pendant le siècle (1850-1940) dit de Renaissance en arabe (*Nahḍa*). On peut parler de régression intellectuelle et culturelle en contextes islamiques à la fois par rapport à l'âge classique (800/1406 ; je retiens 1406 comme repère de l'histoire intellectuelle, car Ibn Khaldûn grand historien critique meurt cette année là et n'aura pas de postérité jusqu'en 1840-1850) et à l'âge libéral timidement inauguré au début du XIXᵉ siècle. À l'islam **populaire** des confréries qui se sont multipliées depuis le XVIᵉ siècle, a succédé un islam **réformiste** prôné par quelques clercs prisonniers d'une sèche scolastique, puis l'islam **populiste** généré depuis les années 1950-1960 par l'action conjuguée de plusieurs facteurs : la démographie galopante, les Partis-États postcoloniaux, les médias, la dépendance économique et technologique, le dévoiement idéologique des systèmes éducatifs, le monolinguisme, la culture répétitive, la fermeture des frontières, la fuite des cerveaux, l'émigration forcée, le chômage, la régression des droits, la réclusion des femmes, l'insécurité sociale, le terrorisme... L'attitude humaniste n'est plus qu'une survivance précaire chez des personnalités isolées, réduites au silence, à la marginalité sociale, intellectuelle et culturelle.

Tableau noir, mais réel, car il attend des historiens, des sociologues, des anthropologues, des écrivains, des artistes, des penseurs pour en expliquer la genèse et les expansions historiques, les fonctions et les impacts sur l'ensemble des sociétés globalement et arbitrairement qualifiées d'islamiques par la littérature dite islamologique qui retient des aspects fragmentés et surdéterminés comme l'islamisme radical, le fondamentalisme, l'intégrisme, le terrorisme international. Le phénomène de la mémoire, de l'histoire, des discontinuités et de l'oubli, fournirait à lui seul des chapitres très riches à des chercheurs qui lieraient dans leurs enquêtes toutes les forces en jeu dans des sociétés et un environnement mondial d'une grande complexité. Il y a d'étroites et évidentes corrélations historiques entre les discontinuités qui marquent l'évolution de tout le domaine islamique du xiiie au xxe siècles et l'irrésistible ascension jusqu'à nos jours de l'hégémonie européenne. On trouvera des indications à confirmer, à élargir et à réfuter parfois dans l'ouvrage suggestif de Janet L. Abu-Lughood, *Before European Hegemony. The World System A.D. 1250-1350*[1]. Sur le plan intellectuel et culturel, je retiendrai une étude encore plus neuve de psychologie historique et d'anthropologie politique que viennent de publier Nicolas Vatin et Gilles Veinstein, *Le Sérail ébranlé. Essai sur les morts, dépositions et avènements des sultans ottomans, xive/xixe siècle*[2].

Les « élites politiques » qui ont monopolisé la gestion des États postcoloniaux ne pouvaient restaurer une tradition humaniste tota-

---

1. Oxford, Oxford University Press, 1989.
2. Paris, Flammarion, 2003.

lement oblitérée par un discours de « libération » bricolé avec des fragments de modernité et des proclamations aussi dogmatiques, obscurantistes que fracassantes sur les « identités » nationales dont l'effacement est attribué aux seuls colonisateurs. Il ne pouvait suffire, il est vrai, de retrouver les expressions et les valeurs d'un humanisme lié aux limites propres à l'espace mental médiéval commun aux trois traditions monothéistes. Le christianisme directement engagé dans l'histoire européenne a été obligé d'intégrer, toujours après des résistances et des retards, des acquits irrécusables de la modernité ; ce n'est pas le cas de l'islam, du judaïsme et du christianisme orthodoxe engagés dans des luttes de conquête, d'autodéfense, d'autoprotection jusqu'à nos jours. Toutes les grandes ruptures intellectuelles, culturelles, scientifiques, institutionnelles imposées par la modernité demeurent soit en dehors de la pensée islamique contemporaine, soit évoquées de manière partiale, fragmentaire, précaire et lointaine. Sans doute, est-il souhaitable que les *gestes* intellectuels critiques des principaux penseurs et lettrés médiévaux cités ci-dessus, soient étudiés et réactualisés ; la tension éducative entre théologie, droit et philosophie chez Ibn Rushd (1198) ou la confrontation éthique et histoire chez Miskawayh, ou la critique du métier d'historien chez Ibn Khaldûn, ou l'exégèse coranique fécondée par toutes les connaissances de son temps chez Fakhr al-dîn al-Râzî..., contribueraient sûrement à libérer la pensée islamique actuelle de sa mytho-idéologie et de son ritualisme militant. Cependant, le retour à ce que les Arabes nomment le legs (*al-turâth*) de la pensée classique, ne peut suffire à lui ouvrir les vastes chantiers de la raison métamoderne. Les *contenus*, les *méthodes*, les *visions*, les *postulats*, les systèmes de connaissances, les critères de jugement et d'interprétation, les croyances propres à l'espace mental médiéval ne peuvent suffire à lancer la pensée islamique dans l'accomplissement des tâches subversives que j'ai assignées à la *Critique de la raison islamique*. Or ces tâches sont la condition *sine qua non* d'une contribution effective, productive de cette pensée à un humanisme universalisable capable d'accompagner la phase en cours de mondialisation de l'histoire des hommes.

Cet humanisme signifie l'application continue à tous les systèmes de pensée et de croyances hérités dans toutes les religions et les cultures, de trois opérations cognitives indissociables désignées par trois infinitifs : **transgresser**, **déplacer**, **dépasser**. On lira au chapitre 3 les applications de cette stratégie d'intervention critique. J'évoquerai brièvement ici l'exemple des guerres dites de libération nationale dans les années 1950-1960. Lire ces guerres comme un choc frontal entre deux antihumanismes travestis sous des discours d'auto-glorification et d'autolégitimation, exige d'abord une conversion des historiens à une écriture plus subversive et plus indépendante des « *lieux de mémoire* » sacralisés par les historiographies officielles sans lesquelles les antihumanismes mobilisateurs seraient mis à nu. Dans un ouvrage intitulé *La gangrène et l'oubli. La mémoire de la guerre d'Algérie*[1], Benjamin Stora a donné un exemple de portée paradigmatique du combat permanent entre l'humanisme spontané des personnes mues par le désir de contribuer à la promotion de l'humain et l'antihumanisme des idéologies mises au service des volontés de puissance portées à l'action par des visions arbitraires et obscurantistes sans lien avec les espérances légitimes des peuples. L'auteur démonte « *les mécanismes de fabrication de l'oubli* » en montrant comment du côté français, une guerre sans nom (jusqu'au 21 septembre 1997, on a parlé officiellement « d'événements », « d'opérations », mais pas de guerre), est soigneusement occultée depuis 1962 ; du côté algérien, on a exalté à outrance le million de martyrs pour gagner le peuple à une révolution demeurée trop longtemps bavarde, bruyante, arrogante, manipulatrice, sans visage humain, sans horizon de sens comme l'atteste depuis dix ans une nouvelle guerre civile sous les regards indifférents ou dédaigneux d'un monde trop habitué aux horreurs de la violence terroriste érigée en voie « moderne » de conquête d'un pouvoir qui ne se préoccupe pas plus qu'hier de construire des légitimités respectables[2].

Certains aspects de la modernité ont des effets multiplicateurs sur l'expansion de l'antihumanisme et la dérision corrélative qui frappe non seulement les discours humanistes, mais aussi les manifestations concrètes de l'attitude humaniste. Il faut bien constater que ce qu'on appelle l'anthropologie de la modernité n'a pas identifié les effets

---

1. Paris, 1991.
2. Pour mesurer la portée paradigmatique de l'exemple algérien pour nos interrogations sur l'humanisme en contexte de mondialisation, on lira aussi le livre récent de Cl. Mauss-Copeaux, *Appelés en Algérie. La parole confisquée*, Pais, 1999.

pervers des usages de plus en plus menaçants que des acteurs incontrôlables font de la technologie notamment. À cet égard, l'œuvre de
P. Bourdieu est une heureuse exception qui mérite d'être signalée
parce qu'elle fournit un appareil conceptuel et des stratégies d'intervention pour la critique de la modernité dans tous ses lieux de déploiement en Occident et dans le reste du monde satellisé. Deux autres
contributions récentes méritent d'être signalées à ce propos : Zygmunt
Bauman, *Modernité et Holocauste*[1]; et Mark Roseman, *Ordre du
jour : Génocide. Le 20 janvier 1942*[2].

Le premier auteur souligne avec force le **besoin intellectuel, le
devoir moral et la priorité civique** qui prescrivent le réexamen
critique des liens entre le Corpus de la « Modernité » que nous instru-
mentalisons comme une Instance Suprême de toute autorité – surtout
pour juger et guider les attardés – et des Evénements qui subvertissent
l'esprit humain en dévoilant ses errements travestis par le système du
double critère. Z. Bauman, sociologue, démonte les mécanismes «*de
la production sociale d'indifférence morale*» avec la substitution de la
responsabilité technique (division hiérarchique et fonctionnelle du
travail avec obligation de résultats) des ingénieurs de « la solution
finale » à la responsabilité morale. Il omet d'ajouter la responsabilité
spirituelle, car la spiritualité est un concept et une instance quasi
abolie par la modernité télétechnoscientifique. De même que sont
abolies l'émotion, la pitié, la compassion, la passion puisqu'on va
jusqu'à obtenir techniquement la coopération des victimes en les
isolant dans un monde sans voisins, sans prochain, sans solidarité. On
retrouve dans le terrorisme actuel cette même responsabilité technique des ingénieurs qui se réunissent dans le secret pour mettre au
point logistiquement, froidement des opérations comme celle du
11 septembre 2001 suivie par bien d'autres, avec l'idée affolante qu'il
en sortira un ordre enfin juste du monde! Voilà des dévoilements
qui permettent d'approfondir et d'étendre les combats contre l'antihumanisme contemporain qu'il est intolérable de lier au seul terrorisme international qui, déchiffré dans la perspective de la quête
humaniste indissociable de la longue durée, apparaît bien plus lié aux
conditions changeantes de déploiement de la condition humaine.

1. La Fabrique, 2002.
2. Louis Audibert, 2002, titre anglais *The Villa, the Lake, the Meeting*.

HUMANISME, DÉMOCRATIE ET VIOLENCE
DANS LA PHASE DE MONDIALISATION

L'évolution des sociétés liées au fait islamique depuis les années 1950 nous oblige sans cesse à nous éloigner de la connaissance des forces et des contradictions les plus actuelles qui commandent la phase de mondialisation en cours. Tandis qu'on s'attarde à identifier les obstacles et les phénomènes de régression que multiplie le retour offensif d'un religieux sauvage, on néglige la recherche de solutions pertinentes aux déchaînements de la violence pure. Depuis le 11 septembre 2001, le monde entier est engagé dans une violence « légale » des États contre la violence « illégale », sans finalités défendables de ce qu'on nomme le terrorisme international. Dans un livre récent[1], j'ai longuement analysé cette situation nouvelle qui met en cause le droit international, les instances d'application de ce droit, sans parler des problèmes d'éthique politique relégués aux bavardages des sermonneurs et des philosophes idéalistes. On est retourné sans transition, sans souci des légitimités juridiques et morales, à la *Realpolitik* des puissances conquérantes de l'Europe coloniale des XIXe-XXe siècles. Contre toute attente, les États-Unis sont revenus à la conquête de type colonial en la légitimant par les promesses d'instauration de régimes démocratiques dans la sphère géopolitique appelée Grand Moyen Orient. Un grand scepticisme s'est emparé de l'opinion mondiale; autant la démocratie présuppose une attitude et des conduites humanistes, autant elle condamne toutes les formes de la violence. Le recours à la « guerre juste » pour éradiquer les causes du terrorisme ne peut non plus fonder une légitimité si les responsabilités politiques de la gouvernance démocratique ne sont pas assumées. Or le terrorisme a été élevé depuis 1945 à la dignité de moyen légitime pour les peuples opprimés de reconquérir leur liberté. L'attitude humaniste est dans une impasse historique puisque le droit en général, à l'intérieur des régimes et dans les rapports internationaux, n'est plus que le résultat d'un rapport de forces.

Au choc des ignorances cultivées les uns à l'égard des autres par les peuples, les sociétés civiles et les États, s'ajoutent les systèmes

---

1. *De Manhattan à Bagdad. Au-delà du Bien et du Mal*, Paris, Desclée de Brouwer, 2003.

d'inégalités qui opposent les grandes puissances au reste du Monde. Les ignorances sont transmises dans chaque société par les systèmes éducatifs, les médias et les discours officiels; on peut ainsi parler d'ignorances institutionnalisées. Que connaissent les Musulmans des différentes branches et expressions du christianisme, du judaïsme, de l'hindouisme, du bouddhisme et que connaissent, à l'inverse, toutes ces religions de l'islam? Quel type de communication peut s'établir entre les différentes communautés linguistiques, culturelles, confessionnelles qui vivent juxtaposées les unes aux autres dans des espaces citoyens couramment décrits comme démocratiques et pluralistes? Les cadres sociaux de perception et d'interprétation de l'autre continuent d'être dominés par des représentations non seulement fausses, mais trop souvent marquées par l'exclusion, voire la haine. Et que font les démocraties riches en ressources matérielles, intellectuelles et scientifiques pour développer un réseau mondial de diffusion d'une culture humaniste partageable par tous pour franchir enfin un seuil de connaissance et de civilisation où les recours à la violence des «guerres justes» et la domination des imaginaires d'exclusion réciproque deviendraient obsolètes? J'ose à peine évoquer la tragédie israélo-palestinienne si lourde de sang versé et d'injustices accumulées depuis 1916. Ce conflit incarne à lui seul les échecs de tous les héritages religieux et philosophiques dont se réclament les protagonistes du conflit et davantage encore les démocraties modernes qui, par leur gestion politique du problème juif et des peuples arabes colonisés, ont programmé juridiquement, socialement, culturellement l'antihumanisme radical, les mythoidéologies, les mythohistoires intériorisés par les mémoires collectives, les imaginaires sociaux, les cœurs individuels au point que les jeunes enfants et adolescents assimilent d'emblée la «culture» du sacrifice pour la justice et la dignité. Toutes les instances de médiation sont soit réduites à l'impuissance, soit disqualifiées d'avance, soit prisonnières d'un souci permanent d'impartialité. Beaucoup d'esprits généreux en viennent à préférer un silence qui peut passer pour une coupable indifférence. Peut-on imaginer qu'un tel drame de la condition humaine pourra être transmuée en un pacte humaniste liant à jamais dans la production d'une histoire solidaire des protagonistes également éprouvés? L'espérance que j'investis dans mes *Combats pour l'humanisme* de demain vise très exactement cette nouvelle utopie. Mais il faut prendre en charge une telle utopie par delà les oppositions manichéennes où nous enferme la culture de domination, de contrôle, de vengeance, d'éradication de l'autre construit comme le protagoniste dialectique de ma propre promotion à la « vraie » dignité et aux « valeurs » absolues.

À la violence structurelle générée par « l'ordre social » légitimé, légalisé à travers le monde par le Modèle d'action historique défendu dans deux grandes démocraties[1], le Modèle alternatif prôné par les activistes musulmans nous éloigne encore plus de l'Utopie humaniste. Des millions de croyants à travers le monde s'appuient sur la geste politico-religieuse d'un islam vécu comme la mythohistoire naïve d'un Salut indifférencié, puisque l'attente eschatologique de l'Autre vie est de plus en plus effacée par l'exigence d'une justice sociale et politique garantie *hic et nunc*, mais elle-même aussi fantasmatique qu'aux temps anciens et récents des attentes du Messie sauveur ou du *Mahdi Maître de l'Heure* (voir les cas du Soudan et du Sénégal au XIXᵉ siècle). Dans ces visions et ces temporalités mêlées, il subsiste de petits espaces d'insertion d'actions concrètes qui soulagent les misères, les angoisses, les besoins des plus démunis, mais n'ouvrent pas les portes d'une histoire solidaire des peuples. L'action lucide et efficace a besoin d'identifier les vrais obstacles à surmonter aussi bien du côté des démocraties qui nourrissent partout tant d'espérances, que du côté d'un islam qui rêve d'islamiser la modernité plutôt que de s'engager dans la lutte commune pour dépasser les échecs et les confiscations de cette modernité par la tyrannie du marché et les volontés de puissance.

Commençons par l'islam. Pour donner une idée des forces anti-humanistes mises en place dès les années 1960-1970 dans les espaces sociaux et mentaux nourris par l'islam salvateur, je citerai un long texte d'Anouar al-Jundi, un essayiste égyptien longtemps influent par la parole et par l'écrit. J'ai déjà utilisé ce texte dans un essai publié en 1977[2] où j'ai cerné les traits constants de ce que j'avais appelé alors la conscience islamique commune, mais qu'il est plus pertinent

---

1. Pour une définition juridique de l'ordre social que je vise ici, je renvoie aux analyses pertinentes de D. Garland dans *The culture of Control. Crime and Social order in Contemporary society*, Oxford, Oxford University Press, 2001. L'analyse porte sur les exemples de l'Angleterre et des États-Unis.
2. « Profil de la conscience islamique », dans *Cultures*, IV, 1, UNESCO 1977.

aujourd'hui de désigner comme **l'imaginaire islamique commun**
dont la genèse historique remonte aux corpus classiques fondateurs de
la croyance [1]. L'auteur puise à la fois dans ces corpus et dans les interventions de militants contemporains, notamment les Frères musulmans qui reprennent de l'importance en Egypte et ailleurs après la
mort de Nasser en 1970. Si je reprends ce texte ici, c'est parce que ses
énoncés lapidaires sous forme d'axiomes plausibles, sont assimilés
par les cadres sociaux de la connaissance qui décident depuis les
années 1970 de la réception ou du rejet de toute intervention concernant ce que tous les acteurs musulmans et non musulmans appellent
indistinctement l'islam. On notera le nombre de notions, concepts,
postulats et contenus divers que l'auteur projette sur un Islam imaginé
et soustrait à toute connaissance historique, invoqué comme l'instance
suprême de l'autorité religieuse et scientifique à la fois. Cet Islam joue
dans ce texte et dans toute la littérature similaire produite dans le
même sillage fantasmatique, le rôle omnipotent, omniscient dévolu à
Allah dans le discours coranique. On mesurera les enjeux et les significations de cette substitution du mot-sac Islam au nom de Dieu
« Allah » en rappelant que celui-ci revient 1697 fois dans le corpus
coranique (sans compter ses attributs substantifs et descriptifs), alors
que le terme *Islâm* n'intervient que 6 fois. Cette remarque statistique
souligne clairement la réification, l'effacement du Dieu vivant que le
discours coranique construit avec tant de vigueur et d'insistance
didactique. La fixation de l'attention sur l'islam comme Instance
d'énonciation du licite et de l'illicite, du vrai et du faux, du beau et du
laid, du bien et du mal consacre la promotion des « ulamâ » comme
médiateurs incontournables d'un pseudo Magistère religieux asservi,
en fait, aux Partis-États qui annulent toute séparation des instances du
spirituel et du temporel, de l'espace de discrétion où s'expriment les
convictions religieuses ou philosophiques du sujet humain et de
l'espace citoyen où s'exercent les compétences et les responsabilités
civiques du citoyen. Anouar al-Joundî qui s'autorise à exercer un
Magistère religieux et « scientifique » qu'aucune instance légitime ne
lui a confié, s'est permis d'écrire un autre ouvrage intitulé *Taha
Hussein sur la balance de l'islam* où le grand écrivain défenseur d'un

---

1. Voir « Le croire et la construction du Sujet humain en contextes islamiques » dans
mon *Unthought in Contemporary Islamic Thought*, Londres, 2002.

humanisme moderne est totalement disqualifié avec les critères définis dans le *credo* qu'on va lire.

Les vingt-et-une propositions de ce *credo* fonctionnent comme une structure cohérente, indissoluble puisqu'elle filtre avec minutie tous les dangers de l'agression culturelle moderne (*al-ghazw al-fikrî*) pour ce qui, selon l'auteur, doit fonctionner comme la conscience islamique critique, active, guidée par les Lumières universelles de l'Islam[1]. Le texte est composé sur le modèle ancien des professions de foi (*'aqîda*) qui énumèrent sous une forme normative les articles de la croyance orthodoxe. La forme et les contenus des articles sont traditionnels; ils dissimulent leur conformisme dogmatique par l'insistance apologétique sur la supériorité indépassable de la seule religion vraie. Il n'est pas nécessaire d'engager ici une analyse détaillée des argumentaires et du vocabulaire pour montrer à quel point l'ensemble des énoncés éloignent le sujet musulman ainsi construit de l'attitude humaniste fondée sur le débat ou *disputatio* médiévale pratiquée sous le nom de *munâzara* dans les cercles scientifiques fréquentés par la génération de Miskawayh et Tawhîdî, auteurs des *Hawâmil walshawâmil*.

DE LA SUPÉRIORITÉ DE L'ISLAM SELON A. AL-JUNDI

Pour connaître l'étendue des différences profondes entre les données de l'Islam et celles des théories philosophiques dans les domaines des croyances dogmatiques, de la psychologie, de la sociologie, de l'éthique, nous devons, écrit al-Jundî, énoncer les vérités suivantes:

1) C'est l'Islam qui a libéré la raison et l'âme humaines des polythéismes et du culte voué à un autre que Dieu; il a libéré la pensée, la volonté et l'action; il a refusé d'élever les sentimentalistes et les rationalistes et il a établi que sa conception la plus saillante tient dans la correspondance entre la croyance et l'action, la parole et la conduite.

2) L'Islam a reconnu les penchants et les sentiments de l'homme…; tous sont en lui instinctifs et naturels; il les a inclus dans

---

1. La majuscule est requise par les postulats apologétiques et l'idéalisme de l'auteur; l'analyse critique utilise la minuscule pour référer à la multiplicité des islams.

sa nature innée (*fiṭra*) pour qu'ils soient parachevés dans l'individu et l'espèce. Mais il y a eu l'appel à la privation (*al-ḥirmân*) ; les exercices de mortification avant l'Islam ont causé le dépouillement (*ta'ṭîl*) des facultés de l'âme humaine. L'Islam a rejeté deux voies afin d'émanciper l'homme : l'austérité et le libertinage ; il a, en revanche, institué des voies pour purifier l'âme, comme les actes du culte et du jeûne. L'amendement de l'âme (*tahdhîb al-nafs*) est un des fondements (*aṣl*) de la civilisation islamique ; cela veut dire que l'homme doit se libérer des penchants de l'âme, des désirs, des passions, de la soumission à ce qui n'est pas Dieu.

3) Il n'y a pas eu en Islam d'appel au monachisme, mais au contraire l'invitation suivante : « Dis : qui donc a déclaré illicites la parure de Dieu qu'Il a produite pour ses serviteurs et les excellentes nourritures qu'Il vous a accordées ? » (Coran 7, 32). Les musulmans ne sont pas soumis ; leur foi dans le Décret et la Puissance (de Dieu) n'est point un facteur de soumission, mais d'incitation, d'action et de sacrifice de soi pour la Vérité (*al-ḥaqq*) en laquelle ils ont foi et qu'ils ont embrassée. Quant à la lutte contre le mystère (*al-ghayb*), au sens de dévoilement des secrets de la matière et de l'interaction qui s'y cache, ils l'ont menée très loin ; mais ils étaient croyants en Dieu et ils ont évité l'emploi d'expressions comme lutte contre le mystère, combat contre le destin, domination de la nature. L'Islam croit dans la soumission de la nature, non dans le défi à la nature ; il croit en la rencontre des générations, non en leur lutte.

4) L'Islam n'approuve pas la théorie du changement des mœurs (*akhlâq*) selon la différenciation des milieux et des temps ; il n'approuve pas la théorie de l'évolution indéfinie qui se déroule dans le vide ; il n'approuve ni la sanctification de la raison ni le culte du faux. Le concept de mœurs traduit notre divergence fondamentale avec les philosophies matérialistes, et celui de monothéisme (*tawḥîd*) signale notre distinction originaire (*aṣîl*) par rapport aux philosophies polythéistes.

5) En Islam, l'homme n'est pas absolument mauvais ; il ne porte pas le poids de la faute originelle ; la faute n'est pas enracinée dans son être ; l'Islam n'adhère pas à cette vision pessimiste. L'homme n'est pas davantage le reflet d'une nature absolument avantageuse et bonne. L'Islam enseigne que l'homme a une nature bonne et mauvaise et que

c'est sa foi en Dieu qui le détourne du mal; l'homme n'est asservi ni à ses traits héréditaires, ni à son milieu; il est capable, grâce à l'intelligence de sa vocation, de se soustraire à toutes les fautes et à tout trait héréditaire transformable.

6) Dans la conception de l'Islam, les mœurs sont un ensemble de canons éthiques stables grâce auxquels on discerne le beau-bien du laid-mal, le licite de l'interdit, le bien du mal. Le musulman juge l'acte bon quand Dieu l'ordonne; il croit que la Volonté de Dieu est derrière les canons; c'est elle qui fait que le beau-bien est beau-bien et le laid-mal est laid-mal.

7) Une des notions les plus saillantes de l'Islam est qu'il n'y a pas de **séparation entre la religion** et la vie, entre cette vie-ci et l'Autre, entre l'esprit et le corps, entre le réel et l'idéal. L'Islam refuse de briser le **front de la pensée** devant l'économie et la politique, la société et la religion; il renforce le maintien de tous les éléments dans une même orientation qui a pour base l'unité de l'âme humaine. De la sorte, il élimine un grand nombre des dangers qui se présentent à la pensée contemporaine et à l'âme humaine et qui sont à l'origine de la crise de l'homme moderne. La crise d'inquiétude (*qalaq*) que connaît l'intellectuel musulman aujourd'hui remonte à une seule origine : c'est qu'il a délaissé ses composantes fondamentales et ses valeurs au moment même où il a commencé à se tourner vers les théories et les doctrines universelles. Une des composantes les plus saillantes de la pensée islamique est sans doute sa capacité permanente de résister à toute agression et à tout ce qui est contraire à nos conceptions et à nos valeurs, tout au long de l'histoire.

8) L'Esprit (*l'ethos*) de l'Islam, sa méthode qui unit les mœurs et la loi (*sharî'a*) à l'ombre de la croyance monothéiste, ne s'opposent pas à la marche de la civilisation qu'il pousse au contraire vigoureusement vers les fins supérieures. En revanche, il s'oppose aux concessions du libertinage qu'impose l'athéisme. La civilisation de l'Islam vise l'émancipation de l'âme et sa libération des entraves des passions et des appétits, en sorte qu'elle ait Dieu pour but, qu'elle soit empreinte d'humanité, qu'elle travaille pour Dieu et fasse le bien pour tout le monde.

9) L'Islam a reconnu que l'existence humaine est régie par des lois (*sunan*) immuables, inchangeables, qui ne cessent de s'exercer selon l'ordre qui leur a été fixé.

10) L'Islam n'accepte pas d'écarter la religion du domaine de la vie sociale; par suite, il a établi une méthode complète comprenant les lignes générales que doit suivre la conduite de l'homme envers soi-même et envers la collectivité.

11) Il est dans la nature de l'Islam de pouvoir réduire admirablement toutes les contradictions sans pencher d'un côté ou de faire prévaloir un plateau de la balance sur l'autre. Il soutient la collectivité et l'individualité, lie le spiritualisme et le matérialisme et intègre totalement l'âme et la raison humaine. Il est dans sa nature de réunir la stabilité et le mouvement; il déclenche le mouvement dans le cadre et sur une base de la stabilité; en même temps qu'il n'approuve pas le fanatisme et le maintien grave, il refuse l'initiative et la liberté non réglées; il exige des musulmans le mouvement, la transformation de leurs moyens et de leurs styles d'existence, l'accueil de toute nouveauté dans le cadre de leurs valeurs et de leurs principes.

12) Il faut bien distinguer le dogme avec ses fondements accessibles et les applications qui en sont faites dans la société islamique, de même qu'il faut distinguer les étapes de puissance et les étapes de faiblesse (de cette société). Les principes fondamentaux de l'Islam demeureront toujours applicables, car ils sont, à l'origine, un idéal. Il n'y a pas de doute que leur suspension et le triomphe d'autres doctrines à l'époque présente sont dus à un simple accident (*'araḍ*) passager comme en connaissent toutes les nations. Les principes islamiques sont assez souples et accessibles pour convenir à toute la société humaine et offrir à ses problèmes les solutions les plus vraies dans le cadre de la foi en Dieu, des mœurs (excellentes), de la responsabilité individuelle effective, de la foi dans la résurrection et la récompense future.

13) La foi dans le Décret et la Toute-Puissance de Dieu telle que l'ont enseignée les religions célestes ont une obligation canonique (*farḍ*) pour les croyants sous le rapport des résultats mais non des causes; les causes relèvent de la responsabilité des croyants qui ont l'obligation de s'évertuer à les utiliser et à se fier ensuite à Dieu pour les résultats. Ainsi, le secret de la grandeur des premiers musulmans réside dans cette croyance dans le Décret et la Toute-Puissance: ils

ont fait tout leur possible pour exploiter les causes jusqu'au bout, en exécution du Commandement de Dieu, sans se soucier des résultats nuisibles et douloureux, en acceptation du Décret de Dieu. La croyance en l'immortalité de l'esprit a été l'un des plus puissants soutiens qui ont poussé les combattants pour la foi (*mujâhidûn*) à affronter la mort sans préoccupation et à minimiser ce monde sans ornements.

14) L'intervention de l'Islam est claire dans toutes les révolutions fomentées contre les entraves qui empêchent la raison de s'exercer ou qui imposent une clique qui garde les secrets et accapare tous les pouvoirs. C'est l'Islam qui a lancé l'appel pour libérer la pensée humaine de l'idolâtrie; c'est lui qui a proclamé le droit de tout homme à comprendre le Livre de Dieu sans intermédiaire; c'est de lui qu'est parti l'appel, la libération de toute oppression tyrannique, à l'étude de l'univers, à la recherche de la preuve, au rejet du conformisme, au refus de l'imitation (*taqlîd*) du faux, au détachement des croyances des ancêtres quand elles ne sont pas établies sur la vérité claire acceptée par le cœur. Grâce à l'enseignement bien compris du Coran, l'humanité s'est émancipée du système de l'esclavage qui a dominé les civilisations antiques (pharaonique, persane, romaine); l'humanité est passée de la méthode de la réflexion spéculative à la méthode expérimentale. Le Coran a invité à prendre en considération les critères de la foi en Dieu et à les placer au-dessus des critères de l'esprit de clan et du racisme. Grâce à la logique du Coran, l'homme a été libéré des dangers que présente l'étude de Dieu, de l'univers, de la mort, de la résurrection.

15) Il n'est pas possible d'expliquer l'histoire islamique par les seules circonstances matérielles ou les défis de l'économie; il existe divers facteurs qui commandent l'histoire des nations.

16) La science a été impuissante à fournir une explication définitive pour toutes choses. Il n'y a pas en Islam de contradictions entre la science et la foi; seule la pensée occidentale a séparé la vision religieuse de la vision rationnelle et scientifique.

17) Les luttes patriotiques ont commencé sous la bannière du combat pour Dieu (*jihâd*) avant de se dérouler sous la bannière du combat pour la patrie. Dans la plupart de ces luttes, l'Islam a été un symbole pour la résistance spirituelle à la conquête et à la domination coloniales; il a été le garant de la persistance de l'unité de langue et de culture.

18) Le mouvement est une des lois de cet univers; de même que chaque astre a une sphère, un cercle, un axe, de même la vie humaine doit avoir un axe fixe, sans quoi elle court à l'anarchie.

19) La séparation de la religion et de l'État provient des données des croyances européennes, mais n'entre pas dans les données de l'Islam qui fait de la religion et de l'État un tout complémentaire. Le christianisme est, par sa nature, une voie fondée sur le culte et les recommandations éthiques; il n'a point de loi séparée, car il n'a été qu'une des missions des Enfants d'Israël qui confirma la vérité de la Thora *(tawrât)* et compléta la Loi *(nâmûs = nomos)*. Le trait distinctif de l'Islam qui fit de lui un système complet est qu'il présente des principes généraux et des bases stables dans le domaine de la consultation *(shûra)*, de la justice, de l'égalité, principes et bases qui conviennent à l'édification d'une société cohérente, qui laissent aux hommes la possibilité de déterminer, au cours de l'évolution et dans la diversité des temps et des milieux, le style approprié, mais qui doivent être reconnus, sans être soumis à aucune évolution ou changement; car ils ne se plient jamais aux changements sociaux, tout comme pour les limites *(ḥudûd)* établies par Dieu au sujet de la fornication, de l'usure, du vin, du vol.

20) La liberté, selon la conception de l'Islam, signifie que l'homme ne demeure pas esclave de ses passions, ni esclave d'un autre que Dieu. L'Islam est le premier à avoir appelé à cette liberté; il a enseigné à l'homme comment la liberté de pensée s'accorde avec l'orthodoxie religieuse. L'Islam a défini « la Vérité » *(al-ḥaqq)* comme générale et englobante pour les musulmans et les non-musulmans, tandis que l'Occident a défini la vérité comme étant une chose en Europe et une chose différente dans les colonies. Les musulmans ont été véridiques en appliquant la liberté de pensée à tous les hommes et en s'en tenant à la règle fondamentale : « *point de contrainte en religion* » (Coran 2, 257). De même que l'Islam a invité à libérer la pensée, il a invité à libérer le corps; c'est la religion qui est venue abolir l'esclavage.

21) La principale caractéristique de l'Islam est sa capacité de coexister avec différentes civilisations et cultures, sa permanence dans divers temps et milieux. En outre, l'Islam est capable de s'ouvrir, d'élargir ses horizons, de s'introduire dans les régions nouvelles de la

terre pour diffuser sa parole. L'Islam unit les libertés et les réglemen-
tations, l'individualisme et le collectivisme, la science et la religion, le
rationalisme et l'affectivité, l'esprit et la matière, la révélation et la
raison, cette vie-ci et l'Autre, le monde du mystère et le monde sensible, la stabilité et l'évolution, le passé et le présent, la conservation et
le renouvellement, l'Islam et l'humanité.

Si l'on admet que l'attitude humaniste est plus nécessaire que
jamais dans toutes les cultures, on doit s'interroger sur les conditions
de possibilité d'un développement de cette attitude dans des sociétés
« musulmanes » fortement sollicitées par un retour plutôt « sauvage »
du religieux. Les nombreux observateurs et spécialistes de l'islam
contemporain n'ont pas assez remarqué que les nouveaux acteurs
sociaux qui s'en réclament lui assignent des fonctions conjoncturelles,
contingentes, idéologiques, voire perverses, fort éloignées des visées
durables transculturelles, métahistoriques communes au fait religieux.
J'ai montré dans divers essais que l'islam actuel est un *refuge* identitaire pour beaucoup de peuples et d'individus déracinés, un *repaire*
pour tous les types de contestataires là où les libertés civiques sont
confisquées obligeant les citoyens à se terrer pour guetter le moment
favorable à l'attaque, un *tremplin* pour les ambitieux attirés par des
réussites sociales, politiques ou cléricales[1]. Il y a aussi des croyants
sincèrement et totalement voués à l'approfondissement de l'expérience intime du divin dans la ligne des grands témoins de la spiritualité religieuse. Ceux-là restent à l'écart des conduites bruyantes,
préfèrent la pratique d'un humanisme spontané à partir d'une instance
éthique et spirituelle personnalisée. Cependant, ces témoins d'une
expérience subjective éprouvent le besoin de s'affilier à une confrérie
dirigée par un Maître spirituel; ils font ainsi allégeance à un islam fortement ritualisé selon les enseignements indiscutés du Maître. Politiquement, une entente tacite s'instaure entre le Maître cantonné à
l'exercice de l'autorité « spirituelle » et l'État qui garde un contrôle
strict sur tout débordement dans l'espace public. On retrouve ainsi les
mécanismes habituels de l'étatisation de toute expression religieuse.

Ajoutons qu'aucune catégorie sociale n'échappe aux processus
inexorables de recomposition du croire; à tous les niveaux de la

---

1. « Algeria » in *The politics of Islamic revivalism*, Sh. T. Hunter (éd.), Indiana
University Press, 1988, p. 171-186.

manifestation sociale, on bricole des cohérences subjectives en observant telle obligation canonique plutôt que telle autre, en consommant du vin, mais non le porc ou l'inverse; en se libérant de l'autorité des sourates médinoises, mais non des mekkoises, en doutant de l'authenticité du ḥadîth, mais pas du statut sacré et incréé de la Parole de Dieu dûment recueillie dans la vulgate coranique, etc. On choisit de la même façon ce qui convient ou contrarie dans le riche menu de la modernité. On ne se posera pas de questions sur la construction socioculturelle de tout croire et sur ses métamorphoses à travers l'histoire; on répète et enseigne pieusement la biographie (*Sîra*) du prophète, de 'Alî, des Compagnons (*ṣaḥâba*) dans la forme et les contenus légués depuis les trois à quatre premiers siècles de l'Hégire, sans jamais s'autoriser à prendre connaissance des relectures critiques proposées par les chercheurs – surtout occidentaux – depuis une dizaine d'années notamment [1]. On observe de plus en plus dans tous les domaines de la construction et du travail de soi sur soi du sujet humain, le triomphe du bricolage vécu comme un mode « rationnel », en tout cas fonctionnel, d'intégration dans la société, la modernité, le monde contemporain. Il faudrait affiner l'analyse comparée des modes d'insertion de soi dans la famille, le village, la ville, la société globale, la mémoire collective, les espaces géopolitiques en contextes islamiques et en Occident, pour mesurer exactement les distances qui séparent chaque citoyen, chaque personne, chaque sujet de droits et d'obligations, des impératifs de l'attitude humaniste telle que je m'efforce de la construire dans la perspective d'un humanisme vécu sans frontières fermées.

Cette situation explique pourquoi le retour ou plutôt l'expansion psycho-socio-politique du religieux dans ses diverses manifestations contemporaines, doit être qualifié de sauvage. Dans le cas de l'islam, le retour se fait dans un champ intellectuel et scientifique étroit, précaire, contesté, surveillé; dans une tradition de pensée affaiblie, appauvrie par des siècles de scolastique, dans une conjoncture historique dominée par une multiplicité de défis difficiles ou impossibles à relever. Rappelons les défis grandissants et jamais relevés jusqu'ici : les Partis-États autoritaires, voire prédateurs, travaillant contre les peuples, la nation et la société civile; l'absence de société civile

---

1. Voir les travaux récents de H. Motzki.

comme vis-à-vis respecté et autonome de l'État de droit; le poids considérable de la démographie avec une jeunesse frustrée, sans mémoire historique tant soit peu critique, ni futur visible; une vieillesse délaissée et dévaluée; une insécurité sociale croissante avec l'extension du chômage, de la pauvreté, de la marginalité, de l'exclusion; des économies fragiles, mal gérées, strictement dépendante d'une « aide » extérieure, elle-même détournée de ses objectifs sociaux par des gérants prévaricateurs, exposés à la corruption, incompétents; une classe privilégiée évoluant dans des enclaves socio-économiques plus liées aux grands circuits de production et d'échange mondiaux qu'aux besoins d'investissement et de production propres à chaque société; des cultures désintégrées, envahies par les discours idéologiques, les divertissements de masse et les modèles standard du marché hégémonique...

Dans des conditions aussi défavorables, avec tant de facteurs négatifs réunis dans la même conjoncture historique, comment expliquer que l'humanisme spontané conserve une certaine présence assez efficace pour nourrir l'espérance chez les plus démunis? Il est vrai que la recomposition des fonctions du religieux revêt partout une double signification: elle limite les désespoirs et les dérives psychologiques et sociales; elle fait apparaître de nouvelles formes de solidarité sociale en soulageant des solitudes, des misères, des exclusions; mais ces avantages indéniables ont toujours un coût intellectuel, culturel et politique exorbitant pour les individus comme pour la société dans son ensemble. Seule une sérieuse **sociologie de l'espérance** – problématique totalement ignorée par la littérature politologique sur ce qu'elle appelle l'islam – permettrait d'évaluer avec plus d'équité les effets positifs et négatifs des transformations liées à ces phénomènes complexes qu'on se contente de stigmatiser sous les noms de fondamentalisme, d'intégrisme, de violence, radicalisme ou rage de l'islam. On saisit là une des grandes faiblesses épistémologiques des sciences sociales appliquées à l'étude du religieux en général, de l'islam en particulier après les phases éphémères de la mort de Dieu et de la mort de l'Homme avec H majuscule. Les présupposés philosophiques implicites au combat de la raison des Lumières contre le cléricalisme continuent de conditionner les perceptions et les interprétations dès que resurgit la violence rapidement et univoquement qualifiée de religieuse. Dans le cas de l'islam, les théologies chrétiennes et islamiques ont légué depuis le Moyen Âge les argumentaires nécessaires pour prononcer des exclusions réciproques. La raison des Lumières a cru pouvoir refonder ces argumentaires sur des connaissances scientifiques irréfutables. Le seul fait d'énoncer ces réserves sur la validité des postures épistémologiques de la raison des Lumières face au fait religieux suscite chez beaucoup d'auditeurs et de lecteurs contemporains des réactions polémiques parce qu'on ne sait pas encore différencier le concept de fait religieux de celui des religions particulières. Le fait religieux pose des problèmes de portée anthropologique qui sont en amont des problèmes posés par les religions particulières; c'est ce qu'on vérifiera dans plusieurs chapitres de ce livre.

Dans les années 1930, le philosophe chrétien J. Maritain s'était trouvé dans une situation comparable à celle que doivent affronter les penseurs musulmans d'aujourd'hui. Intellectuel néo-thomiste engagé comme Emmanuel Mounier dans les grands débats sur l'humanisme laïc visant « *la construction d'une société sans Dieu* » selon le programme de Jules Ferry, il a tenté de rappeler que la foi chrétienne nourrit un « *humanisme intégral* » en portant un égal accent sur les vertus théologales la *foi*, la *charité* et l'*espérance* et sur tous les acquits intellectuels, scientifiques et politiques de la raison des Lumières. L'homme avec Dieu assouvit tous les besoins spirituels et intellectuels de son déploiement existentiel plus intégralement que l'homme sans Dieu. Un autre philosophe chrétien, historien de la pensée médiévale, Étienne Gilson défendait au même moment la possibilité d'une philosophie chrétienne que rejetait radicalement son collègue à la Sorbonne Émile Bréhier. Ces discussions ont un regain d'actualité avec le retour du religieux que l'establishment académique et universitaire des années 1920-1930 rejetait dans le désuet, l'inutile (Dieu, hypothèse inutile), l'ancien, le primitif, le résidu, les survivances. Les chercheurs français, anglais, hollandais de l'époque ont abondamment documenté cette posture positiviste en explorant les sociétés colonisées d'alors (voir la littérature ethno-sociologique sur le Maghreb).

Aujourd'hui, le poids humain et politique des religions oblige les chercheurs et les responsables politiques à reconsidérer les rapports du religieux, du politique et du philosophique. Cependant, si les sciences de l'homme et de la société ont accumulé plus de connaissances

fiables sur plusieurs religions, la réflexion philosophique et les théologies ne sont guère plus aptes à dépasser les clivages anciens et les
constructions obsolètes de la croyance que dans la première moitié du
xxᵉ siècle. Qu'en est-il de l'exemple de l'islam aujourd'hui? Je
réponds longuement à cette question dans le chapitre suivant sur les
tâches des intellectuels et le chapitre 3 sur l'écriture de l'histoire. On
verra que je m'efforce de dépasser le cadre académique de pensée,
d'analyse, d'argumentation et d'écriture qui reste cependant indispensable pour refonder la relation des sociétés dites musulmanes avec
des héritages religieux et culturels qui continuent d'être sollicités
sur le mode mythoidéologique contraire à l'attitude humaniste. C'est
pourquoi j'inclue dans ce volume deux témoignages autobiographi-
ques qui montrent clairement comment l'attitude humaniste s'inscrit
progressivement dans des contextes historiques aussi différents que
ceux d'un village kabyle au début des années 1950, les milieux universitaires sophistiqués dans les capitales européennes et américaines,
ou des sociétés lointaines comme l'Indonésie, l'Ouzbékistan, le
Pakistan. **Car l'humanisme assume tous les dépaysements, toutes
les étrangetés, tous les défis de la condition humaine sans cesse
mise à l'épreuve de violences et d'oppressions renouvelées.**

Partout, il s'agit de sortir des impasses historiques où les volontés
de puissance politique, économique et technologique ont enfermé la
condition humaine depuis le triomphe mondial des lois d'airain du
marché. Ces lois codifient la civilisation matérielle dont la genèse
historique en Europe connaît aux États-Unis des amplifications mises
au service d'un seul État-nation. L'hégémonie mondiale de l'Europe
dans la phase coloniale est considérablement durcie depuis la fin du
monde bipolaire qui a généré entre 1945 et 1989 un Tiers Monde
devenu désormais le monde résiduel des sociétés qui ont utilisé des
fragments de modernité pour hâter dangereusement leur désintégration de l'intérieur. Depuis le 11 septembre 2001, les responsabilités
historiques sont diluées dans les diabolisations réciproques des protagonistes tant dans les guerres civiles que dans les nouvelles guerres de
conquête et de domination. Une course est ouverte pour la conquête du
statut de victime devenu l'argument fondateur de la « guerre juste »
menée par les démocraties les plus avancées comme par les États
qualifiés à juste titre de voyous. On ne peut plus invoquer ni des

valeurs supérieures, ni des légitimités respectables, ni des gloires anciennes, ni des transcendances sacralisantes sans soulever l'ironie condescendante des cyniques, la résignation des plus faibles, la tristesse de ceux qui continuent malgré tout à croire dans les ressources de l'esprit humain. On aura compris que je me situe dans cette dernière catégorie. Mais combien de temps encore la raison pourra-t-elle résister aux violences des foules en colère, aux guerres menées sous des bannières comme le parti de Dieu, la guerre sainte, la Justice et le Développement, les Fronts de libération, l'Axe du Bien contre l'Axe du Mal, la démocratie et les droits de l'homme, la liberté illimitée, la construction nationale, contre l'intolérable terrorisme, les oppressions tyranniques, les divisions anarchiques ? Et jusqu'à quand la raison se contentera-t-elle de dénoncer les techniques de travestissement de tous les systèmes d'inégalités et d'exploitation par des discours « humanistes » et des actions « humanitaires » ?

Non, l'attitude humaniste cesse désormais d'être naïve, rêveuse, romantique et manipulable ; elle sait qu'aucune guerre propre, aucune torture, aucune armée, aucune mafia politico-financière, aucune fraude électoraliste, aucun chant révolutionnaire, aucune fausse transcendance ne pourront venir à bout de l'insondable vocation du sujet humain à la liberté intérieure et aux élans créateurs pour faire reculer toujours plus les limites de la condition humaine.

CHAPITRE II

CONCEPTIONS DU BONHEUR ET QUÊTE DU SALUT DANS LA PENSÉE ISLAMIQUE

Le bonheur, c'est d'en donner. (Saint Augustin)

Il ne faut pas oublier que dès que la vie matérielle est bien assurée dans le plein sens du mot, tout le bonheur reste à faire. (Alain)

C'est cela le Bonheur parfait (dhâlika huwa-l-Fawzu-l-'azîm). (Coran)

PROBLÉMATISER LA RECHERCHE

Je retiens deux concepts clefs : Bonheur et Salut. Je les écris avec des majuscules pour suggérer la ferveur communicative, les espérances irrépressibles, les développements obsédants, presque ritualisés qu'ils ont nourris en contextes islamiques, aussi bien chez les philosophes hellénisants que chez les croyants les plus fidèles à l'enseignement coranique. Voilà pourquoi je parle de conceptions au pluriel : plusieurs courants de pensée ont, en effet, privilégié la quête de ce qu'on appelle Bonheur ou Salut – selon que l'on accentue la vision philosophique dans la ligne de l'*Éthique à Nicomaque* ou l'inspiration spiritualiste des mystiques, eux-mêmes liés à différentes tendances ésotéristes ou néoplatoniciennes.

Au-delà de l'exemple islamique illustré par une littérature exubé-
rante, les thèmes du Bonheur et du Salut renvoient à des paradigmes
existentiaux, je veux dire des modèles de réalisation intellectuelle,
morale, spirituelle de la personne humaine. La nostalgie de l'être
parfait, le « *dur désir de durer* » (Apollinaire), le désir d'immortalité
ont longtemps permis aux hommes de vivre mentalement bien au-
dessus des limites biologiques, sociales, politiques de leur condition
réelle. Toutes les formes d'expression artistique, littéraire, religieuse
convergent vers le Bonheur suprême par le dépassement de soi. À
ce niveau d'aspiration, d'effort démesuré pour ressembler à Dieu
(*ta'alluh*), les frontières théologiques qui séparent si radicalement les
religions, la théologie et la philosophie, s'effacent dans toutes les
traditions de pensée. On peut parler d'une forme de l'humanisme
adapté à un stade de la pensée critique, de la connaissance scientifique
dans les limites longtemps infranchissables des lois de la nature. À cet
égard, le fait que des mouvements politiques créent un amalgame
entre le « Salut » eschatologique et le salut terrestre en engageant les
masses dans des luttes pour le pouvoir en dit long sur les forces régressives en travail dans les sociétés « musulmanes » d'aujourd'hui. Car la
connaissance scientifique est en train de bouleverser les tracés de ces
limites, tout en faisant apparaître d'autres limites qui suscitent de la
part des hommes des réponses différentes soit pour les transgresser,
aller plus loin dans l'émancipation, soit pour aller chercher dans
des mouvements sectaires, l'astrologie, voire la magie, des formes de
bonheur que les religions traditionnelles ne donnent plus là où domine
la culture de l'incroyance.

Et pourtant, on ne peut plus traiter des thèmes obsédants comme le
bonheur, l'amour, la justice, la tolérance, les droits de l'homme sans
convoquer les grandes traditions religieuses. On commet ainsi des
anachronismes scandaleux pour être en règle avec les impératifs de la
political correctness. On fait appel indistinctement à des gestionnaires
de la foi, à des chercheurs spécialisés, ou plus rarement, à des penseurs
critiques. Dans le cas de l'islam, on fait venir la personne disponible :
un imam, un essayiste prolifique, mais étranger aux interrogations de
la pensée critique, un rhéteur militant, un professeur fidéiste, voire
obscurantiste… : peu importe, puisqu'il s'agit seulement de ne pas
encourir l'accusation de marginaliser une grande religion. Le choix

d'une personne compétente ne garantit pas toujours un résultat satisfaisant du point de vue de la réception d'une présentation critique
inhabituelle de la place et des enseignements réels de l'islam par
rapport aux autres religions et surtout à la modernité. Les musulmans
refusent ou comprennent mal l'objet de la critique ; les non musulmans
veulent entendre les critiques stéréotypées sur la guerre sainte, le
voile, la condition des femmes, la violence, l'obscurantisme, etc. À
force de relever ces défis devant des audiences variées, mes *Combats
pour l'humanisme en contextes islamiques* se sont progressivement
élargis au-delà de l'exemple islamique pour prendre en charge notamment tout ce qui se passe dans les sociétés où le bonheur consiste à
exiger toujours plus « d'acquits sociaux » irréversibles.

Une présentation historique de la place du Bonheur et du Salut
dans la pensée islamique classique ne peut faire abstraction des ruptures intellectuelles, spirituelles, culturelles que signale l'usage militant
d'un vocabulaire à fortes résonances religieuses comme *Jihâd*, cause
de Dieu, parti de Dieu, paradis, Salut éternel dans un contexte radicalement politisé, sécularisé où s'accomplit plus la désintégration, sans
doute irréversible, des valeurs et du sentiment religieux tels qu'ils ont
fonctionné dans la pensée et les cultures antérieures aux années 1950.
Ce vocabulaire enflamme, en effet, les imaginaires qu'il s'agit de
mobiliser dans des luttes violentes bien éloignées de la quête rituelle,
patiente, pacifique du Salut de l'âme et de la félicité dans l'Autre vie.
Même le mot *Jihâd* aujourd'hui confisqué par les mouvements terroristes a longtemps désigné le combat spirituel du mystique pour cheminer vers l'union avec Dieu. Ce rappel est devenu un lieu commun
éculé et sans portée concrète dans les polémiques entre musulmans et
occidentaux autour des usages du concept si disputé, si galvaudé de
Jihâd. Un immense désordre sémantique a gagné les régions les plus
intimes, les plus délicates, les plus essentielles de la conceptualisation
dans les langues d'expression de l'islam et notamment l'arabe, langue
du Coran et des grands Corpus de la croyance.

Ainsi, l'étude du Bonheur et du Salut dans le cas qui nous occupe,
permet non seulement de situer historiquement la pensée islamique
par rapport à ce que les historiens appellent l'espace mental médiéval,
tel que le révèlent les expressions juives (en hébreu ou en arabe) et
chrétiennes (en grec, en latin, en syriaque, en araméen, en arabe) ;

mais, plus essentiellement, de penser – au sens le plus critique – les ruptures qui affectent aujourd'hui la conscience islamique dans le contexte d'une crise plus générale de la raison, désormais incapable d'articuler un discours crédible, psychologiquement efficace, ni sur le Bonheur abordé philosophiquement, ni sur le Salut espéré spirituellement, justifié théologiquement. On dira que cette crise de la raison et l'absence d'horizon de sens sont désormais des données communes à toutes les cultures du monde. La Lumières européennes ont promis de construire un bonheur concret accessible à chaque être humain hors de toutes frontières religieuses, ethniques ou politiques. Ce bonheur terrestre palpable garanti par la gouvernance d'un État républicain démocratique devait remplacer le bonheur rêvé, imaginé, légendaire et cependant bien localisé dans un temps éternel et un espace divin, céleste des religions traditionnelles. Nous savons ce qu'il en est de cette promesse; on y reviendra. Retenons que l'intérêt du thème du Bonheur et du Salut selon la trajectoire islamique, c'est de montrer d'une part le socle philosophique et anthropologique commun aux trois religions monothéistes, d'autre part les différences significatives des processus de sortie ou de désintégration de la posture religieuse dans le judaïsme, le christianisme et l'islam.

La tâche, on le voit, est malaisée, si l'on veut viser dans un même mouvement de la pensée la rigueur et l'exhaustivité dans l'enquête historique et le repérage des conditions de possibilité d'une réactivation d'une philosophie du Bonheur et éventuellement d'une théologie du Salut dans l'État actuel de régression de la pensée, de la culture, de la pratique politique et éducative en contextes islamiques. S'il est relativement aisé de reconstituer historiquement la genèse et les diverses expansions de l'idée de bonheur et de la quête du salut, surtout au Xe siècle, période éphémère de diffusion d'un humanisme d'expression arabe, la recherche philosophique du Bonheur et la quête spirituelle du Salut se heurtent aujourd'hui à des obstacles structurels et institutionnels insurmontables. À moins de considérer comme signes positifs du retour du religieux, l'expansion d'un sacré manipulé et la multiplication des confréries avec leurs *zawiyas*[1] traditionnelles qui servent, en fait, de contrepoids politique à l'islam violent des mouvements terro-

---

1. Institutions d'enseignement et de pratiques religieuses collectives sous la direction d'un maître de la confrérie.

ristes dont l'objectif réel est la prise du pouvoir après l'élimination des régimes jugés impies.

LE PARADOXE DE L'ISLAM

L'islam comme sphère et cheminement particuliers de production de l'existence humaine enferme ses fidèles et tous ceux qui en font un objet d'étude dans un paradoxe rarement explicité. Ses expressions les plus originales, les plus dignes d'intérêt, les plus fécondes en termes de civilisation se situent dans une période lointaine nommée Moyen Âge dans les découpages chronologiques de l'histoire européenne. Les repères chronologiques de cette période sont 610/1300 environ. Le « Livre » nommé Coran est la première émergence fulgurante de cette créativité. On ne peut aborder aucun problème mineur ou majeur, aucun domaine de la connaissance et de la pensée sans référer à la Parole instauratrice devenue Source de la Loi, garante des valeurs et des principes axiologiques, puissance d'inspiration, Instance ultime de l'autorité pour tous ceux qui l'ont reçue telle qu'elle se définit elle-même dans son articulation linguistique.

Quand vers 1300 la créativité intellectuelle, culturelle, civilisationnelle s'épuise dans tous les domaines, le Coran continue à s'imposer comme la référence obligée pour les fidèles qui cessent progressivement de s'interroger sur cette contrainte devenue rituelle après avoir été un stimulant pour la vie de l'esprit et le renouvellement des connaissances. Le paradoxe de l'islam réside dans l'acceptation individuelle et collective de l'enfermement de l'existence dans une référence obligée vécue comme une inscription scrupuleuse dans l'histoire terrestre de ce que Dieu et Son Prophète ont déclaré licite ou illicite. Un fossé se creuse dans chaque parcours de vie entre la conviction que la Parole de Dieu et le Modèle exemplaire du Prophète fondent et orientent le déroulement de l'histoire terrestre entièrement illuminée par ce que la théologie chrétienne appelle l'histoire du Salut, et la réalité objective d'une évacuation constante et radicale de tout ce que la pensée moderne a conquis en pensant l'historicité de la condition humaine.

C'est à l'intérieur de ce paradoxe qu'il faut tenter de saisir les avatars de la recherche du Bonheur et de l'attente eschatologique du Salut dans la pensée islamique. On verra comment le paradoxe se complexifie dans les contextes de l'islam contemporain qui donne l'impression de peser efficacement sur l'histoire concrète, alors qu'il continue de s'en éloigner pour chercher refuge dans l'invocation de plus en plus obsédante et dogmatique de la Référence obligée soustraite à toute confrontation décisive avec les grands démentis que lui infligent la connaissance moderne et les richesses révélatoires de l'histoire en cours. Je vais m'efforcer de montrer comment la thématique du Bonheur et du Salut, telle que nous l'a léguée la pensée classique peut conduire à des interrogations, des révisions, des réévaluations des connaissances et des conduites par delà les espérances eschatologiques banalisées en paradis d'Allah et les courses à des bonheurs aliénants dans les sociétés de consommation et du spectacle. Dans les deux cas, les enjeux de l'évolution traduisent la rupture avec l'intellect dans la ligne de l'*Éthique à Nicomaque*, avec l'âme et son immortalité dans la ligne spirituelle monothéiste.

Avant d'en venir aux représentations du Bonheur/Salut dans la pensée islamique, il est utile d'expliciter davantage ce que j'appelle le paradoxe de l'islam en esquissant une analyse comparée de l'histoire du Salut dans la pensée chrétienne et de l'usage caricatural jusqu'au tragique que des musulmans font de l'idée de Salut et donc de Bonheur en l'instrumentalisant comme ressort des mouvements fondamentalistes allant jusqu'à la dérive tragique du terrorisme international. On verra que cette comparaison permet de dépasser la quête du Bonheur/ Salut pour atteindre le niveau anthropologique de la nature et des fonctions du fait religieux.

Dans un livre récent, le philosophe italien Gianni Vattimo accorde une portée fondatrice et universelle à l'idée d'histoire du Salut telle que l'a travaillée déjà l'Abbé cistercien Joachim de Flore (1130-1202) pour en faire

> une idée de base encore en cours ; c'est parce que l'histoire du salut n'est pas achevée que l'on peut encore parler de prophétie tournée vers le futur, mais pour cette même raison la prophétie ne peut, sans se contredire, prétendre à une littéralité réaliste... Ce qui légitime Joachim dans son interprétation prophétique de l'Écriture *au-delà* de Jésus, c'est la

conviction que nous sommes désormais dans l'ère de l'Esprit, où précisément, la Bible ne doit plus être interprétée en termes littéraux... Ce qui a fasciné tant de penseurs, de philosophes, de poètes européens dans le legs spirituel de Joachim, c'est toujours et encore sa conception du caractère... historique du salut, aussi bien en tant qu'il s'agit d'un processus encore en cours, que parce que c'est une aventure qui implique l'histoire du monde et non pas seulement le choix individuel d'accepter le patrimoine, définitivement établi, de la foi[1].

Je ne dirai pas que la réflexion de Vattimo est immédiatement convaincante surtout quand il rejoint la position de René Girard, ou sur un autre registre plus laïc, de Marcel Gauchet, pour écrire

C'est peut-être cela (l'histoire du salut comme histoire de l'annonce) le caractère du message judéo-chrétien qui constitue un cas unique dans l'histoire des religions et qui, au-delà de toute prétention impérialiste ou eurocentrique, en fait un candidat raisonnable au statut de religion universelle[2].

Venant d'un philosophe critique qui assume toutes les conséquences de la mort de Dieu et de la fin de la métaphysique classique, cette position oblige l'historien-penseur de la pensée islamique que je suis non pas du tout à entrer en polémique sur un sujet sérieux, mais au contraire, à creuser comme je le fais, l'hypothèse plausible que la tradition islamique a justement manqué ce parcours fondateur d'une interprétation doublement féconde du Salut : elle est féconde intellectuellement en libérant la fonction révélatoire du discours prophétique des lectures littéralistes, de sorte que le salut est compris et vécu comme la continuité de la fonction révélatoire de l'histoire comme suite toujours plus enrichissante d'événements concrets; elle l'est spirituellement parce qu'elle permet de dynamiser l'historicité de l'histoire «événementielle», notre histoire terrestre où s'inscrivent les destins des personnes et pas seulement des individus-citoyens, par la référence à l'espérance de salut indissociable de l'historicité post-métaphysique et métathéologique au sens des théologies dogmatiques littéralistes. La donnée historique qu'illustre la pensée de Joachim et son historique renforce la thèse de M. Gauchet sur le christianisme

---

1. *Après la Chrétienté. Pour un christianisme non religieux*, Paris, 2004, p. 49 et 53.
2. *Ibid.*, p. 45.

comme religion de la sortie de la religion, à condition d'ajouter que ce christianisme là doit son statut privilégié à la continuité historique d'une tension éducative entre la ligne philosophique partant de la Grèce présocartique et classique et la ligne de ce que j'appellerai non pas le judéo-christianisme, mais le **grand axe prophétique de l'annonce du Salut** et le **discours** également **prophétique** qui réserve encore parmi nous une histoire continue de l'annonce. Vattimo et tous les penseurs « judéo-chrétiens » qui ont nourri la tension éducative ont beau s'innocenter du péché eurocentriste, ils partagent la même ignorance, la même indifférence à l'égard de l'exemple de l'islam ; comme l'a reconnu P. Ricœur avec une touchante franchise, comme l'a prouvé E. Lévinas par son silence total au sujet de cette excroissance contingente du judéo-christianisme, l'islam tel qu'il se présente à eux n'a aucune pertinence dans le lent travail du concept d'histoire du Salut.

Je n'ai pas eu le temps d'examiner de près sous ce rapport précis l'œuvre immense d'Ibn ʿArabî et les commentaires non moins massifs qu'elle a suscités du côté musulman et du côté euro-chrétien. On peut dire cependant que cette œuvre et bien d'autres justifient amplement la nécessité d'élargir au parcours islamique de l'histoire du Salut ce que je viens d'appeler le grand axe prophétique de l'annonce du Salut et le discours également prophétique. Cet élargissement ne vise nullement à faire entrer de force l'islam dans le club fermé et bien gardé du judéo-christianisme, construction théo-fidéiste rejetée également par les juifs. Je crois pouvoir dire que j'ai précédé G. Vattimo dans mes efforts depuis longtemps pour ouvrir l'espace d'une connaissance et d'une réflexion critiques pour inscrire dans un futur de la pensée et de la production de l'histoire des hommes, un **Après l'islam** donné à comprendre et à vivre comme **un islam non religieux** en ce sens qu'il se donnera tous les moyens intellectuels, scientifiques, culturels, politiques d'entrer dans l'ère d'une *Autre* Histoire du Salut.

Le lecteur jugera à quel point cette digression aidera à faire sentir et partager les enjeux d'un combat décisif pour un *Autre* humanisme. Je ne me suis jamais contenté de rappeler rituellement, paresseusement les contributions de l'islam à la pensée et aux cultures des hommes. Je donne toujours la priorité au cadre théorique qui permet de situer et de repenser historiquement, intellectuellement, anthropologiquement les doctrines et les œuvres culturelles liées à l'islam.

Bonheur et salut dans la pensée classique

Je présenterai d'abord, en guise d'introduction, quelques observations sur ce que j'entends par contextes islamiques; j'examinerai ensuite les conditions et les étapes de ce que les philosophes ont appelé la conquête du Bonheur (*Taḥṣîl al-Saʿâda*) et de ce que les différents courants de spiritualité ont enseigné et pratiqué, en particulier en milieu de culture de l'incroyance sous le nom d'Essentiel Désir (*ʿIshq*)[1].

Le concept de *Cité musulmane* a été naguère utilisé par Louis Gardet comme titre d'un ouvrage longtemps cité par les islamologues[2]. Il n'est pas sans liens avec les visées théologiques de saint Augustin dans *la Cité de Dieu*. Théologien thomiste très orthodoxe, L. Gardet avait construit un modèle théorique statique sur la base de textes médiévaux dont la pensée essentialiste, substantialiste, sacralisante, transcendantalisante, ontologisante... a été transposée, sans critique philosophique et historique, dans les langues européennes. Ce modèle continue de fonctionner dans la littérature politologique qui a déferlé depuis une trentaine d'années dans toutes les langues occidentales. Au lieu de le soumettre à la critique moderne, les chercheurs musulmans, dans leur grande majorité, l'ont, au contraire, renforcé, diffusé à des fins d'autofondation de la Communauté, d'apologie défensive et éventuellement offensive, accréditant un Islam donné à intérioriser et à vivre comme source et instance de Salut historique dans cette vie-ci et spirituel dans l'autre.

Parler de contextes islamiques, c'est transférer à l'étude historique, sociologique et anthropologique des sociétés travaillées par le fait islamique, tout ce qu'on rattache uniformément, abstraitement, arbitrairement à l'Islam devenu un mot-sac avec majuscule. Ce transfert est une nécessité scientifique impérieuse quand il s'agit d'étudier la pensée islamique et les doctrines religieuses ou métaphysiques. La méthode et les postulats métaphysiques de l'histoire des idées décon-

---

1. Je me suis déjà longuement exprimé sur ces grands thèmes dans les ouvrages suivants: *L'humanisme arabe au ive-xe siècle*, 2e éd., Paris, Vrin, 1982; *Essais sur la pensée islamique*, 3e éd., Paris, 1984; *L'islam, morale et politique*, UNESCO, Paris, Desclée de Brouwer, 1986; « *ʿIshq* », *Encyclopédie de l'Islam*, 2e éd.

2. La première édition remonte à 1967.

textualisées résistent dans le cas de la pensée islamique plus que pour les systèmes de pensée en contextes occidentaux. L'élargissement des explorations et des analyses aux divers groupes ethniques, aux niveaux savants et oraux des cultures, aux configurations des imaginaires sociaux selon les langues, les idiomes populaires et les appartenances religieuses, commence à s'imposer avec des chercheurs généralement isolés et disposant de soutiens précaires. Je pense aux croyances et aux idées zoroastriennes, manichéennes, mésopotamiennes, arabes (antéislamiques), chrétiennes, juives dans leurs expressions en langues multiples, avant l'expansion de l'arabe comme langue intellectuelle et administrative. Il n'est pas acceptable scientifiquement de mélanger sous l'étiquette *islam* tant de sources, de croyances, de systèmes de représentation demeurés vivants sous le contrôle politique global de l'ancien califat ou sultanat, ou, aujourd'hui, d'États laïcisants, mais contraints par leurs oppositions au nom de l'islam, à afficher une politique religieuse ostentatoire. La surenchère ancienne et toujours actuelle sur l'orthodoxie des positions dogmatiques dans un Islam disputé comme tremplin idéologique, a toujours voilé les processus d'idéologisation, de mythologisation qu'accélèrent aujourd'hui aussi bien les « 'ulamâ » ou gestionnaires du sacré, que les manipulateurs de toutes appartenances sociales et politiques, mais également ignorants de la tradition et de la pensée islamiques classiques.

Ainsi, l'historien doit conquérir la notion d'un contexte islamique qui ne soit plus perçue et instrumentalisée comme la promotion idéologique et culturelle d'un Islam omnipotent, triomphateur dans tous les espaces sociaux conquis par le pouvoir omeyyade, puis abbaside, puis impérial (ottomans, safavide, moghol) depuis 661 jusqu'à l'abolition par Atatürk en 1924 du sultanat ottoman. L'islam comme système de croyances et de représentations est plutôt un facteur de dynamisation des confrontations, des échanges, des interpénétrations entre de nombreuses traditions de pensée et de culture demeurées vivantes, productives de l'Inde à l'Andalousie, de l'Arabie à l'Asie Mineure et Centrale. Et dans le vaste mouvement de transfert et d'appropriation des croyances, des rituels, des symboliques, des mythologies, des institutions, des postures de la raison..., l'historien n'a pas encore suffisamment mis en évidence les continuités, les récurrences, les réactivations de mécanismes de représentation et d'articulation du **sens commun** dans des espaces historiques et sociaux qui se sont considérablement élargis démographiquement et répandus dans l'espace depuis les années 1960. Le mot-sac a ainsi reçu toutes les complexités, les manipulations, les expansions imaginaires générées par ce qu'on résume dans trois autres mots-sacs : fondamentalisme, intégrisme, terrorisme.

Pour restituer à l'islam la profondeur de ses enracinements et le pluralisme de ses horizons de sens, j'ai longtemps utilisé l'expression **espace gréco-sémitique**. Il s'agit pour l'historien de la pensée notamment, d'opérer un remembrement indispensable dans l'histoire générale des idées, des représentations, des imaginaires sociaux, des mémoires collectives, des valeurs, des croyances et des non-croyances comme lieux de différenciation et d'identification des religions. Avec la multiplication des rencontres euro-méditerranéennes depuis leur première tenue à Barcelone en 1995, il m'a semblé plus pertinent de parler d'espace géohistorique méditerranéen (voir mon article dans *Diogène* 2004/206). Cet espace de grandes confrontations et d'échanges s'étend de l'Indus aux côtes atlantiques de l'Afrique du Nord; aujourd'hui plus que jamais, il exige un travail de remembrement. J'ai utilisé ce concept en 1974 pour assigner à l'historien d'une conscience islamique non pas un travail œcuménique de rapprochement entre les grands schismes (Sunnites, Shî'ites, Khârijites) issus de la grande querelle (*al-fitna-l-kubrâ*) de 661, mais une archéologie du socle anthropologique commun à la genèse des trois monothéismes et aux systèmes de pensée, de représentations, de connaissances et de construction symbolique du Proche Orient ancien, de Grèce, de Rome et autres centres connus. Cette archéologie est poursuivie par les savants européens depuis le XIXe siècle; mais elle a surtout nourri jusqu'ici les curiosités et les cultures de musée. Son apport épistémique et épistémologique le plus décisif consisterait à montrer comment les systèmes de pensée théologique construits au Moyen-Âge ont ignoré – c'était leur impensable – ce concept d'archéologie qui est une conquête moderne. Il se trouve que le fonctionnement des trois expressions du monothéisme continuent d'ignorer cette direction de la critique de la raison théologique pour sortir des exclusions réciproques utilisées comme base de légitimation des guerres interreligieuses prolongées dans les affrontements récurrents entre juifs, musulmans et chrétiens, relayés et amplifiés avec l'épreuve coloniale et ses suites en cours.

Le remembrement permet aussi la réinsertion de la pensée islamique non seulement dans son socle anthropologique réel, mais dans l'*épistémè* commune à la pensée médiévale quand elle s'exprimait en arabe et pas encore en latin et dans les langues européennes. Les historiens comme J. Wansbrough, É. Gilson, M. de Gandillac, J. Jolivet, Alain de Libera... ont touché à cet aspect libérateur pour une relecture plus ouverte du fait religieux et de la pensée philosophique dans l'espace méditerranéen. Grâce à ces orientations de la recherche et de l'enseignement, on suivra mieux :

1) la diffusion des structures anthropologiques d'un imaginaire marqué par l'axiologie des valeurs, des représentations symboliques liées à l'univers sémitique (hébreu, araméen, syriaque, arabe comme logosphère d'expansion du monothéisme, du prophétisme, de la sotériologie ou attente eschatologique du Bonheur/Salut) ;

2) l'impact du logocentrisme aristotélicien sur les usages de la raison argumentative, démonstrative, rhétorique sur les modalités juives, chrétiennes et islamiques de la pensée religieuse en compétition ou en opposition déclarée avec la pensée philosophique et scientifique jusqu'à nos jours.

On mesurera mieux encore l'importance cognitive et la portée intellectuelle du concept de remembrement si l'on rappelle l'impact idéologique sur l'imaginaire européen/occidental de la fameuse thèse développée dans les années trente par l'historien belge Henri Pirenne. Selon cette thèse qui a un grand regain d'actualité idéologique depuis le 11 septembre 2001 et ses suites, l'islam comme nouvelle force de soulèvement historique des peuples, a rompu la *Pax romana* d'une *Mare Nostrum* unifiée par Rome, puis par le christianisme. Ce n'est pas ici le lieu de montrer qu'on doit, en effet, s'intéresser à l'histoire des ruptures et des frontières qui continue de peser sur l'avenir de l'espace méditerranéen et non pas seulement de ce que les États-Unis appellent Middle East et depuis peu le Grand Moyen Orient. Il y a beaucoup à apprendre d'une telle histoire critique, réceptive aux ouvertures que je suis en train de proposer pour parler dans la perspective d'une pensée et d'une culture humanistes de paix, notamment dans ce monde méditerranéen où les compétitions entre les volontés de puissance ont été et demeurent fortement liées à celles des régimes exclusivistes de vérité. On retiendra que les ruptures idéologiques imposées par les volontés de puissance voilent toujours leur coût humain, intellectuel, spirituel et culturel en invoquant des légitimités concurrentes qui s'excluent mutuellement au nom d'une vérité et de valeurs non encore également soumises à la critique généalogique inaugurée par Nietzsche.

Ce survol historique à la fois long et trop allusif est nécessaire pour placer les conceptions du Bonheur et la quête du Salut dans la perspective anthropologique et philosophique requises comme on va le voir, par l'exemple de l'islam. Je m'attacherai plus à souligner l'urgence et la pertinence des grandes tâches déjà évoquées qu'à énumérer des singularités éphémères ou ce que les quêtes mimétiques d'identités appellent aujourd'hui la spécificité ou la différence.

PENSER LE BONHEUR, PRÉPARER LE SALUT

Je rassemble ces deux expressions pour mieux saisir ce qui les lie et ce qui les distingue ou oppose dans les parcours islamiques de la pensée et de la pratique. Mentionnons d'abord quelques noms de penseurs qui ont consacré des ouvrages très influents au thème du Bonheur (al-sa'âda). Je retiendrai Al-Kindî (m. vers 866); Abû Bakr Ibn Zakariyâ al-Râzî (864-925); Fârâbî (870-950); Abu-l-Ḥasan al-'Âmirî (m. 992) Miskawayh (930-1029); Ghazâlî (m. 1111), Avicenne (980-1037), Nâṣir al-dîn al-Ṭûṣî (1273), etc. Que ces grands noms ne suggèrent presque plus rien pour beaucoup, aujourd'hui, y compris des arabo-musulmans, illustre la rupture intellectuelle et culturelle dans la pensée islamique elle-même, aggravée par l'expansion de la raison moderne hégémonique depuis le XVIᵉ siècle.

Parmi les noms cités, je retiendrai celui de Miskawayh dont le Traité d'éthique (*Tahdhîb al-akhlâq*)[1] représente l'expression la plus claire, la plus exhaustive, la mieux articulée, la plus influente des conceptions du Bonheur développées en contextes islamiques médié-

---

1. Traduction française avec introduction et notes par M. Arkoun, 2ᵉ éd., Damas, 1988.

vaux. Comme beaucoup d'intellectuels de son temps, Miskawayh est d'origine iranienne, mais a rédigé toute son œuvre en arabe; il illustre ce pluralisme culturel, ce climat d'échanges et d'ouverture que j'ai décrit longuement sous le nom d'humanisme arabe (c'est-à-dire d'expression arabe) au IVe/Xe siècle. Il nous livre dans son *Traité* une ample construction de la Sagesse où se trouvent synthétisés, harmonisés, orchestrés, en vue de la conquête du Bonheur suprême (*Al-Fawz-al-akbar; al-sa'âda-l-quṣwâ*), les vues de Platon, les théories d'Aristote dans l'*Éthique à Nicomaque*, les enseignements médicaux de Galien, les commentaires de Porphyre, Jamblique, Alexandre d'Aphrodise..., la sagesse iranienne ancienne, la sagesse de l'Inde, l'éthique arabe antéislamique, l'horizon spirituel islamique [1]. Ce livre a été traduit et diffusé en persan par Nâsir al-dîn al-Tûsî qui a élargi ainsi l'espace de diffusion d'une œuvre médiatrice entre plusieurs cultures anciennes et la naissance d'une attitude humaniste devant l'activité cognitive intellectuelle, ses applications concrètes dans une Éthique et une politique, ses vertus didactiques pour la formation du sujet humain raisonnable, c'est-à-dire comme cheminement méthodique vers le Bonheur suprême.

Cette ligne philosophique et humaniste qui pense le Bonheur et enseigne à chacun les disciplines intellectuelles et morales pour le vivre, est progressivement supplantée par la quête religieuse du salut avec ses écoles variées et leurs interférences. Ainsi l'école ḥanbalite a des représentants qui penchent vers une certaine rationalité critique comme Ibn 'Aqîl (m. 1119), d'autres vers le sûfisme modéré, mais beaucoup vers l'islam ritualiste, littéraliste militant comme Ibn Taymiyya (m. 1328). La ligne mystique proprement dite connaît elle aussi une évolution depuis les grandes figures de l'expérience mystique comme Muḥâsibî (m. 857), Bisṭâmî (m. 874), Junayd (m. 910), Ḥallâj (m. 922), Ibn Sab'în (m. 1270)... jusqu'aux nombreux chefs

---

1. Je réfère à mes analyses dans *Essais sur la pensée islamique*, p.163-164, notamment sur la diversité des sources de la sagesse qui fondent la conquête du Bonheur: 1) Aristote et Platon; 2) Alexandre le Grand: 34 fois; 3) Le prophète Muhammad: 28 fois; 4) Sabur b. Ardashir: 24; 5) 'Alî b. Abi Tâlib: 22; 6) Hurmuz b. Sâbur: 21; 7) Al-Ashtar: 17; 8) Anurshirwan: 16; 9) Solon, père de Platon: 15; 10) 'Umar b. al-Khattâb: 12; 11) Socrate: 10; 12) Diogène et Galien: 10; 13) Ibn al-Muqaffa': 8; 14) Al-Kindi: 7; Homère, Ibn 'Abbas, Alexandre d'Aphrodise: Abu Bakr, Jâhiz, Hasan b. Ali, Porphyre, Pythagore: 4.

locaux de confréries. Il faut mentionner aussi la ligne des spirituels iraniens décrite par Henry Corbin comme une continuation de la philosophie illuminative. On n'entrera pas ici dans des discussions techniques sur les différences entre la philosophie réflexive, critique, attentive à tous les problèmes épistémologiques posés par la connaissance scientifique et sa transmission et une pratique méditative d'allure initiatique, gnostique, théosophique. Il reste que ces orientations de la pensée et de l'exercice spirituel donnent beaucoup à apprendre sur la constance, le foisonnement des formes prises par la quête du salut en contextes islamiques.

Pendant tout le Moyen Âge et pour l'islam jusqu'à nos jours, la quête du Salut n'est pas seulement une idée, mais une discipline du corps, de l'âme et de la conscience puisqu'elle inclut chez les grands mystiques le regard scrutateur du sujet sur sa vie intérieure. L'idée de l'examen de conscience se retrouve dans la discipline philosophique de la quête du Bonheur et dans la discipline spirituelle de la quête de l'Union avec Dieu. Le corps est soumis à des accomplissements rituels réguliers, contraignants pour *in-corporer* les êtres mentaux, les idées, les vérités, les valeurs visés dans chaque geste rituel. On n'oubliera pas cependant le fossé qui se creuse entre tous les accomplissements et les œuvres sous l'islam classique et les régressions, les éliminations, les oublis, les tendances à la répétition scolastique, au monolithisme de l'islam confrérique, l'effacement du pluralisme des écoles et finalement le rétrécissement du champ intellectuel au profit d'un islam populaire devenu lui-même populiste sous les Partis-États postcoloniaux.

Au lendemain des indépendances, en effet, on a vu partout se multiplier les constructions de mosquées, de mausolées pour satisfaire un nombre croissant de fidèles dont il était et reste difficile de dire s'ils obéissent à des besoins d'expression identitaire ou à une quête collective d'un Salut oblitéré par des besoins d'expression et de libération politiques. Entre la quête médiévale du salut et la quête contemporaine dans les sociétés « musulmanes », il y a toute la distance qui sépare la culture *mythohistorique* antérieure à toute sécularisation moderne et la culture *mythoidéologique* des sociétés travaillées par la civilisation matérielle moderne. Cette donnée et bien d'autres soulignées par les sociologues empêchent de parler d'un retour du religieux comme on

continue de le faire pour renforcer des lignes de partage idéologique
là où il faudrait approfondir l'étude des ruptures intellectuelles,
spirituelles et culturelles, sans parler des bouleversements imposés
partout par les forces économiques, technologiques et monétaires
d'un monde de plus en plus unipolaire.

Dans l'espace mental médiéval englobant l'islam classique et le
Moyen Âge européen, il est trompeur d'opposer de façon trop rigide
les visions « religieuses » du salut telles qu'on les fait dériver des
Textes sacrés fondateurs, des vies de saints et de grands témoins de la
spiritualité, aux conceptions philosophiques trop systématiquement
rattachées soit à l'aristotélisme, soit au néoplatonisme et à l'ésotérisme. En islam, cette dichotomie est renforcée par les tensions bien
connues entre les défenseurs d'une « orthodoxie » religieuse stricte et
les partisans d'une philosophie logocentriste. J'ai donné plusieurs
exemples qui montrent les interactions fécondes des deux lignes de la
quête philosophique du Bonheur et de la quête « religieuse » du salut.
Je renvoie à mes deux études sur Abû-l-Ḥasan al-ʿÂmirî, *La conquête
du Bonheur selon Abû-l-Ḥasan al-ʿÂmirî* et *Logocentrisme et Vérité
religieuse d'après al-ʿAmirî*[1]. L'exemple de Ghazâlî et de bien
d'autres montre qu'il y a des liens entre la discipline intellectuelle
prônée par la philosophie et l'ascèse spirituelle enseignée par les
grands mystiques et diffusée sous une forme simplifiée aux disciples
des chefs de confréries à partir du XIIIe siècle.

La fameuse polémique entre Ghazâlî et le philosophe juriste
Averroès (m. 1198) au sujet des rapports entre raison philosophique et
raison religieuse, a atteint un niveau intellectuel qui ne permet pas de
la réduire à un refus dogmatique d'admettre les apports féconds de la
connaissance philosophique d'un côté et à l'harmonisation réussie de
la philosophie et de la Loi religieuse de l'autre. Ghazâlî et Averroès
représentent, avec des styles et des accentuations différents, un même
regard de l'esprit sur toutes les questions qui engagent le Bonheur/
Salut, je veux dire le Bonheur considéré comme le Salut éternel promis
par Dieu à ses serviteurs constants dans la pratique du bien, et le Salut
recherché comme exaltation et exultation de l'Intellect qui a mené une
lutte méthodique, ascétique, victorieuse contre les forces du mal et de

---

1. Toutes deux dans *Essais sur la pensée islamique*.

l'errance. Averroès ne rejette pas l'espérance eschatologique ouverte par le Coran; Ghazâlî intègre avec maîtrise et éclectisme dans sa discipline spirituelle les définitions, les vertus morales, les exercices logiques prônés par les philosophes. Cette articulation du Bonheur/ Salut caractérise la posture médiévale d'une raison qui travaille à une certaine autonomie, à un type de responsabilité dans la décision cognitive, éthique et politique, tout en acceptant de s'inscrire dans l'espace délimité par le donné révélé dans ses versions juive, chrétienne ou musulmane. Car on retrouve ces mêmes attitudes chez le juif Maïmonide (m. 1204) et le catholique Thomas d'Aquin (m. 1274). La littérature néoplatonicienne et gnostique a facilité le travail d'harmonisation (*al-jam'*, comme dit al-Fârâbî) entre la voie mythique de Platon et le logocentrisme d'Aristote, c'est-à-dire, dans le contexte islamique, entre l'articulation religieuse du sens et la construction logique, démonstrative du vrai. Tout cela nous maintient dans un espace mental médiéval dont la Réforme et la Renaissance en Europe occidentale commenceront à reconsidérer la visée unifiante de l'homme parfait (*al-insân al-kâmil*) pour préparer les grandes ruptures des XVIIIe et XIXe siècles.

Quand l'historien tente de saisir dans le corpus coranique la représentation du Salut, il relève une dramatisation de la responsabilité de la créature humaine devant le Créateur avec une répartition sur divers tons et dans les contextes les plus concrets, de ce que les théologiens juristes appelleront les promesses et les menaces (*al-wa 'd wal-wa 'îd*) : promesses de salut éternel avec les jouissances réservées aux élus dans le paradis; menaces de châtiments sévères en enfer, dans le feu de la Géhenne. Cependant, le vocabulaire référant au Salut est peu diversifié : le terme *najât*, Salut, est employé une seule fois (40, 41) tandis que les dérivés de *njw*, sauver, épargner, marquant les interventions salvatrices de Dieu en faveur des hommes revient quatre-vingt-trois fois. *Fawz*, désignant le succès d'une conduite individuelle ou collective orientée vers le Bonheur-Salut, totalisent vingt-trois occurrences. *Sa'd* qui signifie proprement bonheur, bonne chance est employé une fois comme verbe (11, 108) et une fois comme adjectif (11, 105).

C'est l'économie générale du Salut qui compte, plus que le Salut comme notion clairement définie. Le discours coranique construit une croyance qui deviendra le fondement divin intangible de toutes les normes éthico-juridiques et religieuses auxquelles le croyant devra soumettre sa pensée, ses choix, ses conduites quotidiennes afin de mériter une vie heureuse ici-bas, le Salut éternel dans l'autre vie. Avec l'expansion politique et culturelle de l'Islam, l'économie du Salut mise en place dans le Coran devient le cadre sémantique, symbolique et psychologique de formation du sujet religieux musulman. Celui-ci s'affirme à deux niveaux qui s'interpénètrent, se conditionnent avec des intensités changeantes selon les milieux sociaux et les conjonctures historiques : un niveau mystique dont l'expression linguistique très élaborée traduit avec acuité et densité les États (*aḥwâl*) et les étapes psychologiques (*maqamât*) du parcours spirituel d'intériorisation des valeurs du Salut entendu comme le cheminement vers l'union (*ittiḥâd*) ou la jonction (*ittiṣâl*) avec Dieu, un niveau populaire où des croyances et des rituels locaux, souvent étrangers à l'Islam, sont valorisés par une insertion formelle dans le cadre de l'économie coranique du Salut.

La voie mystique de réalisation du Salut est en tension constante avec les définitions théologico-juridiques imposées par les gestionnaires de « l'orthodoxie » (ce qui s'est traduit par des procès et des condamnations); elle se distingue aussi des expressions populaires de la piété que gèrent, à partir du XIIe-XIIIe siècle, des chefs de confrérie. Les confréries se livrent à une surenchère mimétique sur l'orthodoxie, la proximité au Modèle prophétique pour mieux garantir leur contrôle social et politique sur des groupes soustraits à l'intervention du pouvoir central surtout pendant la période ottomane. Une remarque s'impose ici à propos de l'islam confrérique et maraboutique. Combattu par les mouvements réformistes d'un islam écrit, savant et urbain en accord avec les mouvements nationalistes de lutte anticoloniale, puis par les Partis-États « socialistes », cet islam des zawiya est utilisé aujourd'hui par ces mêmes États pour lutter contre leurs oppositions islamistes qui prônent la subversion par la terreur. Le bricolage idéologique pervertit ainsi simultanément la pensée religieuse et la pensée politique. Il n'y a plus ni espace d'expression pour la pensée critique, ni horizon de sens et d'espérance pour la quête d'un bonheur et d'un salut, cette fois sans majuscule, car il s'agit de la sécurité sociale, politique et matérielle nécessaire pour vivre en paix.

Les guerres civiles, les régimes policiers, la corruption, le dénuement, la marginalisation ont aboli pour beaucoup les conquêtes du Bonheur et du Salut dans l'esprit et les cultures décrites pour le Moyen Âge. Autre manifestation éloquente du paradoxe de l'islam.

Penser les ruptures d'hier et d'aujourd'hui

L'attitude humaniste consiste à s'interroger sans cesse sur ce que l'homme fait de l'homme et de la nature, ce qu'il entreprend pour eux, ou s'ingénie à leur infliger. L'historien de métier considère que ce questionnement ne doit pas encombrer sa recherche, son écriture et son enseignement; il laisse ce soin au philosophe. Celui-ci peut se laisser entraîner vers une moralisation qui n'est pas loin de la posture idéologique. C'est dire combien l'interrogation humaniste est difficile à conduire sans trahir à aucun moment ni la rigueur froide de la connaissance historienne, ni la pertinence et le radicalisme critique de la quête philosophique du sens sans céder à l'attraction des valeurs illusoires ou confondre les effets de sens avec la vérité comme structure objective, résistante du réel.

On ne peut pas penser les ruptures en histoire sans satisfaire pleinement aux exigences ainsi définies de l'attitude humaniste. Pour obtenir un tel succès, le premier parcours de cette activité critique doit toujours être celui de l'historien qui se donne les moyens de restituer sans omission et sans réduction *l'anthropologie du passé* et *l'archéologie de la vie quotidienne*, de sorte que nous puissions accéder aux enjeux de sens propres à chaque génération dans son espace-temps. C'est ce que j'ai tenté de faire de manière succincte pour la question complexe du Bonheur-Salut que j'en suis venu à lier par un trait d'union pour suggérer la relation et les tensions entretenues entre les deux idées ou quêtes dans ce que j'ai appelé l'espace mental médiéval afin d'englober tous les acteurs et les systèmes de pensée au sein de la Cité politique sous la Loi islamique. J'ai signalé des tensions qui ont eu une fonction éducative plus ou moins productive selon les groupes sociaux et les niveaux de culture, mais qui laissaient aussi apparaître des cheminements, signes vers des ruptures, des victoires d'une posture de la pensée sur une autre. C'est un fait que les historiens ont construit des continuités factices à force d'ignorer l'importance des discontinuités dans le temps long de l'histoire des sociétés. J'ai dit que pour le vaste espace-temps globalement placé sous la référence « Islam » on a été obligé de signaler une grande rupture à partir du XIIIe siècle ; mais j'ai indiqué aussi que cette rupture n'a jamais accédé au statut d'un grand domaine de recherche exigeant des problématisations spécifiques (sociologie de l'échec et du succès, psychologie historique, structures sociales, cultures et institutions politiques ; imaginaires sociaux et mémoires collectives, etc.) pour rendre compte des processus régressifs, des forces internes et externes de désintégration et de sous-développement, des fonctions changeantes du fait religieux et pas seulement de l'islam idéal des textes classiques, etc.

C'est peu de dire que ce travail qui porte sur sept siècles d'histoire et de changements structurels n'est pas encore fait ; il n'émerge pas ou guère dans l'esprit de la majorité des chercheurs comme un objet prioritaire et à part entière pour lequel il faudrait mobiliser des équipes pluridisciplinaires adaptées aux différents domaines demeurés en friche. Je ne perds pas de vue en disant cela en tant que membre longtemps actif de divers comités de décideurs, que la recherche obéit d'abord à des critères de carrière, d'offres et de demandes régulées par des politiques globales au niveau des gouvernements et des États majors de grandes entreprises. Le rôle décisif demeure cependant celui des chercheurs eux-mêmes et des enseignants. Or nous savons qu'ils obéissent eux aussi à des contraintes variées extérieures aux réquisits de la connaissance scientifique et de sa transmission. On reviendra sur le cas particulier du domaine islamique.

On connaît la place exorbitante que les musulmans assignent à ce qu'ils nomment l'Islam avec un I majuscule depuis qu'ils sont engagés dans les luttes de libération et de construction nationale : il n'est pas de sujet de connaissance, de problème, de domaine de la réalité qui échappe à l'emprise normative d'une Loi religieuse dont on traitera longuement au chapitre 5. Les croyants réfèrent dans leur vie quotidienne à un Islam fantasmé, celui de l'Âge mythique inaugurateur d'une histoire nouvelle de l'humanité, l'Islam dit originaire (*aṣâla*) enseigné comme tel dès les écoles primaires et les lycées sans aucun respect des règles, des curiosités et des interrogations de l'histoire critique. On l'appelait l'enseignement originaire en Algérie et au Maroc pourtant touchés par l'enseignement laïc français. Il y a eu dès les premiers pas de l'indépendance une répudiation délibérée, rageuse dans certains cas de tout ce qui pouvait être lié au colonisateur. Mus par l'exercice d'un pouvoir souverain en dehors de toute instance légitime de contrôle, les « élites » autoproclamées des Partis uniques agissaient, décidaient sous l'emprise de deux ruptures historiques majeures : la rupture interne avec l'histoire, la sociologie et l'anthropologie du pays qu'il s'agit de conduire vers le modèle de l'État-Nation centralisateur et jacobin ; la rupture avec un extérieur totalement disqualifié, satanisé par le discours nationaliste anti-impérialiste et anticolonial. Aucune place n'était offerte au travail de discernement entre les mémoires collectives nombreuses et vivantes de chaque pays « libéré » et l'imaginaire d'une nation programmée avec les composantes mythoidéologiques ressassées comme un credo unificateur par le discours officiel. C'est ainsi qu'un islam issu de sept siècles de discontinuités, d'éliminations, d'oublis, d'impensables et d'impensés s'est imposé comme l'instance suprême et obligée de référence pour les valeurs et les légitimités qui allaient guider la construction de l'État-Nation.

Je renvoie au chapitre sur les intellectuels pour des analyses plus détaillées consacrées aux effets immédiats et lointains de ce que j'ai appelé le paradoxe d'un islam soumis à tous les caprices de chefs dits « historiques » et en fait étrangers à toute idée moderne d'historicité, de prospective, de déchiffrement du présent où s'affrontent les héritages lourds du passé et les chocs du futur proche. Les enjeux et les promesses de la modernité intellectuelle sont ignorés et noyés dans l'idéologie de combat contre un Occident effectivement plus dominateur, plus pernicieux qu'au temps des occupations coloniales. Ainsi, cette modernité qui a connu tant de révolutions scientifiques bouleversantes pour la condition humaine depuis les années 1950, continue d'être rejetée, diabolisée par l'instance mythoidéologique d'un Islam réduit aux trois fonctions de **refuge** pour les exclus, les marginaux, les sans travail et sans espérance ; de **repaire** pour les opposants aux régimes en place, de **tremplin** pour les carriéristes et les manipulateurs de l'opinion ; et toujours d'Instance illusoire de légitimation pour des régimes trop engagés dans cette voie pour songer à un modèle alternatif. On parle de « réformer » l'islam, d'ouvrir à nouveau la porte

mythique d'un *ijtihâd* jamais cerné dans sa réalité et ses limites
historiques.

Il y a plus grave encore. Dans les milieux européens et américains
directement confrontés aux forces de perversion de la raison et de
toute pensée critique, on assiste à la montée de plumitifs assez adroits
pour bâtir une carrière de «*nouveau penseur de l'islam*» grâce à
l'appui d'éditeurs heureux d'avoir des succès de librairie, des medias
qui accueillent volontiers tout ce qui enflamme les imaginaires avec
des références académiques ou institutionnelles (imâms et muftis
notamment), des ministres et chefs de partis enfin qui ont besoin de
porte parole auprès de l'opinion. Peu importe ce qui est écrit dans les
livres et les articles, ou proclamé doctement dans des conférences
internationales à haute visibilité. On s'autorise à plagier cyniquement
des concepts et des positions travaillés depuis longtemps par des chercheurs connus, mais dont on tait soigneusement le nom; on pousse ces
procédés jusqu'à offrir un *Manifeste* retentissant avec des propositions «concrètes» pour réformer l'islam et lui redonner une vocation
humaniste... Les publics occidentaux sont éblouis par des voix si
impatiemment attendues et qui émergent enfin d'un islam français,
allemand, britannique, suédois, américain; les immigrés de la troisième ou quatrième génération livrés aux sermonneurs des mosquées,
des prisons, des cellules de recrutement ressentent une fierté inhabituelle à lire et à entendre de si rares voix de savants, chercheurs,
penseurs «musulmans» tout à la fois, reconnues par les médias,
soutenues par les autorités académiques et politiques et capables enfin
de réhabiliter la grandeur de l'islam face aux dénigrements et au
mépris dont il est l'objet depuis longtemps.

Je décris là des phénomènes socioculturels courants qui sont à la
fois conjoncturels et révélateurs de mécanismes structurels profonds
aussi bien dans les contextes occidentaux que dans les contextes
islamiques contemporains. La difficulté est de mettre en lumière 1) les
origines et la force des mécanismes qui autorisent l'expansion de ces
phénomènes à l'échelle mondiale; 2) les effets pernicieux de ces
phénomènes sur la recherche et l'application de réponses historiques
pertinentes à des conduites et actions convergentes qui pervertissent
les usages de la raison critique et retardent indéfiniment la sortie des
sociétés contemporaines de la **pensée jetable** et cependant plus

recherchée pour les profits matériels et idéologiques qu'elle assure. Que la pensée jetable soit si recherchée et honorée au détriment de la pensée qui s'inscrit dans la continuité des générations, des œuvres créatrices de dette de sens; que cette préférence s'affiche et s'impose dans les sociétés qui ont le plus contribué aux progrès de l'attitude humaniste émancipatrice; que les problèmes si nombreux, si graves liés à la situation présente d'un monde réduit à « l'islam » et aux « musulmans » soient traités avec tant de désinvolture, d'arrogance, de mépris, d'ignorance tranquille tant en contextes islamiques et en contextes occidentaux; que de puissantes volontés politiques responsables à l'échelle mondiale recourent simultanément ou alternativement à la conquête militaire, à l'écrasement des instances de droit international, à la négation du respect élémentaire de la personne humaine et à la glorification de valeurs, à l'éloge d'une civilisation, à l'alliance avec des États qualifiés hier de voyous...; que tant de contradictions et de flagornerie soient étalées devant une opinion mondiale impuissante: tout cela et bien davantage encore renvoie chaque conscience lucide à sa part de responsabilité et de culpabilité. C'est l'occasion de rappeler le célèbre et indépassable défi qui fonde la conscience de culpabilité sans laquelle aucune justice ne peut être prononcée et légitimement appliquée: « *que celui d'entre vous qui n'a jamais péché lance la première pierre* » !

La première version de ce texte entièrement réécrit pour ce livre était une conférence prononcée aux *Entretiens du Mans* en 1993 autour de la question *Où est le Bonheur?* Après ce qu'on vient de lire, je reformulerai la question comme suit: *Où est le Bonheur* en ce début fracassant du XXIe siècle et après tant d'atteintes à la légitimité démocratique la plus avancée? Et où en est la *question du Salut* pour la personne humaine qui inclut et dépasse dans sa quête les bonheurs précaires, illusoires, contingents et multiples qui mobilisent sans relâche l'individu-citoyen des grandes démocraties contemporaines?

Tous les chapitres de ce livre s'attachent à donner des éléments de réponse à ces deux questions éminemment humanistes.

CHAPITRE III

TRANSGRESSER, DÉPLACER, DÉPASSER : HISTOIRE GÉNÉRALE ET HISTOIRE DE LA PENSÉE

À la mémoire de mon maître et ami Claude Cahen

> *Le respect de la mémoire d'un mort comporte en premier lieu le respect de la science et du lecteur qu'il (M. Lombard) avait. C'est ainsi que si même aventure doit m'advenir, je désire qu'on s'occupe de moi.*
> Cl. Cahen, J.E.S.H.O., 16 (1973), p. 333

> *About thirty years ago there was much talk that geology ought only to observe and not theorize : and I well remember someone saying that at this rate a man might as well go into a gravel pit and count the pebbles and describe the colors. How odd it is that anyone should not see that all observation must be for or against some view if it is to be of any service.*
> Charles Darwin to Henry Fawcett, 1861

J'ai rencontré Cl. Cahen pour la première fois à Strasbourg en octobre 1956. Je venais d'être nommé professeur d'arabe en cette ville où lui-même enseignait l'histoire médiévale depuis 1945. Nous avons été mutés la même année à Paris en octobre 1959. En outre, le hasard a voulu que nous habitions pendant plus de vingt ans dans deux villes voisines de la banlieue sud de Paris. Cela veut dire que nos échanges ont été très fréquents et portaient sur les sujets les plus divers. À mesure qu'approchait son départ à la retraite, je revenais avec insistance sur deux demandes :

1) Je voulais le décider à écrire un livre où il laisserait sa plume courir librement pour récapituler ses cheminements, ses combats, ses tâtonnements, ses succès, ses regrets, ses visions du métier d'historien appliqué à l'étude de ce qu'il a toujours appelé *l'Orient musulman*, *l'Islam*. Est-il possible, répétais-je, de discerner, dans le passé de ce monde arabo-turco-iranien si longtemps exploré, des indications plausibles, peut-être des explications touchant les évolutions historiques en cours depuis 1945 ? Des historiens de renom, comme R. Rémond ou J. Le Goff, n'ont pas dédaigné ce genre d'interrogations à propos de la France. Non seulement le vaste public arabo-turco-iranien accueillerait avec reconnaissance une telle réflexion venant d'un historien très respecté, mais un tel exercice s'inscrirait logiquement dans cette quête fervente de la vérité que le militant communiste Cl. Cahen avait naguère fait valoir devant d'éminents collègues comme H.I. Marrou[1]. Il n'était pas indifférent à ces arguments ; mais il trahissait une sorte de gêne à expliciter les vraies raisons qui l'empêchaient d'affronter un genre d'écriture jugé trop mondain pour un grand savant.

2) Le second sujet sur lequel je revenais souvent avec lui est lié à ce manifeste sur « L'histoire économique et sociale de l'Orient musulman médiéval » publié en 1955 dans *Studia Islamica*.

Il ressentit une réelle fierté intellectuelle quand je lui révélais à Strasbourg en 1956, l'accueil que de jeunes étudiants maghrébins réservaient à son manifeste méthodologique soulignant l'impréparation scientifique des arabisants et islamisants pour bien exercer le métier d'historien dans les perspectives nouvelles ouvertes par *l'école des Annales* (M. Bloch, L. Febvre, F. Braudel…). Je rappelle que la guerre d'Algérie conférait alors une intensité dramatique à toute intervention scientifique dans le domaine arabe et islamique. La quête

---

1. On lira dans la version de ce texte publiée dans *Arabica*, 1996, 1, le compte-rendu sur le livre d'H. Marrou *De la connaissance historique*, Paris, Seuil, 1955. Cl. Cahen a proposé ce compte-rendu à la revue *Esprit* qui n'a pas donné suite. Son directeur d'alors, J.-M. Domenach, intellectuel catholique comme H. Marrou, a jugé que les critiques marxistes de Cl. Cahen ne pouvaient atteindre l'horizon de la connaissance historique défendu par son collègue également catholique fervent.

marxiste de la vérité trouvait là un champ idéal d'application, mais aussi d'expansion idéologique.

En m'appuyant sur ces considérations, j'ai proposé à Cl. Cahen de renouveler son geste critique en acceptant d'introduire un numéro spécial d'*Arabica* que le Comité de direction avait décidé de consacrer à un bilan des études historiques sur le monde arabe depuis 1960. Sa vue avait déjà trop faibli pour lui permettre d'écrire un texte à la mesure de son propre parcours et des richesses accumulées pendant une longue et riche carrière. Il nous a quittés peu après et le Comité de direction a décidé de dédier à sa mémoire le numéro projeté [1]. Le sous titre du volume – *Lectures critiques* – souligne la nécessité d'une réflexion soutenue sur les chemins pris par la recherche historique – au-delà, bien sûr, du seul cas français – et, davantage encore, sur les révisions, les redressements de perspective, la diversification des méthodes et des problématiques qui s'imposent, aujourd'hui, aussi bien à la faveur des élargissements constants du « *territoire de l'historien* » [2] qu'en réponse aux demandes pressantes de sociétés arabo-turco-iraniennes demeurées trop sous analysées.

Les exposés s'inscrivent dans un hommage à la leçon du maître puisqu'ils en reprennent le style, les questionnements, la rigueur critique visant plus l'adéquation descriptive, voire narrative, que l'ambition explicative. Il est peut-être utile de rechercher la signification et les conséquences des réticences de la plupart des participants à entrer en débat avec leurs collègues historiens de « l'Occident » [3] sur la place marginale, épisodique, et même exotique que continue d'avoir cette histoire dite de *l'Orient*, de *l'Islam*, du *monde musulman* dans les programmes d'enseignement et de recherche toujours en vigueur dans les pays de cet Occident. La division Orient/Occident ainsi maintenue impose par voie de conséquence, le recours à la conceptualisation de l'Orientalisme et de l'Orientaliste qui remonte au XIXe siècle. Sur ce point particulier, Cl. Cahen est sûrement un des premiers historiens, reconnu comme tel par ses pairs occidentaux, à avoir imposé, en tout cas en France, une histoire de l'« *Orient* »

---

1. *Arabica* 1996/1.

2. Titre d'un ouvrage déjà ancien d'E. Le Roy Ladurie.

3. Sur les usages faits de ce concept et celui que je défends je renvoie à *De Manhattan à Bagdad, op. cit.*

intégrable par ses thèmes, ses contenus, ses méthodes, ses ambitions cognitives à celle de l'« *Occident* ». Le combat pour faire créer une chaire d'histoire de l'« Orient » dans un prestigieux département de la Sorbonne d'avant 1968, n'a pas été facile à gagner; la victoire n'a duré que jusqu'au départ à la retraite de Cl. Cahen, puisque sa succession n'a été assurée qu'en 1999[1]. Pourtant, la demande scientifique ne cesse de s'accroître en Europe, comme dans le monde arabo-irano-turc, pour un remembrement culturel, intellectuel, spirituel de l'aire méditerranéenne au Moyen Âge. Cette situation a des conséquences encore mal évaluées aussi bien dans le maintien des frontières tracées par l'institution universitaire qui relègue les études « orientales » dans des départements marginalisés[2], que dans l'attention épisodique, très sélective que les grandes disciplines accordent aux travaux d'orientalistes islamisants supplantés désormais par les politologues.

Pour comprendre l'idée que je veux souligner ici, il faut penser à l'impact des recherches consacrées à la Chine et à la Grèce anciennes sur la pensée historienne et anthropologique. Dans son livre *Pour en finir avec les mentalités*[3], Geoffrey E.R. Lloyd utilise les deux exemples de la Chine et de la Grèce anciennes pour faire progresser ses positions théoriques au sujet de la notion controversée de mentalité. À aucun moment, dans son ouvrage, il ne fait appel à une contribution venant des spécialistes du domaine arabe ou, plus généralement, islamique. Cette indifférence des chercheurs occidentaux aux travaux de leurs collègues « orientalistes » vient d'être soulignée par le critère utilisé par le CNRS pour supprimer la subvention accordée à *Arabica* depuis sa création en 1953 jusqu'à juin 2004 : *Arabica* a été citée neuf fois seulement dans l'année dans des travaux de non spécia-

---

1. D'une façon générale la succession reste toujours difficile à assurer pour certaines disciplines en France comme l'histoire, l'histoire générale, l'histoire de la pensée (philosophie, théologie, exégèse, droit), l'histoire de l'art, l'histoire de la littérature; cela souligne la précarité des études arabes et islamiques dans un pays qui compte maintenant plus de cinq millions de citoyens ou résidents d'origine culturelle musulmane.

2. Le CNRS en France a très heureusement réagi contre une pratique qui remonte au XIXe siècle en supprimant la section des Civilisations Orientales en 1991; mais un grand nombre d'orientalistes se sont mobilisés pour préserver la spécificité de leur champ d'études. La revendication est légitime dans la bataille pour la création et l'affectation de nouveaux postes, mais pas pour l'application des sciences sociales à l'étude des sociétés en général.

3. Paris, 1994.

listes. La décision et son critère en disent long sur le regard scientifique porté sur un domaine qui intéresse aujourd'hui plus dix millions d'immigrés installés définitivement en Europe.

Il est indéniable que, par l'ampleur et la minutie de ses explorations, par la pertinence des sujets qu'il a sélectionnés (je pense à l'*Iqtâ'*, aux croisades, aux Turcs préottomans…), par la solidité des résultats livrés, par la fécondité des chantiers ouverts, Cl. Cahen a pu imposer le secteur de l'histoire économique et sociale comme un domaine de spécialisation qui attend toujours beaucoup d'ouvriers. Ceux-ci sont restés rares autour de lui et n'émergent pas en grand nombre après sa disparition. Pour les chercheurs occidentaux, il y a l'obstacle des langues orientales qui exigent plusieurs années d'apprentissage ; pour les arabo-turco-iraniens eux-mêmes, il y a trop de facteurs lourds qui s'opposent depuis longtemps, à l'épanouissement des études historiques : indigence des bibliothèques, programmes inadaptés, pédagogie désuète, pressions idéologiques des États-Partis, attitudes de pensée régressives imposées par un imaginaire politique et religieux en expansion, etc. Il demeure plus nécessaire que jamais d'encourager les études historiques en réfléchissant davantage sur les chantiers qui restent à ouvrir, sur les liens et les lieux de passage entre les divers domaines découpés pour les besoins de la spécialisation, sur les nouveaux questionnements, les stratégies d'intervention du chercheur pour contrebalancer par une prise en charge scientifique du passé, les manipulations à grande échelle auxquelles se livrent des millions de militants nationalistes et/ou islamistes hantés par des « identités » à restaurer, des « valeurs » religieuses à réactiver face au « matérialisme athée de l'Occident impérialiste » (je cite cette phraséologie pour en stigmatiser la fréquence idéologique).

Sans prétendre à l'exhaustivité à propos des questions aussi nombreuses que complexes, je retiendrai trois groupes d'interrogations pour réfléchir sur l'écriture historienne de Cl. Cahen et à travers elle, sur les liens entre histoire générale, histoire de la pensée, histoire des religions et anthropologie comme critique des cultures. J'ai toujours été hanté par une écriture historienne qui ferait apparaître le vécu réel des sociétés abandonnées au hasard de rares vocations qui acceptent de s'expatrier pour affronter des recherches effectivement ardues à bien des égards. Les chapitres suivants éclaireront, j'espère, la fécon-

dité de ce regard porté sur le vécu continu présenté de façon discontinu, fragmenté au hasard des préférences et compétences des directeurs de recherche et aussi des candidats qui se risquent dans des maquis en friche. Les trois groupes sont :
– problèmes de découpage ;
– problèmes de conceptualisation ;
– problèmes de la connaissance historique.

Problèmes de découpage

Placé devant la réalité sociale-historique globale, l'historien comme le sociologue ou l'anthropologue, procède nécessairement à une série de découpages. On en retiendra trois principaux pour notre propos ici :
– le découpage des aires de cultures et de civilisations ;
– le découpage chronologique ;
– la territorialisation.

Aires de cultures et de civilisations

Il est banal de répéter que l'ensemble des islamisants – islamologues d'hier et politologues d'aujourd'hui – ont imposé l'usage du terme *Islam* avec majuscule[1] et des qualificatifs *islamique* et *musulman* pour désigner une immense aire où foisonnent les groupes ethnoculturels, les langues, les systèmes de croyances, les structures sociologiques et anthropologiques des imaginaires et des mémoires collectives, les expériences et les régimes politiques les plus divers et les plus irréductibles. Même lorsqu'on accepte un découpage géographique précis en parlant, par exemple, de l'Egypte, de l'Iran, du Maroc..., on cède toujours à cette globalisation facile qui gonfle indéfiniment un monstre idéologique nommé *Islam*, lui-même ratta-

---

1. J'écrirai moi-même *Islam* avec majuscule chaque fois que je réfère soit à l'Islam construit de l'islamologie classique et de la littérature politologique actuelle, soit à l'Islam orthodoxe des théologiens juristes pour qui cet Islam est la « religion de la Vérité-Droit » (*Dîn al-haqq*) révélée dans le Coran. Pour marquer mon opposition à ces usages également idéologiques, j'écrirai toujours islam pour référer à une formation religieuse parmi d'autres et à ses diverses manifestations dans l'histoire.

ché à un autre monstre plus englobant l'Orient pour faire fonctionner la polarisation idéologique *Islam-Orient* versus *Occident laïc, démocratique, moderne* sorti des archaïsmes de la religion et des rêveries orientales. On justifie souvent cette pratique par tous les codes coutumiers, rituels, juridiques, cognitifs, éducatifs, institutionnels... induits par le système de croyances et de normes que « l'Islam » est censé avoir également imposés partout. On ajoute que cet Islam érigé en corpus fermé de croyances, de normes et de représentations *stables*, a confondu, dès les origines, les sphères du politique, du cognitif, du normatif, de l'économique, du religieux ; les fidèles, en tant qu'acteurs sociaux, ont intériorisé et fidèlement reproduit cette confusion jusqu'à nos jours. Dès lors, l'observateur ou le lecteur descriptiviste croit faillir à l'objectivité des *faits* s'il introduit des distinctions requises par l'analyse critique là où il ne perçoit que des confusions et des manques par rapport aux catégories européennes de référence. Un tel regard sur tout un système de pensée et de culture ne peut que reproduire lui aussi les catégorisations, les interprétations, les représentations, le vocabulaire des acteurs dont on ne peut attendre qu'ils soumettent leurs pratiques aux techniques de dévoilement de la critique scientifique. Le découpage des disciplines et la spécialisation viennent aggraver les effets négatifs d'une grille de perception et d'interprétation devenue trop contraignante à force d'être unanimement utilisée dans le monde savant. On a là un exemple éloquent de routinisation de l'esprit par des générations de chercheurs qui sont censés lutter contre une telle tendance par ailleurs stigmatisée sous le nom de reproduction scolastique.

Je n'ai jamais réussi à communiquer sur ce point avec des collègues comme Ch. Pellat, R. Arnaldez à la Sorbonne. Dans les années 1960-1970, le débat faisait rage dans l'Université française entre les partisans de la *Nouvelle critique* en liaison avec la *Nouvelle histoire*, l'anthropologie, la linguistique et la sémiotique structurales et les grands maîtres classiques qui dénonçaient ces « modes parisiennes » comme une « *nouvelle imposture* »[1]. J'ai vécu au jour le jour ce conflit politico-épistémologique au sein de la Sorbonne d'avant et après 1968. R. Arnaldez rejetait avec une irritation vive ma distinction entre

---

1. Cette querelle est bien illustrée dans la polémique de haute tenue intellectuelle et littéraire entre R. Picard auteur de *Nouvelle critique ou Nouvelle imposture* et R. Barthes qui a répliqué dans *Critique et Vérité*, Paris, Seuil, 1966.

l'Islam *essentialiste* construit par l'érudition historiciste aussi bien
que par la théologie et l'islam *déconstruit* avec les outils des sciences
de l'homme et de la société. Je détruisais, bien sûr, l'islam immobile
qu'il a toujours déduit lui-même des textes des penseurs classiques lus
au premier degré. Ainsi va la connaissance scientifique dans les hauts
lieux universitaires de sa production et de sa transmission.

En tant qu'historien de la pensée, j'ai toujours travaillé à abattre
les cloisons perpétuées entre les grands territoires reconnus de l'histoire générale (histoire politique, économique, sociale, militaire, institutionnelle) et ceux de l'histoire de la pensée, de l'art, de l'architecture, du fait religieux. Même dans le domaine de la pensée tel qu'il a
été délimité et transmis par le Moyen Âge, on a introduit les frontières
tracées en Europe par les choix successifs de la raison classique et
celle des Lumières : divorce entre philosophie et théologie, philosophie et droit, histoire positive, laïcité et histoire religieuse, histoire
de la pensée, histoire de la littérature et histoire de l'art, etc. L'indispensable quête d'informations dans les écrits les plus divers a conduit
les historiens à lire des ouvrages de doctrines, de droit, de littérature ;
mais ils y puisent ce qui les intéresse et retournent à leur domaine
de spécialisation. Cl. Cahen s'est intéressé à *La changeante portée
sociale de quelques doctrines religieuses*[1] ; c'est un pas important vers
la connaissance des interactions entre pensée et société, cadres sociaux
de la connaissance et échec ou succès de telle doctrine ou œuvre qui la
soutient. De son côté, l'historien de la pensée demande de plus en plus
à l'histoire sociale des indications qui permettent d'asseoir sur des
demandes concrètes les développements doctrinaux. C'est ce qu'a fait
J. van Ess dans sa somme magistrale *Theologie und Gessellschaft* qui
couvre la période cruciale des trois premiers siècles de l'Hégire. Mais
le terme théologie dans le titre ne prend sa véritable extension spéculative et cognitive qu'après la lecture de l'ouvrage. De même, les travaux
de B. Johansen sur le droit font une plus large place aux rapports droit,
culture et société. Il reste que ces esquisses de remembrement d'un
continuum fragmenté par les pratiques classiques, ne s'imposent pas
encore au point de mettre fin non seulement à quelques pratiques, mais

---

1. Cf. *L'élaboration de l'islam*, Paris, PUF, 1961.

à un regard de la raison constituante porté sur tout ce qui touche à « l'Islam ».

Parmi les nombreux exemples qui attestent la persistance de ce regard que je qualifierai d'ethnographique chez les uns, de scolastique chez d'autres, je retiendrai l'ouvrage de Maya Shatzmiller sur *Labour in the Medieval Islamic World*[1]. Soucieuse de délimiter le temps et l'espace de son enquête sur le travail, l'auteur retient l'expression *Medieval Mediterranean Islamic lands*. Elle reconnaît qu'elle n'a pas tenu compte des divers degrés d'intégration de toutes les régions dans l'espace ainsi qualifié d'islamique; qualificatif justifié par la référence au pouvoir politique dit islamique qui domine sans partage dans la période retenue. Dans tout l'ouvrage, on relève avec constance les expressions suivantes référant soit à des ouvrages ou des articles cités, soit à des désignations de l'auteur : *Islamic World, Islamic regions, Islamic Middle East, Islamic empire, Islamic silver coins, Islamic banking, Islamic glass makers, Islamic glass stamps, Islamic wood cavers, Islamic book binding, Islamic labour force, Islamic textiles, Islamic economic performance, Islamic mode of production, Islamic economy, Islamic economic environment, Islamic mentalities, Islamic technology, Islamic city, Islamic industry, early Islamic Iraq*...

On peut poursuivre cette énumération pour montrer à quel point bien des chercheurs demeurent indifférents au travail de conceptualisation des secteurs de la réalité retenus comme objets d'étude. La liste est assez éloquente pour caractériser une écriture, un regard, une catégorisation obsessionnelle d'une Figure de l'histoire découpée dans une aire méditerranéenne dont l'unité culturelle, anthropologique et, à certains moments, politique (la *pax romana*, le domaine hellénistique) est, par ailleurs, souvent soulignée. Et cette différenciation *islamique* est d'autant plus accentuée que les byzantinistes et les occidentalistes prennent soin, pour la même période, de ne point construire une Figure chrétienne équivalente de l'action historique. On ne s'avise pas que les médiévistes n'ont guère parlé d'économie chrétienne, de ville chrétienne, de reliure chrétienne, de textiles chrétiens, etc.; ils n'utilisent le terme chrétienté que pour caractériser des sociétés dominées par le droit canonique, le magistère doctrinal catho-

---

1. Leiden, Brill, 1994.

lique et des marques chrétiennes sur les cultures qui sont nommées d'après leurs langues, les territoires de leur enracinement et les groupes ou nations qui s'en réclament.

C'est qu'en Europe les historiographies nationales liées à des États-nations puissants ont contribué au travail de reconceptualisation de tous les domaines de la connaissance rendu nécessaire par le passage du régime religieux de la vérité révélée et de la légitimité politique au régime laïc, critique, subversif même de la vérité scientifique et de l'action politique. Certes ces évolutions n'ont pas eu lieu dans les sociétés soumises au fait islamique ; faut-il pour autant continuer à les qualifier uniformément d'islamiques ou musulmanes, ou chercher, au contraire, à expliquer les processus d'isolement de ces sociétés à la fois par rapport à leur passé islamique classique et à la dynamique historique inverse de l'Europe moderne et capitaliste ? Le regard novateur de F. Braudel sur le monde méditerranéen se dirigeait exactement dans cette direction ; j'en ai souvent parlé avec Cl. Cahen qui n'appréciait pas les grands sauts dans le temps et l'espace de son brillant et tout puissant collègue. Et il est vrai que la vision de Braudel sur le monde méditerranéen n'a vraiment fructifié ni du côté musulman (quelques exceptions chez les Turcs), ni même en France où survivent des réticences et même une volonté d'oubli après la guerre d'Algérie.

Je traite longuement ailleurs de ce que j'appelle *L'espace méditerranéen*[1]. Incontestablement, les sondages effectués par Cl. Cahen en s'intéressant aux Croisades, aux Turcs seljukides, aux Mamelouks d'Egypte, aux discussions sur la féodalité et les corporations, conduisent à des chantiers plus vastes sur la circulation des biens, des hommes, des idées, des faits de civilisation entre les rives de la Méditerranée. Mais la vogue de l'histoire économique et sociale en son temps l'a empêché d'inscrire ses investigations dans un espace méditerranéen travaillé simultanément par des courants d'échanges (commerce et idées) et des idéologies religieuses d'exclusion réciproque. Les travaux concomitants de S.D. Goitein ont davantage aidé à tracer un *portrait de la personnalité méditerranéenne* qui fait vivre ensemble les communautés juives, chrétiennes et musulmanes, mais pas les

1. Voir *Diogène*, 2004/206.

groupes et les cultures supposées converties à l'une ou l'autre de ces trois religions, donc promues à un niveau commun de visibilité. Nous sommes toujours dans l'histoire qui travaille avec des archives et des documents écrits; la cloison est quasi étanche avec les ethnosociologues qui s'intéressent aux groupes et cultures sans écriture; nonobstant, c'est l'histoire savante – écrite par des savants à l'aide de documents laissés par des savants ou des autorités religieuses, administratives, judiciaires – qui trace les frontières, catégorise, conceptualise. L'idée principale ici est que l'historien moderne doit abattre les cloisons entre les disciplines, restituer les modes de pensée et de catégorisation répandus dans les passés étudiés tout en fournissant les conceptualisations nécessaires pour les **déplacer** vers notre espace d'intelligibilité et ainsi **dépasser** leur outillage mental obsolète ou artificiellement prorogé dans les discours religieux, la mythoidéologie nationaliste et les simplifications de la transmission scolaire. En d'autres termes, les applications d'une histoire critique réflexive qui ferait contrepoids aux manipulations à grande échelle de *l'islam dans sa première grandeur* – titre pertinent d'un ouvrage novateur de Maurice Lombard – n'ont jamais retenu l'attention des historiens historicistes d'un monde demeuré exotique et étranger. On parle de la fonction de *catharsis* de l'histoire, de sensibilité et d'empathie de l'historien pour capter et restituer l'esprit et l'ethos des passés étudiés; mais cela ne vaut plus quand l'écriture cesse d'être un acte implicitement vécu de solidarité historique. L'enseignement de l'histoire dans les langues nationales en contextes islamiques ne respecte même pas la facture littéraire et la créativité des imaginaires de la littérature mythohistorique classique; c'est un mélange de représentations mythologique et de reconstruction rétrospective du passé au service de la construction nationaliste en cours.

On peut connaître dans les moindres détails l'histoire économique et sociale de tous les peuples de la Méditerranée, leurs rivalités et leurs guerres pour contrôler la circulation des richesses matérielles et des ressources humaines; si cette histoire est totalement coupée des univers mentaux des acteurs de la période étudiée, elle n'aidera en rien à renouveler nos représentations sur nos passés respectifs, à nous déprendre de toutes les connaissances fausses amplifiées à la faveur des conflits récurrents depuis les temps bibliques spécialement dans l'aire méditerranéenne. Cl. Cahen était intellectuellement sensible à ces programmations ; mais il avait une éthique si ascétique du travail méticuleux, exhaustif, irréprochable sur des sujets, des thèmes, un temps, un espace bien définis qu'il préférait se protéger en cultivant un scepticisme tenace sur des entreprises jugées trop ambitieuses, voire, en toutes hypothèses, inutiles.

La périodisation

Dans son manuel dense et souvent enrichissant, Cl. Cahen a bien délimité son espace – *l'Orient musulman* – et sa période – des *Origines à l'Empire ottoman*. Quand il s'aventure dans une incursion en Occident musulman, il multiplie les expressions de modestie et d'excuse [1]. Dans l'espace-temps ainsi identifié, il a su faire prévaloir les enquêtes ponctuelles approfondies, la sélection de thèmes encore inexplorés, la pratique de sciences auxiliaires comme la papyrologie, la numismatique, la diplomatique pour libérer l'écriture historienne des cadres chronologiques arbitraires, de la narrativité linéaire, du descriptivisme et, surtout, des généralisations à prétention théorique. Repérer les sources non encore éditées correctement, faire un inventaire critique de toute la littérature historiographique en ayant soin de contextualiser littérairement et idéologiquement chaque œuvre, enrichir la documentation de l'historien en annexant à l'historiographie des écrits relevant de disciplines lointaines, comme le droit : toutes ces initiatives appliquées au domaine arabo-irano-turc se traduisaient chez l'explorateur intrépide par des élargissements féconds du métier d'historien tel que l'illustraient ses meilleurs représentants pour l'Occident.

Toutes ces voies de la recherche restent d'actualité et elles le resteront longtemps encore pour amener les études historiques au niveau où elles se pratiquent pour les sociétés d'Occident. Faut-il, cependant, que des maîtres parvenus au degré de compétence de Cl. Cahen épuisent leur énergie, suspendent l'exploitation de leurs vastes connaissances pour accomplir des tâches techniques qu'ils pourraient confier à de jeunes collaborateurs ? J'ai souvent évoqué ce problème avec Cl. Cahen quand j'ai dû renoncer moi même à des

1. Cf. le chapitre premier des *Peuples musulmans*.

travaux utiles que mes étudiants, je dois l'avouer, n'ont pas accepté d'accomplir. Il reste qu'à partir d'un stade de maîtrise du terrain, on se doit de poser des problèmes, d'ouvrir d'autres chantiers en relation avec les résultats acquis. Parce qu'il a prospecté le secteur de l'histoire économique et sociale plus et mieux qu'aucun de ses collègues philologues ou islamologues, Cl. Cahen pouvait au moins poser la question de la périodisation en intégrant les résultats de sa propre recherche dans un domaine négligé jusqu'à lui. Il est vrai qu'il ne maîtrisait pas assez les domaines de la pensée, des arts, de l'anthropologie religieuse et politique dans l'aire vaste où intervient ce que je préfère appeler le fait islamique. De ce point de vue, tout essai de périodisation restera provisoire tant qu'on n'aura pas éclairé davantage les rythmes d'évolution propres aux systèmes politiques, aux stratifications sociales, aux codes culturels, aux systèmes de croyances et de non croyances, aux systèmes de production et d'échange économiques, aux représentations du monde et à leurs modes et niveaux d'expression qui structurent, comme on l'a dit, les imaginaires sociaux, moteurs essentiels des changements, des continuités et des ruptures.

Il manque des historiens généralistes capables de rassembler sous le même regard synoptique les résultats obtenus dans les différents secteurs par des chercheurs très spécialisés comme Cl. Cahen, afin de faire apparaître des liens, des interactions, des avancées là, des régressions ailleurs, des discontinuités durables et des continuités étalées sur la très longue durée. Je me suis efforcé de donner l'exemple de ce que pourrait être ce rôle d'accompagnateur des chercheurs pour mettre en évidence les données qui confèrent au travail de périodisation deux portées éclairantes : 1) identifier les facteurs déterminants qui agissent dans la longue durée en structure profonde et produisent en surface les « faits » ou événements visibles et vérifiables qui fournissent la trame du récit historiographie; 2) reconstituer les interactions constantes entre les différents champs de manifestation de la dialectique sociale-historique afin de lire correctement les continuités longues, les discontinuités imperceptibles et les ruptures structurelles profondes ou fractures révolutionnaires. Il est vrai que c'est l'archéologie du savoir, l'histoire des systèmes de pensée, l'analyse linguistique du discours, la déconstruction de la métaphysique classique, la nouvelle critique littéraire qui ont bouleversé dans les années 1960-1970 toutes les pratiques des sciences de l'homme et de la société. Ma proximité amicale avec Claude Cahen m'a permis de faire la part des choses : il était presque seul à labourer un immense domaine en friche : l'histoire économique et sociale de l'Orient musulman ; il avait le sentiment fort d'innnover à la manière de l'explorateur. Cela légitimait largement sa mise à distance des ruptures épistémiques et épistémologiques qui s'accomplissaient sous ses yeux et qui mobilisaient totalement mes activités de chercheur et d'enseignant. Il encourageait amicalement mes efforts, mais demeurait sceptique comme beaucoup de collègues de sa génération. Il arrive souvent que le maître et l'élève cheminent séparément en cultivant des échanges inégaux ; je tirai profit de chacune de ses publications pour alimenter mon histoire réflexive ; il avouait ne pas avoir le temps de suivre de près mon itinéraire reflété notamment dans les nombreux comptes-rendus d'ouvrages divers dans *Arabica* depuis 1961 [1]. Je retiendrai deux exemples éloquents.

Le premier est l'essai de renouvellement de la lecture des matériaux relatifs à la *Sîra* de Muhammad par Uri Rubin dans *The eye of the beholder. The life of Muhammad as viewed by the early Muslims* [2]. Par sa méthode déconstructive des sources anciennes, l'auteur impose une nouvelle temporalité pour l'étude de la pensée qui construit l'imaginaire-mémoire des sociétés musulmanes. Au lieu de chercher à reconstituer les données, les épisodes, les dits « authentiques » selon les exigences d'une biographique critique – au sens philologique historiciste – de Muhammad, il restitue la Figure idéale et la thématique mythohistorique construite *après coup* par une historiographie plus soucieuse de renforcer pour tous les musulmans la Vérité de leur croire que de s'épuiser, comme les philologues modernes, à vérifier la validité des assignations chronologiques des faits au temps court où doit être enfermée la vie « concrète » d'un acteur social parmi d'autres. La temporalité psychologique ainsi restituée par l'historien permet d'articuler le temps long de la croyance vraie en une Figure symbolique vivante, au temps court de la vie de Muhammad, transformé lui-même en Moment inaugurateur d'une nouvelle étape de l'Histoire du Salut dans laquelle viennent s'inscrire et sont évalués tous les événements, tous les faits, toutes les conduites qui tissent la trame de l'his-

---

1. Voir Index dans *Arabica*, 1998/2.
2. Darwin Press, 1995.

toire terrestre. Tout ce travail de transfiguration et de rétroprojection est effectué de façon continue par trois à quatre générations à l'aide de procédés d'une écriture mythohistorique dont le déchiffrement adéquat exige plusieurs opérations de *transgression* et de *déplacement*. Le temps froid, mort de l'histoire factuelle, positiviste, est déplacé vers le temps toujours chaud, vivant, dynamique d'une histoire terrestre inscrite dans la perspective de l'espérance eschatologique de Salut; l'écriture historienne fragmentée et disloquante est remplacée par une écriture toujours rigoureusement critique, mais capable d'articuler les exigences de l'écriture philologique positive aux méthodes de déconstruction de l'écriture mythohistorique qui n'efface pas arbitrairement le trait d'union. Le résultat est un enchevêtrement de plusieurs temporalités vécues par le sujet et restituées dans une écriture historienne plus englobante. C'est exactement ce que cherchait à expliquer H.I. Marrou, nourri de la théologie de l'histoire selon Saint Augustin, mais pas assez des grands débats sur la pluridisciplinarité après l'ébranlement de 1968. Il est clair que toute l'écriture historienne de l'histoire économique et sociale doit être réajustée, surtout après l'effondrement de l'arrière-fond philosophico-politique de l'idéologie communiste.

Le second exemple est plus récent; il corrobore l'importance du travail par l'historien des temporalités multiples dans lesquelles les faits prennent des significations de portée différente pour le déchiffrement global des sociétés complexes[1]. La séduction, acte social ordinaire, est prise comme un objet d'histoire qui permet de repérer des phases, des périodes d'évolution susceptibles d'être corrélées ou non à d'autres faits sur un parcours chronologique du Moyen Âge à nos jours. Je cite ce livre pour signaler aussi que les études de psychologie et de sociologie historiques n'ont pas encore suscité l'intérêt qu'elles méritent en contextes islamiques. C'est en conjuguant des recherches sur tous les territoires de la production de l'histoire qu'on parviendra à **dépasser** les visions fixistes, l'écriture historiciste linéaire et les descriptions fragmentées des sociétés dites musulmanes et de l'islam lui-même en tant que religion et tradition de pensée. L'indifférence et les retards signalés pour la période classique se retrouvent dans la littérature politologique concentrée sur les seuls événements et acteurs

---

1. Il s'agit d'un ouvrage collectif sous la direction de C. Dauphin et A. Farge, *Séduction et sociétés. Approches historiques*, Paris, Seuil, 2001.

inscrits dans la courte durée, voire la durée journalistique. Je n'insisterai pas ici sur une pratique courante qui n'a cependant pas donné lieu
à un bilan critique satisfaisant. Il y a beaucoup à dire et à penser sur les
décompositions et recompositions des temporalités où se meuvent
les nouveaux imaginaires sociaux et se réactivent des « *lieux de
mémoire* » propres à chaque mémoire collective différenciée à
l'intérieur de la mémoire globale de l'*Umma*, mais toujours liée aux
mémoires constituées en deçà et au-delà des mémoires sunnite,
shî'ites, khârijites[1]. L'histoire économique et sociale au Moyen Âge
serait plus instructive et explicative si elle permet la perception des
continuités et des discontinuités d'une période à l'autre dans les interactions entre ce niveau matériel de la réalité historique et le niveau
« idéologique » des valeurs éthiques et religieuses notamment. Une
telle histoire n'enrichirait pas seulement les discussions sur la périodisation ; elle empêcherait ou au moins découragerait les spéculations
actuelles sur l'économie islamique, les banques islamiques, le
matérialisme de l'Occident, les valeurs de l'islam, etc.

Si l'on prend en compte la période laissée par Cl. Cahen en dehors
de son exploration, je veux dire de l'instauration du pouvoir ottoman à
nos jours, on mesurera mieux encore l'urgence des révisions nécessaires que je viens d'évoquer sur les enjeux cognitifs, didactiques,
pratiques de la périodisation. Je partirai ici de la contribution de
Cl. Cahen au fameux symposium de Bordeaux en 1956. On sait que les
maîtres les plus en vue d'alors avaient été conviés à examiner la grave
question du *Classicisme et déclin culturel dans l'histoire de l'Islam*.
On a demandé à Cl. Cahen d'examiner les facteurs économiques et
sociaux dans l'ankylose culturelle de l'Islam. La lecture, aujourd'hui,
de ce titre, comme de ceux de toutes les communications faites à ce

---

1. Encore un exemple d'indifférence des historiens du « monde musulman » aux
débats pluridisciplinaires qui ont tant enrichi la « nouvelle histoire » dans les années
1960-1990. G. Durand avait publié sa thèse sur *Les structures anthropologiques de
l'imaginaire* en 1961 ; la pensée rationaliste logocentriste l'a marginalisé à cause de ses
tendances spiritualistes dans la ligne des travaux d'H. Corbin ; le clivage subsiste encore
malgré les expansions du concept d'imaginaire en histoire, en sociologie, en politologie,
en-deçà ou au-delà de l'usage lacanien. La plupart des islamisants continuent de négliger
les rôles de la mémoire collective et de *la production imaginaire de la société* développé
dans les années 1960-1970 par C. Castoriadis. Tous ces exemples montrent à quel point la
recherche cède aux effets de mode et contribue à la civilisation de la pensée et des
méthodes jetables comme les objets de la vie matérielle.

symposium, inspire, selon les cas et les personnes, une compassion affectueuse ou une dérision corrosive à l'égard des défenseurs de la scientificité sous toutes ses formes et à tous ses âges. L'Islam, toujours avec I majuscule, surgit, une fois de plus, dès le titre, tel le héros principal soumis aux épreuves qualifiantes et disqualifiantes dans les contes populaires. Avec cette différence aggravante qu'à l'issue des parcours imposés, le héros, ici, ne reçoit jamais de traits identificatoires qui permettraient de le situer dans une symbolique, un réseau de significations, un ensemble de fonctions : n'importe quel usager peut à nouveau se servir du même héros passe-partout, omniprésent, omnipotent, substitut temporel, aisément manipulable, d'Allah, pour les sciences sociales d'hier et d'aujourd'hui.

L'autre grand enseignement du texte en question réside dans les contorsions rhétoriques de l'auteur pour concilier deux impératifs majeurs : il ne faut ni renoncer ouvertement au principe marxiste de l'économie comme facteur dominant, ni céder à un marxisme vulgaire devant des collègues comme H. I. Marrou qui menaient un combat d'historien contre des formes dogmatiques de la « quête de la vérité ». La discussion de la communication fait apparaître – comme dans le reste de l'ouvrage, document précieux pour l'étude de l'*épistémè* et de l'épistémologie de l'Orientalisme dans les années 1950 et même 1960 – l'étendue de ce que j'ai souvent appelé l'impensable et l'impensé d'une discipline, d'un auteur, d'un groupe, d'une époque, d'une culture ; impensable et impensé fidèlement reflétés dans le discours et l'écriture. À l'évidence, les maîtres réunis à Bordeaux ne disposaient ni d'une critique de la causalité linéaire appliquée aux sociétés, ni encore moins d'une critique adéquate de la raison dialectique non pas à la manière de J.-P. Sartre, mais plutôt dans la ligne de la sociologie politique pragmatique et de la phénoménologie de la perception que défendaient respectivement R. Aron et M. Merleau-Ponty, alors que prospérait l'idéologie stalinienne. Les problèmes soulevés à Bordeaux sont légitimes ; mais la connaissance historique succombait trop au pesant héritage de l'historicisme, de l'eurocentrisme, des philosophies spéculatives de l'histoire, des préjugés de rationalité et de scientificité. Dans les années 1950, la France menait une guerre coloniale en Algérie, les États-Unis au Viet Nam ; il n'était point question de tirer les leçons de la seconde guerre intraeuropéenne; carence scandaleuse qui continue de peser sur toutes les historiographies nationales plus soucieuses de fabriquer des « *lieux de mémoire* » que de faire progresser l'histoire comme *catharsis*.

La question du déclin, décadence, ankylose, léthargie… a nourri les imaginaires de ceux qui ont cru pouvoir dépasser les immobilismes et les régressions en proclamant et en animant la Renaissance (*Nahdha*), puis la Révolution (*Thawra*), puis l'Éveil (*Ṣaḥwa*), entre 1830 et 1990. La problématique mise en place par Max Weber sur la corrélation fonctionnelle entre le fait protestant et le capitalisme continue d'inspirer historiens et sociologues sans autoriser à ce jour des conclusions probantes et une méthodologie exportable pour déchiffrer les énigmes du fait islamique et du phénomène évident des régressions sectorielles depuis les XIVe-XVe siècles. C'est en ce sens que j'ai souvent souhaité des enquêtes sur la sociologie de l'échec de la pensée d'Ibn Rushd en contextes islamiques et la sociologie de sa réussite, de son expansion rapide en contexte chrétien médiéval[1]. La même démarche doit être appliquée aux conditions de production, puis d'élimination d'esprits d'exception comme Ibn ʿArabî ou, plus tard, Abdelkader en Algérie, ou aux raisons d'émergence et d'expansion continue et généralisée du confrérisme et maraboutisme[2].

Les périodisations reçues, malgré les ajustements proposés pour l'histoire culturelle, économique, sociale, militaire… par rapport à l'histoire politique, sont toutes fondées sur la notion d'un développement linéaire orienté à partir d'une Origine vers une arrivée. Les discontinuités, les ruptures, les éliminations, les oublis ne sont pas pris en compte en tant que données résultant de processus sociologiques, historiques qui doivent faire l'objet d'enquêtes aussi systématiques que celles réservées aux continuités, aux faits positifs, aux personnalités, aux œuvres et aux monuments dits représentatifs. La période dite de décadence est précisément la plus riche d'exemples qui permettraient de travailler les concepts d'oubli, de rupture, d'élimination, d'impensable, d'impensé, de pensable autorisé, de pensable obligé, de

---

1. Voir mes explications dans *La place d'Averroès dans l'histoire de la pensée*, dans *Rencontres d'Averroès*, s.d., de T. Fabre, Arles, Actes Sud, 1999.

2. Des exemples de ces lectures sont donnés par J. Dakhliya dans *L'oubli de la Cité. La mémoire collective à l'épreuve du lignage dans le Jérid tunisien*, Paris, 1990; H. Touati dans *Entre Dieu et les hommes : Lettrés, Saints et Sorciers au Maghreb* (XVIIe siècle), Paris, EHESS, 1994.

pensable interdit comme des thèmes essentiels d'anthropologie, de psychologie et de sociologie historiques. On accumulerait alors plus d'éléments d'explication du décalage historique qui n'a cessé d'éloigner, sur tous les plans, les sociétés européennes accueillantes à toutes les amplifications de la modernité, de toutes les autres sociétés dans le monde et d'abord les plus voisines géopolitiquement et historiquement, donc les plus exposées au capitalisme bourgeois conquérant. Le concept de **décalage** me semble plus fécond que celui de décadence, parce qu'il oblige à un examen comparé des forces, des mécanismes, des systèmes économiques, politiques, juridiques, cognitifs en présence dans une aire où le fait islamique avait rendu possibles des émancipations, des innovations, des évolutions qui se sont poursuivies, accentuées en contexte européen seulement. En outre, le décalage doit être mesuré non seulement par rapport à l'Europe moderne, mais également par rapport aux stades antérieurs de chaque société en voie de sous-développement à partir des xive-xve siècles. Le monde arabe actuel et, tout particulièrement, l'Algérie depuis octobre 1988, offrent un riche terrain d'application à ce type d'enquête sur les grands phénomènes de décalage et de régression collective.

La dialectique des puissances et des résidus[1]

C'est le moment de présenter un cadre d'analyse qui permet, comme on va le voir, de mettre en application les trois opérations méthodologiques et épistémologiques exprimées par les verbes **transgresser**, **déplacer**, **dépasser**. Il s'agit d'identifier et de suivre dans tout espace social délimité par des frontières politiques, les déploiements de la dialectique continue de quatre **puissances** à vocation hégémonique cherchant à réduire à l'état de **résidus**, voire à éliminer quatre forces directement antagonistes qui luttent pour la survie, ou, si possible, l'accès à l'autonomie et éventuellement, à la substitution

1. Il y a longtemps que j'ai emprunté cette expression à H. Lefèvre en la libérant de sa visée théorique marxiste pour la rendre opératoire dans l'analyse historico-anthropologique de tous les types et tous les niveaux d'organisation sociale : des groupes les plus archaïques, des communautés les plus traditionnelles aux sociétés-nations les plus modernes. Son application aux sociétés contemporaines arbitrairement décrites comme musulmanes, voire islamiques, dévoile plusieurs niveaux de pertinence mal perçues ou ignorées par les travaux enfermés dans une temporalité linéaire et la fragmentation idéologique du champ social et culturel.

d'une hégémonie à l'autre. Je reprends en la complexifiant, la théorie d'Ibn Khaldoun sur les successions dynastiques toutes les trois générations. Dans le diagramme suivant, je place sur la ligne horizontale (1), les quatre forces tendant vers l'hégémonie : **la formation étatique** (= **F.E.**); **l'écriture** (= **E**); **les cultures savantes** (= **C.S.**) avec ses producteurs et ses gardiens; **l'orthodoxie** (= **OR**) où se tissent l'alliance ou les compromis entre religion et politique; sur la ligne horizontale (2), les forces antagonistes que sont **les sociétés segmentaires** (= **S.S.**) non intégrées, **l'oralité** (= **ORA**), **les cultures dites populaires** (= **C.P.**) et aujourd'hui **populistes** (= **p.**), **les hérésies** (= **H.**). La dialectique s'exerce sur chaque ligne horizontale entre les quatre forces et sur les lignes verticales entre les huit forces antagonistes. Cette double dialectique se déploie simultanément et travaille l'espace social global ouvert à l'action des acteurs individus, groupes : clans, tribus dans des espaces aux frontières politiques mouvantes; groupes ethnoculturels et classes sociales dans des espaces politiquement contrôlés par des États souverains centralisateurs. Les flèches orientées dans les deux sens réfèrent à cette dialectique dont l'intensité varie selon les milieux sociaux, les enjeux en présence et les conjonctures historiques.

Il va sans dire que tout au long des lignes horizontales et sur chaque ligne verticale, il surgit des cas individuels, des situations et des conduites intermédiaires qui pèsent de manière plus ou moins décisive sur les développements de la dialectique globale des puissances et des résidus. Ces émergences imprévisibles sont indiquées par des lignes discontinues de connexion. L'orthodoxie est définie par les gestionnaires du sacré pour la religion, par l'État plus ou moins laïcisé pour la politique; l'hétérodoxie désigne aussi bien les croyances ou doctrines rejetées par les gardiens de l'orthodoxie que les rébellions contre l'autorité « légitime » de l'État (le Maroc a une terminologie plus explicite avec l'opposition du territoire domestiqué par le pouvoir central (*Makhzen*) au territoire « sauvage » de désordre et de rébellion (*al-siba*). Je visualise l'ensemble de ces interactions dans le diagramme suivant :

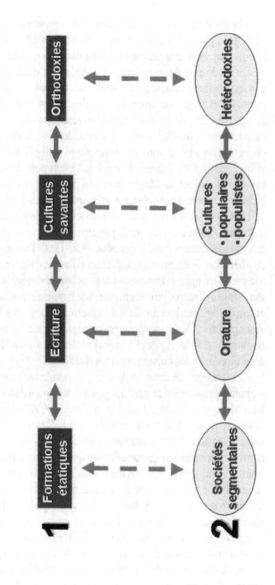

Anthropologie sociale et culturelle :
La dialectique des puissances et des résidus

1
- Fomations étatiques
- Écriture
- Cultures savantes
- Orthodoxies

2
- Sociétés segmentaires
- Orature
- Cultures • populaires • populistes
- Hétérodoxies

On parvient ainsi à insérer dans des temporalités et des espaces politiques plus ou moins précaires, les temporalités de longue durée comme les systèmes religieux de représentation et de croyances, les systèmes de pensée avec leurs *épistémès*, les structures anthropologiques des imaginaires, les contenus des mémoires collectives disparates, les codages culturels des « valeurs » en elles-mêmes contingentes. On découvre alors que le niveau des puissances partagent certaines temporalités profondes avec le niveau des résidus ; c'est pourquoi, il y a inversion des statuts quand un Ibn Tumert « monte » du village berbère de Tinmel, se rend en Orient pour acquérir la culture savante et revient au Maghreb pour « islamiser », « acculturer » vers l'arabe savant et la *sharî'a* ash'arite-mâlikite les Berbères demeurés dans l'oralité et les croyances animistes. La montée des forces d'en-bas vers le haut a connu un déploiement bouleversant au lendemain des indépendances dans les années 1950-1960. Les soldats des luttes de libération viennent majoritairement d'en bas ; ils accèdent en masse à la première ligne et imposent à une société désintégrée l'idéologie du Parti-État qui jouit d'une légitimité dite historique, en fait contingente et sans grand lendemain. Et sur la première ligne, les luttes entre les arabophones et les francophones (ou anglophones, italophones, hispanophones, d'ailleurs) devient aussi violente qu'entre les oppositions séculaires entre les puissances et les résidus.

La stratégie de cette analyse a une portée anthropologique ; elle s'applique aussi bien au premier groupe de convertis à l'islam naissant à La Mecque et Médine contre les bédouins (*A'râb*) récalcitrants qu'à la guerre de sécession aux États-Unis, à la Révolution française et à celle d'Octobre 1917. Dans toutes les conjonctures historiques et les configurations sociologiques, des tensions continues apparaissent aux deux niveaux d'horizons et dans le sens vertical. L'historien est obligé de combiner sa perspective de longue, moyenne ou courte durée avec les interrogations du sociologue et de l'anthropologue pour embrasser sans les séparer tous les sens de circulation et d'action des huit forces en présence. Il ne peut plus épouser les privilèges et les situations de pouvoir des acteurs de la première ligne contre ceux d'en bas, ou l'inverse dans le cas d'une certaine anthropologie/ethnologie. Qu'un groupe d'en bas réussisse à monter en haut ne change rien au jeu continu de la dialectique des puissances et des résidus. C'est le cas de la bourgeoisie capitaliste en contextes européens qui a généré le prolétariat industriel, déraciné la paysannerie et provoqué les guerres intraeuropéennes et surtout coloniales, généralisant au monde entier la formation de vastes résidus en proie aujourd'hui aux guerres civiles.

La manière dont Cl. Cahen et beaucoup d'autres comme lui parlaient encore dans les années 1970 des acteurs d'en haut et des acteurs d'en bas selon ma figuration de la dialectique sociale, est révélatrice d'un partage accepté du champ social-historique et des disciplines qui les explorent séparément. Il observait ainsi que « *les historiens n'ont que distraitement regardé les gens du plat pays, qu'ils fussent paysans ou pasteurs* » ; il soulignait le caractère désuet, dérisoire de la littérature d'alors sur le sujet en écrivant :

> certains nomades ont été des créateurs d'empires, d'autres des agents de décomposition politique. Est-ce dû au hasard de la qualité de leurs chefs ? Y-a-t-il des facteurs plus profonds à cette opposition ? J'espère que moi-même ou d'autres trouveront le temps et les moyens de nous occuper une autre fois des réponses à suggérer [1].

Cette interrogation devient plus pressante pour l'historien-sociologue-anthropologue qui s'intéresserait aux sociétés sous domination ottomane, safavide, mogole, puis coloniale et présentement sous les Partis-États dits nationaux. La périodisation doit intégrer les divers processus qui conduisent aux ruptures structurelles qui s'accentuent à mesure qu'on approche des années décisives des guerres de libération. Suivre le destin des structures est bien plus éclairant que

---

1. « Nomades et sédentaires dans le monde musulman du milieu du Moyen Âge », repris dans *Les peuples musulmans*, p. 423 et 437. Les nomades et les paysans sont condamnés à ce qu'il soit toujours parlé d'eux à la troisième personne, incidemment comme des obstacles à réduire, des opposants récidivistes à partir du Je instaurateur, normatif qui articule le discours vrai, rationnel, légal, éthique à l'intérieur de la solidarité fonctionnelle hégémonique définie ci-dessus. Même le géographe cède à cette pratique ; il se sert des textes polémiques et rudement normatifs du Coran et du *Hadîth* pour désigner l'espace « sauvage » (la *Jâhiliyya*) occupée par les bédouins : cf. X. de Planhol, *Les Nations du Prophète*, Paris, Fayard, 1993, *passim*. Il est vrai à cet égard que le Coran lui-même a mis en place une théologie de légitimation de la dialectique des puissances et des résidus en substituant la toute puissance de la Cité de Dieu à celle de la cité idolâtre vouée à l'élimination à terme par la conversion volontaire ou forcée. Pour des approches neuves des problèmes toujours discutés au sujet de la tribu, on peut voir *Tribes and State formation in the Middle East*, Ph. S. Khoury and J. Kostiner (eds.), Londres-New York, 1991 ; ainsi que le compte rendu substantiel de P. Crone dans *J.R.A.S.*, 3, 1993.

d'en rester à l'histoire politique à partir des centres d'un pouvoir qui a
figé les structures et les groupes ethnoconfessionnels locaux (*millet*)
pour assurer sa longévité. Que deviennent les temporalités identifiées
par l'historien, le sociologue, l'ethnologue jusqu'en 1940? Comment
s'imbriquent les temporalités religieuses et les temporalités politiques
sécularisantes à partir du XIXᵉ siècle et davantage encore depuis les
années 1950? Quelles disciplines et quelles méthodologies utiliser
pour explorer des espaces sociaux globaux où s'exaspèrent les tensions
entre les archaïsmes et les contraintes idéologiques imposées par des
centres éloignés culturellement et de plus en plus omniprésents avec
les moyens modernes de contrôle policier? Ces questions sur les
temps contemporains n'intéressent le médiéviste qu'à titre heuristique; dans la mesure où les sociétés dites musulmanes étudiées par
le médiéviste continuent de référer au Modèle inaugurateur de l'ère
islamique, il demeure nécessaire d'intégrer les questions que je pose
au stade médiéval pour éclairer justement les problèmes nombreux
posés par la survie imaginaire de l'Utopie islamique. Je reviendrai
dans les chapitres suivants sur la nécessité de recourir à la méthode
progressive-régressive ou régressive-progressive – l'histoire à rebours
partant des données actuelles – pour prendre en charge ce fait massif
de sociétés du XXIᵉ siècle qui s'acharnent à restaurer un modèle
d'action historique imaginé, rêvé puisque les historiens eux-mêmes
sont incapables de restituer de manière fiable la réalité objective de ce
modèle. Ce fait à lui seul oblige à réfléchir davantage sur la question
de la périodisation, des continuités et des ruptures.

Nous ne possédons pas encore une histoire intellectuelle fiable
dans la logosphère arabe, persane, turque, ni pour la longue période
dite de décadence, ni pour la période dite de Renaissance, ni, encore
moins, pour celle qui s'ouvre avec les luttes nationalistes. Je n'ignore
pas, en portant ce jugement, les nombreuses monographies consacrées
aux sujets les plus divers, les manuels plus ou moins exhaustifs et
libérés des postulats soit d'une modernité plus empirique que critique,
soit d'un nationalisme ou islamisme militant[1]. Je dois souligner for-

---

1. Pour ce qui concerne la bibliographie en langues occidentales, je renvoie à mes
comptes-rendus de deux récents ouvrages très significatifs du regretté A. Hourani, dans
Arabica 1993, 2, p. 256-58. Pour la bibliographie en arabe, voir ma critique in « al-Turâth
wa Ta addiyyât al-'asr fî-l-waṭan al-'arabiyy, Markaz dirâsât al-wa da al-'arabiyya »

tement que le concept de modernité et le qualificatif qui en dérive continuent d'être employé de façon lâche, non critique, puisqu'on y inclut indistinctement les postulats de l'érudition philologique depuis le XVIᵉ siècle, les postures de la raison des Lumières depuis le XVIIIᵉ siècle, les pratiques de la raison scientiste, évolutionniste, positiviste depuis le XIXᵉ siècle, les acquis en cours d'une raison plus mobile, plus flexible, inquiète, modeste, tâtonnante, déconstructive, transculturelle; raison propre à ce que j'ai appelé, depuis 1978 [1], après M. Mead, *l'Âge préfiguratif* (d'autres préfèrent parler de post-modernité ou surmodernité). Ajoutons que pour les Anglo-saxons, moderne réfère surtout à tout ce qui est contemporain dans une ligne chronologique, tandis que la pensée française et allemande insistent, à la manière de J. Habermas, sur *Le discours philosophique de la modernité*. Je ne connais pas d'études où soient examinés systématiquement les modes et les niveaux de réception de la modernité dans les divers contextes socioculturels et chez différents auteurs, artistes, chercheurs, enseignants, depuis que le pouvoir ottoman a affirmé sa volonté d'hégémonie face à celle de l'Europe engagée précisément dans les combats pour la modernité. L'essai essentiellement factuel et événementiel de B. Lewis, *Comment l'Islam a découvert l'Europe* [2], est très représentatif du style, de l'écriture, du regard qui a longtemps prévalu dans ce genre d'exploration. L'auteur ne fait aucune évaluation critique ni du type de modernité offerte ou imposée à l'exportation, ni des conditions cognitives de la *réception* dans des milieux socioculturels qui, redisons-le, ne sauraient être confondus sous le mot-sac Islam. Et quand même on voudrait utiliser cette référence, il faudrait commencer par décrire historiquement ce qu'est devenu le système cognitif de la pensée islamique classique durant toute la période ottomane. Les rares monographies consacrées aux « *Ulamâ* » s'intéressent au statut social et politique, aux fonctions administratives et idéologiques, mais non aux réductions imposées au champ intellectuel en raison précisément de positions de classe de cette catégorie professionnelle. On

dans *al-Turâth: Mu tawâhu wa huwiyyatuh, îjâbiyyâtuh wa salbiyyâtuh*, Beyrouth, 1985, p. 155-165

1. Première édition de mon *Islam, hier, demain*.
2. La Découverte, 1984.

peut trouver de nombreuses illustrations de cette pratique pour la *Nahdha* et la période post-coloniale.

L'objectif est de sortir d'une périodisation qui n'intègre que les productions historiques des solidarités dominantes ou à vocation hégémonique au moment où les solidarités dominées ou refoulées s'étendent sociologiquement et pèsent plus lourdement sur le devenir général des sociétés. Les lettrés, saints et sorciers que présente H. Touati au Maghreb du XVIIe siècle, se retrouvent dans tout l'espace touché par le fait islamique, en tant qu'agents de reproduction, de diffusion, d'application d'un système cognitif composite, combinant des éléments d'islam détachés de leur contexte intellectuel, des croyances vivaces propres aux religions locales, des stratégies de pouvoir politique et économique. Cette action se développe soit en alliance avec l'autorité centrale, soit pour accroître l'autonomie de régions « rebelles » (*al-siba*). Il faudrait comparer cette dialectique des puissances et des résidus à celle qui s'est imposée tout autant pendant la période du califat pour évaluer les ruptures, les discontinuités, les oublis, les changements structurels sur toute la trajectoire historique de chaque société sous étude ; mais aussi l'ampleur du décalage historique qui isolait chaque société dans une sphère d'existence sans lien avec celle des sociétés européennes contemporaines. Ce genre d'enquête est d'autant plus indispensable qu'il permettra de mesurer dans les sociétés soumises aujourd'hui aux revendications islamistes les plus intransigeantes, soit la continuité et l'expansion sociologique de mécanismes déjà en place dans les siècles antérieurs, ce qui autoriserait une périodisation continue au moins au niveau du système de représentations, soit l'émergence d'une nouvelle combinaison de la vieille espérance messianique avec les idéologies nationalistes de libération mises au point et appliquées, il faut le rappeler, d'abord en Occident [1].

---

1. Je ne veux pas que cette formulation soit perçue comme polémique ; en fait, l'espérance messianique ne peut être détachée de la violence par laquelle elle se réalise dans l'histoire ; cette violence est incluse et sacralisée, transcendantalisée déjà dans les grands textes fondateurs des religions ; c'est ce que j'ai montré dans mon analyse du triangle anthropologique *violence, sacré, vérité* dans la sourate 9 dans *The Unthought*, chap. 3. Il reste à monter en quoi diffèrent les fonctions historiques de ce triangle quand on passe du contexte de Médine-La Mekke au temps du Coran aux contextes islamiques d'aujourd'hui.

Avec toutes les objections et les questions qu'on vient de soulever et qui demeurent en attente de réponses, on comprendra qu'on ne puisse proposer de périodisation définitive; il est sûr, cependant, qu'il convient de renoncer aux cadres chronologiques trompeurs dans lesquels l'enseignement et bien des travaux continuent de nous enfermer. En ce qui concerne l'histoire de la pensée islamique, inséparable de la sociologie et de l'anthropologie historiques, j'ai utilisé la riche notion d'*épistèmè* comme critère de périodisation; on peut alors rendre compte de la continuité jusqu'à nos jours, dans le discours réformiste, puis islamiste, de modes de perception, de raisonnement, d'interprétation, de socialisation de l'individu-citoyen-sujet qui remontent aux premières articulations de l'islam normatif[1].

La territorialisation

J'entends par là les grands domaines de l'existence historique des sociétés que l'historien érige en territoires délimités et affectés à des disciplines spécialisées. On sait dans quelles conditions intellectuelles, mais aussi idéologiques, l'histoire économique et sociale a non seulement conquis son propre territoire, mais a imposé une inquiétante hégémonie face à l'historiographie dite alors événementielle. Marxiste déclaré, Cl. Cahen, comme M. Rodinson, a eu le mérite de faire bénéficier «l'Orient musulman» d'une orientation neuve et féconde des études historiques; comme lui, il n'a pas craint d'expliciter son adhésion à une théorie explicative qui a connu un moment de suprématie intellectuelle grâce au climat idéologique des années 1950-1970. On ne peut dire, cependant, qu'il a cédé à un effet de mode; ses interventions théoriques sont restées prudentes, rares et surtout floues dans leur expression, comme en témoignent les premières pages de l'intervention déjà citée au symposium de Bordeaux; ou ce texte déjà mentionné au titre parlant et également ancien: *La changeante portée sociale de quelques doctrines religieuses*. Ces textes, comme ceux plus étendus de M. Rodinson sur *Mahomet* et *Islam et Capitalisme*, présentent un grand intérêt pour l'identification

---

1. Sur le travail de ce concept, voir M.H. Benkheira, *L'amour de la loi. Approche anthropologique de l'islam normatif*, Paris, PUF, 1998. Au sujet de l'individu-sujet, on consultera *L'individu au Maghreb*, Colloque international de Carthage 1991, Tunis, 1993.

des limites, des dérapages, des fausses connaissances que génèrent la territorialisation et la prétention de théoriser à partir d'une spécialisation excessive. Je ne vise pas seulement l'histoire économique et sociale; même à l'intérieur d'un domaine apparemment homogène comme l'islamologie (appellation et pratique dont j'ai souvent souligné les faiblesses et les insuffisances), on arrive à s'enfermer dans des disciplines qu'une spécialisation étroite détache non seulement de la réalité sociale globale, mais même de la vision unifiante caractéristique de la pensée médiévale. On peut ainsi être historien de la théologie sans pouvoir, ni même vouloir s'interroger sur les conditions d'exercice de la pensée dans des disciplines connectées comme l'historiographie, la philosophie, elle-même subdivisée en sous-territoires, les *Uṣûl al-fiqh*, les branches de la linguistique et pas seulement la grammaire avec laquelle les textes puissants d'un Ibn Ḥazm, ou d'un Sîrâfî ont imposé des rapprochements. Ce sont des linguistes comme P. Larcher, qui ont attiré l'attention sur l'importance des *Uṣûl al-fiqh* pour l'étude des rapports entre la pensée et la langue; les historiens de la philosophie ont aussi occupé un territoire plus relié aux corpus de la Grèce ancienne avec la recherche des influences qu'à l'étude de l'élargissement d'une épistèmè arabo-islamique couvrant sous l'appellation d'adab philosophique, un domaine continu de la pensée, de la langue et de la société [1].

La société est le point de rencontre obligé de tous les historiens quel que soit le degré d'autonomie de la sphère découpée dans un ensemble. Le passage de l'histoire économique à l'histoire sociale, politique, intellectuelle, ou, inversement, l'identification de liens entre le succès, puis l'élimination de la philosophie, par exemple, et l'état concomitant de la vie économique et des cadres sociaux de la connaissance ne sont pas aussi aisés et convaincants qu'on l'a longtemps cru. Rendons, une fois de plus, hommage à l'honnêteté

---

[1]. Pour l'adab philosophique et son rôle dans la formation d'une épistémè à visée humaniste, voir mon *Humanisme arabe au ${IV}^e$-Xe siècle*. Traitant de la génération de Cl. Cahen, je suis amené à restituer les tensions idéologiques qui divisaient les milieux de chercheurs et d'enseignants jusqu'à la disparition de l'URSS. Sans doute, la tension idéologique peut-elle être bénéfique en obligeant à radicaliser les analyses et les argumentataires; mais à partir d'un seuil d'obstination, elle entraîne une dérive subjective dangereuse.

intellectuelle de Cl. Cahen qui termine son texte sur les doctrines religieuses par cet aveu :

> Je ne me dissimule pas, l'on pense bien, ce qu'a d'éminemment incomplet, imprécis, discutable, parfois gratuit l'exposé qui précède. Comme historien, tout simplement, c'est un sens où je souhaiterais voir s'orienter plus résolument que jusqu'ici les études d'histoire doctrinale de l'Islam – ce qui implique évidemment, tout de même, de d'abord connaître les doctrines [1].

Ce texte a été repris sans modifications, ni commentaires quinze ans plus tard dans le recueil cité. Je montrerai ci-dessous, en étudiant le vocabulaire, les dangers d'une présentation fondée sur une théorie non articulée. Ceci dit, j'ai personnellement tenté de suivre la leçon du maître en situant la philosophie dans la société bûyide dans le sens qu'il a indiqué [2]. J'ai déjà souligné que la difficulté non encore surmontée – du moins pour les sociétés qui nous occupent ici – réside dans la prise en charge au niveau même de l'écriture imposée par chaque spécialisation, des opérations suivantes :

1) **détecter** dans l'histoire vécue les lieux de passage d'un territoire à l'autre, institués par les acteurs eux-mêmes, mais oblitérés, minimisés ou simplement négligés par l'analyste trop occupé par la connaissance érudite d'un domaine clos par la spécialisation excessive. Ce travail de détection doit se répéter pour chaque conjoncture historique traversée par chaque groupe social étudié, car des lieux de passage peuvent disparaître et d'autres s'imposer. Ainsi, les raisons politiques, économiques, sociales de l'expansion d'une religiosité populaire, improprement nommée soufisme, puis du phénomène confrérique au Maghreb à partir du XIIIe siècle, sont toujours présentées de manière incohérente et conjecturale; inversement, au-delà d'un seuil sociologique d'expansion qu'il convient de définir dans chaque cas, le phénomène confrérique entraîne des conséquences encore mal connues sur l'activité intellectuelle, la production culturelle, l'évolution économique et politique. Comment expliquer la continuité de l'État musulman dans le temps depuis la dynastie idrisside dans ce qui est devenu le Maroc et ses discontinuités dans le

---

1. *Peuples musulmans*, p. 207.
2. Voir mon *Humanisme, op. cit.*

temps et dans l'espace en Algérie? On sait de quel poids les nationa-
lismes récents ont pesé sur les délimitations arbitraires des territoires
de la recherche au mépris des continuités linguistiques, anthropologiques, ethnoculturelles de l'espace maghrébin. Les injonctions du
Parti-État-Nation l'emportent sur les droits de la connaissance scientifique. On ignore les enquêtes sociologiques pour dresser une carte
historique des modes et des niveaux de présence de la langue et de
la culture arabes, de l'islam comme religion dans l'espace maghrébin
jusqu'aux indépendances. On peut mesurer après plus de cinquante
ans les conséquences de cette dérive idéologique. On s'est privé
d'ouvrir enfin des terroirs larges où interviendraient toutes les sciences
de l'homme et de la société dans la perspective englobante et systématique de la dialectique des puissances et des résidus. Les décideurs
politiques et les mouvements d'opposition auraient sans doute suivi
d'autres chemins s'ils avaient pu disposer d'une carte linguistique et
anthropologique de l'espace maghrébin réel par delà la vision
arbitraire et si coûteuse dans tous les domaines, de l'identité arabo-
islamique fantasmée plus que restituée à ses limites effectives.

2) **analyser** les interactions continues entre les sphères d'existence qui tendent à l'autonomisation, ou même au contrôle hégémonique à l'intérieur de chaque espace socio-politique défini. C'est ici
qu'intervient la recherche sur la hiérarchie changeante des facteurs en
jeu dans l'orientation du devenir historique global. On se souvient des
vives discussions sur le *facteur déterminant*, les forces en travail dans
l'infrastructure et les épiphénomènes de la superstructure. M. Godelier
a tenté d'enrichir le débat en distinguant l'**idéel** de l'**idéologique**[1].
Mais ici on mesure à quel point un chercheur de l'envergure de
Cl. Cahen pouvait être handicapé par les retards de la prospection dans
un secteur où l'isolement et le nombre réduit de chercheurs obligent à
se porter sur plusieurs fronts à la fois. W.M. Watt, partant du domaine
religieux, a tenté d'aller vers le social et le politique en travaillant
notamment les concepts d'**idéation** et d'**intégration** de la société; les
réserves et les positions exprimées à ce sujet par M. Rodinson sont

---

1. Voir sa *Production des grands hommes*, Paris, Fayard, 1982.

utiles, mais insuffisantes pour épuiser la question de la réduction du fait religieux au statut et aux fonctions de l'idéologie militante [1].

Si j'ai retenu la question de la territorialisation, c'est pour revenir, par un autre biais, à cette interrogation lancinante, souvent escamotée, contournée, dénaturée : comment expliquer la récurrence du fait islamique comme Modèle d'action historique dont la validité est revendiquée encore aujourd'hui avec plus de virulence politique que jamais dans l'histoire antérieure ? Le problème en jeu ici pour l'historien n'est pas seulement l'islam constitué en territoire spécifique confié aux attentions du seul islamisant ; la question de la récurrence des religions renvoie, comme nous le verrons au chapitre 7, au territoire complexe et vaste du fait religieux. Si les historiens avaient inscrit correctement le fait religieux dans les divers territoires qu'ils ont occupés et continuent de dessiner, nous serions aujourd'hui beaucoup mieux préparés à enseigner comme il se doit cette dimension anthropologique des sociétés, de leur histoire et de l'existence humaine comme territoire encore plus englobant.

Mon insistance pour maintenir le fait religieux comme objet théorique et pratique à la fois de la recherche, ne revêtira ni la même urgence, ni la même pertinence pour les historiens de sociétés occidentales où les interventions de la bourgeoisie capitaliste, puis du prolétariat ouvrier et maintenant des forces de la mondialisation ont limité les débordements politiques, psychosociaux de la religion. Dans le cas des sociétés où prédomine la référence islamique, il est

---

1. Il serait trop long et sans doute encore prématuré, étant donné l'état des discussions au sujet du fait religieux, d'examiner ici les thèses de M. Rodinson concernant l'idéologie. Dans deux recueils d'articles récemment publiés sous les titres *L'islam, politique et croyance*, Paris, Fayard, 1993, et *De Pythagore à Lénine. Des activismes idéologiques*, Paris, Fayard, 1993, il ne fait pas progresser le travail du concept de croyance qui constitue un des points d'appui solides de tout essai de différenciation de l'idéel et de l'idéation d'une part, de l'idéologie d'autre part. J'abonde dans son sens quand il écrit : « Je me refuse à considérer l'Islam (la majuscule est de lui) comme une totalité conceptuelle, un système d'idées, de pratiques qui serait le noyau de tous les comportements publics et privés » ; mais je signale une grave incohérence à écrire des phrases comme : « Je ne puis évidemment tenter ici une analyse de la structure de la société musulmane suivant les groupes sociaux qui la composent » (p. 186) ; ou bien « Il a été dit que l'Islam (*sic*) ignorait le concept de classe et même que les langues musulmanes (*sic*) ne disposaient pas de mot pour définir ce concept » (p. 187). On retrouve l'écriture habituelle où Islam et société musulmane sont traités comme des instances systématisées, des actants suprêmes aux fonctions normatives et multiples.

demandé aux chercheurs d'anticiper, d'éclairer un travail d'autonomisation de l'instance religieuse, à l'instar de ce qu'ont fait les
penseurs européens aux XVIIe-XVIIIe siècles. Mais ces chercheurs
demeurent rares aussi bien dans les sociétés directement concernées
que dans les sociétés occidentales où les ressources scientifiques et
l'environnement intellectuel sont pourtant les plus favorables à la
prise en charge effective des tâches suggérées dans ces pages. On se
heurte, en fait, aux limites psycho-socio-culturelles et aux condition-
nements politiques de toute programmation et exécution de la recherche scientifique. En Occident, les ressources existent, mais pas la
volonté politique et les attentes des sociétés; en contextes islamiques,
les ressources sont insignifiantes par rapport aux tâches si lourdes, la
volonté politique est souvent opposée ou mal informée et les attentes
des sociétés sont plus mythoidéologiques que scientifiques.

PROBLÈMES DE CONCEPTUALISATION

Les problèmes de conceptualisation surgissent à chaque moment
de l'écriture historienne qui veut se différencier du récit linéaire nourri
par ce que M. Foucault a stigmatisé sous le nom de *thématique
historico-transcendantale*. Or on sait à quel point le vocabulaire de
la théologie politique et de l'historiographie islamiques classiques
continue de peser, à l'insu des auteurs, sur la plupart des travaux
« islamologiques » au sens large. C'est dans le travail du concept que
s'affirme soit la contribution à la construction de l'Islam comme
« *sujet monumental* » selon la terminologie technique élaborée par
Pierre Legendre[1], soit, au contraire, l'indispensable travail de déconstruction des systèmes de conceptualisation qui servent encore
aujourd'hui à perpétuer les fonctions sociales-historiques du sujet
monumental hérité du passé. On salue à juste titre l'érudition docu-
mentaire d'H. Laoust dans *Les schismes dans l'Islam*; mais on n'ajoute

---

1. Voir *L'inestimable objet de la transmission*, Paris, Fayard, 1985 et *Les enfants du
texte*, Paris, Fayard, 1992. On remarquera la pertinence scientifique de ces deux titres
pour l'étude de problèmes noués dans le sillage de l'islam à l'instar de ceux qu'analyse
P. Legendre en contexte « occidental » chrétien. J'ai appelé *monstre idéologique* ce que
P. Legendre nomme « sujet monumental », tel qu'il est construit dans toutes les grandes
traditions religieuses, juridiques, mytho-historiques.

pas que l'auteur se contente de classer dans un cadre chronologique et politique factuel toutes les constructions doctrinales, tout le vocabulaire de la littérature hérésiographique classique avec ses postulats, ses normes théologico-juridiques, son système cognitif, ses fonctions idéologiques. L'érudition historiciste pousse l'objectivité jusqu'à nommer « *critères objectifs* » ceux qu'utilise chaque orthodoxie pour désigner les hérésies, c'est-à-dire, comme on l'a vu, les résidus. L'idée de situer épistémologiquement la conceptualisation médiévale par rapport à celle de la modernité est encore impensable pour beaucoup d'historiens surtout en milieu musulman. La manière dont on parle encore des Sunnites, des Shî'ites, des Ismaéliens, des Khârijites reste fidèle au pur descriptivisme normatif de l'hérésiographie traditionnelle. Assurément, tous les auteurs contemporains qui utilisent la même terminologie ne sont pas dupes de sa portée idéologique; mais cela ne signifie pas qu'on mesure l'importance de l'épistémologie historique dans toute opération de conceptualisation. C'est sur cette ignorance que repose le postulat que les enseignements de l'islam orthodoxe conservent leur validité divine en tous temps et dans toutes les cultures.

La théologisation d'un vocabulaire courant de portée sociologique, politique, juridique est déjà acquise dans le discours coranique lui-même. J'ai montré comment chacun des termes *mûminûn, muslimûn, kâfirûn, munâfiqûn, mushrikûn, anşâr, muhâjirûn*[1] opère une transmutation des rôles et des positions des groupes sociaux visés: leurs appartenances généalogiques qui définissent leurs solidarités agnatiques très anciennes sont gommées et remplacées par des catégorisations religieuses instaurées par Dieu et appliquées par le Messager nommé Muhammad ibn 'Abdallah par ses contemporains opposants. La fonction polémique du discours coranique est reçue par les croyants comme l'articulation divine de la vérité substantielle, intangible de tout ce qui est nommé ou qualifié. Ainsi tous les enjeux socio-politiques des luttes entre une religion émergente et la religion nommée idolâtrie sont transférés à un espace théologique d'intelligibilité[2].

---

1. Respectivement croyants, musulmans, infidèles, hypocrites, polythéistes, auxiliaires, émigrés.

2. Voir les chapitres 2 et 3 dans mon *Unthought*; et G.R. Hawting, *The idea of idolatry and the emergence of Islam*, Cambridge, Cambridge University Press, 1999.

Lorsque le pouvoir califal appliquant le nouveau droit musulman étend son contrôle à des groupes ethnoculturels de plus en plus diversifiés, il consacre pour des siècles l'amalgame entre catégorisations « spirituelles » des existences individuelles instaurées par Dieu et statuts légaux définis par des juristes pour imposer un « ordre » social et politique au nom de la religion vraie. Le régime ottoman rendra plus visible encore cet amalgame avec sa politique des *millet* dont les effets pervers continuent de marquer les conduites, les clivages confessionnels et les cadres de perception et d'interprétation des musulmans d'aujourd'hui.

L'historien se doit de reconstituer le travail de transmutation conceptuelle qu'accomplit le discours coranique lors de sa première énonciation et celui des juristes qui font dériver (*istinbâṭ al-aḥkâm*) de cette transmutation initiale la codification des statuts légaux qualifiés de divin. En reprenant le vocabulaire des générations successives d'acteurs sociaux sans montrer les transformations qu'ils surimposent aux ordres normatifs et sémantiques existants, l'historien renonce à l'une de ses tâches primordiales qui est le dévoilement de la réalité des enjeux sans cesse travestis. En d'autres termes, l'historien s'est longtemps détourné d'un pan considérable de l'histoire des sociétés, à savoir la reconstitution des activités interprétatives reposant sur des modes changeants de **représentation**[1]. Il est vrai que la psychologie historique est un territoire nouvellement conquis par l'historien; mais quand Cl. Cahen enseignait l'histoire économique et sociale à ses étudiants, je commentais aux miens dans la salle voisine à la Sorbonne les travaux de Lucien Febvre, de Robert Mandrou, de Jacques Le Goff sur des thèmes analogues à ceux qui attendaient les mêmes enquêtes en contextes islamiques.

La spiritualité, la croyance, le rite, les représentations qui structurent les imaginaires sociaux, les opérations de travestissement du réel vécu dans le discours coranique et bien d'autres lieux de concep-

---

1. Je rappelle que j'écris en gras tous les concepts que j'introduis pour ouvrir les possibilités de conceptualisation dont je souligne l'absence jusqu'ici et la nécessité pour de nouvelles stratégies d'intervention scientifique dans un domaine partagé entre une recherche « musulmane » trop conservatrice et une science « occidentale » indifférente aux enjeux de l'archéologie des mémoires collectives « étrangères ». En d'autres termes, je souhaite que l'écriture de l'historien soit libérée du **je** social-historique de chaque auteur au **nous** solidaire de toutes les mémoires collectives étudiées.

tualisation sont encore loin d'être rendus au régime d'historicité commun à tous les faits sociaux. L'historien traditionnel s'abrite derrière l'argument de la neutralité quand on parle de croyances religieuses. Pour demeurer «objectif», on prêche la neutralité, c'est-à-dire l'abstention, le silence sur les enjeux les plus vitaux de l'histoire et de la connaissance des contentieux, des impensables, des impensés, des fausses connaissances légués par les passés et qui perpétuent des consciences fausses dans la production de l'existence humaine. En renonçant à ses obligations professionnelles, l'historien laisse aux acteurs les possibilités de manipuler à leur guise des concepts comme spiritualité, foi, révélation, loi divine, califat, imâmat, valeurs morales, religion vraie... On notera que les corrections apportées par l'introduction du terme *islamisme* dans la littérature politologique laissent entières les questions posées par le devenir historique de la spiritualité dans les recompositions du croire religieux sous les pressions du politique, de l'économique et du social. Le concept d'*islamisme* est couramment utilisé pour ménager un espace de validité à l'islam dit modéré et à l'Islam de la grande Tradition classique.

Cl. Cahen qui s'est appliqué à explorer la sphère économique et sociale pour en évaluer les modes et les degrés d'autonomisation dans la période classique, n'a pas échappé à des facilités de langage largement partagées entre les auteurs musulmans et les «orientalistes». On ne fera pas valoir l'indigence des sources anciennes pour absoudre ces facilités; on a vu avec l'exemple d'Uri Rubin qu'avec les mêmes sources on écrit une histoire totalement différente. C'est une question de regard porté sur les cultures et de protocoles de lecture des textes. À cet égard, le manuel de Cl. Cahen, *L'Islam, des origines à l'Empire ottoman*, exerce une influence d'autant plus pénétrante que son audience s'étend aux collègues enseignants privés de guide critique. Mais où trouver celui-ci quand des savants du niveau de Cl. Cahen, H. Laoust, D. Sourdel et tant d'autres experts qui forgent une représentation «scientifique» de l'Islam, négligent de prendre en considération les problématisations requises par les bouleversements historiques en cours et les nouveaux territoires ouverts à la recherche depuis longtemps à propos des sociétés occidentales?

Il me faut montrer avec un exemple concret que la critique exigée à propos de l'usage et du travail du concept concerne bien l'écriture de l'historien, et non celle du penseur attaché à la restitution de l'exactitude doctrinale des thèses propres à chaque école. Dans sa contribution au volume d'*Arabica*[1], J.-Cl. Garcin est revenu sur l'une des études les plus novatrices de Cl. Cahen : *Mouvements populaires et autonomisme urbain dans l'Asie musulmane du Moyen Âge*. Il s'agissait d'une enquête délibérément centrée sur l'histoire sociale pouvant conduire à des questionnements de sociologie historique. Ne pouvant entreprendre ici l'analyse systématique de tout le vocabulaire de portée historique utilisé, j'en retiendrai le paragraphe suivant :

> Dans une *société* où la *Loi donnée par Dieu* est sous la sauvegarde de la *communauté* et où le *souverain* qui doit en organiser l'application n'en est ni la source, ni le *garant*, l'*État* ne peut être conçu que comme une *superstructure* d'autant plus étrangère qu'en fait, les *Princes* sont appelés à prendre des mesures extérieures à la Loi. D'autant plus essentielle dans tous les *milieux* est la recherche de formes de *solidarité* (en même temps que de *protection*) purement *privées*[2].

On étudiera d'abord le vocabulaire, puis le raisonnement de l'historien pour imposer une donnée historique importante à ses yeux, à savoir l'existence de formes de solidarité et de protection purement privées. Voici les termes qui exigent une élaboration historique plus détaillée avant toute utilisation dans le contexte d'une histoire sociale aux ambitions explicatives : *société*, *Loi donnée par Dieu*, *communauté*, *souverain*, *garant*, *État*, *superstructure*, *Princes*, *milieux*, *solidarité*, *protection*, *privé*.

En français, ce vocabulaire réfère à des contenus propres à la culture politique et juridique répandue en Europe depuis le XVIIIe siècle. Les correspondants arabes, persans, turcs, sont des traductions qui continuent de générer de graves malentendus. Que dire du vocabulaire arabe des textes médiévaux dont l'historien tire sa connaissance ? Et puisqu'il s'agit de mouvements populaires, il est à peine besoin d'indiquer qu'il faudrait se référer non pas à la langue savante des élites, mais aux divers langages des groupes ethnoculturels qui constituent la matrice sociologique réelle des mouvements étudiés. La société dont parle ici le médiéviste ne peut être décrite adéquatement

---

1. 1996/1.
2. *Arabica*, 1958-1959, p. 26.

qu'en termes d'ethnologie et d'anthropologie historiques. En invoquant d'emblée, une société soumise «*à la Loi donnée par Dieu*», l'historien fait sien ce cadre théologico-politique d'essence idéologique utilisé par l'islam savant, puisqu'il néglige la dialectique sociale des puissances et des résidus définie ci-dessus. De plus, l'espace social ainsi postulé répond à la définition tout aussi idéologique qui s'est imposée en Europe depuis le XIXᵉ siècle, comme en témoigne Littré : «*réunion d'hommes ayant même origine, mêmes usages, mêmes lois*». Assurément, la *Loi donnée par Dieu* vise théologiquement, comme dans le judaïsme et le christianisme, la production d'une société unifiée sous le nom d'*Umma*, Communauté. On voit comment la définition nationaliste «moderne» de la société relaie, avec un vocabulaire laïcisé, le projet d'unification maintenu jusqu'au XVIIIᵉ siècle par les postulats théologico-politiques de ce que j'appelle les **sociétés du Livre-livre**. Cet ensemble de notions ne peuvent être correctement mises en perspective historique que si l'historien consent à les problématiser, à l'aide de l'anthropologie politique, sociale et culturelle, chaque fois qu'il est question de délimiter un espace sociopolitique effectivement soumis aux mêmes stratégies d'unification juridique, institutionnelle, linguistique, culturelle à partir d'une formation Étatique centrale.

En parlant de formation étatique plutôt que d'État mis en place, je veux souligner la nécessité de problématiser le concept d'État quand il s'agit de parler de toutes les formes prises par le pouvoir politique en contextes islamiques : califat, imâmat, sultanat, *imâra, mamlaka, jumhûriya*. Dans chaque cas, la formation étatique doit être définie d'après les rapports réels qui la lient à l'espace social qu'elle prétend gérer et non à partir des postulats d'une vision théologico- ou philosophico-politique qui règlent les conditions d'allégeance d'un groupe de docteurs au titulaire patrimonial, toujours précaire, contesté ou fictif, porté à la tête de «l'État». L'instance de l'autorité légitime idéale a eu une existence continue, mais purement mentale sous deux formes : l'attente messianique des masses tournées vers le Mahdî, Maître de l'Heure qui instaurera la Justice universelle et définitive ; et l'on connaît les manifestations historiques récurrentes de cette attente ; la définition théorique du Califat-Imâmat idéal dont Ibn Khaldûn a donné la version sunnite ultime, distinguée des formes *réelles* du pouvoir que commandent les solidarités agnatiques[1]. Sans doute, ces données sont-elles connues et souvent rappelées; mais il reste à montrer comment, et dans quelle mesure, elles s'appliquent aussi bien au temps du califat classique qu'après son remplacement par divers émirats, sultanats et saints locaux avant l'arrivée des États postcoloniaux. Une histoire exhaustive, explicative des formations étatiques en contextes islamiques doit tenir sous le même regard analytique et soumettre à l'archéologie déconstructive les faits récurrents suivants dans la longue durée :

– la récurrence des effervescences de type messianique, conduites par des mahdîs, des imâms, des saints locaux charismatiques, les chefs dits « historiques » à partir des années 1950; ces derniers tentent de combiner l'appel à l'imaginaire religieux et la proclamation rhétorique d'idéaux « modernes » sécularisés;

– la continuité chez les élites savantes, de Bâqillânî et Mâwardî à Rashid Rida, Mawdûdi, Khomeyni et autres théoriciens reconnus par la Tradition orthodoxe, de la revendication d'un Modèle islamique spécifique d'articulation de l'autorité (*ḥukm*) et du pouvoir (*sulṭa*), malgré les démentis répétés et souvent cruels apportés par l'histoire;

– les liens conjoncturels et structurels entre les représentations véhiculées par les formes savantes et populaires du **discours social**[2] d'une part, les échecs cycliques des formations étatiques, le conservatisme ou la désintégration des pratiques cognitives, les stratégies de contrôle des innovations, les mécanismes de reproduction des hiérarchies sacralisées par le temps, les solidarités mécaniques, d'autre part.

Ces orientations de l'analyse n'épuisent pas la diversité des interrogations dont la prise en compte oblige à affiner le vocabulaire, à mieux conceptualiser des notions refoulées, oubliées, appauvries par

---

1. Pour les versions shî'ites voir mon *Unthought*, chapitre 6.

2. Voilà un exemple de ce que j'appelle les concepts adéquats requis par une écriture historienne explicative et pas seulement narrative; je parle de discours social pour englober aussi bien les représentations liées aux traditions, croyances, conduites, rituels locaux que celles prônées par la grande Tradition islamique avec ses expressions normatives, « orthodoxes ». Cela oblige l'historien comme le politologue à s'attarder à l'analyse des interactions, des imbrications, des compétitions entre des données locales toujours actives, mais refoulées par le discours dominant et des normes idéalisées qualifiées d'islamiques. Au lieu d'engloutir cette dialectique essentielle dans le mot-sac Islam, on avancerait ainsi dans la connaissance des groupes, des peuples, des sociétés, des formes politiques concrètes qu'ils se donnent et des constructions symboliques dont ils se réclament.

des terminologies supposées connues parce qu'elles sont entrées dans les dictionnaires courants. On peut alors parler d'une connaissance historique non seulement élargie à de nouvelles curiosités, mais fondatrice d'une vision plus synoptique, plus prospective-rétrospective et en même temps plus radicalement critique de la raison.

DE LA CONNAISSANCE HISTORIQUE

Tout ce qui précède nous montre les limites de la connaissance historique telle qu'elle résulte du regard et du type d'écriture propres à chaque auteur. On a suggéré chemin faisant les élargissements et les promesses du métier d'historien grâce aux nouvelles techniques de documentation, de contrôle et d'exploitation des sources. Cl. Cahen possédait les techniques à la perfection ; l'important, dans son cas, est précisément de montrer que les meilleures procédures utilisées de manière irréprochable, peuvent, cependant, dans certains cas, conduire à une connaissance lacunaire, fragmentaire, peu ou pas utilisable, voire inacceptable.

Je ne veux pas reprendre ici les discussions théoriques au sujet de la connaissance historique ; il y a tant d'excellents travaux signés par des historiens de métier comme Paul Veyne, des philosophes comme Paul Ricœur[1], des théologiens comme Pierre Gisel, des sociologues anthropologues comme Pierre Bourdieu, qu'on est condamné à répéter inutilement des analyses, ou des critiques auxquelles les spécialistes du domaine islamique demeurent généralement réfractaires, parfois ouvertement hostiles. En revanche, il y a des questions vitales qu'on continue à éviter ou ignorer, au sujet de la **substance**, des visées, de la **place** et des **fonctions** effectives de la connaissance historique portant sur l'islam et sur les sociétés travaillées par le fait islamique. L'investigation, on le voit, cible aussi bien les divers publics musulmans en tant que sujets et accessoirement (pour les auteurs occidentaux du moins) destinataires de la connaissance produite que la pensée historienne moderne telle qu'elle se définit elle-même, s'exerce et cherche à s'imposer dans les hauts lieux de son

---

1. Voir son dernier ouvrage riche de réflexions très actuelles, *La mémoire, l'histoire et l'oubli*, Paris, Seuil, 2000.

émergence, de son évolution et de son expansion. À propos de la destination et de la réception de la connaissance historique dans le domaine qui nous occupe, il me semble utile de rappeler les points suivants :

1) la production de l'érudition occidentale sur le domaine touché de près ou de loin par le fait islamique est scientifiquement la plus incontournable ; elle demeure insuffisante en quantité ; mais en qualité scientifique, elle est une référence obligée pour tous les chercheurs des différents pays concernés. Cette donnée est vraie depuis le XIXe siècle ; les chercheurs européens longtemps appelés orientalistes ont non seulement appliqué la méthode philologique à l'édition de grands textes classiques oubliés, mais produit les premiers travaux historico-critiques sur les corpus fondateurs de la tradition islamique. L'avance prise par cette recherche continue à s'imposer, malgré la montée plus ou moins visible selon les pays, de chercheurs « indigènes ».

2) La réception de cette production en Occident même est dans certains cas insignifiante ; d'excellents travaux sont tirés parfois à cinq cent exemplaires. L'enseignement de l'histoire du monde musulman dans les lycées et même dans les Universités demeure très réduit. Dans les pays directement concernés, ces mêmes travaux ne sont guère lus et utilisés que par des chercheurs spécialisés. Il faut noter que les livres édités en Occident sont vendus à des prix si élevés que même des bibliothèques universitaires sont obligées de répondre aux plus fréquentes demandes seulement.

3) Cela pose le problème de la formation et des modes et niveaux de présence d'une conscience historique critique face aux mémoires collectives remplies de représentations communautaristes et aux imaginaires sociaux enflammés quotidiennement par des journaux télévisés proprement tragiques. Peu de place est laissée à la culture historique dans toutes les sociétés contemporaines, même là où travaillent des bataillons de chercheurs et d'enseignants comme en France, en Allemagne, au Royaume Uni, aux États-Unis… Depuis le 11 septembre 2001, l'État français est préoccupé par la montée de l'antisémitisme pour des raisons politiques évidentes pour tous. Les hauts responsables opposent à des problèmes systémiques à l'échelle mondiale des déclarations vertueuses contre toutes les formes de racisme. À ma connaissance, trop peu de chercheurs ou simplement d'intellectuels médiatisés attirent l'attention des pouvoirs publics sur

l'ignorance radicale de la genèse historique des conflits en cours dans l'immense majorité de citoyens et d'abord parmi les plus exposés à la révulsion, l'indignation, la rage, la douleur silencieuse sans cesse réactivées par les litanies sur les morts, les attentats, les tortures, les mensonges d'État, les manipulations de l'opinion...

4) La connaissance historique a longtemps été présentée dans le discours humaniste comme une *catharsis*, un exercice de purification de l'esprit ; cela justifie la poursuite de nouveaux combats pour un nouvel humanisme qui prendrait en charge les trahisons radicales de la pensée et de la conduite humanistes. C'est pourquoi ma présentation de l'œuvre d'un grand médiéviste insiste sur la nécessité de lier l'écriture de cette histoire à celle de l'histoire du temps présent. En complément à la présente étude, j'ajoute une étude sur les règles et les horizons propres à la connaissance et à l'enseignement de cette histoire si riche du temps présent. Dénigrer la connaissance historique, accepter de vivre avec des mémoires trouées, discontinues, refuser de connaître avec rigueur par delà toutes les mythohistoires religieuses et laïques, les acquits émancipateurs et les mutilations de l'esprit léguées par chaque génération, c'est confirmer le choix de la *Machtpolitik* comme seul mode de gestion de l'existence humaine.

La substance, ou le raisonnement historien

Je dois le répéter : les savants européens ont introduit dans l'étude du fait islamique les conceptions, les méthodes, les problématiques et les techniques de la connaissance historique moderne. Nous savons comment la pensée historienne d'expression arabe a cessé d'innover après Ibn Khaldoun[1]. Aux meilleurs moments de la *Nahdha*, on pouvait espérer que la situation de dépendance intellectuelle et scientifique créée entre 1500-1800 serait dépassée grâce à une saine compétition de chercheurs féconds avec les grands maîtres européens ; on ne percevait pas alors les ravages qu'allaient causer les idéologies de combat dès les années 1930. On sait que dans toute société, les conflits d'intérêt du temps présent pèsent lourdement sur les lectures

---

1. Pour une présentation récente de l'historiographie arabe classique, voir T. Khalidi, *Arabic historical thought in the classical period*, Cambridge, Cambridge University Press, 1994.

contradictoires que les groupes rivaux font des moments fondateurs de leur passé. C'est ainsi qu'au lieu de contribuer à l'élaboration d'une histoire critique de l'islam et des sociétés où il est devenu la référence obligée du plus grand nombre, des élites militantes ont préféré s'éloigner des exemples des Tahtâwî, des Taha Hussein, des Girgî Zaydân, des Ahmad Amîn..., pour engager des polémiques contre l'érudition orientaliste, notamment sur les sujets qui touchent directement à l'histoire religieuse, ou à ce qu'on a appelé la science coloniale. Même chez les esprits apparemment acquis aux tâches primordiales de la raison des Lumières devant la suprématie de ce que je décris sous le nom de clôture dogmatique au chapitre 4, on relève une ignorance tranquille, une indifférence calculée, voire une opposition ouverte à l'égard de travaux de grande portée comme la *Geschichte des Qorans* de Th. Nöldeke, ou, aujourd'hui, la précieuse somme de J. Van Ess intitulée *Theologie und Gesellschaft im 2 und 3 jahrhundert Hidschra*[1]. Depuis que les mouvements islamistes contrôlent la scène idéologique, le rejet des travaux les plus novateurs atteint la substance même de la pensée historienne moderne; c'est dans l'espoir de surmonter cette attitude obscurantiste que je consacre cette présentation fouillée de l'œuvre exemplaire de Cl. Cahen. La substance de la pensée historienne moderne ne se limite pas aux contenus vrais qu'elle cherche à établir au sujet du passé pour les substituer aux représentations véhiculées par les récits mythohistoriques et constitutives des mémoires collectives. La critique historique cherche à atteindre une vérité sans cesse « falsifiée » pour tester sa validité et être éventuellement corrigée ou abandonnée. On ne peut demander à une telle vérité de restituer adéquatement et totalement les contenus incertains et mouvants des mémoires collectives. La substance de la culture historique moderne réside dans la capacité de l'historien à capter dans son écriture et à faire partager à ses lecteurs la tension éducative entre la vérité « critique » visée et le vrai, enracinée dans la culture vécue par laquelle chaque sujet humain se sent intégré dans une mémoire collective.

Le raisonnement historien ne suscite pas les mêmes réactions lorsqu'il porte sur l'histoire des techniques, des sciences, de l'économie, les religions archaïques ou sur la biographie de Jésus, l'histoire

---

1. 6 volumes, Berlin, 1991-1997.

du corpus des Écritures saintes, la torture en Algérie, la Révolution française, la collaboration avec l'ennemi pendant les guerres de libération. La tension se limite à des débats entre spécialistes quand il s'agit de sujets froids, de passés étrangers sans liens avec la mémoire collective dont l'historien fait partie; elle atteint des niveaux passionnels sans rapport avec la raison quand il s'agit de relire les pages de la colonisation, de la Révolution d'Octobre et ses liens avec la montée du nazisme, du conflit israélo-arabe, de la période d'émergence du fait islamique... Voilà pourquoi j'ai toujours travaillé sur les moments, les thèmes, les polarisations idéologiques, les interfaces les plus controversés en déplaçant des thèmes fortement théologisés comme les peuples du Livre (*ahl al-kitâb*), la Révélation (*wahy*), la prophétie (*nubuwwa*), la biographie du prophète ou 'Alî (*sîra*) vers des conceptualisations historiques, sociologiques, linguistiques, anthropologiques comme **sociétés du Livre-livre**, fonction révélatoire ou richesses révélatoires de l'histoire, du langage, du discours prophétique, de la biographie des prophètes et des imams, des événements herméneutiques, etc. Je déplace de la même façon la simple description des croyances et des non croyances qui définissent les professions de foi orthodoxe comme la *'Aqîda al-qâdiriyya* vers l'analyse du statut cognitif ou les contenus de connaissance véhiculés par le croire comme attitude générale de la pensée. Les historiens de la philosophie opèrent les mêmes déplacements du vocabulaire statique de la métaphysique classique comme substance, essence, transcendance, ontologie, pour suivre les processus dynamiques de substantiation, d'essentialisation, de transcendantalisation, d'ontologisation qui constituent des opérations courantes dans la théologie et la philosophie idéalistes. On passe alors de l'épistémologie spéculative normative à l'épistémologie historique en mouvement dans tous les systèmes de pensée.

Cette énumération de concepts opératoires mérite de très longs développements. Je sais que le lecteur a d'autant plus besoin d'aide que ces concepts me sont propres et s'appliquent tout spécialement au cas de la pensée islamique. J'y reviendrai dans un autre livre plus centré sur les problèmes de conceptualisation dans la pensée islamique contemporaine[1].

---

1. Voir en attendant mon dernier livre, *Islam : to reform or to subvert*, London, Sagi Books, 2005.

Ma lecture de l'œuvre de Claude Cahen et de tous les discours produits à l'intérieur d'une *épistémè* et d'une *épistémologie* propres à un moment ou période identifiables de l'histoire de la pensée, n'est pas critique au sens étroit de vérification des règles, des méthodes, des argumentations, de la fiabilité des informations chez un auteur. Ma critique est proprement **transgressive** en ce sens qu'elle traverse toutes les étapes d'une élaboration intellectuelle : du niveau technique de la vérification de chaque décision prise au cours de l'articulation d'un discours fixé ou non par écrit à ce que les philosophes appellent la *phénoménologie de la perception*, la *critique de la raison pure*, pratique, dialectique, juridique, religieuse, politique, historienne..., les *événements herméneutiques*, le *statut cognitif*, etc. Pour continuer la chaîne des critiques évoquée par Cl. Cahen – le fameux *isnâd* de la transmission des savoirs authentiques en islam – j'exprime le souhait que quelqu'un fasse une lecture de mes écrits semblable à celle que je fais pour Cl. Cahen et que celui-ci a faite pour Maurice Lombard... Je considère cette continuité de la critique comme la version moderne de l'*isnâd* qui, au-delà de l'authenticité des traditions prophétiques et autres récits, a signifié l'inquiétude permanente de l'esprit humain au sujet de la quête de véridicité garante de la vérité.

Cela explique mon insatisfaction fondamentale devant une écriture historienne qui découpe une région de la réalité, un champ de la connaissance, un thème de réflexion avec l'espoir d'en épuiser l'exploration. On fait passer la quête de l'érudition exhaustive avant la nécessité de mesurer la complexité des rapports vécus entre l'opacité du réel objectif et les perceptions qu'en a chaque sujet humain. Le découpage est une opération de dislocation, de refroidissement de ce que la perception lie à des subjectivités mouvantes. Les sciences sociales sont de plus en plus attentives à ces résistances du réel et des subjectivités ; il faudra d'autres approches cognitives et d'autres voies de transmission non seulement des savoirs clefs en main, mais des conditions critiques de production de ces savoirs surtout en histoire, discipline totale par excellence, mais jamais totalitaire. Voici quelques propositions heuristiques qui méritent des débats sérieux en ce qui concerne l'état actuel de l'écriture et du raisonnement historiens à propos des sociétés travaillées par le fait islamique :

1) Toutes les unités sociales humaines, quelle que soit leur taille, tous les systèmes de représentation et de valeurs ou formations idéologiques sont soumises aux lois de l'historicité, c'est-à-dire aux mécanismes de transformation, de changement, de rupture, soit dans le sens d'une intégration, d'une complexification, d'une marche vers l'hégémonie, soit, au contraire, dans le sens d'une désintégration, d'un dépérissement pouvant aller jusqu'à la disparition. Cette proposition vise à intégrer dans le mouvement de mondialisation de l'histoire les *thématiques historico-transcendantales* que les postures récurrentes de la pensée religieuse continuent de placer hors ou au-dessus de l'historicité. Il se trouve que les positions de l'islamisme actuel donnent un ton particulièrement agressif à cette attitude régressive dans l'écriture et l'enseignement de l'histoire. La littérature politologique se contente de stigmatiser cette régression et de dénoncer les retards qu'elle généralise; elle refuse de reconnaître qu'elle perpétue elle aussi ce regard, compatissant chez les uns, dédaigneux chez beaucoup d'autres, que l'ethnographie du XIXe siècle portait sur les sociétés « primitives ».

2) Tout ce qui advient dans la vie des unités sociales est le résultat du jeu continu de forces externes et internes qui déterminent les volontés, les initiatives, les représentations des agents et sujets de l'histoire, appelés acteurs sociaux pour mieux insister sur les **mises en scène théâtrales** des conduites de pouvoir en particulier[1].

3) Les sphères du surnaturel, de la transcendance divine ou métaphysique, des dieux actifs, omniprésents, du Dieu unique vivant, mais lointain, ou incarné et proche, des croyances magiques, mythologiques, légendaires, populaires rattachées à l'imaginaire ou à « l'irrationnel », sont aussi des productions des acteurs sociaux; à ce titre, elles doivent faire l'objet de la même investigation analytique et critique conduite par les sciences sociales pour évaluer leurs pertinences et leurs fonctions dans les processus de production historique des sociétés.

4) Le raisonnement historien sous-jacent à toute écriture de l'histoire tend à annexer de proche en proche *Le raisonnement sociologique* au sens défini par J.-Cl. Passeron, les analyses linguistiques,

---

1. Cf. G. Balandier, *Le pouvoir sur scène*, Paris, Ballard, 1988.

psychologiques, anthropologiques, avec l'ambition, de plus en plus affirmée, d'objectiver les subjectivités des acteurs.

L'ensemble des positions et des pratiques cognitives ainsi définies conduisent à ce que Roger Caillois avait appelé des *cohérences aventureuses*, c'est-à-dire des rationalités évolutives, des postures mobiles de la raison contrainte à des réajustements, des révisions, des falsifications, des abandons, des nouveaux départs heuristiques à mesure que surgissent à la clarté intellectuelle et scientifique de nouveaux pans non perçus ou négligés de la réalité. Ce n'est pas tout : sans des cadres sociaux de la connaissance critique assez larges, jouissant d'une sécurité politique et économique garantie par un État de droit, les opérations de **transgression**, de **déplacement**, de **dépassement** qu'exige la nouvelle écriture historienne, n'aura pas de public pour l'accueillir, la discuter, tester ses pertinences cognitives et faire valoir ses fécondités humanistes. Ces cadres manquent tragiquement depuis le XIXe siècle ; la rapide croissance démographique des années 1960-1980 a nourri l'espoir de leur formation et de leur expansion sociologique. Espoir anéanti par les ayatollah, les « chefs historiques » autoproclamés libérateurs et révolutionnaires, les annonciateurs de la lutte finale et du Salut éternel qui ont partout confisqué à leur profit les appareils d'État, dévoyé le pouvoir politique en imposant des régimes policiers et obscurantistes notamment dans les domaines de l'éducation, de la recherche scientifique et de la culture. Les ressources humaines si prometteuses de progrès ont été converties soit en sources abondantes du *brain drain* et de flux migratoires, soit en masses résignées et sans recours, soit, plus tragiquement, en explosions de violences meurtrières dans les guerres civiles... Quels historiens du temps présent et quels écrivains talentueux écriront, chacun à sa manière, les drames humains générés à travers le monde par les survivants de la deuxième guerre intra-européenne qui ont tracé les frontières des malheurs à Yalta après avoir vaincu un monstre sorti de la partie la plus civilisée de l'espèce humaine ? Et quels penseurs et charismatiques acteurs politiques pourront transformer les défis énoncés dans ces questionnements en points d'appui solides pour des libérations plus décisives[1]?

Des tâches réparatrices incombent à l'historien. Parmi elles, j'en retiendrai deux à titre d'exemples : 1) prendre une plus large part à l'écriture de l'histoire du temps présent pour ne pas laisser le regard politologique sur le monde actuel exercer le monopole d'une connaissance souvent complice de l'information journalistique, avec ses simplifications, son réductionnisme, son indifférence aux données essentielles de la moyenne et de la longue durée ; ces pratiques portent atteinte à ce que j'appellerai les **droits de l'esprit** ; 2) la réintégration des « résidus » dans l'histoire globale des sociétés pour libérer la pensée historienne de ses convergences objectives avec les mêmes déficiences signalées dans le point précédent. Cette réparation est d'autant plus importante que toutes les historiographies prémodernes se sont inscrites dans les limites tracées par les théologies politiques, puis les cadres idéologiques fixés par l'État-nation séculier. Même au XIXᵉ siècle, quand triomphe l'écriture historico-critique, les « résidus » ont été laissé aux ethnographes, ce qui a conduit à penser que les sociétés traditionnelles n'ont pas d'histoire.

Il ne s'agit pas, bien sûr, de subordonner le travail de l'historien aux besoins et aux sollicitations multiples de notre présent ; la déontologie de son métier, surtout lorsqu'il s'occupe d'un passé étranger au sien, l'oblige à mieux expliciter les enjeux dissimulés sous les usages sémantiques et conceptuels, les espérances collectives réprimées et les objectifs officiels affichés, les croyances construites et les ordres politiques manipulés, les projections fantasmatiques sur des Moments et des Figures mythologiques afin d'offrir aux imaginaires sociaux des légitimités illusoires. Tout ces usages se répandent à grande échelle depuis plus de cinquante ans dans toutes les sociétés uniformément données à percevoir et interpréter comme « musulmanes ». Et la voix de l'historien critique, omniprésent sur tous les fronts de production de l'histoire demeure désespérément quasi absente. Il est juste de stigmatiser alors une connaissance historique réduite à l'accumulation d'éruditions absentes de la construction en cours de la cité et tout aussi

---

1. Sur ce paragraphe pessimiste, mais réaliste, voir les analyses de J. Leca, « La démocratisation dans le monde arabe : incertitude, vulnérabilité et légitimité » dans *Démocraties sans démocrates*, G. Salamé (dir.), Paris, Fayard, 1994, p. 48-50.

étrangères aux forces réelles qui ont produit les temps et les cités dont elles sont censées s'occuper.

Place et fonctions

Quelle place occupe la connaissance historique critique dans le système éducatif de chacun des pays qui revendiquent l'islam comme religion d'État ? Comment y enseigne-t-on l'islam comme religion, système de pensée, productions culturelles, force de soulèvement historique ? Quels lieux de mémoire historiques et/ou mythiques peut détecter une enquête sociologique et anthropologique conduite dans chaque espace socio-politique délimité par des frontières nationales ? Comment s'imbriquent dans chaque mémoire identifiée les éléments de connaissance historique, de connaissance mythique, de bricolage mythoidélogique ? Quels **effets de sens** ou de représentation engendre une connaissance historique critique dans un milieu socioculturel dominé par le phénomène populiste ? Quelles fonctions peut-on assigner à la recherche et à l'enseignement de l'histoire dans des sociétés qui souffrent à la fois de discontinuités multiples à l'égard de leurs passés respectifs et d'un décalage croissant par rapport à l'accélération de l'histoire en cours ?

Les mêmes questions doivent être posées à propos des sociétés occidentales. Elles bénéficient assurément d'un réseau incomparable de riches musées, d'impressionnantes bibliothèques, de dynamiques centres de recherche, de célèbres universités…On constate pourtant que les résultats d'une recherche foisonnante et novatrice n'éveillent guère l'intérêt d'un large public au point de modifier la perception des cultures du monde en dehors de fragments de mémoire nationale transmise avec insistance dans les programmes scolaires. Les passés respectifs d'importants groupes d'immigrés dans les sociétés d'Occident n'occupent pas encore la place qu'ils méritent dans ces programmes. Il y a urgence pourtant à élargir les horizons culturels et intellectuels des sociétés sociologiquement pluralistes, mais psychoculturellement disparates. On entend couramment un public réputé cultivé confesser avec tranquillité une ignorance totale de l'histoire de peuples voisins du continent européen, sans parler des peuples proches géographiquement, mais tenus éloignés culturellement dans l'aire méditerranéenne depuis les deux grandes fractures de 1492 : découverte de l'Amérique et l'extension de la *Reconquista* espagnole au-delà des mers et des océans. Il y a lieu de vérifier la corrélation des causes et des effets que fait apparaître l'évaluation critique de la place et des fonctions de la connaissance historique dans les lieux de production du savoir hégémonique et dans les sociétés dépendantes de ce savoir. C'est en Europe et en Amérique du Nord que tout savoir fiable et opératoire doit recevoir son homologation intellectuelle et scientifique; cela est vrai pour la connaissance historique et toutes les disciplines annexes, davantage encore pour toutes les sciences exactes. On mesure alors la responsabilité scientifique des hautes instances de production et de contrôle des savoirs pour tout ce qui touche la formation des enseignants chercheurs et la transmission de l'esprit scientifique. Je parle ici à partir de trente ans d'observation et d'enseignement à la Sorbonne; je me souviens d'une circulaire du ministère français des affaires étrangères exprimant une inquiétude au sujet des doctorats délivrés aux étudiants étrangers notamment dans le domaine des études islamiques. Pour illustrer ce dernier point, je reviendrai sur l'exemple de la biographie de Muhammad, considérée sous le biais de la transmission didactique.

Un an avant la publication du travail d'Uri Rubin déjà présenté, F. E. Peters, familier des sources arabes anciennes sur les origines de l'islam, a publié une nouvelle biographie de Muhammad sous le titre toujours prometteur *Muhammad and the Origins of Islam*[1]. Que fait l'auteur? Il tombe à nouveau dans l'inconsistance et l'incohérence pourtant souvent dénoncées chez presque tous ceux qui ont annoncé une biographie *critique* de Muhammad depuis le *Mahomet* de mon maître Régis Blachère en 1951. On reste en effet fidèle au traitement philologique des sources: on souligne leur caractère tardif, leurs transmission pieuses des mini-récits (*akhbâr*), leur orientation hagiographique pour imposer la « vérité » du Message coranique et de la mission prophétique dans les milieux sectaires conflictuels et effervescents des trois premiers siècles de l'Hégire. Tout cela étant reconnu et ressassé, on cherche à persuader les lecteurs que le travail est, cette fois, plus rigoureusement critique que les précédents essais, alors qu'on se contente d'affiner les discussions habituelles sur la chrono-

---

1. Albany, State University of New York Press, 1994.

logie des textes, la solidité des chaînes de transmission, la vraisemblance historique des faits rapportés. Comme ses prédécesseurs,
l'auteur escamote le cadre théorique où seraient assumées, dans une
écriture historienne appropriée, les tensions entre la critique pluridisciplinaire des sources et les **contextes de foi** dans lesquels se sont
inscrits aussi bien la vie qu'on cherche à reconstituer que les sources
rédigées par des fidèles qui, comme l'a bien compris U. Rubin, se
livrent eux-mêmes à la construction *littéraire* d'une épopée spirituelle
homologue de celles déjà répandues dans le Proche-Orient sur d'autres
Figures symboliques enrichies sans cesse par les projections rétros-
pectives des générations de fidèles. Les mêmes constructions se
retrouvent dans le judaïsme, le christianisme, le manichéisme, le zoro-
astrisme jusqu'aux contextes séculiers récents où se perpétuent les
procédés de production des héros émancipateurs. Les **contextes de foi**
signifient la prise en compte de données psychosociologiques de
portée paradigmatique parce qu'elles opèrent dans les milieux et les
temps les plus variés. C'est dans l'histoire longtemps négligée de ces
données que « *se jouent toujours à nouveau, dans la chair et dans le
sang, à même les existences individuelles (et communautaires ou de
groupes), les espoirs et les détresses, les entreprises et les progrès, les
combats et les amours, (les représentations et les fantasmes, les
erreurs et les échecs, les déchéances et les dominations, les violences
symboliques et les aliénations…) de tous les hommes* »[1].

Qui orientera les professeurs de lycée ou les étudiants d'histoire
vers le livre d'U. Rubin plutôt que celui de F.E. Peters pour élargir le
cadre d'interprétation et féconder l'écriture historienne sur des sujets
qui passionnent nos contemporains, même dans les sociétés où prédomine *la culture de l'incroyance* ? Le journaliste J. Duquesne aurait reçu
une excellente leçon de méthode si, avant d'écrire son *Jésus*, il avait lu
The eye of the beholder. Plus que cela, son livre aurait généré un débat
plus instructif encore et plus efficace pour déplacer les argumentaires

---

1. J. Doré, « Une éternelle tension » dans *Le Monde*, 23/12/1994. Les ajouts entre
parenthèses sont de moi. On lira dans ce même numéro, une controverse très éclairante au
sujet d'un livre de J. Duquesne sur *Jésus*, Paris, GF-Flammarion, 1994. Le livre a connu
un grand succès de librairie, comme bien des ouvrages traitant des thèmes religieux. Les
argumentaires des protagonistes rappellent ceux des musulmans, pourtant bien moins
familiers que les Français, des apports positifs de la laïcité et des exigences scientifiques
de l'histoire critique. On lira, notamment, l'intervention de J. Delumeau.

de la polarisation laïc/religieux, incroyance/croyance, à ce que j'ai exposé au chapitre 6 de mon *Unthought* sous le titre *Le croire et la formation du sujet humain*. Trop rares sont encore les historiens du domaine islamique qui osent seulement évoquer la nécessité de tels déplacements qui autorisent de nouvelles explorations libératrices pour l'esprit. Le silence des sources ou leur absence totale nourrit une sorte de bonne conscience chez les chercheurs qui s'en tiennent à l'authentification des « faits » mentionnés dans les documents disponibles. C'est ainsi que F.E. Peters s'enferme, comme ses prédécesseurs, dans le fameux dilemme des traditions authentiques ou apocryphes et s'appuie sur les premières pour écrire une biographie très conformiste et peu convaincante du prophète. Pourtant, les travaux de P. Crone, M. Cook, J. Van Ess, l'équipe de Jérusalem sur le thème *From Jâhiliyya to Islam*[1], ont largement modifié l'usage historiciste, réductionniste que la philologie a longtemps fait des traditions dans leurs trois modalités *ḥadîth, āthâr, khabar*, en considérant la croissance continue de la mémoire collective en fonction des données locales où se construit chaque mémoire et des pressions changeantes de sélection et d'interprétation des faits, des événements, des thèmes retenus dans les corpus écrits de chaque tradition[2]. C'est en suivant cette croissance que l'historien peut enfin écrire cette « autre histoire » psychologique de milieux divers qui ont contribué, par touches successives, à sublimer le personnage historique qu'ont été Muhammad, 'Alî, 'Umar, Jésus, Moïse et bien d'autres en ces Figures symboliques idéales offertes à la contemplation, à l'imitation et au culte de générations de fidèles.

La comparaison des deux ouvrages sur le même sujet nous permet de souligner une autre leçon importante. L'opposition que j'ai faite entre une approche philologique historiciste et le recours à un faisceau

---

1. Cf. les riches volumes publiés jusqu'ici : *Jerusalem Studies in Arabic and Islam*, vol. 1-21. Dans le volume 17, 1994, p. 108-141, le regretté Y. D. Nevo fournit une bonne illustration du point de vue que j'évoque ici, sous le titre *Towards a prehistory of Islam*. Je prépare une étude d'ensemble sur les travaux de cette équipe lancée par le Professeur Kister notamment.

2. On trouvera une illustration convaincante des processus socioculturels de formation des mémoires collectives et d'élaboration des corpus de la tradition dans A. Newman, *The formative period of Twelver Shî'ism. Ḥadîth as discourse between Qum and Bagdad*, Curzon, 2000, que j'analyse au chapitre VI.

de méthodes et de questionnements pour explorer de nouveaux territoires de la réalité vécue ne doit pas être interprétée comme le rejet total de la première attitude au profit de la seconde. La critique historiciste conserve sa pertinence en ce sens qu'il demeure nécessaire de connaître le mieux possible l'acteur social concret, réel qu'a été Muhammad, 'Alî, Jésus, Moïse ou toute autre personnage marquant transfiguré après coup par le travail de rétroprojection des imaginaires collectifs. Mais l'archéologie de ce travail des imaginaires est tout aussi essentiel pour réfléchir sur les enseignements de la tension créatrice de sens entre deux **régimes de vérité** également déterminants pour la quête du vrai, du vraisemblable, du réel objectif et du réel fantasmé par le recours aux **sciences historiques** et non plus à ce que nous continuons à pratiquer et à enseigner sous le nom d'histoire au singulier. La tension entre les deux régimes de vérité est déjà très forte dans l'insistance des « historiens » musulmans à rejeter toute idée de légende, de récit fabriqué, d'invention anachronique et même de métaphore dans leur travail d'élaboration de tous les grands corpus de la croyance. L'historien philologue est sensible au pointillisme factuel de cette littérature ; mais il traque et discute avec des outils plus affinés, les vrais faux faits accueillis comme authentiques dans les traditions. La posture cognitive est la même, mais les exigences et les conclusions sont différentes. Avec les stratégies d'intervention de la raison historienne toujours en quête de nouveaux élargissements, il n'y a plus place pour une posture cognitive fixe, assurée de sa validité et confiante dans le triomphe à terme du **régime de vérité** qu'elle construit malgré toutes ses vigilances[1].

J'espère avoir réussi à combler le vœu exprimé par Cl. Cahen quand il se livra lui-même à une évaluation critique de l'œuvre de M. Lombard. Je n'ai rien dit qui n'ait fait l'objet de plusieurs conversations avec lui. Il a toujours approuvé mon souci de ne pas briser la célèbre trilogie des *Annales* **Économies, Sociétés et Civilisations,**

---

1. Je ne veux pas allonger davantage ce chapitre en comparant deux autres ouvrages qui traitent d'un sujet également très sensible : la théorie mu'tazilite du Coran créé. Je pense à la monographie de J.R.T.M. Peters, *God's created speech*, Leiden, Brill, 1976 et au livre de F. Jadaan, *al-Mi na; ba th fî jadaliyyat al-dîniyy wa-l-siyâsiyy fî-l-islâm*, Amman, 1989. Là aussi, il y a plusieurs régimes de vérité qui s'affrontent et réclament une approche englobante et des opérations de transgression, de déplacements, de dépassements.

sachant que dans Civilisations il y a systèmes de pensée, littératures, arts, techniques et que tout cela réfère à des acteurs sociaux en compétitions permanentes pour le contrôle de la dialectique des puissances et des résidus. On aura senti que la préoccupation sous-jacente à toute ma lecture d'une œuvre novatrice en son temps est la discussion des méthodes, des stratégies cognitives, des postures épistémologiques appliquées à deux domaines historiquement décalés – l'Occident et l'islam – pour reprendre une expression que je rejette – mais qui ont aussi un socle épistémique et anthropologique commun à l'espace méditerranéen. La présence bruyante, menaçante selon beaucoup d'un certain islam en « Occident » confirme depuis la fin de l'idéologie communiste, la nécessité pour l'historien de sortir des spécialisations stérilisantes et réfutées par l'histoire en cours depuis la première guerre du Golfe et les récurrences intolérables à travers le conflit israélo-palestinien, des théologies politiques des trois monothéismes sous la forme de mythoidéologies dévastatrices. Tant que ce conflit n'aura pas reçu de solution juste et durable, le poids des mythologies continuera de peser sur le regard porté par les historiens de toutes appartenances sur le passé et le futur de l'espace méditerranéen. Je pense par exemple au *What Went Wrong ?*, un best seller de Bernard Lewis après le 11 septembre 2001. On doit cesser à cet égard d'utiliser les alibis d'une documentation insuffisante, de retards accumulés dans la recherche, ou d'illustrations pauvres fournies par les partisans de renouveaux de la pensée et de l'écriture historiennes.

Soucieux de transgresser, déplacer, dépasser toutes les définitions, les conceptualisations, les découpages de territoires et d'objets d'étude hérités tant de la tradition islamique que de l'historicisme positiviste du XIXe siècle, je m'adresse en priorité à l'historien parce que c'est lui qui a compétence pour élucider toutes les situations embrouillées, donner la parole à toutes les voix étouffées par les volontés de puissance; pour rappeler les oublis voulus par les constructeurs de « *lieux de mémoire* », pour expliciter les enjeux de tous les combats, les contentieux, les faits accomplis, les stratégies d'élimination, de travestissement, de promotion, de récupération, de conquête, de reproduction… qui constituent le tissu vivant de l'histoire des hommes. J'ai assez souligné aussi l'adéquation des contributions de cette culture historienne aux besoins d'insertion des

sociétés « musulmanes » contemporaines dans les mouvements accé-
lérés de l'histoire. De proche en proche, c'est le statut cognitif, le
champ de compétences, la responsabilité intellectuelle du métier
d'historien qui sont en jeu. Cl. Cahen était conscient de cela ; c'est
dans ses confessions non écrites dans le cadre d'un long et amical
compagnonnage que je puise la confiance nécessaire pour proposer
de nouvelles tâches et la conquête de nouveaux territoires de la
connaissance et de l'action historiques.

Chapitre IV

STATUT ET TÂCHES DE L'INTELLECTUEL
EN CONTEXTES ISLAMIQUES

Que feront mes ennemis de moi ? Je porte en moi mon paradis et mon jardin ; partout où je vais, ils m'accompagnent. S'ils me mettent en prison, ma prison est une retraite ; s'ils me chassent de mon pays, mon départ est un martyr pour Dieu. En moi, je porte le Livre de Dieu et la Tradition de son envoyé.

Ibn Taym-iyya (m. 728/1328)

Ainsi la Bible est bien appelée à « passer », non pas quand nos lectures diversement inspirées auront épuisé son sens, mais lorsque celui-ci sera pleinement accompli. S'enfoncer dans le mystère de cet accomplissement, par delà le livre que nous tenons aujourd'hui dans nos mains, est affaire de l'éternité.

Anne-Marie Pelletier

Selon les plus estimables historiens de la philosophie occidentale, la pensée politique « moderne » aurait forgé, établi et maintenu la valeur de « tolérance » comme l'un de ses principes intangibles... L'urgence s'avère grande de penser ce que la pensée occidentale a manqué sous le terme de tolérance, c'est-à-dire, sous un angle vif, les limites du dit « rationalisme ».

D. Lecourt, *La raison et la question des limites*

Certains de mes critiques ont dit : « Oh, c'est un bon observateur, mais il n'est pas capable de raisonner ». J'en doute, dans la mesure où

L'origine des espèces n'est qu'une longue argumentation du début jusqu'à la fin, et qu'elle a pu convaincre plus d'un homme compétent.

Charles Darwin, *Autobiographie*

La science de l'homme, parvenue à un certain accomplissement, se doit de livrer l'idée de l'homme qui est impliquée par sa démarche et par ses résultats, mais qui est laissée pour l'essentiel, à l'État implicite. Ce dévoilement est nécessaire, à la fois pour mieux faire la science et pour la faire mieux comprendre et accepter. Les mises en question les plus radicales de la pensée laisse en effet impensée une condition cachée ou refoulée de toutes les œuvres de l'esprit : c'est qu'elles sont produites en État de skholè, c'est-à-dire de loisir, de distance au monde et à la pratique. Or cette situation est le principe d'erreurs systématiques, épistémologiques, éthiques ou esthétiques, qu'il faut soumettre à une critique méthodique...

Pierre Bourdieu, *Méditations Pascaliennes*

LES TRIBULATIONS DE LA RAISON

Il n'est pas habituel de placer ainsi en exergue plusieurs voix de chercheurs-penseurs qui portent des témoignages différents, mais tous essentiels pour notre parcours dans ce chapitre. Les citations présentent un double intérêt : elles constituent des phares qui éclairent les cheminements les plus longs, les plus difficiles, les plus libérateurs de la pensée ; elles renvoient en même temps à cette chaîne ininterrompue de solidarités non seulement entre les esprits marquants de chaque tradition de pensée et de culture, mais aussi des œuvres de l'esprit humain qui traversent les clôtures dogmatiques élevées et verrouillées par tous les gardiens des temples, des orthodoxies, des régimes totalitaires de vérité. C'est à dessein que je n'ai pas choisi un verset ou un fragment des « Écritures saintes » ou des grands Récits fondateurs de telle tradition. Je vise en effet la **subversion** des textes seconds, des commentaires et gloses infinis qui transforment en prisons de l'esprit des textes ou paroles « premiers » dont l'antériorité chronologique est devenue par le travail historique des acteurs sociaux un Moment inaugurateur d'un nouveau régime de production, de déploiement, de gestion de la Vérité, de la Justice et des légitimités. On en vient ainsi à confondre les contenus réels des textes dits premiers dans les limites de leur genèse sociale-historique et leurs expansions variées également soumises à l'historicité des contextes changeants où ils sont produits.

Je commence par le témoignage d'un intellectuel musulman qui s'impose autant par l'ampleur et la vigueur de son œuvre que par un destin historique exceptionnel puisqu'il est devenu la référence obligée de tous les gardiens de l'orthodoxie de l'islam sunnite depuis sa mort jusqu'à nos jours. On ne peut marchander à cet esprit le statut et la condition plénière de l'intellectuel de tous les temps : il satisfait en effet au critère décisif qui distingue l'intellectuel de l'érudit, du savant besogneux, de l'expert, du spécialiste, de l'idéologue au service d'une école ou d'une cause, du clerc moralisateur et propagateur rigide d'une ignorance institutionnalisée. Homme de son temps, Ibn Taymiyya a une conviction religieuse hautement considérée dans l'espace mental médiéval; mais il a servi cette conviction avec une force intellectuelle qui combine l'érudition la plus vaste, une incontestable maîtrise de l'argumentation, un rare talent polémique, un sens aigu de la solidarité historique avec une communauté politiquement, socialement et culturellement menacée de l'intérieur comme de l'extérieur, une volonté de savoir inséparable de celle de combattre « l'erreur », « l'errance », la « déviation », « l'hérésie », « l'infidélité » à la « religion vraie ». Les trois religions monothéistes ont produit et continuent de produire en pleine métamodernité des « intellectuels » de ce type. Nous verrons les problèmes délicats et même dramatiques que posent dans les contextes islamiques contemporains les *lectures* dominantes de cette figure complexe qui resurgit en plein XXe siècle comme le guide intellectuel et spirituel incontournable d'une vaste communauté.

A.M. Pelletier porte témoignage sur le statut cognitif d'un des grands textes « premiers » qui a marqué le parcours dit « occidental » de la confrontation séculaire entre la version monothéiste de la raison religieuse et les combats eux aussi séculaires de la raison philosophico-scientifique. Ce qu'elle dit de la Bible s'applique littéralement au Coran. Avec cette différence capitale que mon travail de subversion sur le discours coranique atteint de proche en proche tous les textes dits fondateurs, tandis que les travaux sur la Bible et les Évangiles ne s'intéressent guère à l'exemple du Coran, hormis de brèves remarques incidentes chez certains chercheurs. Il est vrai, cependant, que l'intervention subversive ébranle plus fortement les sociétés dites musulmanes dans une conjoncture historique où elles doivent faire face à de graves crises internes et externes. C'est pour cela qu'elles maintiennent jalousement les corpus de la croyance à l'abri de tout questionnement critique, alors que la Bible et les Évangiles n'ont cessé de bénéficier des défis scientifiques depuis le XVIᵉ siècle.

C'est Bourdieu qui définit le mieux ce que j'entends par subversion. L'ensemble de son œuvre est une illustration particulièrement pertinente de ce que doit être la stratégie d'intervention du **chercheur-enseignant-penseur**. Bien qu'il n'assigne pas toujours à l'écriture historienne comme *catharsis* la place qui lui revient dans toute radicalisation de la critique, il a su transgresser, voire effacer les frontières disciplinaires entre la sociologie, l'ethnologie, l'anthropologie, l'épistémologie historique et le surplomb philosophique. C'est dans cette perspective qu'il faut comprendre la réponse de Darwin à ses critiques. Il y a plusieurs types, plusieurs niveaux, plusieurs visées du *raisonnement*. La typologie des raisonnements et des rationalités est difficile à faire admettre auprès de tous les publics qui s'en tiennent au discours du sens commun, ou aux raisonnements propres à un champ disciplinaire. C'est là que l'écriture pluridisciplinaire rencontre les plus grandes difficultés à ébranler les certitudes de la croyance et l'assurance scientifique des spécialistes et des experts.

Car les thèmes abordés dans ce livre et en particulier dans ce chapitre visent tous à ouvrir les voies et proposer des outils de pensée qui conduisent à la sortie irréversible des ressassements dogmatiques et des reproductions scolastiques qu'analyse P. Bourdieu avec tant de pertinence intellectuelle. L'exercice est ardu, car il requiert d'abord des efforts pour *désapprendre* tout ce que chaque tradition de pensée a inscrit dans les langues, dans les corps sous forme d'habitus, dans les répétitions rituelles dont Ghazâlî déjà soulignait le caractère « irrationnel » et néanmoins impératif ; dans l'éthos moral et politique des sociétés ; dans l'espace enfin du *pensable* autorisé. Les oppositions binaires, les catégorisations et les raisonnements logocentriques de la raison scolastique continuent de survivre même en « Occident » à toutes les critiques et aux acquits des formes ou étapes successives de la modernité. Après les feux follets de l'éphémère postmodernité, on ne sait même plus comment qualifier les activités d'une **raison télé-technoscientifique** triomphante au point de rendre dérisoires, inopérantes, sans objet précis les redondances et les bricolages narratifs et descriptifs de la raison à l'œuvre dans les sciences sociales et politiques. Il est clair que l'histoire en cours est en train de confirmer chaque jour davantage la fin des certitudes, des fondements, des ontologies, des transcendances, alors même que de grands décideurs politiques affichent leur foi dans les principes obsolètes de ce qui relève de la religiosité populaire plus que d'aucune théologie ou philosophie tant soit peu cohérentes et ouvertes à la quête de sens.

Un des signes les plus angoissants de cet effondrement du sens, des valeurs, des légitimités, des fondements est qu'il ne suscite en Occident que le surenchérissement sur le recours à la toute puissance technologique et aux vertus salvatrices du néolibéralisme. On ignore ce que produira l'éveil de la Chine qu'on annonce depuis une trentaine d'années ; il en est de même pour l'Inde libérale et démocratique ; quant à l'aire travaillée par le fait islamique, elle s'enfonce dans le refus dogmatique de l'histoire et les désordres sémantiques liés à l'importation frénétique des moyens technologiques de contrôle plus totalitaire de peuples sevrés depuis toujours de toutes les formes de la liberté et de la justice sociale ; l'Afrique enfin est abandonnée aux déchaînements de fantasmes archaïques habillés des haillons d'une modernité obsolète. On est loin des années 1960 où l'idéologie coloniale politiquement vaincue maintenait son hautain contrôle en divisant la planète en *développés* et *sous-développés*. Ces derniers, enivrés d'une victoire politique dont ils n'avaient pas les moyens intellectuels et culturels de mesurer l'inanité, ont accepté la classification en croyant pouvoir brûler les étapes du développement économique au point de défier l'économie des maîtres congédiés : l'Algérie a illustré ce fantasme jusqu'à la caricature en se lançant dans « *l'industrie industrialisante* ». Aujourd'hui, les postures modernes, antimodernes, postmodernes, métamodernes, hypermodernes soulignent simplement la défaite sur tous les fronts d'une raison naguère dominatrice, sûre de conduire l'humanité à son vrai Salut par la connaissance scientifique, la démocratie, l'État providence, l'humanisme universel. La défaite, il est vrai, n'a ni les mêmes conséquences, ni la même portée intellectuelle pour toutes les sociétés et dans chaque société, pour tous ses membres. Le néolibéralisme prend la relève de la raison triomphante en s'appuyant sur les vertus libératrices des lois du marché, sur la privatisation des moyens de production et des circuits d'échange, les contrats négociés, l'inégalité monétaire, la compétition sans limites, la réduction des contrôles étatiques, la marchandisation des biens culturels et symboliques, les libres expressions de toutes les composantes individuelles, communautaires, communautaristes, catégorielles, syndicales, politiques, confessionnelles de la société civile. On voit pourquoi je me suis trouvé contraint de parler de **raison émergente** depuis la confirmation des échecs politiques des sociétés postcoloniales et les défaites successives de la modernité intellectuelle en Europe/Occident. Je ne minimise pas les espoirs nourris par la construction de l'Union européenne et les ressources potentielles des États-Unis pour réussir une seconde révolution interne.

J'ai choisi cette appellation de raison émergente pour échapper aux étiquettes faciles que m'ont arbitrairement imposées les lecteurs qui se contentent de parcourir des comptes-rendus de journaux ou de colporter des propos de circonstance sur tel de mes livres ou telle de mes conférences. Les uns m'ont assigné une place indéfinie dans la boîte structuraliste, d'autres dans la boite sémiotique, d'autres encore dans le postmodernisme. Dès qu'on lit ou entend *logocentrisme* et *déconstruction*, on s'autorise à approuver ou rejeter «*une longue argumentation*» étalée en fait sur une active et combative carrière d'**enseignant-chercheur-penseur**. Ce procédé est aussi une manière d'occulter ou de censurer une pensée gênante pour une orthodoxie, un parti, une croyance personnelle ou très souvent hélas, un ego démesuré. Il est infiniment décourageant de se savoir ainsi exposé à des classifications arbitraires explicables, il est vrai, par l'expansion irrésistible de la **pensée jetable** et de la culture régulée par les lois du marché. Je sais aussi que des millions de jeunes lecteurs cherchant désespérément à sortir de la clôture dogmatique en contextes islamiques, ne peuvent, pour des raisons multiples, avoir accès à un grand nombre de publications libératrices. Or la raison émergente ne peut survivre et rayonner dans les sociétés sous surveillance que si elle peut s'appuyer sur de larges cadres sociaux de la connaissance critique pour relayer et faire fructifier ses productions.

L'INTELLECTUEL EN CONTEXTES ISLAMIQUES

C'est dans ce paysage complexe à la fois démobilisateur et prometteur et où s'affrontent les forces incontrôlables de la mondialisation, que j'assume l'imprudence de m'interroger sur le statut et les tâches de l'intellectuel en contextes islamiques d'hier et d'aujourd'hui. On notera que je parle de l'intellectuel sans le qualifier de musulman. L'intellectuel critique ne peut accepter aucun qualificatif qui le lierait d'emblée à une appartenance doctrinale, politique ou même nationale; il est « musulman » dans la seule mesure où il partage des solidarités historiques avec la société plus ou moins islamisée où il est né, a grandi, a reçu une langue, une culture, des éléments de mémoires collectives, des composantes des imaginaires représentés dans sa patrie initiale. En tant qu'intellectuel conscient des apports de la modernité par rapport à la gestion des solidarités traditionnelles, il soumet aux impératifs de la critique tout ce qu'il a pu recevoir et le rendre solidaire de ses « origines ». Nous avons déjà là un trait identificatoire décisif qui sépare l'intellectuel libéré de toute soumission inconditionnelle aux solidarités mécaniques des sociétés traditionnelles, de l'intellectuel qui fait passer les intérêts de sa nation, sa patrie, sa communauté, comme autrefois le clan et la tribu, ou plus vulgairement son autopromotion, avant ce que j'ai appelé les **droits de l'esprit**. Avec le conflit israélo-palestinien sur fond du vieux contentieux islamo-judéo-chrétien, nous voyons chaque jour des intellectuels surmédiatisés, s'écraser comme des statues d'argile dans les arènes des violences idéologiques les plus disqualifiantes.

Tout ce que je viens de dire rend oiseux les débats récurrents sur le statut et les fonctions de l'intellectuel. On pourrait même égarer la réflexion en transférant trop rapidement un modèle occidental et surtout français, au cas complexe, encore peu exploré et mal problématisé, des contextes islamiques. On dénonce souvent le silence des « intellectuels » devant les crimes les plus odieux, les atteintes à la dignité de la femme et de l'enfant au nom d'un islam radical. Le silence constant est un fait indéniable; les explications circonstancielles habituellement invoquées sont peu convaincantes. Le texte d'Ibn Taymiyya les réfute radicalement. On s'interrogera plutôt sur l'intériorisation par tous les types de clercs des composantes sacrali-

santes de l'identité nationale en voie de décomposition et recomposition sous l'impact de forces brutales. C'est pourquoi il est utile de
rechercher dans la tradition culturelle islamique des indications sur le
statut et les tâches de ceux qu'on nomme les « *'ulamâ* », pluriel de
'âlim, c'est-à-dire les clercs ou les «prêtres» au sens où Nietzsche
parlait de la libération nécessaire du *pouvoir des prêtres*.

Poser cette question revient à examiner l'évolution et le fonctionnement d'une tradition de pensée dans des contextes socio-historiques
nombreux et changeants, surtout depuis l'émergence des Partis-États
postcoloniaux dans les années 1950-1960. On peut alors esquisser une
typologie des acteurs qui évoluent dans un champ intellectuel difficile
à cerner historiquement, sociologiquement et doctrinalement. On ne
se contentera pas de définitions statiques, voire essentialistes accolées
notamment à la classe des « *'ulamâ* »; on se demandera comment les
défis nouveaux lancés aux sociétés qui se veulent aujourd'hui *musulmanes*, sont relevés, escamotés, mal compris ou totalement ignorés
par ceux qui, à tort ou à raison, reçoivent ou usurpent le statut
« d'intellectuels ».

Le champ intellectuel islamique

Réfléchir en termes de champ ou espace, c'est conjoindre la
perspective historique, le regard sociologique, l'interrogation anthropologique et la critique philosophique. L'intellectuel se distingue, en
effet, des autres acteurs sociaux par deux fonctions majeures : il se
préoccupe des usages que des acteurs divers dans toute société font de
la *question du sens*. Cela ne veut pas dire qu'il exerce un Magistère
normatif sur les contenus vrais ou faux, orthodoxes ou hérétiques, bon
ou mauvais du sens; il n'est ni un expert attitré du sens, ni un producteur plus fiable que les autres. Mais il multiplie les interrogations sur
les conditions d'articulation, de transmission, d'altération, de métamorphose, d'expansion, d'extinction du sens, des *effets de sens*, de ce
qui *fait sens* pour les uns, non sens ou pas de sens pour d'autres. La
distinction entre le *sens* et *l'effet de sens*, le sens littéral et le sens
métaphorique, le sens révélé et la *genèse destructrice du sens…*
compte parmi les tâches primordiales de la fonction critique de l'intellectuel. Le corollaire de ces opérations est que l'intellectuel défend les
droits de l'esprit en veillant au respect des conditions épistémo-

logiques, sociales, politiques d'exercice de la raison critique, de production et de transmission des connaissances dans tous les contextes historiques, sociologiques et anthropologiques. Ces droits vont au-delà de ceux de l'individu citoyen; ils conditionnent la jouissance optimale de ces derniers, comme le montrent clairement les désordres sémantiques et conceptuels, la multiplication des « États voyous » qui soutiennent les usages les plus pervers de l'intellect, de l'imaginaire, des mémoires collectives. A contrario, lorsque Voltaire s'engage dans l'affaire Calas ou Zola dans l'affaire Dreyfus, ils renforcent l'idée de droits des citoyens tout en allant bien au-delà pour faire émerger la vision de la dignité inviolable de la personne humaine, fondatrice d'un humanisme sans frontières religieuses, politiques ou scientistes.

Les tâches ainsi comprises de l'intellectuel impliquent une **ascèse** de la raison englobant l'autorité morale, spirituelle, scientifique et philosophique. Ce qu'on nomme l'honnêteté intellectuelle réfère à cet ensemble de vertus vécues comme l'éthos dynamique de l'esprit et non à des attributs statiques substantifs comme ceux que les théologies morales attribuent à l'homme créé à l'image de Dieu. Il s'agit de qualités sans cesse reconquises dans l'exercice continu de la responsabilité intellectuelle qui précède et éclaire les responsabilités morales et politiques. Sans cette autorité englobante, l'avis de l'expert, l'intervention du spécialiste éclipsent aisément les positions militantes des intellectuels « engagés » pour une cause conjoncturelle, contingente sans possibilité d'extension à la condition humaine. Ces propositions de portée philosophique exigent des développements que je ne puis poursuivre ici. Je pense au militantisme des intellectuels qui affichent ostensiblement une appartenance politique, nationaliste, religieuse, philosophique ou « scientifique ».

L'exigence ascétique est inséparable de l'intériorité du sujet. J'ai déjà noté ce lien chez les grands témoins humanistes en contextes médiévaux juifs, chrétiens et musulmans. Une orientation scientiste, objectiviste de la modernité a fini par substituer au contrôle ascétique de l'intériorité, la distanciation froide de l'expert, la neutralité indifférente, voire arrogante de l'érudit « objectif » ou du laïciste militant ouvertement anticlérical. J'évoque ce point d'histoire de la pensée sans pousser plus loin l'analyse, sinon pour signaler qu'il y a eu, en islam classique, des « 'ulamâ » qui ont défendu l'idée que pour exercer les responsabilités liées à l'instance de l'autorité intellectuelle, morale et spirituelle (*ijtihâd*) où se décide le sens des textes sacrés dont dérivent les qualifications légales (*istinbât-al-aḥkâm*), il est obligatoire de se tenir éloigné de toutes les fonctions étatiques; théoriquement, ceux qui satisfont à cette exigence ont plus de titres à être reconnus comme des Docteurs de la Loi (*sharî'a*). Nous verrons en quoi cependant ces Docteurs forment une catégorie professionnelle différente de celle des intellectuels modernes qui doivent leur autorité morale à leur fidélité sans faille à l'intégrité intellectuelle et à leur capacité à féconder tous les niveaux et types de débats par la production de nouvelles interrogations, de stratégies cognitives plus pertinentes et des conceptualisations plus englobantes et plus opératoires.

Revenons au concept de champ intellectuel et essayons d'identifier les agents qui le travaillent, les activités qui s'y déploient, les visées qui s'y affirment, les limitations imposées au pensable. Notons d'abord qu'historiquement, un clivage à la fois intellectuel, social et idéologique a commencé à se dessiner dès le $II^e/VIII^e$ siècles entre les sciences religieuses ou traditionnelles et les sciences rationnelles ou intruses (*'ulûm dîniyya* ou *naqliyya* et *'ulûm 'aqliyya* ou *dakhîla*). Les premières n'ont pas été totalement à l'abri de l'influence des secondes et l'exercice de celles-ci a sans doute été limité par la résistance continue et finalement victorieuse de celles-là. La définition du champ intellectuel dépend ainsi des échanges ou des ruptures entre deux domaines de production de la connaissance qui rivalisent dans la quête de cohérence rationnelle, de méthodes d'investigation, de validation des faits et des vérités, de transmission intègre des savoirs. Mais ils diffèrent sur **l'autonomie de la raison et son statut cognitif**. Le clivage est net et accentué lorsque la raison philosophique recueillant l'héritage grec en langue arabe, est parvenue à conquérir une reconnaissance officielle et une assise sociale à haute visibilité, notamment avec le calife Al-Ma'mûn (813-833), puis sous les Bûyides au IVe/Xe siècle. La culture iranienne des secrétaires (*adab*) renforce l'attitude philosophique et enrichit le champ intellectuel par une littérature profane orientée vers le bien vivre, les raffinements de l'esprit (*zarf, zurafâ'*) et la sagesse éthico-politique.

Une forte tension éducative entre les deux champs religieux et intellectuel génère des œuvres marquantes jusqu'à la mort d'Ibn Rushd en 1198 pour la philosophie, la mort d'Ibn Khaldûn (en 1406) pour la critique des savoirs. À quatre-vingt ans de distance, Ibn Rushd instaure une *disputatio (munâẓara)* de haut niveau intellectuel avec al-Ghazâlî (m. 1111), un grand défenseur de la raison religieuse largement ouverte aux apports incontestés de la raison philosophique[1]. Dans cette période dite classique de la pensée islamique, le champ intellectuel a connu sa plus large extension tant par les savoirs qui s'y pratiquaient que par les problèmes qui y étaient discutés et les positions cognitives qui y étaient revendiquées. Le *'âlim* couvrait des compétences plus ou moins étendues selon qu'il était étroitement spécialisé comme les traditionnistes (*muḥaddithûn*) ou la plupart des jurisconsultes (*fuqahâ'*), ou qu'il était ouvert à toutes les branches du savoir, rejoignant alors les cercles de la culture humaniste (*adab*) dont j'ai déjà parlé. On pratiquait la critique des savoirs proposée par chaque discipline et de la connaissance dans son ensemble, sans trop s'embarrasser des dogmes, ni des retombées sur la carrière personnelle, du moins pour certains esprits indépendants comme Jâḥiẓ (m. 256/869), Tawḥîdî (m. 414/1023), Ghazâlî, F.D. Râzî (609/1209), Ibn 'Aqîl, Ibn Taymiyya et bien d'autres. Mention spéciale doit être faite de l'andalou Ibn Ḥazm (m. 1064) qui imposa une posture de la raison propre à l'école zâhirite dont l'existence éphémère illustre la sévérité des combats entre les défenseurs de la raison critique visant la créativité et une certaine autonomie et les gardiens des orthodoxies politico-religieuses qui s'en tiennent aux activités de la raison **serve**. L'œuvre variée d'Ibn Ḥazm porte à un niveau exceptionnel la rigueur de la construction rationnelle, le courage de la réfutation véhémente des doctrines reçues et l'appropriation d'une immense érudition à la quête passionnée de la vérité.

Les philosophes (*falâsifa*) ont joué un rôle décisif dans l'introduction d'une attitude typique du courant qui aboutit, en Occident, à l'émergence de l'intellectuel moderne : un esprit indépendant, explorateur, critique, contestataire au seul nom des droits de l'esprit (ils disaient l'Intellect ou la raison traduits par le même mot *'aql*). Outre

---

1. Voir ce que j'en dis dans *Min Fayṣal al-tafriqa ilâ faṣl al-maqâl : Ayna huwa-l-fikr al-isâmiyy al-mu'âsir*, Dâr al-sâqî, Beyrouth, 1993.

les noms déjà cités qui comptent parmi les plus audacieux et les plus « modernes », on retiendra les grands Mu'tazilites comme Ibn Kullâb, al-Naẓẓâm, Bishr b. al-Mu'tamir, 'Abd al-Jabbâr... et les philosophes comme Al Kindî, Al Fârâbî, Ibn 'Adî, Miskawayh, Ibn Sîna... L'exigence intellectuelle d'étendre les domaines du savoir, de trier et classer les connaissances, de critiquer les méthodes et les approches inadéquates ou fausses, se fait sentir dans toutes les disciplines : la grammaire, la lexicographie, l'histoire, la géographie, la médecine, les sciences naturelles, etc.

Le champ ainsi défini commence à se rétrécir dès le Ve/XIe siècle avec ce qu'on a appelé la réaction sunnite, lorsque la fondation de *madrasas* et l'officialisation des écoles juridiques sunnites (*madhâhib*) vont imposer une pratique orthodoxe scolastique de la pensée religieuse, excluant progressivement des disciplines rationnelles qualifiées d'intruses ou étrangères comme le sont aujourd'hui les sciences critiques de l'Occident. Les bibliothèques classiques, là où elles existent, permettent encore l'apparition d'intellectuels critiques comme Ibn Khaldûn au Maghreb ou Ibn Ṭāwūs en Orient ; mais le souci de l'orthodoxie l'emporte chez tous les auteurs, y compris les shî'ites qui cultiveront eux aussi leur propre orthodoxie quand la dynastie Safavide fera du Shî'isme la religion officielle (1501-1786). H. Corbin et ses disciples comme Seyyid Husayn Nasr, ont soutenu l'idée que la philosophie en terre d'islam ne s'arrête pas avec la mort d'Ibn Rushd ; elle se maintient et même s'épanouit dans une direction originale sous le nom de philosophie illuminative (*falsafat al-ishrâq*). En fait, il s'agit d'un mélange d'expérience mystique du divin, de méditations métaphysiques sur l'être, de sagesse plus théosophique que philosophique combinant l'action de l'imaginal (l'*imago* de Jung) sur une « imagination créatrice » et un usage essentiellement gnostique de la raison. L'abondante littérature *ishrâqî* attend encore une analyse psychologique et psychanalytique rigoureuse, ne cédant jamais au comparatisme apologétique et parfois polémique qui oppose la « spiritualité » de ces exercices métaphysico-mystiques au logocentrisme froid, déductif, argumentatif de l'aristotélisme médiéval. Ces remarques ne visent ni à dénigrer un usage de l'esprit combinant imagination créatrice et raison en quête de cohérence, ni à dissimuler les insuffisances et les dangers intellectuels d'un logocentrisme dont j'ai montré ailleurs les excès et les inadéquations[1].

Pour être exhaustif dans la définition du champ intellectuel dans les différents contextes islamiques, il faudrait s'attarder aussi à l'exemple de l'usage ismâ'ilien de la raison et de l'imagination avant et après *La grande résurrection d'Alamût*[2], au cas de la pensée khârijite très tôt contrainte par les persécutions sous les Omeyyades de défendre une posture de résistance dans la dissimulation (*taqiyya*). Sociologiquement, il faudrait s'intéresser aussi à un aspect totalement négligé par des historiens qui s'en tiennent à l'étude de la pensée savante écrite, laissant à l'ethnographe le soin d'exploiter tout le domaine de l'ethnolinguistique et des cultures orales. Or il y a d'indéniables relations d'influences, d'échanges, de tensions dialectiques entre formes savantes, écrites et formes orales de la culture. Quand les pouvoirs centraux s'affaiblissent, quand de vastes Empires (Ottomans, Safavides, Moghols) sont soumis à l'administration d'un pouvoir central lointain, les groupes ethnoculturels locaux sont pris en charge par des « saints » locaux, dits marabouts en Afrique du Nord et de l'Ouest. Quels usages de la raison prédominent dans des espaces sociaux linguistiquement, politiquement, ethniquement discontinus et gérés par des « médiateurs » si éloignés des formes savantes de la pensée qu'ils sont contraints de s'intégrer dans les modes de vie, de représentation et d'organisation sociopolitique propres aux groupes dont ils ont la charge ? Pour rendre compte de la circulation complexe des biens symboliques, des richesses matérielles et des pouvoirs dans les vastes ensembles nominalement gérés par un pouvoir islamique central, l'historien, le sociologue, l'anthropologue doivent communiquer entre eux plus qu'ils ne le font pour cesser de fragmenter des espaces, des réalités, des enjeux d'existence et de signification soumis partout à ce que j'ai appelé la *dialectique des puissances et des résidus*[3].

La date de mort d'Ibn Rushd est un repère chronologique important dans cette évolution du champ intellectuel de la pensée islamique

---

1. Voir « Logocentrisme et Vérité religieuse dans la pensée islamique » dans *Essais sur la pensée islamique*, Paris, 1984, version anglaise dans *The Unthought...*

2. Titre d'un ouvrage stimulant de Ch. Jambet qui analyse finement *les formes de la liberté dans le shî'isme ismâ'ilien*, Paris, Verdier, 1990.

3. Voir *supra*, chapitre III.

jusqu'à nos jours. En effet, jusqu'au XIXe siècle, la tension éducative entre les deux usages religieux et philosophico-scientifique de la raison n'a pas cessé de s'affaiblir, de s'appauvrir au bénéfice d'une scolastique de codification, de compilation, de répétition d'une tradition islamique elle-même soumise à de continuelles pressions de sélection et d'élimination. Même les éléments de culture philosophique retenus par bien des auteurs comme Ghazâlî, F.D. Râzî, Ibn Taymiyya et les penseurs shî'ites, ont été éliminés des programmes et des manuels d'enseignement, ou réinvestis dans des usages ésotériques au point que la pensée religieuse a perdu le contact avec les œuvres les plus stimulantes produites dans la période humaniste. Triomphent alors deux types de *'âlim* caractéristiques de l'âge scolastique : le *faqih* qui mémorise et reproduit, sans exigence critique, ni souci de renouveau, des manuels de droit (*fiqh*) pour former le personnel de la justice surtout dans les cités ; le *shaykh* ou marabout qui se contente d'être, parmi des populations de culture orale, pourvues de codes coutumiers et culturels efficaces, le lettré du village sachant écrire une amulette, diffuser à l'aide de récits mythohistoriques retravaillés et de rituels simplifiés, des professions de foi islamique non exclusives des croyances locales antéislamiques. C'est par cette pédagogie populaire à laquelle contribuent les conteurs (*maddâḥ, qâṣṣ*) dans les marchés ruraux, que s'est poursuivi tant bien que mal le lent processus d'islamisation ou de réislamisation jusqu'à l'intervention récente d'États volontaristes qui ont asservi la puissance mobilisatrice de l'ethos religieux à des fins politiciennes variées, parfois criminelles. Ainsi, les zaouïas qui ont longtemps encadré la religiosité populaire, ont été marginalisées par les nouveaux Partis-États après les indépendances ; récemment, ceux-la même qui les ont disqualifiées et combattues, les réhabilitent à des fins électoralistes et de résistance aux ravages de l'islamisme terroriste. On verra les conséquences pour la transformation du champ intellectuel, de cette confiscation du fait religieux par des pouvoirs en déficit permanent de légitimité politique et *a fortiori*, de légitimité théologique.

Champ intellectuel et clôture dogmatique

Historiquement, on peut dire que du XIIIe-XIVe au XIXe siècle, le champ intellectuel de la pensée islamique a connu une régression constante par rapport à l'islam classique et davantage encore par rapport à une Europe ascendante, inventive, conquérante, de plus en plus en avance sur le reste du monde. C'est durant cette longue période que se renforce la **clôture dogmatique** de la reproduction scolastique et se multiplient les groupes ethnoculturels et confessionnels qui survivent au Liban avec le système du confessionnalisme (*ţâ'ifiyya*). Le critère religieux ne suffit pas cependant pour rendre compte des clivages qui s'opèrent partout entre les **puissances** (centres de pouvoir, écriture, culture savante et orthodoxies) et les **résidus** (segments sociaux, oralité, codes populaires et hétérodoxies). Autrement dit, l'histoire de cette période devrait être accompagnée par une ethno-anthropologie chaque fois que la documentation le permet. Une fois de plus, c'est l'érudition occidentale qui est en train de défricher ces siècles d'histoire mis entre parenthèses par les musulmans eux-mêmes, faute d'une politique de développement des sciences de l'homme et de la société. Un livre vient de paraître en anglais qui montre la persistance de l'exploitation apologétique et polémique de cette longue période implicitement reconnue comme régressive et improductive par les animateurs de la *Nahdha* (1800-1940).

Le livre édité par Suha Taji-Farouki et Basheer M. Nafi est intitulé *Islamic Thought in the 20th century*, London, 2004. On y lit un long chapitre sur *The rise of Islamic Reformist Thought and its challenge to Traditional Islam*. L'auteur croit pouvoir réfuter l'idée de décadence appliquée à la période scolastique en mentionnant une liste de « *'ulamâ* » qui d'Ahmed b. Hajm al-Haythamî (1501-1561) à Muhammad 'Alî al-Shawkânî (1760-1834) au Yémen, Muhammad b. 'Alî al-Sanûsî (1787-1859) en Libye, 'Uthmân b. Fodio (1754-1817) en Afrique de l'Ouest reprennent les combats d'Ibn Taymiyya contre l'islam populaire confrériste de la culture orale et se contentent de protéger la clôture dogmatique contre l'expansion des « vestiges » des croyances locales. B.M. Nafi, signataire de cette présentation, est représentatif du regard de l'intelligentsia musulmane sur l'islam réformiste depuis le XIXe siècle. Aucune mention n'est faite ni de la rupture de tous les auteurs cités par rapport au champ intellectuel de la pensée classique, encore moins à l'ignorance tranquille, quand ce n'est pas un rejet sans examen par tous ces auteurs des grands événements de la modernité naissante et révolutionnaire en Europe entre les

XVIᵉ-XIXᵉ siècles précisément. Autrement dit, un professeur à l'université de Londres aujourd'hui – il y en a beaucoup d'autres dans les Universités d'Europe et d'Amérique où sont formés beaucoup de ceux qui enseignent dans leurs pays d'origine – préfère perpétuer une illusoire continuité de la pensée islamique réformiste et entériner les impensables, les impensés et les ignorances institutionnalisées véhiculés jusqu'à nos jours par les néo réformistes.

Cela veut dire aussi que dans les Universités où devrait se transmettre la pensée critique, on trouve encore pour le secteur islamique, plus de reproduction scolastique que de participation aux interrogations de la raison émergente sur le **fait religieux** dans l'histoire et les sociétés contemporaines. Une des voies les plus fécondes que j'ai ouvertes dans ce sens consiste à explorer l'avant et l'après de la mise en place de ce que j'appelle les **Corpus Officiels Clos** (= **C.O.C.**). J'ai montré dans mon *Islam : to Reform or to Subvert* les différences entre le concept traditionnel de *Muṣḥaf* pour désigner le volume contenant la version écrite du Coran et les trois concepts techniques qui réfèrent à l'ensemble des problèmes occultés par le terme *Muṣḥaf* et demeurés impensés jusqu'à nos jours. Il est donc essentiel de prendre connaissance des chapitres premier et deuxième de ce livre pour comprendre comment le régime de vérité, l'exercice de la raison, les possibilités ouvertes à la dialectique du pensable et de l'impensable changent radicalement selon qu'on se situe historiquement dans l'avant (1100 environ) ou l'après (1100-2004).

J'accorde à cette rupture épistémique et épistémologique une portée intellectuelle **subversive** tant pour tout exercice futur de la pensée islamique quand elle consentira enfin à penser ses impensables et ses impensés accumulés depuis des siècles, que pour la pratique scientifique des historiens occidentaux de cette pensée dans la mesure où beaucoup continuent encore de fonder leur écriture historienne sur le postulat d'un *homo islamicus* substantiellement, essentiellement, mentalement programmé pour la répétition indéfinie des *habitus* incorporés en chaque fidèle soumis quotidiennement à la discipline des rites, des cultes et des croyances. Il va de soi que cette construction de *l'homo islamicus* traduit des données indéniables observables dans toutes les religions. Avec l'islam, les contraintes idéologiques sont venues renforcer depuis les années 1970 la mécanisation ritualiste pour mieux contrôler les esprits en soumettant les corps aux disciplines rituelles. La bataille du voile, le rôle des signes extérieurs (moustache, barbe, turban, habit uniformisé…) illustrent non pas une mentalité figée, mais une dynamique historique qui oblige à assigner à l'arsenal des signes et des rituels religieux des fonctions sociales et politiques nouvelles. On dit alors qu'il y a détournement des fonctions du religieux vers le politique ; c'est une interprétation soit théologique qui postule l'existence d'une spiritualité religieuse irréductible au politique, soit laïque pour stigmatiser l'envahissement de l'espace public par les manifestations d'une croyance privée. Dans les deux cas, on transfère aux affrontements idéologiques une donnée objective occultée. En effet, au niveau sémiologique et anthropologique de l'analyse, il y a déplacement ou interactions des fonctions, mais jamais séparation radicale comme le veut le principe laïc, entre la production étatique et la production *religieuse* – distincte de l'institution cléricale – de la société. En invoquant le principe de la liberté religieuse, les croyants ramènent l'attention à la différence escamotée entre les problèmes d'essence philosophique posés par *l'institution sociale de l'Esprit*[1] et l'exercice du monopole de la violence légale disputé entre l'État et l'institution cléricale. La gestion des cultes en France par le ministère de l'intérieur fait clairement apparaître un impensé dans l'application du principe de laïcité : en s'autorisant à surveiller les empiètements éventuels des pratiques cultuelles sur l'espace public, le ministre postule implicitement un droit d'ingérence dans l'assigna-

---

1. Voici un raccourci de ces problèmes : « Alors que le libéralisme promet seulement un long processus d'alignement planétaire des institutions sur les références rationnelles des droits de l'homme et des droits du marché, l'idée même d'évolution historique homogénéisante est contestée, critiquée, démantelée par un postmodernisme qui ne voit que les contextes et leurs "mini récits" inalignables sur la "grande histoire" de l'émancipation. En un temps où le formalisme d'une Raison économique et politique est redéployée à une grande échelle, le postmodernisme est en train de démasquer son irrationalité persistante, l'injustice qu'il génère, la non vérité qu'il transmet et la violence qui la soutient. À la fissure de la guerre froide a été substituée la nouvelle distribution : non plus les droits de l'homme contre les droits collectifs, mais les droits de l'homme contre le droit à la différence ; non plus le marché contre l'État, mais le marché contre les cultures ; non plus l'individu, universel et abstrait, contre l'ouvrier concret, mais l'individu toujours universel, toujours abstrait, contre la diversité des visages, le pluralisme des tribus, la diffraction des valeurs, des styles, des convictions », J. de Munck, *L'institution sociale de l'esprit*, Paris, PUF, 1999, p. 3. [Les italiques sont de moi pour signaler les conceptualisations pertinentes pour notre discussion].

tion d'une signification « spirituelle » ou « politique » à une prière faite sur un trottoir ou une place de village et non dans la mosquée. C'est parce que le voile explicite cette interférence d'une manière immédiatement perceptible qu'il a été choisi pour mieux réfuter l'intervention de l'État. Le message politique est aveuglant de clarté, mais la trace de la croyance religieuse n'est pas moins évidente. Là où des islamologues classiques continuent de parler d'*homo islamicus*, il faudrait plutôt saisir la dynamique historique qui transforme le **croire** et les fonctions du fait religieux soumis aux forces irrésistibles de la mondialisation[1].

Le poids du politique sur le religieux est si déterminant depuis l'installation des Partis-États que la clôture dogmatique à dominante religieuse est devenue pour les croyants militants d'aujourd'hui une prison idéologique sans cet horizon de sens et d'espérance évoquée par Ibn Taymiyya dans un espace mental où la culture de l'incroyance n'avait pas le pouvoir d'ingérence et de réfutation qu'elle a aujourd'hui. On est loin de ce *paradis* et ce *jardin* où il fait bon vivre et où l'être s'épanouit non seulement dans une obéissance scrupuleuse à la Loi, mais dans un amour inextinguible de cette Loi généreusement donnée par Dieu. Le terme **clôture** s'applique autant aux constructions théologico-juridiques du Moyen Âge qu'à celles de la métaphysique classique dénoncée par les philosophes du soupçon (Marx, Nietzsche, Freud et Heidegger) et les déconstructivistes des années 1960-1980; il reste pertinent pour les enfermements et les aliénations de l'esprit avec les religions séculières du fascisme, du Léninisme-Stalinisme-Maoisme, du libéralisme sauvage qui a multiplié les modalités et les types de clôture. Avec l'islamisme activiste terroriste, la

---

1. À ceux qui préféreraient ranger cette observation du côté d'un antiorientalisme primaire, je conseillerai de lire le livre de mon condisciple J.-Cl. Vadet, auteur de plusieurs études érudites sur l'islam : *Les idées morales dans l'islam*, Paris, PUF, 1995. Le livre est publié dans la collection *Islamiques* dirigée par J. et D. Sourdel et F. Déroches. On pourra lire dans *Arabica* un grand nombre de comptes-rendus d'ouvrages depuis 1960 où j'ai donné des exemples précis référant à des auteurs très différents, mais qui ont pour trait commun l'adhésion implicite au dogme d'un *homo islamicus* tel que l'ont campé plusieurs auteurs de renom comme E. Gellner, B. Lewis et d'autres d'inspiration religieuse. On peut consulter aussi les contributions concernant l'islam aux divers dictionnaires et encyclopédies récemment publiés; je citerai notamment le *Dictionnaire d'Éthique et de philosophie morale*, M. Canto-Sperber (dir.), Paris, PUF, 1996.

clôture cumule les rigueurs du dogmatisme théologico-juridique et les terreurs de l'idéologie qui abolit l'humanité de l'homme en laissant croire qu'elle prépare ainsi le retour de Dieu parmi nous.

Ibn Taymiyya est sûrement le prototype de l'intellectuel musulman traditionnel qui a fourni à la nouvelle clôture de la révolution dite islamique ses argumentaires les plus plausibles pour la conscience croyante. D'où l'urgence de la déconstruction de ces argumentaires ressassés sous diverses formes par toute la longue suite de la pensée réformiste salafiste. Ce travail est primordial parce qu'il conduit à la subversion radicale d'un discours qui réunit tous les attributs de la pensée aliénante sous couvert de la *religion vraie*. Il vaut la peine de résumer l'argumentaire dogmatique qui nourrit la «*foi*» et soutient ses œuvres.

La Loi révélée par Dieu aux hommes est la Voie sûre (*Sharî'a*) qui conduit chaque fidèle au Salut éternel; la Loi est donnée avec la Vérité intangible; elle lie tous les hommes à Dieu dans un pacte de proximité confiante et amoureuse (*walâya*) que réactivent et expliquent les «*'ulamâ*» héritiers en cela de la fonction prophétique (*warathatu-l-anbiyâ'*). Khomeiny a justifié sa venue au pouvoir en rappelant ce que doit être «*la gouvernance du théologien-juriste*» (*Wilâyat al-faqîh*). Historiquement, il importe donc d'éviter toute dénonciation hautaine d'un dogmatisme religieux qui serait l'apanage d'une mentalité médiévale rendue obsolète par la modernité. Un des échecs évidents de celle-ci est justement son incapacité à éradiquer les attitudes fondamentalistes qui fleurissent dans les milieux religieux, mais tout autant dans les partis politiques issus de courants de pensée profondément laïcisés. Il convient plutôt d'expliquer par des enquêtes de psychologie historique comment fonctionnait et fonctionne encore le rationnel et l'irrationnel, la réalité objective et le réel imaginé, représenté et donné à intérioriser, médité par le sujet croyant agnostique, athée, déiste, spiritualiste, laïc, etc.

Ibn Taymiyya, comme Sayyid Qutb mis en prison par Nasser, comme tous les combattants de la foi d'hier et d'aujourd'hui, traversent les murs de toutes les prisons, accueillent la mort pour Dieu comme une assomption dans la stricte mesure où ils vivent à l'intérieur de ce que la raison critique, déconstructive, laïcisée nomme la clôture dogmatique. Nous sommes en face d'une **incompatibilité**

existentielle que ni la raison religieuse, ni la raison critique moderne n'ont réussi à dépasser vers un ailleurs de la pensée, de l'action et du déploiement optimal du sujet humain. Au lieu de travailler à ce dépassement, les croyants accusent les « scientifiques » de réduire, voire éliminer la dimension « spirituelle » de l'homme créé à l'image de Dieu, tandis que les « scientifiques » délivrés des certitudes « illusoires » de la vérité religieuse, expliquent sans convaincre que les clôtures dogmatiques sont la source de toutes les violences ! Les protagonistes sombrent dans la polémique, l'exclusion mutuelle et la « guerre juste » ; l'incompatibilité existentielle peut ainsi continuer à nourrir deux légitimités qui fondent deux guerres justes au nom de deux raisons qui ne parviennent pas à communiquer. On croit trouver la sortie dans l'appel à la tolérance ; le nombre de colloques, de débats, d'écrits consacrés à cette notion supposée salvatrice, renseigne sur l'*impensé* des deux raisons en conflit.

Il faut aller plus loin dans l'analyse de la genèse et du fonctionnement de la clôture dogmatique pour rendre le concept plus opératoire. Le discours coranique est parsemé d'échanges polémiques, de réfutations, d'argumentations, d'appels insistants à l'obéissance à Dieu et à son Messager, de promesses à ceux qui ont entendu la Parole de vérité et s'y sont convertis de façon irréversible ; de menaces, au contraire, contre les contestataires, les hypocrites, les infidèles, les ennemis déclarés de Dieu et de son Messager. Chaque verset présuppose ces promesses et menaces (*wa'd/wa'îd*) qui seront accomplies au Jour du Jugement dernier de toutes les créatures humaines. Chaque fidèle est sommé de renoncer à des solidarités parentales établies, à des croyances enracinées dans de vieilles traditions, à des panthéons vénérés sans défaillance depuis des temps mythiques. Les ordres sociaux, les systèmes de valeurs et de représentations, les mémoires collectives visées dans la prédication coranique sont soit subverties et appelées à s'effacer, soit intégrées dans les paradigmes nouveaux de la seule connaissance vraie nommée *'ilm*, par opposition au temps d'ignorance et de violence (*Jâhiliyya*) où les Commandements divins n'avaient pas été dévoilés à l'homme. À ce stade du discours coranique, la clôture dogmatique n'est pas encore installée ; elle se dessine avec le rappel de certaines limites de Dieu (*hudûd Allah*) pour inscrire les conduites dans le licite et l'illicite, le pur et l'impur, le sacré et le profane; on passe à la phase dogmatique avec les qualifications légales explicites (*aḥkâm*) qui deviendront plus tard des impératifs théologiques, juridiques et éthiques sacralisateurs des conduites. Les cadis et les muftis veillent à la «juste» application des impératifs légaux (voir chapitre suivant).

J'ai déjà signalé la continuité profonde de la ligne de pensée hanbalite, reprise et diffusée dans le monde entier dans ses expressions wahhabites avec les pétrodollars saoudiens. À ce stade de l'analyse de la clôture dogmatique, je ferai deux remarques qui éclairent le fonctionnement actuel de cette clôture et ses conséquences négatives sur l'appauvrissement du champ intellectuel dans tous les contextes islamiques contemporains.

1) Après une période d'adhésion euphorique des peuples aux promesses de construction nationale prodiguées par les régimes postcoloniaux, des oppositions politiques sont apparues pour faire triompher un Modèle islamique d'action historique contre les orientations laïcisantes des mouvements nationalistes de libération. C'est ainsi que le *Jihâd, obligation absente*[1], a été remis en honneur pour une lutte plus radicale contre «l'Occident». Une surenchère mimétique s'engage entre les États et leurs oppositions sur la monopolisation de l'islam comme instance suprême de légitimation politique, éthique et culturelle à l'intérieur de chaque État-nation. Les oppositions trouvent des soutiens dans un réseau de solidarités stratégiques plus ou moins fiables en Europe-Occident. Le fondamentalisme islamiste atteint une expansion mondiale dans les années 1990 en alimentant des guerres civiles et un terrorisme international qui atteint son apogée avec l'attentat du 11 septembre 2001. *Jihâd versus McWorld* deviennent deux Figures symboliques mondiales de la lutte du Bien contre le Mal. Ainsi, tous les régimes qui ont inscrit l'islam comme religion d'État ou officielle dans leur constitution, soutiennent avec des tonalités culturelles et des stratégies de pouvoir plus ou moins différenciées, le maintien de la clôture dogmatique en laissant aux «*'Ulamâ*» officiels ou officieux la charge d'opposer un magistère doctrinal obscurantiste contre la violence armée de l'islam radical.

---

1. *Al-farîḍa-l-ghâ'iba*, titre d'un ouvrage d'un des assassins d'Anouar Sadat, Muhammad 'Abd al-Salàm Faraj; voir mon analyse de cet ouvrage dans *L'islam, Approche critique*, Paris, 2001, p. 167 *sq.*

Les intellectuels critiques sont obligés soit de se taire, soit d'épouser le conformisme officiel, soit de s'expatrier. J'ai décrit les origines intellectuelles et culturelles, les expansions et les conséquences multiples de cette évolution dans un livre à deux voix avec Joseph Maïla, *De Manhattan à Bagdad : Au-delà du Bien et du Mal.*

2) La discussion théorique sur les fonctions idéologiques de plus en plus perverses assignées à l'islam par l'ensemble des acteurs ne trouve plus guère d'animateurs indépendants et scientifiquement compétents. Même les intellectuels émigrés ne parviennent pas à franchir les limites traditionnelles de la clôture dogmatique telles qu'elles ont été fixées dans les C.O.C. et régulièrement renforcées par des courants militants soit nationalistes laïcisants, soit directement apologétiques « religieux ». Très rares et surtout timides sont encore les intellectuels ou chercheurs de renom qui poussent leur indépendance critique jusqu'à ouvrir les voies vers la sortie cognitive, épistémique et épistémologique de la clôture dogmatique, comme l'ont fait les philosophes des Lumières depuis Spinoza en Europe. Un jeune chercheur marocain Rachid Benzine, vient d'attirer l'attention sur *Les nouveaux penseurs de l'islam.* Il a retenu huit noms qui ont esquissé, en effet, des gestes intellectuels prometteurs, mais toujours prudents à l'égard de ce que j'ai appelé *le statut cognitif et les fonctions de la Révélation d'après l'exemple du Coran*[1]. En d'autres termes, les « *ulamâ* » traditionnels conservent le monopole du contrôle de la raison « religieuse » en fait de plus en plus politisée et coupée des grands débats pluralistes et théoriques de la raison juridique classique. Les intellectuels modernisants comme Ridhwan al-Sayyid, Mohammed Talbi, Hichem Djaït, M. Abid al-Jabri, Abdallah Laroui touchent aux questions traitées à l'intérieur de la clôture, mais sans aller jusqu'à inclure le **noyau dogmatique de la foi** comme le statut cognitif de la Révélation, la structure mythohistorique du discours de la foi, le discours prophétique dans les limites de l'analyse linguistique, sémiotique, historique et anthropologique, la portée fondatrice des triangles anthropologiques comme **violence**, **sacré**, **vérité** ; **Langue**, **histoire**, **Pensée** ; **Révélation**, **histoire**, **Vérité** ; **Religion**, **Société**, **Politique**, **etc.** On aura compris avec ces remarques et leur traitement dans mes

---

1. Titre du chapitre 3 de mon *Unthought.*

diverses publications depuis 1970, que l'attitude humaniste défendue dans le présent livre vise non plus seulement à réformer à l'intérieur de la clôture dogmatique, mais à en sortir au sens où Marcel Gauchet et bien d'autres penseurs comme Gianni Vattimo parlent de «*sortie de la religion*» ou «*d'un christianisme non religieux*».

Avant de réagir aux problèmes posés par la *sortie de la religion*, je dois ajouter une précision sur le renforcement idéologique et l'extension de l'assise sociologique de la clôture dogmatique dans les sociétés dites musulmanes de la seconde moitié du xxe siècle. Sous des politiques de modernisation matérielle plus ou moins cohérentes et maîtrisées, se poursuit partout le jeu visible ou travesti de quatre forces constitutives du développement historique de toutes les sociétés humaines : **Dieu** remplacé ou en voie de remplacement dans les sociétés non occidentales par la souveraineté populaire comme source de la souveraineté politique, mais non spirituelle ; celle-ci crée une **dette de sens** vis-à-vis de Dieu, de ses messagers et de ses médiateurs, tandis que celle-là alimente des conflits sans fin entre les citoyens qui ne disposent plus d'une instance de l'autorité spirituelle à part l'ersatz fourni par des clercs largement compromis avec des pouvoirs illégitimes ; le **pouvoir politique** (*sulṭa*) incarné dans l'État en quête de légitimité et souvent en déficit même de légalité ; le **pouvoir économique** tendant vers une suprématie qui fait prévaloir le gouvernement d'influence (lobbies, corporations, mafias) sur la démocratie précaire, formelle de la logique procédurière ; la **sexualité** comme instance de toutes les pulsions qui commandent la vie de la psyché individuelle, mais qui subissent les contrôles des codes normatifs archaïques que se donne tout groupe social. L'addition des contraintes de ces quatre forces pèse sur l'accès du sujet à la conscience claire qu'il participe comme acteur historique du groupe, de la communauté ou de la nation à *l'institution imaginaire non seulement de la société, mais de l'esprit lui-même*. Dans quelles directions ces quatre forces interactives au niveau individuel comme au niveau collectif, orientent le destin historique des sociétés selon que prédomine le régime dit religieux ou le régime dit laïc de vérité, c'est-à-dire le règne sans partage de la raison religieuse **serve** à l'intérieur de la clôture dogmatique, ou celui de la raison moderne engluée dans des idéologies précaires, matérialistes, étatiques ou libérales non moins aliénantes et «humanitairement» meurtrières?

Je sollicite avec insistance l'attention du lecteur qui se laisserait décourager par la densité conceptuelle et la stratégie critique de l'interrogation telle que je viens de la formuler. Elle concerne le sujet humain comme **conscience critique**, comme **individu citoyen** assujetti aux codes en vigueur dans chaque société et comme **personne** soulevée par une espérance d'émancipation, de liberté avec des projets porteurs d'avenir positif. On voit bien l'écart creusé depuis au moins le XVIIIe siècle entre le **sujet individu-citoyen** grandi dans les démocraties modernes et le sujet soumis aux contraintes de la clôture dogmatique où s'additionnent dans une confusion perverse pour l'esprit, la tyrannie du politique et celle de l'obscurantisme religieux. L'échec des États postcoloniaux n'est pas seulement économique et social; situé dans la perspective humaniste, l'échec apparaît plus grave encore dans le domaine de la perversion jusqu'à la négation de l'intellect. C'est dans la gestion de l'éducation nationale, l'absence de politique culturelle et l'étatisation outrageante des «affaires religieuses»[1] que le travail obstiné, systémique de perversion de la raison continue d'exercer des ravages dans les générations montantes même en Europe-Amérique.

L'exemple de la politique de la religion est particulièrement révoltant, car il met à nu une désespérante irresponsabilité intellectuelle avec l'alliance d'États usurpateurs de l'instance de l'autorité spirituelle et des clercs organiques, indistinctement «'ulamâ» traditionnels et soi-disant enseignants chercheurs ou «intellectuels». L'alliance s'étend aux gouvernements européens démocratiques qui tolèrent l'encadrement des musulmans immigrés par des imams obscurantistes ignorant jusqu'à la langue des pays d'accueil et «formés» dans une clôture dogmatique très en retrait intellectuellement et culturellement de celle de l'islam classique. À ce jour, l'islam en France, géré par le ministre de l'intérieur, est abandonné à ces imams qui, à quelques exceptions bien connues, restent étrangers, donc hostiles à la culture républicaine comme le montre l'affaire du

---

1. Au sujet d'une perversion rampante de la gestion des cultes par l'État français, modèle de la laïcité, voir «L'islam et la France: les réponses de l'islamologie appliquée» dans *Regards sur la France* à paraître en 2005 aux Éditions du Seuil.

voile. Dans ce domaine de la production de l'histoire présente des sociétés de l'ex Tiers monde, on ne peut plus invoquer l'ingérence de l'Occident comme pour les secteurs de l'économie, de la monnaie et de la technologie; on constate plutôt une inversion de l'impact sur les pesanteurs sociologiques dans les sociétés démocratiques.

On sait avec quelles précisions contraignantes la Loi religieuse (*Sharî'a*) dont l'application est réclamée partout avec intransigeance[1], définit la place, les représentations et les fonctions des quatre forces précédentes dans l'existence humaine. La guerre civile en Algérie et ailleurs se nourrit chez les opposants de l'idée ancienne que *l'obéissance à une créature au pouvoir cesse de s'imposer quand elle entraîne une désobéissance au Créateur* (*lâ ṭâ'ata li-makhlûq fî ma'ṣiyati-l-khâliq*, réponse d'Ibn Ḥanbal à al-Ma'mûn pendant l'inquisition mu'tazilite, *miḥna*). Le pouvoir « légal » qui se sait privé de légitimité démocratique, justifie la répression en manipulant l'idée également ancienne *qu'obéir à un gouvernement injuste est préférable à l'absence de tout gouvernement entraînant anarchie et guerre civile (fitna)*. L'État et l'opposition se livrent à la même surenchère sur l'orthodoxie dans la manipulation de la *Sharî'a* à propos de l'observance des obligations canoniques et des normes régissant le Statut personnel (*aḥwâl shakhṣiyya*) qui bloquent notamment l'émancipation de la condition féminine. L'enjeu réel de l'appel à la *Sharî'a* est toujours l'accaparement d'un pouvoir qui, laïcisant ou fondamentaliste, bouche l'horizon de sens moderne et de sortie de la clôture dogmatique.

Le contrôle de la sexualité par les multiples tabous qui enchaînent la condition féminine et les jeunes en particulier, les pouvoirs exorbitants accordés à l'homme adulte et marié par le code de la famille permettent une reproduction sûre et durable de cette clôture grâce aux prescriptions et aux coutumes intériorisées qui ont longtemps perpétué une obéissance réflexe des enfants au père, de la fille au frère quel que soit son âge, de la femme au mari, du cadet à l'aîné. À l'extérieur

---

1. L'Union des Organisations Islamiques de France (UOIF), a créé en 1997, un Conseil islamique de la Fatwa dont le siège est à Dublin. La clôture dogmatique reçoit ainsi une réactivation à haute visibilité internationale au cœur de l'Union européenne. Les voix tant soit peu favorables à une critique de la raison juridique en Islam sont évidemment écartées de ce Conseil.

de la famille, le fidèle obéit au magistère doctrinal du *'âlim*, l'aspirant-disciple au directeur spirituel (*murîd/shaykh* dans les confréries) et tous obéissent à l'émir, au sultan, au calife ou à l'Imâm (aujourd'hui au chef, *za'îm*, président de soi-disant Républiques, secrétaire général du parti…). Les militants islamistes présentent cette échelle de dominants-dominés comme une valeur morale et religieuse menacée par les forces de sécularisation des sociétés modernes ; les régimes en place voilent sous une démocratie formelle procédurale, la même structure verticale de la domination. Je résume cette situation dans la formule suivante : *l'islam est théologiquement protestant, mais politiquement catholique.*

On comprend ainsi que la clôture dogmatique n'est pas le résultat des seuls enseignements de la religion ; ceux-ci ne font que sacraliser des traditions, des coutumes, des rituels, des codes culturels, des croyances, des « valeurs », des pratiques politiques très anciens et tous liés, en dernière analyse, à la question de l'ordre symbolique, de l'ordre socio-économique et du pouvoir qui les gère. Compte tenu de tout ce qui précède, peut-on poser la question de la sortie hors de l'alliance systémique des clôtures dogmatiques et de la structure verticale du pouvoir dans les contextes actuels où la guérilla terroriste et les régimes autoritaristes exposent tant de peuples innocents aux reconquêtes de type colonial qui délégitiment une fois de plus les grandes promesses de la modernité intellectuelle et soumettent la démocratie à des logiques procédurales et aux manigances des lobbies politico-financiers ? Peut-on identifier dans le chaos mondial actuel et sous l'empire de la violence pure quelques conditions de possibilité de cette sortie ?

SORTIR DES CLÔTURES DOGMATIQUES

On s'accorde à considérer que la raison moderne se distingue de tous les usages antérieurs de la raison par le fait qu'elle est censée avoir conquis les possibilités intellectuelles et scientifiques de sa sortie hors des clôtures où l'entraînent de manière récurrente ses dérives mythohistoriques et mythoidéologiques dans ses confrontations avec le réel. On dit aussi que la dynamique continue de l'histoire de l'Occident réside dans sa capacité à sortir des crises pour rebondir plus loin jusqu'au prochain blocage. La raison religieuse, au contraire, semble saisir les moments de crise des valeurs et des idéologies pour réactiver la pertinence et l'intangibilité de ses enseignements touchant les invariants de la condition humaine : la vie, la justice, l'amour, l'espérance, les systèmes d'inégalités, le pouvoir, la violence, la précarité, la mort... C'est ce qui se produit avec le soi-disant « *retour du religieux* » sous des formes variables selon les conjonctures historiques et les milieux socioculturels. En Occident, le libéralisme actuel s'étend bien au-delà de l'économie et du marché ; on laisse s'exprimer tous les choix personnels ou collectifs de vie au point que des tribunaux et des parlements commencent à s'interroger sur les traits distinctifs de la religion par rapport à ce qu'on appelle secte ou hérésie. Ainsi, l'Église de scientologie reconnue aux États-Unis ne l'est pas encore en France. Cette interrogation est propre à la modernité ; en même temps, elle permet de mesurer les limites scientifiques et philosophiques de cette modernité qui n'a pas encore défini des critères objectifs de portée cognitive contraignante pour tous dans le domaine de ce que les théologies ont longtemps appelé la « *religion vraie* » d'une part, les sectes et les religions fausses de l'autre.

En islam, la pensée religieuse se meut encore dans le cadre de jugement légué par la littérature hérésiographique et mythohistorique. C'est pourquoi les frontières sociales, politiques, rituelles, juridiques déjà esquissées dans le Coran, notamment dans les sourates médinoises, entre fidèles et infidèles, musulmans et peuples du Livre, croyants et hypocrites, combattants pour la cause de Dieu et récalcitrants au *Jihâd*, hommes et femmes, continuent d'être invoquées pour assigner aux êtres humains des statuts légaux et théologiques conformes aux définitions d'un droit élaboré durant les trois premiers siècles de l'Hégire. Les luttes en cours depuis les années 1970 entre les partisans de l'application intégrale de ce droit soustrait à son historicité et ceux qui veulent sortir de cette clôture dogmatique, ont pour enjeu moins la spiritualité religieuse que l'accès au pouvoir étatique. Car la question de l'historicité de toutes les formes d'idéologie y compris la religieuse, n'est pas encore devenue **pensable**, discutable, analysable dans les contextes islamiques contemporains. On sait que plusieurs constitutions énoncent que l'islam est la religion d'État ou officielle. Le corollaire de cette reconnaissance est le principe de supériorité des normes de la *Sharî'a* sur les lois édictées par le pouvoir législatif humain. C'est ainsi que les dispositions du statut personnel demeurent intouchables dans la plupart des pays. Si le débat sur l'étendue de l'application du droit dit musulman se poursuit partout, si certains pays comme la Turquie et la Tunisie ont introduit des brèches dans le Statut personnel, il reste que les confrontations ne vont jamais jusqu'à poser, comme nous le faisons depuis longtemps, la question de la sortie hors de la clôture déjà esquissée dans le corpus coranique. Voilà pourquoi il est important de clarifier davantage les voies et les moyens de cette sortie historiquement inéluctable comme le montre l'exemple édifiant du christianisme catholique et protestant en Europe occidentale. Les cas du christianisme orthodoxe et du judaïsme présentent des parcours historiques qui les rapprochent plutôt de l'exemple de l'islam.

Quelle que soit la pertinence de ces rappels, on ne peut s'en contenter pour notre prospection des conditions d'une sortie, ou au moins des stratégies de contournement des clôtures dogmatiques identifiées dans les contextes globalement qualifiés d'islamiques. Les autres systèmes d'action des acteurs sociaux (expressions culturelles, économie officielle et économie parallèle, conduites de transgression, d'évitement, d'appropriation individuelle ou collective des obligations canoniques et des normes éthico-juridiques) autorisent des espaces et des moments de respiration, ou de suspension du poids des clôtures. L'analyse exhaustive des mécanismes de production de la société montre l'inventivité des acteurs pour faire jouer à leur profit l'intensification de la dialectique des contraintes politiques et dogmatiques d'une part, des quêtes de libertés précaires, d'activités compensatoires d'autre part. On peut mesurer alors la distance qui se creuse entre les manipulations cyniques et meurtrières du religieux en contextes islamiques et la religion comme horizon d'espérance, expérience vivante du sacré et du divin, orientation éthico-spirituelle de l'agir quotidien, « *sens inconditionné de la validité comme transcendance interne* », « *symbolisation de l'inconditionné et irréductibilité des contenus positifs de la foi* »[1]. Suivre la genèse continue de ce fossé et identifier les moments et les lieux de son enracinement doctrinal

---

1. Sur ces approches réflexives du fait religieux, voir P. Gisel et J.-M. Tétaz (eds.), *Théories de la religion*, Genève, Labor et Fides, 2002. Je consacrerai à ce livre une longue analyse dans le style réflexif de celles qu'on lira au chapitre VI.

sont l'une des tâches libératrices qui incombent à l'intellectuel critique, non seulement pour contribuer aux débats sur les théories de la religion, mais pour dépasser de façon culturellement opératoire les usages fantasmatiques et pervers que les «croyants» et leurs observateurs interprètes font du mot-sac *Islam* depuis les premières manifestations au XIXᵉ siècle, du réformisme dit orthodoxe (*iṣlâḥ salafî*). Mon insistance sur ce point vise à poser les premières pierres d'un édifice qui attend des concours nombreux et variés.

L'enquête exhaustive des sciences sociales sur la production imaginaire de la société est indispensable pour donner des références solides à la question cruciale que j'ai posée dans plusieurs travaux : à ce stade de l'histoire des sociétés dominées par la référence «islamique», il est nécessaire de trancher la question **réformer** ou **subvertir**, c'est-à-dire réaménager l'intérieur de la clôture dogmatique léguée par le passé, continuer à proclamer l'intangibilité des sources-fondements «divins» (*Uṣûl*) de la Loi et de ses expansions théologiques, abandonner au pouvoir politique la manipulation à ses propres fins, de ces biens symboliques; ou bien ouvrir pour la première fois dans l'histoire intellectuelle de la pensée islamique, tous les espaces de la recherche scientifique et de la pensée critique libre pour contribuer à la production d'une histoire solidaire des peuples, des cultures et des sociétés de savoirs partagés. Cela implique l'abandon des fausses spécificités, des «différences» fantasmées, des régimes de production idéologique de la «Vérité», d'aliénation de la raison et de manipulation mécanique ou cynique des imaginaires sociaux. Ce sont là les enjeux du choix entre la «*reproduction*» au sens sociologique, des ignorances inculquées dès l'enfance dans les familles, les écoles, les médias, les mosquées et autres lieux d'expression culturelle et religieuse, les institutions de tous niveaux…; *ou bien* une **politique de la raison** – notamment dans la recherche et l'enseignement – qui libérerait enfin toutes les forces et tous les talents créateurs.

Des études scientifiques de qualité sur l'analyse des discours scolaires, des sermons dans les mosquées, des discours officiels, de l'envahissant discours des médias ont clairement établi la fonction aliénante et les impacts pervers sur le fonctionnement émancipateur de la raison, de l'imagination, de la mémoire, de la sensibilité. Quand l'école conduit à ignorer des pans entiers de la réalité à l'âge où doivent être développées toutes les aptitudes à la réflexion critique et au questionnement scientifique et philosophique, elle ne faillit pas seulement à sa mission primordiale, mais elle compromet pour longtemps la fécondité de l'esprit et donc le travail de libération et de progrès de toute la société. Celle-ci devient prisonnière de ce que j'appelle depuis longtemps les systèmes d'**ignorances institutionnalisées**. Les acteurs sociaux utilisent ces croyances comme des savoirs fiables pour construire des argumentaires plausibles de légitimation de la violence terroriste visant à faire prévaloir la Loi sacrée de Dieu : cette opération courante se déploie à l'intérieur de ce que j'ai appelé le triangle anthropologique **Violence**, **Sacré**, **Vérité**. Au jeu des mécanismes internes qui ont généré cette évolution dans chaque société, s'ajoute, bien sûr, depuis le XIXᵉ siècle, les effets aggravants des manœuvres géopolitiques d'un Occident où des régimes cette fois démocratiques, ont également oblitéré ou détourné au profit des volontés de puissance (la *Machtpolitik*), la politique de protection et de promotion de la raison critique.

TEMPS DE LA RÉFORME ET TEMPS DE LA SUBVERSION

L'opposition entre réformer et subvertir exige plus d'explications et de justifications. Réforme (*Işlâḥ*) dans la pensée islamique renvoie à un concept, une pratique discursive et une action historique qu'on retrouve, en fait, dans toutes les sociétés. On sait que des querelles violentes ont marqué les premières années du nouveau régime de gestion de la Cité musulmane à Médine. Trois califes ont été successivement assassinés ; avec 'Alî et Mu'âwiya a éclaté la grande querelle (*al-fitna-l-kubrâ*) dont les conséquences doctrinales et politiques se lisent encore aujourd'hui dans les régimes mis en place dans les années 1950-1960 après les indépendances. L'étatisation de l'islam comme instance de l'autorité religieuse longtemps réservée aux clercs ou docteurs de la Loi, est allée plus loin que jamais auparavant puisque les responsables de la réforme religieuse sont devenus soit des fonctionnaires de l'État, soit des personnes marginales dépourvues d'influence tant sur l'instance de l'autorité religieuse que sur celle du pouvoir politique. Dans l'islam classique, les « *'ulamâ* » accédaient à des positions de magistère doctrinal par leurs œuvres et par leur style d'intervention dans la pensée et la vie religieuses. Certains d'entre eux ont pu ainsi remplir la fonction critique que nous réservons aux intellectuels dans la pensée et la culture modernes. Historiquement, on peut dire que les possibilités de faire vivre une attitude réformiste pouvant affecter le rapport des croyants à leur religion et au fonctionnement de l'État, ont été pratiquement abolies par la politique d'étatisation radicale imposée partout dans les contextes islamiques. On peut considérer que cette gestion de la religion s'inscrit dans la logique totalitaire des Partis-États qui ne tolèrent aucune forme d'opposition politique. C'est ainsi que l'islam comme religion a été réduit à trois fonctions d'essence politique : il continue depuis plus de cinquante ans à servir de **refuge**, de **repaire** et de **tremplin**. On se réfugie dans la piété religieuse pour récupérer une forme de l'espérance à mesure que les États bouchent tous les horizons d'espérance politique après les euphories précaires soulevées par les indépendances ; on transforme en **repaires** les lieux inviolables de dévotion (mosquées, pèlerinage, confréries) pour préparer souterrainement des mouvements d'opposition contraints à la clandestinité ; la religion devient alors un **tremplin** d'une redoutable efficacité pour soulever les imaginaires sociaux contre tous les « pharaons », les régimes traîtres à la Cause de Dieu et de son Saint prophète. De grandes avenues sont alors rouvertes à la réactivation des enjeux anciens et toujours actuels de la *Grande querelle* (*fitna*) entre les héritiers gardiens de l'islam « authentique » des « origines » et les déviants, hérétiques de toutes appartenances hostiles à cet Islam inviolable [1].

Les forces populaires transformées en mouvements populistes de subversion par la terreur ont pris dès Février 1979 l'importance d'une Révolution indûment qualifiée d'islamique avec l'arrivée au pouvoir de Khomeiny en Iran. L'Occident décide de limiter les succès de cette subversion par une contre subversion issue des mêmes mécanismes de mobilisation et de « légitimation » décrits avec les trois métaphores refuge, repaire et tremplin. On connaît les développements tragiques de ce que j'appelle les **tragédies historiquement programmées** par les alliances criminelles entre des régimes dits nationaux qui ont

---

1. J'ai développé pour la première fois les trois métaphores reprises ici dans une conférence donnée à Washington en Mars 1986 ; voir *The Politics of Islamic Revivalism*, Sh. T. Hunter (ed.), Indiana, 1988, « Algeria » chap. XI.

perverti systématiquement toutes les valeurs de référence religieuses, politiques et culturelles d'un grand nombre de peuples et des démocraties avancées championnes des droits de l'homme et des valeurs d'émancipation. À l'heure où j'écris ces lignes, les assassinats, les démolitions, les tortures, les répressions, les massacres d'innocents se poursuivent pas seulement en Irak et en Palestine, mais dans tous les foyers de malheurs que multiplie le jeu infernal des idées, des philosophies, des savoirs, des technologies, des représentations, des volontés, des hiérarchies, des institutions, des besoins, des fantasmes qui pèsent sur le devenir du monde vivant et de notre planète livrée aux prédateurs.

La subversion intellectuelle et spirituelle que je préconise ne peut être confondue ni avec la subversion par la fureur terroriste, ni avec la contre subversion aussi meurtrière, destructrice et antihumaniste des coalitions étatiques. Rappelons que le terme « subversion » fait d'abord penser au renversement des ordres établis par des irruptions de révoltes allant jusqu'aux confrontations violentes entre ce que tous les régimes nomment les *forces de l'ordre* d'un côté, de l'*insoumission*, de l'*opposition*, du *désordre*, de l'autre. Ce type de subversion est devenu quotidien et atteint dans plusieurs sociétés une *intensité tragique* au sens du déroulement inexorable de la tragédie grecque.

Quand je parle de subversion de la pensée religieuse avec ses constructions mythohistoriques de la croyance, ou de la pensée moderne avec ses dérives mythoidéologiques, je pense concrètement à la réactivation du geste des philosophes des Lumières au XVIIIᵉ siècle pour ouvrir de nouveaux horizons de sens, d'intelligibilité, de connaissance avec le souci constant d'éclairer, d'orienter une action historique révolutionnaire. Ces Lumières là sont d'une actualité pathétique. Leur geste intellectuel et spirituel renvoie d'ailleurs à celui des voix prophétiques qui ont offert à la condition humaine des voies durables, fiables et fécondes de déploiement existentiel. Toutes les lectures linguistiques et anthropologiques de la Bible et du Coran montrent que le discours prophétique est structurellement et symboliquement subversif[1]. Il précède l'action et s'impose comme lieu de ressourcement pour des actions homologues dans les temps et les espaces les

---

1. Voir la 3ᵉ édition à paraître de mes *Lectures du Coran*.

plus divers de la construction continue de l'humanité de l'homme. C'est dans la stricte mesure où l'imaginaire religieux conserve un certain lien avec cette capacité d'anticipation du discours prophétique que les fondamentalismes actuels parviennent à le mobiliser avec tant d'efficacité psychologique et sociale. Les opprimés, les exclus, les démunis, les sans domicile fixe, sans travail, sans espérance que la mondialisation produit en masses grandissantes, mais aussi des nantis, des « cultivés », des scientifiques de haute formation se raccrochent à ce que la pensée critique stigmatise plus que jamais comme la « grande illusion ».

Les stratégies d'intervention critique de la raison émergente s'attachent à démêler les confusions, les enchevêtrements, les contradictions, les désordres sémantiques qui se multiplient dans nos sociétés du spectacle, de la consommation, de la pensée jetable, de la contestation radicale, des volontés de puissance, de tumultes, de guerres et de bruit. Mais démêler les complexités ne suffit pas pour restaurer l'autorité de la pensée critique. On ne peut non plus se contenter d'une philosophie de l'histoire réduite à ce que Raymond Aron a appelé « *la contemplation esthétique des singularités* ». Un grand nombre de philosophes s'en tiennent encore à cette contemplation paisible qui évite les débats fracassants sur des sujets vitaux. Traiter de la religion dans « *les limites de la raison* » à la manière de Kant est un exercice intellectuel primordial, mais insuffisant si les enseignants et leurs élèves ignorent tout de l'histoire et de l'anthropologie des religions. De l'État qui affiche une religion officielle et endoctrine les citoyens à l'État qui prive les citoyens d'une culture essentielle pour la formation du sujet humain, il n'est pas excessif de dire que nous sommes allés de Charybde en Scylla, gaiement dans les deux cas. La pensée subversive n'invite pas à signer des pétitions ou à descendre dans la rue ; elle prend en charge les sujets les plus occultés ou arbitrairement sacralisés, les traditions les plus protégées par les tabous religieux et/ou politiques en s'appuyant sur la mobilisation d'équipes de chercheurs, de penseurs, d'écrivains, d'artistes, d'enseignants, de médiateurs intellectuels et culturels, d'acteurs politiques et religieux capables de servir sans concession tous les programmes d'intervention cognitive de la raison émergente. En ce qui concerne le domaine islamique, je mentionnerai les tâches suivantes :

1) Récapituler dans les sociétés travaillées par le fait islamique les attentes, les espérances, les revendications les plus légitimes, les affirmations de soi les plus agressives, les conduites individuelles et collectives les plus récurrentes auxquelles aucune réponse adéquate n'a été fournie depuis 1950 ni par les États, ni par les « autorités » religieuses, ni par les bureaucraties, ni par la recherche scientifique, ni par les systèmes éducatifs, encore moins par les instances internationales.

2) À partir des données ainsi recueillies, on reconstituera la genèse historique des violences structurelles mises en place et utilisées par des acteurs sociaux variés depuis les indépendances. Ce travail de sociologie historique sur l'expansion de la violence en contextes islamiques est indispensable pour donner une assise factuelle à la fois historique, sociologique et anthropologique au travail plus décisif visant à substituer dans la pensée islamique contemporaine, la critique subversive des modes de pensée mythohistoriques hérités d'un passé imaginé, voire fantasmé comme la source originaire de toute marche historique vers le Salut.

C'est la vision axiale et récurrente de l'attitude réformiste présentée et vécue comme le retour nécessaire soit à la Voie du Salut tracée par Dieu pour les croyants, soit aux promesses trompeuses des programmes électoraux dans la culture moderne de la souveraineté populaire, de la gestion démocratique des biens symboliques, des ressources humaines et matérielles, des libertés et des droits de la société civile... alors que sont bafoués dans tous les cas de figure, les droits de la raison, seule garante de la validité, de la légitimité, de la légalité, des valeurs qu'impliquent tous les Modèles « idéaux » de gestion de la Cité (*polis, polity*). La raison émergente a la responsabilité de radicaliser la subversion de toutes les constructions antérieures de la raison qui ont échoué soit à identifier les échecs, les travestissements, les errances, les fausses connaissances et les consciences fausses qui en résultent, soit à dépasser de façon irréversible les démissions les plus préjudiciables à la condition humaine. Il faut en même temps rester prudent et modeste en s'interrogeant comme suit : puisque je peux identifier, expliquer, nommer, enseigner les conditions historiques et épistémiques des échecs ou insuffisances successifs du Modèle religieux et du Modèle moderne d'Action historique, que puis-je faire, que puis-je proposer, que puis-je espérer mieux réussir à ce stade de notre parcours historique ? Et quels acteurs sont à pied d'œuvre dans l'état actuel du monde et des ressources humaines, pour assumer sans défaillance les tâches prescrites par ces interrogations ? C'est la raison émergente qui s'implique de la sorte, sachant que cette fois, il ne s'agit plus de construire l'hégémonie d'une communauté ou d'une patrie sacrée, mais d'inventer un ordre mondial d'où aucun être humain, aucun être vivant, aucune partie de la planète ou de l'univers accessible ne devra être livré aux prédateurs, aux monstres « légaux » maîtres « d'États voyous », aux destructeurs de ce que la raison patiemment, péniblement, malgré les errances, à réussi à offrir à la condition humaine. On voit que la subversion par la raison émergente conjugue l'ascèse intellectuelle, l'humilité, la confiance en soi, l'espérance, la rigueur de la quête heuristique et les audaces de l'action.

La théorie de la sortie de la religion

J'ai déjà signalé incidemment cette théorie dans le chapitre précédent. La discussion des problèmes qu'elle soulève n'est pas près d'être close. C'est pourquoi j'y reviens brièvement sous l'angle de la sortie des diverses clôtures dogmatiques anciennes et actuelles. Le XIXe siècle a cru pouvoir réduire la religion à l'état de résidu et finalement la dépasser grâce au progrès scientifique. Et voici qu'au début du XXIe siècle, les démocraties laïques sont prises au dépourvu devant le retour agressif d'un religieux déconcertant. Après quarante à cinquante ans d'indépendance, la relation triangulaire État-Islam-opposition est devenue **systémique** en contextes islamiques : aucune des trois instances ne peut se libérer des pressions de l'autre. Cependant « l'islam » comme grand corpus de normes, de croyances et de non croyances n'est une volonté agissante que par les divers acteurs qui sollicitent des fragments opératoires du corpus, sans jamais interroger le corpus comme construction sociale-historique continue et comme ensemble complexe de forces et de données. Ce qu'on appelle les ressources mobilisatrices de « l'islam » sont en fait les initiatives des acteurs qui sélectionnent tels leviers et ignorent les contextes de leurs premières émergences et les nouveaux contextes auxquels ils sont imposés arbitrairement (je pense à l'exemple du voile manipulé par tous et jamais repensé, mais aussi aux fonctions nouvelles qu'on assigne à l'observance stricte des cinq obligations canoniques). On légitime toutes sortes de manipulations du symbolique, du sémiotique et du politique par le fameux slogan : *l'islam est opératoire en tous temps et en tous lieux*. On réfère aussi à la Parole de Dieu, à la Révélation, aux traditions prophétiques, à la Loi divine intangible et *supra* historique, aux Commandements divins… sans jamais se soucier ni des débats théologiques dont ces concepts ont fait l'objet, ni encore moins de la nécessité de **repenser** cette terminologie lourde de tant de confusions et d'ignorances accumulées depuis qu'a cessé toute recherche théologique et herméneutique.

Comment parler dans ces conditions d'une *sortie de la religion* en contextes islamiques ? Et d'abord, peut-on dire que le christianisme est la seule religion qui favorise la marche historique vers la sortie de la religion et que c'est grâce à cette disposition intrinsèque à cette religion que l'Europe chrétienne a accompli cette sortie avec les trois révolutions convergentes anglaise, américaine et française ? Inversement, peut-on conclure de l'impasse historique où l'islam se trouve tiraillé entre son étatisation par des États autoritaristes et la désintégration de son *ethos* spirituel par les mouvements activistes d'opposition, que toute sortie de la religion est socioculturellement vouée à l'échec, conceptuellement impensable dans les conditions actuelles ? On peut même dire qu'une telle question ne se pose pas pour plusieurs raisons. La principale est que même les intellectuels et les classes dites cultivées demeurent plus ou moins bien informés sur les enjeux des débats liés à la sortie du stade historique de gestion des sociétés et des biens symboliques par l'instance religieuse étatisée. Les personnalités les plus influentes répètent avec conviction, mais sans argumentaires consistants, que l'islam n'a pas à reproduire l'itinéraire ni du christianisme, ni de l'Europe sécularisée. On s'en tient à la réaffirmation du *crédo* fondée sur l'exception islamique telle que je l'ai exposée.

Il y a heureusement quelques rares esprits sensibles à la portée philosophique et anthropologique d'un mouvement général de l'histoire des hommes en société. Il ne s'agit pas de reproduire un itinéraire modèle, mais d'enrichir notre connaissance du fait religieux en épuisant l'analyse comparée de deux religions qui revendiquent le statut de l'exception entendue comme la vocation à finir par s'imposer comme la religion universelle, mais qui, historiquement, doctrinalement et systémiquement, se présentent avec des trajectoires, des acquis intellectuels, spirituels, culturels et institutionnels profondément disparates. Je préfère parler de *disparité* plutôt que d'*inégalité*; je pense nécessaire, en effet, de sauvegarder les situations initiales qui ont permis à chaque fondateur de religion d'articuler ses enseignements de portée fondatrice. Ces situations étaient porteuses de richesses révélatoires suggérées par la structure mythohistorique du **discours prophétique**. C'est pourquoi j'ai introduit depuis longtemps la distinction entre le *fait coranique* comme Corpus Officiel Clos et le *fait islamique*, homologue du *fait biblique hébraïque* et du *fait juif*, du *fait évangélique* et du *fait chrétien*[1]. Au stade des situations initiales, chaque religion se propose comme un nouveau départ de codes sémiologiques, symboliques, normatifs, rituels, institutionnels. Les encodages ne sont pas donnés à percevoir comme tels; seul l'analyste moderne armé des acquis des sciences de l'homme et de la société peut restituer leurs processus et leurs fonctions. Les théologies se sont contentées de les transcrire dans les systèmes dogmatiques et normatifs qui subordonnent toute l'histoire terrestre à l'horizon de sens et d'espérance qu'ouvre l'Histoire du Salut.

La disparité réfère aux situations historiques contingentes, aux croyances et non croyances, aux rituels et aux normes définis et appliqués par les magistères doctrinaux. C'est sur les corpus de la croyance que porte le travail de subversion, de désacralisation/resacralisation, dédivinisation/redivinisation, démythologisation/remythologisation... La contingence circule dans tout ce travail; elle ne disparaîtra jamais; mais le discours religieux l'efface, la travestit sous des reconceptualisations et des renominations enseignées, garanties par Dieu, l'Actant omniprésent, destinateur et destinataire, locuteur et interlocuteur qui articule la Parole de vie sous forme d'un discours devenu fondateur et recueilli dans des C.O.C. Cet Actant porte des noms divers et remplit des fonctions changeantes selon les langues et les religions; la volonté œcuménique d'aujourd'hui s'évertue à parler d'un même Dieu sans mesurer les confusions et les pertes d'intelligibilité que génère cette dangereuse et bien inefficace générosité.

---

1. Je ne reprendrai pas ici les développements qu'on pourra lire dans *The Unthought*, *op. cit.*

On le voit : il y a un outillage et des procédures communes de **décodage** et de **réencodage** ; mais à mesure que la mise en place du Nouveau *grand Code*[1] avance, les disparités se multiplient et revêtent la fonction sémiologique de *traits d'identification* par différenciation de chaque religion. C'est la même fonction que les linguistes ont mise en évidence dans les structures phonologiques des langues. Si nous suivons jusqu'au bout cette analyse sémiologique et anthropohistorique de ce que le sens commun nomme les religions, on trouvera qu'elle s'applique rigoureusement aux révolutions modernes qui peuvent se lire aussi comme de nouveaux départs de codes qui désacralisent, désanctifient, démythologisent, désymbolisent, déontologisent, démétaphorisent pour reproduire les mêmes processus que ceux qu'on vient de déclarer obsolètes. Même G. Vattimo qui s'inscrit avec insistance dans l'espace d'intelligibilité *postmétaphysique*, réintroduit dans cet espace des argumentaires en principe disqualifiés. Ce point est très important dans le réexamen nécessaire de la théorie de la sortie de la religion ou selon Vattimo, d'un *Occident comme christianisme sécularisé*, ou d'un *christianisme sans religion*. Tant que le christianisme continuera d'être invoqué comme référence doctrinale et itinéraire historique concret, l'islam et les autres religions se sentiront justifiées à poursuivre leur rivalité mimétique sur leur vocation à conserver le monopole de la *religion vraie*.

Le déplacement du fait religieux vers un espace métareligieux et métamoderne d'intelligibilité continuera d'être bloqué par l'inertie dogmatique des théologies et des métaphysiques qui les fondent. Cela est d'autant plus vrai que ce que j'appelle la rivalité mimétique – dans un sens différent de celui de R. Girard – se traduit aujourd'hui par une violence à la mesure de cette image insoutenable, mais quotidienne des enfants égorgés, des femmes éventrées, des cadavres jetés dans les fosses communes, de l'adolescent lançant des pierres contre un tank cuirassé. Que l'Occident soit totalement détaché du christianisme, ou qu'il soit un christianisme sans religion, il continue de créer les conditions structurelles d'expansion de la violence à l'échelle planétaire. Il regarde en même temps avec un mélange de condescendance, de mépris et de haine un islam qui ramène les mécanismes archaïques du

---

1. Voir N. Frye, *Le Grand Code*, Paris, Seuil, 1984.

Jihâd perçu comme la *guerre sainte* contre les infidèles, alors qu'il s'agit anthropologiquement de cette même *guerre juste* invoquée dès la première guerre du Golfe par les présidents laïcs Bush et Mitterrand. Il reste vrai que l'islam confisqué par les militants radicaux sans programme politique respectable, perd toute vocation à intégrer le club des nations civilisées qui brandissent des institutions et des valeurs recherchées par tous les habitants de la planète. La candidature de la Turquie à l'entrée dans l'Union européenne pourrait débloquer beaucoup de situations dans l'espace méditerranéen. Et cela d'autant plus que la Révolution dite islamique en Iran a converti par la voie de l'absurde un grand nombre de citoyens qui avaient tant misé sur cet événement « libérateur ».

Il y a sans doute dans cette conversion historique confirmée par les carnages de la guerre civile en Algérie, la tragédie irakienne, l'impasse israélo-palestinienne, les menaces sur l'Arabie saoudite… une voie plus rapide vers une sortie par l'absurde de la religion, c'est-à-dire, en fait, des impasses historiques en contextes islamiques. On est tenté de penser que l'absurde, la terreur et la violence dévastatrice sont plus efficaces pour hâter la sortie de ces impasses que les patientes et savantes pédagogies de la raison. L'islam fantasmatique des Mollahs, des soldats de Ben Laden aura paradoxalement fait plus et plus vite dans ce sens que des siècles de réformisme des clercs. Cette partie du grand *Jeu-en-devenir-du-monde* n'est cependant pas terminée ; quelle que soit sa fin, on reviendra au travail de la raison émergente déjà évoquée.

Il est intéressant de noter qu'avec l'islam, nous sommes dans le cheminement inverse de celui de l'Europe chrétienne. Celle-ci avait déjà accueilli l'averroïsme latin au XIIIe siècle, alors que l'œuvre philosophique du Grand Cadi de Cordoue était vouée à l'inquisition des juristes malikites, puis à l'oubli jusqu'aux années récentes. Les Lumières en Europe ont été préparées, diffusées, enseignées depuis le XVIe siècle sans interruption jusqu'à nos jours. Autrement dit, la sortie institutionnelle de la religion a été rendue possible par la conjugaison de trois nouveautés concomitantes : une suite de révolutions scientifiques et culturelles, une bourgeoisie entreprenante et des soulèvements populaires efficacement encadrés. Ces trois conditions n'ont jamais été réunies dans aucun contexte islamique de façon durable comme en Europe[1]. En Iran, la colère populaire a soutenu une révolution cléricale qui repose sur des discontinuités profondes du travail herméneutique et de l'histoire générale.

Ces données précieuses doivent être enrichies par d'autres analyses comparées de thèmes structurants de la foi/croyance comme la Révélation, la fonction prophétique, les sociétés du **Livre-livre**, la Parole récitée et les Écritures saintes, etc. On retiendra que le comparatisme que je propose s'effectue toujours à l'intérieur de la dialectique englobante de la raison émergente et de la raison religieuse qui se laisse interroger, mettre en crise par les défis changeants de l'histoire en cours. Cette exigence est la condition *sine qua non* d'un enseignement du fait religieux orienté vers un renforcement de la raison émergente, une accélération et un approfondissement de la sortie concomitante des théologies dogmatiques et d'une laïcité trop liée au souverainisme de l'État-nation. Le fait que le christianisme ait traversé la crise moderniste bien avant l'islam et le judaïsme (le cas des autres religions pose des problèmes particuliers de mise en crise ; c'est pourquoi je réserve toujours son examen) ne justifie pas l'enfermement de l'islam dans ses raidissements actuels. La question pertinente dans ce domaine est de savoir si la mise en crise généralisée des *valeurs* par la mondialisation conduira à terme à tourner la page historique du fait religieux, ou permettra de déboucher sur un usage entièrement inédit de la raison, de la connaissance, des valeurs et de la gouvernance. En d'autres termes, l'étude du fait religieux à l'intérieur de la dialectique en cours des forces de mondialisation, rend déjà dérisoire la question de la survie de telle religion plus que les autres, ou de la mutation épistémologique aussi illusoire et précaire que celles qu'a connues jusqu'ici le parcours de la modernité.

Sous le titre *Chrétiens, tournez la page*[2], cinq chercheurs de renom proposent des réponses marquées par le même clivage intellectuel entre croyants et incroyants qui renvoie aux confrontations classiques et même médiévales, bien plus qu'aux interrogations pressantes prescrites par le choc d'un futur immédiat à l'horizon 2010-2020. On peut citer de nombreux exemples venant de cet Occident

---

1. J'ai noté une exception au IVe/Xe siècle dans mon *Humanisme arabe*, 3e éd. Paris, Vrin, 2005.
2. Paris, Bayard, 2002.

laïcisé/sécularisé qui ressasse des postures intellectuelles et des « *défenses et illustrations* » du christianisme plus régressives que prospectives. Cela montre que le travail historique de la laïcisation est à la fois fragmentaire, partiel, arbitraire et philosophiquement lié aux premières Lumières du XVIIIᵉ siècle. Il faut prendre acte de ce fait incontestable : l'autonomisation de la sphère dite politique par rapport à la sphère dite religieuse continue d'avoir des effets positifs sur la paix sociale et le fonctionnement des institutions ; mais elle crée en même temps des urgences scientifiques et philosophiques qui doivent gérer les crises majeures des deux sphères. Faut-il continuer à les *séparer* en exaltant l'illusoire principe de neutralité, ou doit-on travailler résolument à dépasser un couple devenu l'article d'un *credo* républicain, alors qu'il renvoie à des coups de force permanents de l'État-nation ?

Les menaces communautaristes redonnent une actualité politique stratégique au compromis de la séparation entre l'Église et l'État ; dans ce sens, le recours à une loi sur les signes religieux exprime à la fois le poids lourd de l'urgence historique et l'incurie de l'État républicain laïc qui a laissé s'accumuler souterrainement et au grand jour, les tensions dangereuses des imaginaires sociaux en même temps que les avancées de la mondialisation achèvent de disloquer les « valeurs » et les codes culturels épargnées par l'étape de l'industrialisation. J'appelle tensions dangereuses le vieux clivage creusé en France notamment entre les *lieux de mémoire* nourris par l'école laïque, obligatoire et gratuite de la IIIᵉ République et ce que j'appellerai avec G. Vattimo les *événements herméneutiques* de la foi chrétienne enracinée dans l'Histoire du Salut et accessoirement dans des *lieux de mémoire* nationaux réajustés par la mémoire croyante. La démocratie libérale complique les tensions dangereuses en laissant librement se juxtaposer dans le même espace citoyen des mémoires croyantes totalement hétérogènes et étrangères aux divers parcours euro-chrétiens du politique et du religieux. J'ai dit ce qu'est la mémoire croyante islamique, avec ses discontinuités profondes et ses remplissages mythoidéologiques des trous noirs qui parsèment cette mémoire. Pour compléter ce tableau de la gestion républicaine des mémoires collectives et des imaginaires sociaux, la France confie l'administration des cultes au ministère de l'intérieur et la Belgique à celui de la justice. Voilà un coup de force non seulement politique, mais intellectuel et culturel qui s'inscrit très exactement dans cette propension de « *l'État... à se dessaisir de ses fonctions de garant de la raison (...); le droit n'est plus qu'une machine à enregistrer des pratiques sociales; la souveraineté du fantasme appelle le nihilisme* »[1].

Dans cette ligne d'une pensée de dépassement des archaïsmes, des conservatismes, des habitudes scolastiques habillés de tous les atours de ce que chacun s'autorise à brandir au nom de la modernité, on comprend mieux les raidissements dogmatiques et idéologiques non pas de « l'islam », mais des millions d'acteurs sociaux soumis depuis 1945 à des démissions de l'État bien plus scandaleuses que celle je viens de mentionner. Je ne pense pas exagérer en disant que l'ensemble des États postcoloniaux, avec des exceptions plus ou moins durables et concluantes, ont soumis leurs peuples de façon continue à la souveraineté du fantasme conduisant aux violences et aux pathologies individuelles et collectives actuelles. Se repose alors la question obsédante du dépassement : quelles possibilités offrent à la raison émergente, à la connaissance libératrice, les États-nations en voie d'épuisement en Europe et les États sans la nation, sans démocrates, coupés des peuples et de toute légitimité en contextes islamiques? Sans doute un monde multipolaire est-il en gestation; nous regardons de plus en plus vers la Chine, l'Inde et la Russie qui apparaissent à la fois comme des promesses et des menaces; mais il reste les deux grands pôles de fixation de la politique de la puissance (*Machtpolitik*), pas nécessairement de la quête de sens et de l'espérance. Je me suis exprimé ailleurs[2] sur le rôle historique potentiel d'une nouvelle Alliance qu'on espère plus cordiale entre l'Union européenne et les États-Unis. Retenons déjà que l'Occident instruit par la saine rupture entre une ligne européenne qualifiée de romantique et idéaliste et la ligne américaine de la *Machtpolitik* pour éradiquer la « menace » des États voyous, remplit déjà beaucoup de conditions essentielles pour accompagner solidairement le difficile parcours vers la sortie du droit national et international, produit de rapports de forces changeants, à

---

1. P. Legendre dans *Parcours*, n° 13-14, Toulouse, GREP, 1996.
2. Dans « Rôle et place du fait islamique dans la construction de l'espace euro-méditerranéen » dans *Prologues*, 31-32 et « Penser l'espace méditerranéen » dans *Diogène*, 2004, 206.

un droit et une autorité judiciaire librement pensés, articulés, négociés et appliqués par tous les peuples habilités comme tels contre les États qui les nient.

Cet Occident là ne sera pas seulement chrétien sécularisé; il incarnera à la fois une souveraineté populaire en voie d'émergence accompagnée sans concession, sans faille, sans trahison par cette raison émergente qui ne sera plus élitaire, abstraite, distante, froide, érudite, hégémonique occidentale devant tout ce que l'Europe-Occident a, depuis le XIXᵉ siècle, déclaré étranger, primitif, barbare, sauvage, sous-développé, tiers-monde, populaire, populiste, non occidental, non chrétien, rebelle, fanatique, violent, fondamentaliste, intégriste, terroriste, finalement voyou et reste du monde... litanie de qualificatifs qui renvoient à la longue histoire soumise à la dialectique jamais dépassée des **puissances et des résidus**.

CRITIQUE DE LA VALEUR ET DE LA LÉGITIMITÉ

Dans la guerre inégale ouverte entre un islam perverti par ses fidèles, disloqué par les forces modernes de transformation et de prédation et par un Occident qui continue d'user et d'abuser des sermons sur les *droits de l'hommisme* pour travestir un ordre systémique de domination, les recours aux valeurs et aux fausses légitimités rendent dérisoires, inaudibles, insupportables les appels à la religion spirituelle d'un côté et à l'humanisme séculier de l'autre. Une succession d'expériences historiques décisives comme la chute du communisme international et les trahisons en cours de la philosophie libérale par ses défenseurs les plus puissants, oblige la raison à travailler dans des champs de ruines. S'en tenir à **penser la sortie du religieux** n'est plus ni suffisant, ni pertinent dans le sens où il l'a été par les premiers grands combats de la raison des Lumières. Il faut d'abord se préoccuper d'une politique de la raison encore balbutiante et imprécise de l'Union européenne devenue l'unique espace historique d'expérimentation d'une sortie plus réussie de l'étape des États-nations à celle de la construction d'un espace indéfiniment ouvert de la citoyenneté. En concentrant sur l'Union européenne l'espérance portée par une politique à la fois subversive et refondatrice de la raison, je n'entends négliger ni les autres cultures du monde, ni minimiser les apports essentiels des États-Unis s'ils se laissent convertir par leurs échecs répétés à une quête plus humble, plus participative et humaniste et toujours inventive d'une autre démocratie à l'échelle planétaire.

On voit en quel sens le statut et les fonctions multiples de l'intellectuel sont sans cesse soumis à des adaptations, des révisions, des élargissements, des refondations. C'est avec cette vision des responsabilités de la raison humaniste dans le contexte présent où se multiplient les champs de ruine, que j'ai lancé le projet d'une *Critique de la Raison islamique* dès les années 1960, à partir du parcours historique algérien, paradigmatique à bien des égards. Cette option humaniste critique contraste avec celle de tous les intellectuels organiques dans le monde; tous ceux qui se replient sur la défense de valeurs, de spécificité, de différences, de génie, d'exception... attachés à une religion, un patrimoine, une nation. À cet égard, j'ai toujours cherché à développer des solidarités fécondes avec des intellectuels juifs qui vivent eux aussi, à beaucoup d'égards, des déchirements de portée humaniste paradigmatique. J'ai le privilège d'en connaître quelques uns; mais je dois crier mon indignation contre beaucoup de noms à haute visibilité internationale qui légitiment les politiques intolérables et s'enferment dans des clôtures idéologiques que rien ne distingue de celles qu'ils dénoncent avec virulence chez leurs adversaires[1].

Je ne le répéterai jamais assez : le projet humaniste aujourd'hui oblige à conduire simultanément le travail de sortie de **toutes les clôtures** que reconstruisent sans cesse ceux-là mêmes dont la fonction théorique consiste à les défaire. J'ai déjà indiqué que la domination d'un facteur d'évolution des sociétés dans une conjoncture historique donnée n'implique pas l'élimination totale, ni la marginalisation définitive des autres facteurs. La théorie marxiste du système de production et d'échange économique comme facteur dominant a conduit aux errements idéologiques que l'on connaît; il en va de même pour le facteur religieux en contextes islamiques aujourd'hui. Mais on ne perdra pas de vue que nous nommons arbitrairement « islam » l'expan-

---

1. Pour comprendre mon indignation contre des « intellectuels » qui pervertissent la raison dont ils prétendent se servir pour des causes humanitaires et soutiennent en même temps de façon inconditionnelle une communauté religieuse et une nation confondues dans une même grande cause, je renvoie à ce qu'écrit J. Mouttapa dans *Un Arabe face à Auschwitz. La mémoire partagée*, Paris, Albin Michel, 2004, p. 119 *sq.* et p. 260 *sq.*

sion d'essence *idéologique* d'une référence donnée à percevoir et à vivre par l'immense majorité des acteurs comme un retour fécond à la « religion vraie ». C'est pourquoi on distinguera la sortie de l'idéologie par un cheminement progressif ou par écroulement soudain, à l'instar du communisme en 1989; et la **fin historique** de l'instance du religieux comme **Référent ultime**. Je ne soutiens pas l'idée d'une fin inéluctable comme l'a fait l'imaginaire du progrès dans la perspective du positivisme linéaire; l'échec des religions séculières au xxᵉ siècle nous oblige à réfléchir plutôt sur les raisons d'un regain d'actualité de la référence religieuse alors que les découvertes scientifiques et technologiques connaissent une accélération constante.

Il faut aller plus loin encore dans la radicalisation de la critique du fait religieux et du concept de sortie de la religion. Que répondre à l'argumentaire théologique pour fonder encore aujourd'hui la notion de « religion vraie » avec ses postulats et ses corollaires qui renvoient à « *l'excès du croire* » tel que l'a décrit Pierre Gisel dans un livre publié sous ce titre en 1990? Parler de religion *vraie* implique la possibilité d'identifier des religions *fausses*. S'il est vrai que Vatican II a mis fin à cette insoutenable polémique, la conviction des croyants tend à perpétuer tacitement une hiérarchie des religions. Surtout depuis que l'islam suscite des déclarations ouvertes de haine. Les nombreux dialogues interreligieux organisés à travers le monde pour exalter la tolérance, le respect des croyances et des vérités de chacun, la culture de paix fondée sur les religions, perpétue en même temps ce *postulat fondateur*: *il y a une religion et une seule intrinsèquement, totalement et pour toujours vraie*; toutes les autres peuvent posséder des vérités partielles, prôner des valeurs fonctionnelles, nourrir des expériences spirituelles plus ou moins enrichissantes; mais il leur manque dès le départ les Lumières spécifiques, les enseignements invariants et universels, la transcendance unique, les vertus théologales réunis dans la *religion vraie*. La pensée laïciste positiviste et militante rejette avec dédain ces vieilles balivernes; la pensée philosophique s'en éloigne avec la même condescendance pour ce qu'elle réduit à des rêveries théologiques subjectives. Il y a pourtant des théologiens qui relèvent ces défis; avant d'en parler, je dois illustrer par des exemples éloquents les contradictions, les malentendus, les ignorances, les arrogances, les volontés de puissance qui conditionnent le traitement du fait religieux en ces temps de violences extrêmes.

C'est un fait d'observation courante que les religions dites révélées sont distinguées des religions asiatiques laissées à quelques spécialistes orientalistes et des religions africaines dont s'occupent les ethnographes. Elles le sont plus nettement encore pour ce qui touche les grands thèmes de la *croyance* distinguée de la *foi* là où il y a des théologiens critiques et pas seulement des gardiens de la clôture dogmatique. On a forgé la catégorie du *judéo-christianisme* d'où l'islam est à la fois exclu et s'exclut lui-même pour marquer son statut théologique supérieur. Il est vrai que le *judéo-christianisme* est une réalité historique au temps de Jésus de Nazareth, avant la formation du corpus catholique appelé Nouveau Testament et la lente élaboration d'une théologie enrichie au cours des siècles. Dans un livre récent, *La Promesse*, le cardinal Lustigier a ouvert à nouveau, avec un certain fracas, le dossier de la généalogie théologique du judaïsme et du christianisme. Sa thèse centrale peut s'énoncer ainsi : « *On ne peut recevoir l'esprit de Jésus qu'à la condition stricte de partager l'espérance d'Israël et d'y accéder... ; Jésus se présente vraiment comme celui en qui s'accomplit la promesse faite à Israël* ». Je relève deux commentaires pertinents pour développer ma propre position à propos de la nécessité d'un enseignement d'une histoire et d'une anthropologie comparées du fait religieux en cette conjoncture historique d'une exceptionnelle richesse révélatoire pour les problèmes laissés si longtemps en suspens ou rangés délibérément dans l'impensable.

Le grand rabbin ashkénaze d'Israël, Ysrael Meir Lau, a écrit en 1995 que le cardinal Lustigier, juif converti, incarne « *la voie de l'extermination spirituelle qui conduit, comme l'extermination physique, à la solution finale* ». De son côté, Jacques Duquesne a cette remarque : « *les deux religions – peut-être poussées également par la montée de l'agnosticisme et de l'islam – s'éclairent l'une par l'autre, se découvrent* »[1]. Un collègue philosophe, Yvon Brès qui réfléchit sur le jeu du péché et de la Rédemption, attire l'attention sur *L'Avenir du Judéo-christianisme*[2]. Je ne peux entrer ici dans la complexité des

---

1. Pour toutes les citations voir le dossier publié sur le livre par *L'Express* du 11-15 décembre 2002.
2. Paris, PUF, 2002.

affrontements où la quête de sens est entachée, voire disqualifiée soit par des ignorances avérées, soit par l'irruption intempestive de l'humeur coléreuse et polémique. Je m'en tiendrai aux remarques provisoires suivantes :

L'éminent cardinal projette son itinéraire personnel de juif converti sur un vaste champ religieux éclairé, arpenté, balisé, découpé par deux traditions théologiques qui continuent de s'opposer frontalement. L'histoire concrète du Proche-Orient ancien, des corpus bibliques et évangéliques eux-mêmes, des grands acteurs et contributeurs qui nous ont légué tant de problèmes non encore élucidés, sont mis entre parenthèses comme si on pouvait s'en passer aujourd'hui dans la formulation des doctrines théologiques. Les médiévaux ne disposaient pas des riches bibliothèques scientifiques alimentées par d'éminents chercheurs depuis le XIXᵉ siècle. On ne peut faire valoir que les propositions de foi au niveau théologal peuvent faire l'économie du recours à l'histoire et à l'anthropologie, tant du moins que la critique de la raison théologique, telle qu'on continue de l'instrumentaliser, n'a pas intégré les méthodes et les ouvertures de l'épistémologie historique. Il est clairement établi aujourd'hui par les historiens de métier que le discours théologique s'enracine, en fait, comme tous les autres, dans des socles et des enjeux politiques, culturels, sociaux, anthropologiques qui constituent la matrice indépassable de toutes les batailles des hommes face à eux-mêmes, aux autres et au monde objectif. Au-delà de ce défi lancé par la modernité à toutes les traditions de pensée religieuse, il y a la question jamais traitée sérieusement du statut théologique que l'islam revendique pour affirmer sa propre supériorité et que le judaïsme, le christianisme et la continuité acceptée ou rejetée du judéo-christianisme refusent d'intégrer comme **aporie théologique** et donnée historique et anthropologique incontournable s'il s'agit vraiment de penser le fait religieux aujourd'hui.

Chaque fois qu'on essaye d'ouvrir un dossier ancien ou récent, on découvre qu'il est explosif. Cela tient à ce que toutes les sociétés – y compris les modernes – consomment du religieux de manière fonctionnelle, comme la nourriture quotidienne, mais craignent de perdre leurs repères si elles se donnent les moyens de la connaissance critique appliquée à toutes sans concession aux impératifs de la seule croyance. Quand j'essaye de déplacer la lecture du Coran du cadre de la croyance à celui de l'histoire et de la linguistique, les publics musulmans expriment toujours leur angoisse devant des analyses reçues comme désacralisantes. Comment osez-vous toucher de la sorte au sacré, me demande-t-on avec étonnement et inquiétude ? À l'inverse, dans les sociétés laïcisées, la culture de l'incroyance détourne de ce genre de curiosité scientifique accueilli avec froideur ; les croyants l'acceptent sans cependant aller jusqu'à modifier leur rapport aux vérités reçues. Dans tous les cas, les dossiers qui méritent une attention particulière, demeurent soit trop explosifs, soit d'une complexité décourageante même pour les publics dits cultivés. Ainsi, le cardinal Lustigier a sûrement souffert de l'accusation venimeuse, si peu fraternelle du grand rabbin d'Israël, doublement « frère » en termes d'ethnie et de confession spirituelle. Mais il s'agit d'une haute autorité qui parle à un pair ; la violence du propos ne peut révéler sa vraie signification que si les deux éminentes voix acceptaient de se situer à l'intérieur de ce que j'appelle le *triangle anthropologique*. Alors seulement les deux esprits radicalement et douloureusement séparés, déboucheraient sur un champ de travail, de réflexion et d'intelligibilité maintenu dans l'inutile, le dérisoire, le désuet, la connaissance réductrice et finalement l'impensable générateur des impensés qui atrophient depuis des siècles la pensée sur la religion [1].

Tout cela montre à quel point il est difficile de parler des valeurs et des légitimités. On ne doit pas nécessairement se plaindre de cette difficulté ; il convient plutôt de saluer les nouveaux défis qui obligent la pensée critique à réévaluer des héritages, des critères, des références, des instances de jugement épuisés, mais qu'on invoque encore faute d'alternatives plus adaptées aux accélérations de notre histoire. Les interrogations sur les valeurs sont si nombreuses et pressantes que le cycle des *Entretiens du XXIᵉ siècle* à l'UNESCO y a consacré une importante session le 8 décembre 2001 ; les travaux viennent d'être publiés par Jérôme Bindé sous le titre *Où vont les valeurs ?* [2]. Pour le domaine de l'islam, Daryush Shaegan a parlé d'« *une schizophrénie apprivoisée* », Hélé Béji *d'une culture de l'inhumain* et moi-même de

---

1. Sur tout ce paragraphe et les concepts utilisés, voir mon *Unthought*, *op. cit.*
2. Paris, Albin Michel, 2004.

la genèse subversive des valeurs. Il y a eu convergence pour souligner l'absence d'une quête critique des valeurs et la référence abstraite à des valeurs islamiques piétinées, trahies par ceux-là mêmes qui s'en réclament avec la plus grande véhémence. Ceux qui ont placé un certain espoir dans les promesses réformistes du Président Khatamî ont vite été détrompés par l'intransigeance des conservateurs et l'accumulation des obstacles internationaux depuis le 11 septembre 2001. Pourtant, les générations grandies dans le régime clérical imposé par Khomeiny ont fait une expérience concluante de l'impossibilité d'une marche de l'histoire à rebours des acquis les plus précieux de la modernité. Les conséquences de cette expérience ne se feront sentir qu'après la sortie du monde dans son ensemble de la crise de toutes les légitimités rendue de plus en plus aiguë par la tournure tragique de la guerre en Irak et en Palestine. La première condition nécessaire, mais pas suffisante d'une sortie réussie de la lutte inégale de *Jihâd versus McWorld* apparaît désormais liée au dépassement historique de la crise ouverte par le style américain de contrôle hégémonique du monde. La violence politique a atteint un paroxysme sans précédent dans son expansion structurelle et ses effets dévastateurs en termes de vies humaines, d'humiliation des peuples, de mépris des valeurs « sacrées » au nom desquelles la croisade du Bien contre le Mal est conduite à l'échelle mondiale par une grande démocratie fière de sa générosité humanitaire annoncée *urbi et orbi.* Tout ce que j'ai pu écrire jusqu'ici en faveur de l'humanisme et de la subversion des clôtures dogmatiques apparaît dérisoire et en porte-à-faux pour les peuples réduits à la désespérance par la conjugaison des choix arbitraires de leurs gouvernants et des décideurs internationaux souverains sur le destin de l'espèce humaine.

À l'impuissance militaire et politique des sociétés à maîtriser les subversions terroristes à l'intérieur et à résister aux volontés conquérantes d'un Occident unipolaire, s'ajoute le désarroi des intellectuels et des chercheurs qui ont de moins en moins de prise même sur les usages mercantiles ou militaires faits de leurs grandes découvertes. La voix des comités d'éthique là où ils fonctionnent, est précieuse ; mais elle est marginale comme tout ce qui ne s'intègre pas immédiatement dans les stratégies de gestion politique, économique, commerciale et monétaire de la mondialisation. C'est un fait qu'à part l'exemple mentionné de l'UNESCO, les débats novateurs sur les « valeurs » demeurent rares et surtout sans impact significatif sur le cours des événements lourds planifiés et conduits à partir de Washington. On s'en tient partout aux commentaires redondants et aux constats résignés des bulletins d'information.

Le thème de ce chapitre nécessite un grand livre. Je l'ai abordé pour la première fois en mai 1986 dans une communication au Colloque sur *Intellectuels et Militants dans le Monde islamique* (sic) organisé à l'Université de Nice par mon ami André Nouschi. Depuis, je n'ai pas cessé de réunir des observations variées sur l'évolution des postures d'intellectuels en contextes islamiques contemporains. La grande portée révélatoire des événements qui se sont succédés depuis le 11 septembre 2001 m'a amené à radicaliser mes propres positions dans la direction de la pensée subversive. Je sais que je cours beaucoup de risques d'incompréhension, voire de rejet de la part de tous ceux qui prennent part aux combats en cours et n'ont ni le temps, ni peut être la motivation intellectuelle de suivre les combats pour les droits de l'esprit tels que je les ai évoqués. Pour répondre d'avance à l'accusation facile d'un retour au scientisme et au réductionnisme des sciences sociales, je terminerai par cette explication d'un connaisseur qui s'est aussi beaucoup battu à la Sorbonne et ailleurs pour les mêmes valeurs humanistes :

> … L'ensemble des sciences a dégagé aujourd'hui ce que j'appelle un grand récit. Chaque science ajoute son affluent à cet énorme récit qui se développe un peu comme un fleuve. Ce dernier existait, bien sûr, auparavant, mais il était extrêmement fragmenté, moins unitaire, et il n'y avait pas cette espèce de conscience de tous les savoirs d'appartenir à ce récit, d'y apporter sa pierre, de le rectifier sans cesse, de le déconstruire et de le reconstruire. Cet immense récit qui est aujourd'hui globalement vrai, appartient désormais à la totalité de l'humanité. Il existe ; nous avons les outils nécessaires pour nous le transmettre et il constitue aujourd'hui le fondement de notre culture.
>
> M. Serres, *Le Monde*, 19 juin 2001

Je n'ai pas assez montré la genèse et les fonctions de l'*ijtihâd* dans le champ intellectuel de la pensée classique, ce qui permettrait de mieux mesurer les raisons et les conséquences de son absence totale dans le champ contemporain. Pour remplir cette lacune, je citerai l'exemple d'un intellectuel particulièrement représentatif des limites épistémologiques de la pensée médiévale en islam comme en chrétienté et dans le judaïsme. Il s'agit d'Ibn 'Aqîl (m. 513/1119) qui, tout en appartenant à l'école hanbalite, a tenté d'affiner et d'approfondir les méthodes, les interrogations et les réponses de la raison théologico-juridique[1].

On peut dire qu'Ibn 'Aqîl et à travers lui le courant de pensée hanbalite, ont habité G. Makdisi durant toute sa vie de chercheur fécond, comme Ibn Taymiyya et son école ont accompagné celle d'H. Laoust, ou Hallâj et l'islam spirituel celle de L. Massignon. En dédicaçant ce livre à ses maîtres et amis L. Massignon, H. Laoust et L. Gardet, G. Makdisi souligne l'existence d'un double *Isnâd* scientifique et spirituel : celui qui lie chacun des savants français à son objet d'étude ; celui qui lie les quatre savants français qui s'imposeront comme quatre grands témoins d'un humanisme spirituel et laïc à la fois, puisqu'il transmet l'enseignement le plus durable de la grande Tradition islamique en même temps que cette généreuse sérénité de la raison laïque qui veut comprendre, expliquer, sauvegarder, transmettre sans jamais céder au prêche partisan (je nuancerai cependant ce jugement dans le cas de L. Gardet dont les options thomistes étaient toujours généreuses, mais avec trop de concessions à la clôture dogmatique).

Déjà H. Laoust avait eu le mérite de marquer la vraie place du Hanbalisme dans le déploiement historique de la pensée islamique. Si les partisans des courants fondamentalistes actuels qui se réclament des enseignements d'Ibn Taymiyya, avaient lu attentivement, sereine-

---

1. Je reprends le texte d'un compte rendu sur l'ouvrage consacré par mon regretté ami George Makdisi à *Ibn 'Aqîl. Religion and Culture in Classical Islam*, Edinburgh, Edinburgh University Press, 1997. Ce texte a été publié dans *Arabica*, 1999 ; outre sa pertinence pour le sujet de ce chapitre, je le reproduis ici pour rendre hommage à l'œuvre d'un ami récemment disparu avec qui j'ai longtemps partagé la quête sur la dimension humaniste de la pensée islamique même dans l'école hanbalite.

ment les travaux d'H. Laoust et ceux de G. Makdisi notamment, la
pensée islamique jouerait un rôle plus constructif dans les quêtes d'un
humanisme spirituel qui s'affirment partout dans les cultures laïques
aussi bien que religieuses. La personnalité d'Ibn 'Aqîl (m. 431-513/
1039-1119), très disputée à l'intérieur même de son école, apparaît
plus proche d'une sensibilité intellectuelle humaniste que celle de tous
les grands hanbalites, y compris Ibn Taymiyya qui l'a défendu et placé
au-dessus de Ghazâlî. On sait comment cette attitude qui place l'exigence intellectuelle critique au cœur de toute expérience spirituelle
féconde, a progressivement été diluée, affaiblie dans l'histoire de la
pensée islamique jusqu'à se perdre soit dans une scolastique étriquée,
dogmatique et sans inquiétude intellectuelle, soit dans des théologies
populaires rudimentaires oralement enseignées par des saints ou
marabouts locaux.

Le livre s'ouvre par l'analyse de la fameuse rétractation publique
(*tawba*) d'Ibn 'Aqîl « *at the masjid-college of Sharîf Abû Ja'far, in the
Mu'alla Canal Quarter, on Baghdad's east side* »[1]. Cette précision
montre à la fois le côté érudit de G. Makdisi et l'importance que les
contemporains avaient accordé à l'événement. Le texte de la rétractation est « l'unique document de son espèce qui nous soit transmis
dans sa totalité en islam classique ». Nous sommes le 24 septembre
1073 ; depuis les édits du calife al-Qâdir en 1017-1018, puis en 1029,
édits connus sous le nom de la Profession de foi des deux califes
al-Qâdir et al-Qâ'im (*al-i'tiqâd al-Qâdirî al-Qâ'imî*) et conçus
comme une réponse à la *mihna* instaurée par al-Ma'mûn (813-833),
la bataille pour « la restauration du Sunnisme » traquait toute trace de
mu'tazilisme, de hallâjisme, de bâtinisme et autres « hérésies ». Ibn
'Aqîl contemporain de Ghazâlî, a grandi dans les riches milieux socioculturels marqués par le pluralisme doctrinal, la diversité des écoles de
pensée, la poussée prometteuse de ce que j'ai décrit sous le nom
d'*adab* philosophique[2]. La richesse intellectuelle du Ve/XIe siècle tient
à la confrontation rude, intransigeante, mais encore soumise aux
règles logiques, rhétoriques, « scientifiques » de la *disputatio* (*munâzara*) au sujet de ce que l'ensemble de la pensée médiévale dans les
trois religions du Livre, défendait sous le nom de « religion du Vrai-

---

1. Cf. p. 3.
2. Dans *L'humanisme arabe au IVe/Xe siècle*.

Juste» (*dîn al-Ḥaqq*). Les édits d'al-Qâdir aggravent la réaction sunnite contre les courants rationalistes soumis au sciences intruses (*'ulûm dakhîla*); la *munâẓara* entre savants qui se respectent pour leur science tend à être remplacée par les décisions sans recours de juges inquisiteurs. C'est ce que signale la rétractation d'Ibn 'Aqîl qui conserve, cependant, un style d'engagement intellectuel dont la pertinence et la fécondité peuvent être vérifiées dans la nouvelle bataille engagée aujourd'hui entre un islam assurément moins éclairé, moins prudent (au sens aristotélicien de la prudence), moins critique que celui d'Ibn 'Aqîl et un Occident rejeté, condamné avec la même véhémence fidéiste que celle de l'ancien sunnisme officiel.

Je ne vais pas retracer à la suite de G. M., la carrière exemplaire d'un « intellectuel musulman » engagé sur tous les fronts des combats pour l'identification, la mise en valeur, la diffusion d'une religion vécue *indivisément* comme témoignage spirituel sur les rapports homme-Dieu et comme humanisme politique, moral, juridique mis à la portée de *tous les croyants*. La seule lecture des titres de chapitres impose déjà cette définition. Après une biographie factuelle relativement courte[1], on passe à une biographie intellectuelle et spirituelle qui comporte les aspects suivants :

1) the organisation of professional Higher Learning ;

2) theologies and orthodoxy;

3) main currents of Ibn 'Aqîl's Thought;

4) Ibn 'Aqîl and Humanism; Humanism and government; Humanist disciplines and topics.

On sait qu'après sa thèse déjà consacrée à *Ibn 'Aqîl et la résurgence de l'islam traditionaliste au XIᵉ siècle*, G. M. a publié successivement deux ouvrages qui restituent le climat social, politique et culturel du même siècle : *The rise of Colleges : Institutions of learning in islam and the West*, 1981 et *The rise of Humanism in Classical islam and the Christian West, With special reference to Scolasticism*[2]. Les thèses riches, mais controversées défendues dans ces deux ouvrages n'ont guère eu d'échos chez les médiévistes français, pourtant si actifs, si ouverts et si novateurs; je ne connais pas assez la bibliographie spécialisée dans les autres langues européennes pour me prononcer

---

1. Cf. p. 3-51.
2. Edinburg, E.U.P., 1990.

sur l'accueil fait non pas tant aux contenus détaillés des ouvrages, mais à l'approche comparatiste choisie pour définir des données essentielles comme les institutions d'enseignement, le passage des écoles aux corporations professionnelles (*guilds*) de production et de transmission des savoirs théologico-juridiques, notamment l'humanisme religieux dans les contextes islamiques et chrétiens médiévaux. Par delà le problème des influences de *la munâz̧ara* par exemple sur la *disputatio* encore perpétuée dans nos soutenances de thèses, il serait précieux de connaître les données communes qui conditionnent la formation, le statut, les activités et responsabilités, les stratégies, les contraintes des intellectuels dans les contextes islamiques et chrétiens jusqu'au XIIIᵉ siècle au moins. Une comparaison entre le combat d'un Abélard et celui d'un Ibn 'Aqîl, par exemple, serait très instructive. Par une sociologie de l'échec ou de la réussite de tels types d'intellectuels dans les deux sphères, on approcherait mieux l'explication historique des destins différents non seulement de la philosophie, mais aussi de la théologie, du droit et, plus généralement, du champ intellectuel du côté islamique et du côté chrétien. On regrettera que même dans la présente monographie si longuement mûrie, l'auteur ne prolonge pas son enquête comparative dans la perspective d'une critique moderne de la raison religieuse. Depuis sa thèse de doctorat, il a toujours préféré consolider, confirmer les fondements, les horizons de sens, les lieux de vérité, les procédures argumentatives de la raison scolastique au sens défini par P. Bourdieu dans *Méditations pascaliennes*.

On apprend clairement que le sunnisme triomphant au XIᵉ siècle n'a préservé des éléments de rationalité que grâce à des intellectuels transfuges du mu'tazilisme ou demeurés crypto mu'tazilites dans leurs activités comme docteurs hanbalites. C'était déjà le cas d'Al-Ash'arî; mais dans la mesure où bien des hanbalites comme Ibn Qudâma (m. 620/1223), auteur du *Taḥrîm al-naẓar fî kutub ahl al-kalâm* traduit par G. M., ont condamné même le *kalâm*, il est intéressant de savoir que le Qâdî Abû Ya'la, maître d'Ibn 'Aqîl vient d'une famille mu'tazilite et que d'autres maîtres du Hanbalisme comme Ibn al-Jawzî (m. 597/1200), ont cultivé un *adab* ouvert sur une rationalité pragmatique. Cela n'a pas empêché une tension continue entre l'aile rationalisante et l'aile fidéiste, littéraliste, dogmatique du Hanbalisme. Ibn 'Aqîl a vécu jusqu'à la mort sous la menace d'empoisonnement comme l'ont été le sharîf Abû Ja'far et Abû Manṣûr Ibn Yûsuf. C'est pourquoi j'ai parlé des stratégies des intellectuels « engagés » au Moyen Âge : stratégies d'autocensure, d'ajustement de l'écriture et du discours pour survivre physiquement et continuer à porter un message qui ne trahit pas des convictions profondes liées à deux fidélités tenues pour incompatibles par ses adversaires : dans le cas d'Ibn 'Aqîl, fidélité à l'enseignement d'Ibn Hanbal face à l'arrogance d'un rationalisme devenu une arme politique; conscience, néanmoins, du rôle irremplaçable de la raison dans la recherche de la vérité sans compromis avec les pouvoirs. Ainsi présentée, l'attitude d'Ibn 'Aqîl accueillant à la fois la leçon spirituelle d'Ibn Hanbal, la quête fondationnaliste (ta'ṣîl) de Shâfi'î, appelé « le père et la mère des Uṣûl al-fiqh » et prolongé dans Al-wâḍiḥ fî Uṣûl al-fiqh, une rationalité modérée pratiquée comme l'antidote du rationalisme militant même d'un 'Abd al-Jabbâr, apparaît très pertinente encore aujourd'hui pour le dépassement des contradictions de l'islam fondamentaliste, politique ou néospiritualiste (je ne puis dire mystique). G. M. conclut la présentation de son compagnon à juste titre respecté et admiré, par le souhait de voir renaître dans l'islam actuel la science des Uṣûl al-fiqh « a science energised by the exchange of ideas among Muslim intellectuals in autonomous touch with the daily life of the Community of Believers » [1].

Les leçons reçues et prises en compte par Ibn 'Aqîl au sein d'une Tradition islamique encore vivante et dynamique ont aujourd'hui disparu, ou sont totalement brouillées par les interventions intempestives d'une modernité sauvage, décontextualisée, privée de ses supports les plus essentiels. G. M., si conquis par l'humanisme d'Ibn 'Aqîl, n'a jamais consenti à prolonger sa présentation compréhensive par un exposé des limites inhérentes à la raison à l'œuvre dans les Uṣûl al-fiqh de la Risâla jusqu'au Wâḍiḥ, c'est-à-dire dans la période la plus féconde de cette discipline. C'est l'objet de ma Critique de la Raison islamique [2] et d'un livre en arabe intitulé Al-fikr al-uṣûlî wa-stiḥâlat al-ta'ṣîl [3]. Ce n'est plus une restauration d'une discipline enfermée dans les catégories intellectuelles et le système cognitif médiévaux

---

1. Cf. p. 260.
2. Paris, 1984.
3. Dâr al-sâqî, Beyrouth, 1999.

qu'il faut appeler de ses vœux même en invoquant l'autorité d'un Ibn 'Aqîl; il s'agit désormais d'appliquer à toute la pensée islamique les nouveaux questionnements dans les perspectives ouvertes par ce que j'ai appelé la raison émergente, sur la possibilité même de **fonder** (*Ta'ṣîl*) une vérité pour penser tous les impensés légués par la science fondationnelle (*al-fikr al-uṣûlî*) dans toutes les formes de pensée religieuse et philosophique liées à la notion métaphysique de vérité absolue.

CHAPITRE V

POUR UNE CRITIQUE DE LA RAISON JURIDIQUE
DANS LA PENSÉE ISLAMIQUE

LE PROJET D'UNE CRITIQUE DE LA RAISON
JURIDIQUE EN ISLAM

Depuis que j'ai écrit la première version de ma présentation du concept de raison islamique, je n'ai pas cessé de penser à la nécessité d'une critique de la raison juridique dans ses réalisations en contextes islamiques. J'ai rédigé plusieurs textes auxquels j'ai dû renoncer parce qu'ils ne s'inscrivent pas de manière satisfaisante dans une confrontation méthodique, systématique des deux grands répertoires juridiques auxquels tous les juristes se réfèrent depuis le XIXᵉ siècle pour moderniser le droit sans abolir totalement le statut divin reconnu à la **Sharî'a-fiqh**[1] jusqu'à nos jours. Les conflits entre les deux grands

1. J'écris *sharî'a-fiqh* avec un trait d'union pour référer aux contenus mêlés perçus par le croyant dans l'usage courant du concept de *sharî'a* traduit par Loi religieuse avec une majuscule pour souligner la transcendance divine et la charge sacrée de cette Loi. Le terme *fiqh* tiré par les historiens vers le concept de droit positif ne peut pas être totalement détaché du concept complexe de *Shrarî'a* où le théologico-politique, le juridique, le culturel (au sens anthropologique), le croire avec ses bases et ses effets psychologiques de validation et d'obéissance à la norme référée à Dieu au point qu'il est difficile aujourd'hui de convaincre les islamistes fondamentalistes que le fiqh est une construction totalement humaine. La traduction de *fiqh* par droit musulman est d'autant plus trompeuse aujourd'hui que la volonté d'étendre la *Shrarî'a au politique, à l'économique, au droit constitutionnel rend la confusion Shrarî'a-fiqh* encore plus opératoire idéologiquement, je veux dire plus mobilisatrice de l'imaginaire politico-religieux. C'est pourquoi je fais

répertoires juridiques – le moderne, européen et le traditionnel, musulman – ont connu des vicissitudes variées selon l'ampleur des dérives idéologiques imposées par la colonisation, puis les impératifs de la « construction nationale » après les indépendances. Pour l'historique de ces vicissitudes, je renvoie au travail de B. Botiveau *Loi islamique et droit dans les sociétés arabes*, Paris, 1993. Les indications données pour les sociétés arabes peuvent facilement être transposées, avec les correctifs locaux nécessaires, aux autres contextes islamiques contemporains. Je reviendrai plus loin sur les publications récentes qui permettent de faire un bilan critique des apports de l'islamologie juridique au projet d'une *Critique de la Raison Juridique* (désormais CRJ) telle que je vais le définir.

Il importe de préciser dès le départ la posture cognitive et l'horizon de sens que j'assigne à ce projet. C'est la première fois dans toute l'histoire de la pensée islamique que s'esquisse une pensée visant non plus une réforme de la *Shrarî'a*, un *iṣlâḥ* qui s'inscrirait dans les procédures de l'*ijt- ihâd* consacrées par ce que j'ai appelé la **Tradition islamique exhaustive**[1], mais une **subversion** intellectuelle de la pensée juridique fondée soit sur l'axiomatique et les postulats théologico-éxégétiques de toute raison religieuse, soit sur les présupposés de la raison **mytho-philosophico-logique** plus ou moins dissimulés sous des attributs formels de scientificité. Cette raison juridique moderne a pu néanmoins substituer sa souveraineté intellectuelle et politique à celle de la raison religieuse par une suite de « révolutions scientifiques » toujours exploitées par des volontés de puissance politique et économique accompagnées, bien sûr, par des constructions juridiques appropriées. C'est un fait historique que la pensée islamique n'a reçu depuis le XIXe siècle que des fragments de modernité médiatisés par l'administration coloniale. Les références à la pensée juridique moderne ont toujours et partout été partielles, précautionneuses, limitées ou faussées par la nécessité de combattre l'ennemi colonial et de s'appuyer sur les valeurs de l'islam pour mobiliser l'imaginaire

de cette construction purement idéologique un objet prioritaire de déconstruction en vue d'une CRJ.

1. Pour la définition de ce concept, voir mon étude sur « L'islam actuel devant sa tradition et la mondialisation » dans *Islam et changement social*, M. Kilani (dir.), Lausanne, 1998.

politico-social. Cette situation s'est considérablement durcie depuis les années 1950. Voilà pourquoi, il est nécessaire méthodologiquement de commencer le travail critique par l'examen du statut cognitif et épistémologique de la raison juridique dans ses déploiements en Europe depuis l'émergence de la modernité face à l'héritage théologico-politique médiéval chrétien. On pourra alors situer historiquement et doctrinalement les retards, les lacunes, les contradictions, les impensables, les impensés accumulés par la pensée juridique dans la tradition islamique en nous appuyant sur les apports fiables de l'islamologie juridique.

DÉCONSTRUCTION DE LA RAISON JURIDIQUE DITE MODERNE

Il s'agira simplement d'ouvrir un chantier, plus pour inciter les praticiens du droit en contextes islamiques à pratiquer une approche globale de la question du droit que pour ajouter mon grain de sel au travail critique que la pensée juridique accomplit sur elle-même dans le parcours historique euro-occidental. Les législateurs autant que les magistrats et les avocats en pays d'islam sont tous obligés par la constitution de payer un tribut plus ou moins lourd à la *Sharî'a* pour préserver sa primauté théologique et sa préséance juridique sur toute loi humaine. Des procès sont instruits jusque dans les hautes cours selon des procédures et avec des postulats théologiques qui seraient discutés et même rejetés par certaines écoles dans une cour de Cordoue, de Bagdad ou de Rayy au Xe siècle. Car la primauté et la préséance de la *Sharî'a* est un credo soustrait par la censure conjuguée de l'État et des oppositions islamistes à tout débat selon les règles de l'ancienne *disputatio* (*munâẓara*) médiévale et, *a fortiori*, selon les exigences d'une CRJ. Celle-ci vise à mettre en place une conceptualisation, une méthodologie et une pratique épistémologique qui jusqu'à ce jour demeurent un immense impensable, donc un impensé dans toutes les formes contemporaines du discours islamique, y compris le discours juridique et l'écriture de l'islamologie juridique. Pour introduire cette tâche, je m'appuierai sur trois ouvrages représentatifs des préoccupations de la pensée juridique actuelle.

Je crois utile de revenir sur un débat ancien, mais toujours pertinent au sujet du droit positif tel que l'ont problématisé J. Lenoble et F. Ost dans une thèse qui conserve le mérite d'avoir introduit ce qui a été nommé en son temps une « interdiscipline » si riche d'ouvertures qu'on peut parler aussi d'une métadiscipline. Il s'agit de *Droit, mythe et raison. Essai sur la dérive mytho-logique de la rationalité juridique*[1]. Mon second point d'appui sera l'ouvrage également stimulant de Michel Rosenfeld : *Just interprétations. Law between Ethics and Politics*[2]. Pour introduire mes analyses sur la *Sharî'a-fiqh*, je partirai d'un ouvrage de Baudouin Dupret, *Au nom de quel droit*[3]. Bien que discutable sur bien des points, cet essai est riche d'informations sur l'exemple égyptien et stimule la réflexion critique sur la production récente au sujet du *fiqh* et des *Uṣûl al-fiqh*.

Hans Kelsen lu par Lenoble et Ost

On doit au juriste autrichien Hans Kelsen la tentative la plus systématique pour construire ce qu'il a appelé la *Théorie pure du droit*. L'auteur adhère au positivisme scientiste du XIXe siècle et applique au droit la quête d'une raison pure à la manière de Kant : pure de toute référence à une instance extérieure à la raison – Dieu, nature, Idées platoniciennes, valeurs morales dites supérieures – pour fonder la norme juridique et valider l'obéissance à cette norme. Il existe une science positive capable de produire un savoir exact, objectif, rationaliste, réaliste, pur, basé exclusivement sur des données et des vérifications empiriques, rejetant toute référence à l'idéal, à l'imaginaire, à l'imaginal, au souhaitable, à l'espérance et surtout à toute forme de la croyance. L'être et le devoir être – *Sein und Sollen* – sont une donnée immédiate de notre conscience et permettent de faire l'hypothèse d'une *Grundnorm*, une Norme fondamentale relativisant toutes les constructions normatives qui en dérivent. Lenoble et Ost ont clairement montré que pour n'avoir pas déplacé la question dogmatique du fondement de la validité juridique, la thèse de H. Kelsen « *se produit comme discours clôturé et diffuse à son tour les effets de croyance et*

---

1. Bruxelles, 1980.
2. University of California Press, 1998.
3. Paris, CEDEJ, 2000.

d'obéissance »[1]. Selon une formule de M. Virally, la pensée juridique critique est vouée à toutes les insatisfactions qu'implique la « *quête de la pierre philosophale* », un désir où miroite la possession enfin assurée pour l'éternité de ce que le discours coranique a fortement conceptualisé sous le nom de *Ḥaqq*, indivisément le réel, le vrai, le droit, la justice donnés ensemble dans la Parole fondatrice de Dieu pour être intériorisés et vécus comme tels par ceux-là seuls qui poussent l'expérience du divin jusqu'à la fusion, l'incarnation, la jonction (*inḥilâl, tajsîd, ittiṣâl, ittiḥâd*). Je reviendrai sur la visée critique de ce rapprochement intempestif avec un concept coranique qui donne à penser à propos de la quête fondationnelle de toute raison juridique et éthique.

Lenoble et Ost ont le mérite d'avoir imposé depuis vingt ans le concept de « *dérive mytho-logique* » de la rationalité juridique dans son parcours moderne européen. Ils l'ont fait avec une acuité critique étendue aux textes les plus influents et les plus denses de la pensée philosophique et juridique, allant jusqu'à mettre en évidence le même processus de construction d'une « *clôture mytho-logique* » que j'ai moi-même décrite pour la **clôture dogmatique** léguée par la pensée islamique classique depuis le Vᵉ/XIᵉ siècle. L'usage du terme clôture n'est nullement concerté ; il s'est imposé à moi bien avant d'avoir fréquenté les deux auteurs ; ce qui permet de souligner la fécondité d'une posture critique devant deux traditions de pensée réputées très différentes. On peut et doit aller plus loin encore dans le projet très actuel de la même critique étendue, avec les apports de l'anthropologie et de l'histoire, à l'ensemble des traditions de culture et de pensée qui se livrent à des combats obsolètes au sujet des « identités », des « différences », des « spécificités », des « authenticités » nationales ou communautaires. Je reviendrai longuement sur ce que j'appelle la dérive **mytho-théo-logique** à l'intérieur de la clôture dogmatique islamique. Si, en effet, la pensée positiviste a traqué toute trace de référence à Dieu ou une Justice *supra* terrestre, ou tout Principe irrationnel, c'est-à-dire posé hors des limites de la raison juridique, la clôture islamique fonctionne exactement comme toutes les clôtures religieuses fondées sur un credo et fondant les normes et les connais-

---

1. Cf. p. 470.

sances dérivées de ce credo. Ce qu'il faut retenir de ce rapprochement rapide, c'est que la radicalisation de la critique positive oblige la raison positiviste à reconnaître qu'elle élimine un mythe lourd, ancien et universel pour y substituer un autre mieux enrobé sous les attributs de la rationalité critique pour produire des effets de croyance et d'obéissance indispensables au fonctionnement de tout code juridique dans une société.

Face à cette fécondité d'un projet critique que j'ouvre à partir de l'exemple islamique se dresse l'attitude inflexible, sûre d'elle-même et dominatrice des praticiens du droit qui contrôlent le champ juridique comme les « historiens de métier » contrôlent leur territoire avec l'intransigeance que l'on connaît. Dans une courte préface à la thèse de Lenoble et Ost, le professeur Léon Raucent écrit :

> Le praticien du droit que je suis éprouve des difficultés à se reconnaître dans ce juriste braqué sur le Texte (*sic*), alors que son rôle est avant tout de résoudre des conflits, de les prévenir, notamment en relativisant les textes, c'est-à-dire en les reliant à un contexte, à une situation conflictuelle, à des valeurs elles-mêmes relatives.

Le praticien du droit ainsi défini sait que les pouvoirs législatif et judiciaire occupent dans toute société un rang et des fonctions prépondérants. Il est curieux de constater que le contrôle de ces deux sphères tend à faire prévaloir la *force du droit* tel qu'il est codifié sur l'extrême fragilité de toute articulation du droit autant que de l'éthique, surtout dans la phase de crise généralisée que traverse la raison en contexte de mondialisation. La discipline des *Uṣûl al-fiqh* en islam a été délaissée par les praticiens du droit (les *fuqahâ* et les muftis) autant que la philosophie du droit l'est dans les institutions modernes de recherche et d'enseignement. Dans les deux cas, le credo religieux ou positiviste rend inutile, car purement spéculative, la **quête fondationnelle** différente de la construction de fondements mytho-théo-logiques (les fameux *Uṣûl* du credo islamique). De même, l'anthropologie juridique a du mal à s'imposer comme une discipline indispensable pour gérer les problèmes nouveaux posés par les sociétés multiculturelles et le « *clash des civilisations* ». La résistance à toute CRJ ne se limite pas à l'indifférence ou la censure condescendante des praticiens qui monopolisent l'exercice de la violence légale au nom de l'État; elle donne lieu à des poursuites devant les tribunaux, voire à des exécutions légales au regard de la *sharî'a.*

Que reste-t-il à faire quand on a établi de façon convaincante que le passage de la clôture dogmatique construite par le théologico-juridique dans l'aire épistémique commune aux religions du **Livre-livre** [1] à la clôture mytho-logique de la pensée juridique moderne, n'a pas modifié la posture fondamentale de la raison face à la nécessité de poursuivre l'activité fondationnelle à propos de la norme juridique qui implique, au surplus, la référence à une instance habilitée à articuler la norme éthique? L'étape de la construction d'un droit positif a certes permis de radicaliser la critique du fondement renvoyant à la seule croyance religieuse (les *Uṣûl al-dîn* de la pensée islamique); il faut maintenant tirer les conclusions de la situation créée par la substitution d'un mythe de scientificité positiviste à la thématique **mytho-historico-transcendantale** [2] de la raison religieuse. La raison qui a permis ces deux sorties successives hors de deux clôtures également limitatives, sait davantage maintenant qu'elle doit poursuivre avec d'autres outils et des objectifs historiques élargis à toutes les cultures, non plus la quête de fondements extérieurs à elle, ou immanents à la norme comme chez Kelsen, mais une réflexion **fondationnelle** [3] pour répondre à deux exigences inéluctables: l'exigence **intellectuelle** pour le législateur qui doit anticiper les réponses aux attentes légitimes de tous les citoyens pour le déploiement optimal de leur existence personnelle et civique; et l'exigence **psychologique** des sujets du droit contraints d'obéir à la norme. Le juge a sûrement le souci de satisfaire l'attente psychologique du justiciable en tenant compte du vécu immédiat selon les coutumes et les valeurs prévalentes dans chaque milieu; mais le législateur moderne ne résiste pas toujours à la tentation de flatter les demandes explicites de ses électeurs plus qu'à inscrire dans l'activité législative des préoccupations de justice et d'émancipation qui feraient aimer la loi au lieu de renforcer son rejet ou la volonté constante de la contourner. La réflexion fondationnelle n'est ni un privilège du juriste, ni une obligation qui pèserait sur lui

---

1. Voir *The Unthought,* chap. 3.
2. Sur ce concept, voir *supra* chap. II.
3. Voir ce que j'en dis dans *Al-fikr al-uṣûlî wa-sti âlat al-ta'ṣîl,* Beyrouth, Dâr al-sâqî, 2000.

seul; tous les citoyens doivent y participer dans leurs secteurs respectifs d'activité pour faire prévaloir la fonction dynamisante et libératrice du droit sur son rôle répressif, paralysant, régressif dans les régimes absolutistes, totalitaires.

Il est certain que la construction de l'Union européenne offre à la raison juridique une occasion historique exceptionnelle pour franchir de nouvelles étapes dans l'exercice des trois activités inséparables de la vie du droit : articuler la norme et la codifier au niveau législatif, prononcer la sentence au niveau judiciaire, insérer la défense du justiciable au niveau du procès d'application de la norme. Face à ce riche laboratoire d'une histoire en marche, que fait la pensée juridique en contextes islamiques ? Il est vital de ne pas enfermer la CRJ dans l'analyse critique et déconstructive des corpus et des codes hérités dans chaque tradition vivante. Inversement, on ne peut minimiser l'urgence d'une évaluation critique des grands répertoires juridiques dont la validité est arbitrairement maintenue par tel pouvoir politique contre la volonté affichée des citoyens pour obtenir des lois plus émancipatrices, plus justes, plus démocratiques.

Faut-il pour autant répéter à l'intention du seul public musulman les parcours intellectuels et culturels qui ont rendu possibles en Europe des avancées du droit reconnues et recherchées par tous les peuples aujourd'hui ? La question se pose de la nécessité de passer ou non par les grandes œuvres de pensée et de culture sur lesquelles s'adossent les constructions les plus fécondes du droit moderne. Je pense aux interventions de Machiavel, Jean Bodin, Montaigne jusqu'à Montesquieu en passant par Spinoza, Locke, Rousseau, Kant, Hegel, Marx, Weber et bien d'autres ; plus près de nous, on doit beaucoup aux travaux d'historiens et penseurs comme L. Gernet, J. de Romilly, J.-P. Vernant, M. Détienne, M. Gauchet, J. Habermas, J. Rawls, P. Ricœur... On peut s'interroger sur l'impact réel que le savoir historique et la recherche philosophique ainsi accumulés en Europe ont eu sur l'exercice de la pensée juridique. Il demeure certain que l'intérêt porté par quelques intellectuels « musulmans » aux penseurs classiques pendant l'âge libéral (1850-1940), a tourné court après l'invasion de l'idéologie nationaliste de combat contre le colonialisme et l'impérialisme occidentaux. À bien des égards, les débats actuels sur la réislamisation du droit et l'application de la *Sharî'a* dans plusieurs contextes islamiques sont plus limités et faussés par la censure officielle et l'autocensure intériorisée par des quasi citoyens qu'ils ne l'ont été dans la période qualifiée de libérale. L'accélération de la mondialisation complique considérablement les tâches éducatives d'une CRJ; en effet, elle ne tolère pas le temps lent des processus éducatifs; elle impose plutôt le temps dispendieux, ravageur, éradicateur de la pensée et de la culture **jetables** suscitées par la demande du marché pour alimenter le besoin illimité du profit et de l'investissement. Le droit qui accompagnera la phase historique de mondialisation ne pourra plus bénéficier des effets de croyance et d'obéissance que pouvaient générer pour les âges enchantés, les grands répertoires juridiques liés à la durée de l'histoire lente. Sur quoi s'appuiera le droit dans les sociétés où *le désenchantement national* a eu des effets multiplicateurs sur un réenchantement religieux aussi artificiel, illusoire que porteur de toutes les menaces si aucune alternative d'espérance n'est offerte aux peuples d'aujourd'hui ? Il y a toujours eu de graves lacunes dans le droit; faut-il s'attendre à ce qu'il en présente de plus graves ? Les contraintes des lois du marché ne finiront-elles pas par rendre obsolète jusqu'à cette activité fondationnelle par laquelle la raison réactive la quête romantique de la pierre philosophale ? On est forcé de poser ces questions quand on mesure la validité du droit à partir de la gestion juridique du conflit israélo-arabe depuis 1947 au niveau des Nations Unies et des différents États membres; ou bien, le fonctionnement du droit dit international depuis 1945 jusqu'à la guerre en cours en Irak; ou encore la gestion politique de la « décolonisation » par les grandes puissances et de tous les niveaux du droit dans chacun des États formés au lendemain des indépendances octroyées par les puissances coloniales après des guerres de libération [1].

---

1. J'ai écrit ces lignes après avoir lu *Le Monde* du 31 Août 2001 où il est question du traitement des harkis par la République française depuis 1962 après les débats ouverts sur la torture pendant la guerre d'Algérie. On y lit aussi la réponse de M. Manceaux à un article où le grand juriste R. Badinter justifie dans le conflit en cours « le recours [d'Israël] à la force qui assure le *statu quo* qui permet au moins de rassurer (…) les esprits jusqu'au prochain attentat, jusqu'au prochain mort ». En relisant l'ensemble du texte ce 3 Juin 2004, je ne peux qu'inviter le lecteur à ajouter lui-même ses observations sur les usages du droit et des instances internationaux par les États-Unis depuis le 11 Septembre 2001. Quelle instance pourra reconstruire les nouvelles légitimités qui permettraient d'asseoir un droit international fiable ?

Le droit entre Éthique et Politique

Je pensais présenter dans ce paragraphe une discussion approfondie du livre de Michel Rosenfeld sur *le droit entre Éthique et Politique*. Mais les contraintes éditoriales du livre de poche où j'ai décidé d'inclure une première mouture de ce chapitre, m'obligent à différer la publication d'une réflexion qui exige plus qu'un paragraphe. Je me contenterai donc de signaler la nécessité de traverser cette étape dans le parcours complet d'une CRJ. Je conserverai la ligne de pensée humaniste qui inspire la critique de la raison religieuse en général face à la raison humaniste qui intègre toutes les formes de rationalité et toutes les postures épistémiques et épistémologiques alors qu'elle n'est pas elle-même prise en compte de la même façon, notamment par la raison religieuse qui fait explicitement prévaloir l'acte de foi dans un donné extérieur à elle sur les impératifs cognitifs et éthiques soumis au contrôle de la raison critique. L'impératif éthique humaniste vise à inclure la diversité concrète des hommes en société, tandis que l'impératif religieux revendique une universalité qui s'arrête en fait à la communauté contingente et précaire des fidèles. C'est pourquoi, il y a eu séparation entre le droit canon catholique et le droit positif laïc depuis l'irruption des révolutions anglaise, américaine et française. Il est vrai que cette séparation a pris diverses formes et s'inscrit dans des limites qui prêtent à controverse. On ne saurait ignorer aussi les récurrences actuelles non pas des religions dans leurs manifestations prémodernes, mais des religiosités concurrentes dans le libre marché des croyances à la carte et des manipulations de la fonction symbolique. On n'oubliera pas la portée de ces observations pour la suite de notre cheminement critique. L'Éthique humaniste applique à la posture laïque une critique aussi exigeante que celle qu'elle réserve à la posture religieuse ancienne et actuelle.

Au nom de quel droit ?

B. Dupret (désormais B. D.) a choisi pour titre de son livre la question la plus obsédante que chaque sujet de droit fait sienne, surtout quand une sentence est prononcée sur la base d'une erreur, ou d'un arbitraire judiciaires intolérables. Il va nous permettre d'aller plus loin dans les débats théoriques et pratiques, car il s'agit de réfléchir sur les conditions de légitimité de toute norme juridique et de son application. Le respect de la légalité formelle devrait tomber quand la légitimité qui la fonde est absente. De son propre aveu, l'auteur vise les objectifs suivants :

1) restaurer la primauté de l'approche disciplinaire sur l'approche culturaliste ;

2) se démarquer d'une vision positiviste refermée sur elle-même au profit d'une interrogation sur les acteurs du droit et sur la signification qu'il est possible de restituer à leur action ;

3) sonder dans une perspective socio-anthropologique, les lieux de production des normes et les rapports qu'entretiennent les acteurs avec elles ;

4) définir les modes de référence à l'islam dans la pratique constitutionnelle ;

5) analyser l'action des juges quand ils recourent pour dire le droit, au répertoire juridique religieux ;

6) explorer les représentations que les sujets impliqués dans des conflits postulant l'existence de différents répertoires juridiques, peuvent avoir du droit, de la justice et leur propre action ;

7) l'inscription du jeu des répertoires juridiques dans l'espace public et le contexte politique.

Le programme est impressionnant et va dans le sens d'une critique radicale du fonctionnement de la raison juridique en contextes islamiques aussi bien au stade de l'activité législative (production et codification des normes) qu'à celui de l'activité judiciaire. L'auteur insiste à juste titre sur « *l'ambition générale et non pas locale* » de son travail ; en décryptant le jeu des répertoires juridiques, en s'intéressant « *aux modes de constitution, de transformation et de mobilisation des langages du droit* », il veut « *contribuer à une approche à la fois déconstructiviste, compréhensive et pragmatique de la normativité* »[1]. Depuis son entrée au CEDEJ[2], B. D. a dirigé ou collaboré à plusieurs publications de ce centre. On retrouve dans le présent livre des sujets et des développements esquissés dans ces publications. Il reste que ce livre représente un saut qualitatif dans l'approche de la *sharî'a-fiqh* traitée comme tremplin pour enrichir la réflexion toujours ouverte sur

---

1. Page de couverture.
2. Centre d'études et de documentation économiques, juridiques et sociale au Caire.

la question du droit. Voyons comment il a rempli son contrat avec le lecteur. Je reprendrai un à un les sept points de son programme pour évaluer l'apport à une CRJ et identifier les tâches laissées à celle-ci.

1 et 2) Je montre dans la partie 3 de cette recherche [1], que l'islamologie juridique est en train de se libérer de l'interprétation culturaliste. La revue *Islamic Law and Society* publiée chez Brill depuis 1994, illustre clairement que l'historien de la *sharî'a-fiqh* mobilise de plus en plus, comme on le verra avec Johansen et Wheeler, d'autres disciplines que la philologie historiciste pour explorer les outils, les procédures, les systèmes construits de la pensée juridique en islam. Ce travail doit continuer avec le recours à la philologie comme discipline enrichissante quand elle est utilisée à la manière de J. Van Ess pour les textes anciens. On sait qu'il reste beaucoup à défricher encore, puisque les grands corpus comme le *Kitâb al-Umm* de Shâfi'î, le *Kitâb al-Kâfî* de Kulaynî et bien d'autres grandes sommes, attendent encore des éditions scientifiques dignes de cette qualification. Plutôt que de laisser croire que l'islamologie en général est scientifiquement obsolète, je préfère insister sur ses acquis positifs sans lesquels nous ne pouvons pas cheminer avec des points d'appui fiables, dans les nouveaux territoires de la *Critique de la Raison islamique* que j'ai ouverts depuis les années 1970-1980. Il m'arrive même de soutenir que l'historicisme positiviste du XIXe siècle doit être réhabilité pour mieux convertir les acteurs du droit comme ceux qu'a interrogés B. D. au Caire, à l'idée primordiale que même et surtout au niveau de ce que j'appelle les **Corpus Officiels Clos**[2], la *sharî'a* non encore codifiée comme *fiqh*, est totalement soumise aux forces de l'historicité.

Parce que la phase actuelle de l'histoire de la pensée en islam est sociologiquement dominée par l'imaginaire de la croyance militante, la CRJ offre à la formation des juristes notamment, des possibilités de progrès dans la critique libératrice du fonctionnement du droit religieux. En effet, elle vise à expliciter les nouvelles exigences méthodologiques et épistémologiques de toute articulation, aujourd'hui, de la norme juridique. L'histoire critique du droit dit musulman ne doit plus se limiter à la défense du *fiqh* comme droit positif au prix d'une réduction ou mise à l'écart de la raison croyante qui énonce la norme et

---

1. Voir aussi le chapitre VI qui va suivre.
2. Voir mon *Unthought, op. cit.*

l'applique dans la pratique judiciaire. Je souligne tout de suite, en effet, que ce raisonnement et l'écriture historienne qu'il requiert sont dramatiquement absents de tous les textes transcrits par B. D., mais analysés, comme on le verra, sous le seul angle du raisonnement juridique et de la contextualisation sociologique, l'un et l'autre inscrits dans la courte durée (1970-2001 avec des incidentes sur le réformisme *salafî*) où se déploient les stratégies interprétatives des acteurs confrontés aux tensions entre les deux répertoires juridiques positif/ moderne et religieux/traditionnel. Je montrerai que la déconstruction de ces textes ne peut produire tous ses effets intellectuellement et juridiquement contraignants sur leurs auteurs, que si **tous les Textes fondateurs** et les textes dérivés devenus classiques, sont eux-mêmes soumis à un double travail : une **archéologie des mémoires collectives** qui s'entrecroisent, s'affrontent, convergent, se séparent, s'excluent dans le **Discours prophétique** ; une **déconstruction des savoirs** « vrais » construits par des mémoires concurrentes entre 632/1050 environ pour servir d'instance médiatrice obligée à cette *Référence fondamentale, absolue* – le fameux *Marja' al-taqlîd* de la pensée imâmienne – qui permet de convertir en qualifications légales « divines » ce que P. Legendre appelle « *le désir politique de Dieu* »[1].

Ce que j'appelle l'**islamologie appliquée** est partie prenante dans ce parcours crucial non seulement pour mettre fin au **coup de force permanent** de la pensée juridique telle que la manipulent les plus hautes autorités légales qui monopolisent la gestion politique du droit sous couvert d'une gestion technique d'experts, mais aussi pour transgresser toutes les frontières que les rédacteurs modernes des constitutions ne cessent de substituer à des frontières précédentes. C'est dire que pour servir l'ambition générale évoquée par B. D., nous sommes obligés de répondre à la question suivante :

Dans quel cadre axiologique et dans quel(s) système(s) cognitif(s) se meut la pensée juridique au niveau de la production du droit constitutionnel, puis des différents secteurs du droit inscrit dans l'espace défini par la constitution ? La même question se pose pour le travail interprétatif du juge, surtout quand un simple procès se mue en affaire,

---

1. Les concepts que je viens d'utiliser exigent de longs développements qu'on pourra lire dans *The Unthought, op. cit.* Je ne peux dépasser ici l'espace assigné à ce livre.

ou en cause, alors que le juge et le justiciable restent enfermés dans
« *le champ clos des répertoires* » comme « *structures de possibles ou
d'impossibles* » définies par la Loi, imposées par l'État, réclamées ou
rejetées par l'opinion publique majoritaire. La question ainsi posée
renvoie à tous les chantiers ouverts par la *Critique de la raison islamique*, mais qui restent peu ou pas fréquentés du tout à cause des pesanteurs de la raison scolastique sur la recherche en sciences sociales
appliquée au domaine de l'islam et des sociétés travaillées par le fait
islamique. On préfère toujours donner la priorité à l'écriture narrative,
descriptive, taxinomique qui laisse enfouis, travestis, refoulés les
enjeux permanents de toute énonciation de la norme avec la « vérité »
et la « valeur » qui l'enrobent. Malgré ses ambitions affichées d'innovation méthodologique et épistémologique, B. D. n'échappe pas aux
emprises insidieuses de la raison scolastique.

L'interrogation sur les acteurs contemporains du droit ne peut se
limiter à l'évaluation de la rationalité juridique qu'ils produisent ou
qu'ils utilisent en tant que magistrats. Et puisque B. D. s'intéresse à la
contextualisation sociologique de la vie du droit, il doit éclairer non
seulement les modes techniques d'insertion de chaque agent dans les
lieux et les processus de production, d'application du droit, mais les
stratégies de chacun pour ajuster ses interventions publiques aux
attentes des protagonistes comme l'État, la hiérarchie en place, les
réactions de l'opinion. Il faut même s'intéresser à l'intégrité intellectuelle et morale des acteurs à travers leurs positionnements apparemment « techniques » par rapport aux deux répertoires – religieux et
laïcs – qui font l'objet d'affrontements allant jusqu'à l'assassinat, la
guerre civile, des procès qui se révèlent rapidement être des causes de
portée universelle. Restreindre de tels enjeux aux discussions procédurales plus ou moins adéquatement éclairées par des références de
portée contingente, ne peut servir ni l'ambition locale, ni l'ambition
générale.

3) L'auteur a déployé des efforts méritoires pour « *sonder les lieux
de production des normes et les rapports qu'entretiennent les acteurs
avec elles* ». La notion de lieu telle qu'elle est utilisée par l'auteur est
une clef majeure d'une part pour démonter les mécanismes psycho-
socio-culturels et dévoiler les enjeux de toute production du droit,
d'autre part pour toute critique de la Raison juridique. Celle-ci, en
effet, se sert de deux appropriations du concept de **lieu** : celle que B. D.

emprunte à J.N. Ferrié et celle de *topos*, en géométrie : « ensemble des points jouissant, à l'exclusion de tout autre point, d'une propriété déterminée et caractéristique » ; la *topique* d'Aristote : théorie des lieux communs ; étude des principes rationnels et des catégories générales d'où les lieux communs « arguments applicables à tous les sujets » ; la *topique* du discours : ce dont on dit quelque chose par opposition à commentaire ; la *topique* de Freud : Modèle théorique de représentation du fonctionnement de l'esprit : trois instances : l'inconscient, le préconscient et le conscient (1905) ; le ça, le moi, le surmoi (en 1920).

Dans ce riche registre du *topos*, je traite moi aussi de déplacements des lieux de la théologie médiévale (Dieu, prophétie, attributs, Loi, Révélation...) vers les lieux modernes de la **cognition** comme ensemble des grandes fonctions de l'esprit permettant à l'organisme d'interagir avec le milieu social et écologique (perception, mémoire, imagination, imaginaire, raison, intelligence). Ces déplacements libèrent l'analyse et la connaissance des fonctions de la religion, donc du droit qu'elle « fonde », des essences et des cadres formels contraignants de toute perception et interprétation. On peut alors définir la société musulmane comme « *n'importe quelle configuration sociale où des protagonistes se reconnaissant mutuellement comme musulmans* » s'obligent à observer vis-à-vis d'eux-mêmes et d'autrui (musulmans et non musulmans) des impératifs de conduite récapitulés dans le grand Corpus de la croyance commune [1]. Retenons pour la discussion ultérieure deux autres définitions descriptives de J.N. Ferrié citées par B.D. [2] :

> Par « lieux intérieurs », nous n'entendons pas un espace obligatoirement secret où s'accomplissent des actions innommables, mais, dans la plupart des cas, un espace de communication intersubjectif (*sic*) [3] où les pratiques individuelles ont la possibilité de devenir des récits pour autrui, à l'intérieur d'une socialité contrôlée.
>
> L'ordre moral, tel que l'organise la sphère publique structurée par la représentation, a l'avantage (pour ceux qui les détiennent) de fixer des

---

1. Je ne suis que partiellement la définition opératoire que se donne J. N. Ferrié dans son récent livre novateur à bien des égards sur le plan de l'analyse théorique, *Le régime de la civilité en Egypte. Public et réislamisation*, Éditions du CNRS, 2004, p. 11.

2. Cf. p. 306.

3. Je n'ai pas pu vérifier la citation dans le texte de l'auteur ; je dirai plutôt intersubjective.

positions de pouvoir en situant d'emblée les protagonistes à l'intérieur d'une relation inégalitaire.

Je ressens la nécessité d'insérer ici une digression subjective pour éclairer le statut cognitif et la portée subversive de l'écriture propre au discours critique inscrit dans le sillage des nouvelles articulations possibles du sens et de la production du droit ouverts par les interventions puissantes de plusieurs pratiques disciplinaires dans les années 1950-1970 notamment en France : la *Nouvelle histoire* de l'École des Annales ; *l'anthropologie structurale* de Cl. Lévi-Strauss corrigée, enrichie, élargie par celles de Cl. Geerz, J. Goody, P. Bourdieu ; *l'archéologie du savoir, la clinique, la volonté de savoir, Surveiller et punir* de M. Foucault ; les différentes pensées linguistiques et leurs tensions furieuses, mais toutes éducatives ; les ambitions cognitives de la sémantique et de la sémiotique structurales de A.J. Greimas et les retombées ou corroborations de l'analyse littéraire avec G. Genette, R. Barthes, N. Frye, la *grammatologie* et la déconstruction de J. Derrida et les débats avec H. Gadamer, P. Ricœur, E. Levinas, J. Habermas. Il suffit de parcourir la bibliographie mise en œuvre par B. Dupret et les abondantes citations qu'il fait dans le corps du texte et en notes pour mesurer sa dette à l'égard de tous ceux qui ont subverti au sens cognitif le plus fécond, les systèmes de pensée hérités tant de la raison religieuse que de la raison scientiste positiviste qui a éliminé sa rivale séculaire pour y substituer sa souveraineté politico-intellectuelle avec son répertoire juridique propre.

L'écriture de B. D. est celle de toute la génération formée dans la logosphère francophone pendant les années 1970-1980. Les espaces d'intersection entre les logosphères francophone, anglophone, germanophone, hispanophone... ne se sont guère élargis depuis le parcours de la génération des maîtres initiateurs jusqu'à celui des disciples qui travaillent aussi à la conquête de leurs propres stratégies d'intervention. Parmi les pages les plus significatives des traits distinctifs de cette écriture, je recommande la lecture de celles où B. D. parle de la juridiction du for extérieur et du for intérieur[1]. Il démonte avec minutie tous les mécanismes des discours concurrents en présence ; il dévoile tous les jeux et stratégies des acteurs dans les rapports qu'ils

1. Cf. p. 298-300.

entretiennent avec les répertoires religieux, moraux, culturels, juridiques disponibles dans l'espace social contrôlé par un État conscient de sa fragilité et des groupes enfermés dans leurs champs clos respectifs de représentation des normes. Pour faire comprendre les enjeux de l'affaire Nasr Abou Zayd, il utilise l'exemple de Voltaire qui s'empare de l'affaire Calas pour « *construire une cause* », c'est-à-dire transférer à un niveau supérieur de production du droit, un procès embourbé dans « *les affabulations des magistrats toulousains* ». Mais les analyses explicatives même fines et pertinentes, ne dépassent pas finalement la fonction « *des récits pour autrui à l'intérieur d'une socialité contrôlée* » qu'évoquait J.N. Ferrié. J'ai dit que B. D. est pensionnaire du CEDEJ au Caire; quand il recueille les propos de grands magistrats égyptiens, il sait qu'il écrit et publie à l'intérieur de la société égyptienne contrôlée par le système politique et l'ordre juridique qui sont l'objet de sa recherche. Je ne sais si, renvoyé par les autorités égyptiennes à « *son douar d'origine* » selon l'expression utilisée par les administrateurs coloniaux en Algérie, B. D. aurait modifié son écriture dans le sens que je vais définir dans un instant. J'ai déjà posé la même question à propos de l'écriture de J. Van Ess traitant de la pensée islamique [1].

Au-delà de la juridiction du for intérieur et du for extérieur, je dirai qu'il y a le *lieu intérieur* de la connaissance tant que des pratiques cognitives individuelles ne trouvent pas dans le *lieu extérieur* ou champ social global des acteurs ouverts soit pour les partager et contribuer à leur insertion comme répertoire cognitif compétitif, soit pour favoriser indirectement leur diffusion en les recevant comme objets de débat de société. En tant qu'acteur opérant simultanément depuis plus de quarante ans dans plusieurs espaces sociaux, je crois pouvoir me situer entre le cas d'Abu Zayd et celui de Salman Rushdie. J'ai en commun avec ces deux auteurs l'usage d'un discours et d'une écriture qui visent de façon explicite à subvertir des clôtures dogmatiques qui continuent de « légitimer » les champs clos de tous les ordres fondateurs de normes, de vérités, de valeurs. Avant son installation à Leiden, Abu Zayd enseignant à l'Université du Caire, publiant ses ouvrages en arabe, tentait de substituer le concept opératoire de texte à

---

1. Voir mon *Unthought*, chapitre 1.

celui de *Muṣḥaf* tel que toute la pensée islamique l'a construit et appliqué pendant les périodes de formation et de mise en place de l'orthodoxie officielle (632-1100). Dès les années 1950, jeune professeur
d'arabe au lycée d'Al-Harrach en Algérie, je parlais à mes élèves du
problème de l'authenticité divine du Coran; les réactions psychologiques de mes élèves à mes explications traduit clairement l'enracinement profond dans des consciences d'adolescent de l'idée de Parole
de Dieu révélée à Muhammad, transmise à ses contemporains à La
Mekke puis à Médine, pieusement, recueillie par les disciples pour
être scrupuleusement transcrite dans le *Muṣḥaf*. Les récits mythiques
traditionnels utilisant le cadre de représentation et d'intelligibilité
propre à la catégorie littéraire du **merveilleux** continuent de donner
une cohérence, une vraisemblance et une charge émotionnelle récurrente au *Muṣḥaf* comme réceptacle « sacré » indiscutable de la Parole
de Dieu et non d'un texte réduit à des attributs linguistiques.
L'adhésion immédiate et fervente à cette « Vérité » construite, rend
dérisoires, inassimilables tous les enseignements des sciences de
l'homme et de la société mobilisées par les chercheurs.

Ce n'est pas seulement parce que j'enseignais à la Sorbonne que
mes publications dans la ligne d'une *Critique de la Raison islamique*
n'ont pas donné lieu à un procès ou une *fetwa;* c'est plutôt l'utilisation
du français et d'une conceptualisation sans équivalent adéquat en
langue arabe que mes publics potentiels musulmans et non musulmans
sont restés beaucoup plus restreints que ceux d'Abu Zayd et encore
plus de S. Rushdie. L'exploitation purement politique des deux cas
médiatisés à l'échelle mondiale a déplacé les enjeux de la recherche
des audiences scientifiques restreintes et très exigeantes aux millions
d'acteurs engagés dans les deux polarisations idéologiques *Islam
versus Occident.* J'ajoute que tous mes livres ont été traduits en arabe ;
plusieurs portent des titres clairement évocateurs des tâches prioritaires du chantier de *la critique de la raison islamique*, comme *Al-fikr
al-islâmî : Naqd wa-jtihâd; Qaḍâyâ fî Naqd al-'aql al-dîniyy;
al-qur'ân : Mina-l-tafsîri-l-mawrûth ilà taḥlîli-l-khitâbi-l-dîniyy;
Ma'ârik min ajli-l-ansana fî-l-siyâqâti-l-islâmiyya; Naz'at al-
ansana-l-'arabiyya fî-l-qarni-l-râbi'i-l-hijrî; al-islâm, Ûrubbâ wa-l-
gharb...* Certains sont officiellement censurés en Arabie, en Egypte,
au Koweit; mais la censure indirecte est plus significative des méca-

nismes sociaux d'élimination d'une pensée qu'on ne peut sanctionner par une loi nationale comme en Egypte.

Je verse ces remarques au dossier d'une sociologie plus ouverte à la question des répertoires cognitifs effectivement accessibles (et pas seulement disponibles dans le marché) aux acteurs, ainsi qu'à une sociologie de la lecture et de la réception des répertoires effectivement accessibles. Il y a des facteurs insurmontables qui limitent l'accessibilité: j'énumérerai le prix du livre étranger; l'inefficacité, voire l'inexistence des réseaux de distribution adaptés aux besoins locaux; la censure *a priori* de certains libraires militants pour la cause islamiste ou le principe de précaution dans certains contextes dangereux; la barrière des langues étrangères dans lesquelles se publient les travaux scientifiques les plus novateurs, c'est-à-dire les plus susceptibles d'enrichir l'intervention des acteurs dans le jeu des différents protagonistes du droit placés devant des possibilités d'innovation très limitées. J'ajoute que le système éducatif sous le contrôle strict de régimes hostiles ou méfiants à l'égard de toute discipline subversive – pratiquement toutes les sciences de l'homme et de la société, la critique des sciences juridiques et la philosophie – contribue très largement à maintenir la majorité de la population scolaire et universitaire – les futurs acteurs dans les domaines clefs de la société – dans l'ignorance institutionnalisée des mutations profondes des rapports entre le regard de l'esprit et les attentes d'émancipation de la condition humaine. Il n'est pas étonnant que les « citoyens » ainsi tenus à l'écart de tout ce qui peut les libérer des interprétations mytho-historiques et théologico-juridiques de leur passé et de leur présent, travaillent à la reproduction des conduites régressives observées dans toutes les sociétés soumises aux pressions d'une histoire de moins en moins contrôlable[1].

4) B. D. a consacré plusieurs publications à l'examen des « *modes de référence à l'islam dans la pratique constitutionnelle* ». C'est un

---

1. Voici ce que vient d'écrire R. Benmokhtar Benabdallah, un haut responsable de l'éducation au Maroc, une société où se dessinent pourtant des orientations prometteuses vers la démocratisation : « L'analyse de l'espace politique actuel, les nouvelles formes d'expression des tensions sociales, la démocratie mal comprise, l'hypocrisie et le mensonge qui entourent de plus en plus souvent les relations entre personnes comme entre parents et enfants, et bien d'autres facteurs sont des signes qui ne trompent pas d'une déstabilisation sociale par le bas », *Prologues*, 2001, n°21, p. 47.

chapitre fondamental de l'étude de la production et de la pratique du droit dans toutes les sociétés que j'appellerai postcoloniales pour rappeler deux données : elles ont été mises en contact avec des fragments plus ou moins importants du répertoire de droit positif moderne médiatisé par l'administration coloniale ; la réception de ce droit a été marquée, dès le départ, par un refus politique qui ne fera que s'exacerber idéologiquement après les indépendances. Les stratégies de refus politique ont consisté à survaloriser la *sharî'a* comme bastion imprenable d'affirmation de l'identité « nationale » et à disqualifier corrélativement un droit étranger visant la dissolution de « *la person- nalité arabo-islamique* » telle que la défendait Hichem Djaït dans les années 1970, quand le « *désenchantement national* »[1] n'avait pas encore remplacé l'euphorie idéologique des promesses de construc- tion nationale sous la direction des Partis-États. Cette dialectique socioculturelle s'est intensifiée avec l'expansion de la doctrine isla- miste soutenue par les cadres sociaux de la connaissance élargis par une forte démographie et formés par des systèmes éducatifs condam- nés vingt ans après par ceux-là mêmes qui les avaient imposés avec l'intolérance arrogante et l'obstination bien connues des Partis-États[2].

Je ne peux m'étendre ici sur les insuffisances du chapitre premier où l'auteur se sert des classiques de l'islamologie pour présenter ce qu'il appelle les modes de référence à l'islam chez les rédacteurs et les interprètes de la constitution égyptienne. J'ai montré dans divers textes comment **l'islamologie appliquée**[3] intègre à tous les niveaux et à toutes les étapes de la connaissance critique toutes les démarches de l'anthropologie culturelle et juridique. On ne peut conduire une critique radicale des acteurs du droit en se servant de définitions de « l'islam » soustraites même aux critiques de ce que B. D. appelle « l'islamologie positiviste ». Il ne suffit pas de rectifier les enseigne- ments de celle-ci sur certains points, alors que la pratique constitu-

1. Titre d'un livre de H. Béji où on pourra lire des analyses percutantes qui donnent à penser sur tous les problèmes évoqués dans ce programme pour une CRJ.

2. Il y a convergence dans beaucoup de gouvernements entre les ministres successifs de l'éducation, de l'information, des affaires religieuses, de la guidance morale du peuple (*al-irshâd al-qawmî*). Voir le numéro de *Prologues* cité dans la note précédente et consacré à « L'avenir de l'éducation au Maroc », et le discours de A. Bouteflika au lendemain de sa première élection à la présidence de la République.

3. Voir *The Unthought, op. cit.* et les chapitres de ce livre.

tionnelle fonde toute sa «rationalité juridique» sur les stratégies de refus propres à l'esprit dogmatique[1] dominant dans tous les discours islamiques de la croyance.

4 et 5) L'étude de l'action des juges quand ils recourent au répertoire juridique religieux nécessite un élargissement aux codes culturels locaux et à l'analyse des données qui conditionnent les cheminements vers la sentence. En effet les premiers juges de la période de formation de la pensée islamique avaient largement tenu compte des traditions et coutumes locales au point que la science des *Uṣûl al-fiqh* esquissée par Shâfi'î visait à réduire ou habiller ce recours à l'aide d'une méthodologie formelle heureusement contournée et disputée dans la pratique. C'est là que se creuse la distance entre une *sharî'a* sacralisante, divinisante idéalisée et un *fiqh* positif procédurier. Le fameux *istinbâṭ al-aḥkâm* ou technique de dérivation de chaque qualification légale (*hukm*) à partir des textes sacrés a nourri des débats et des divergences constants. Durant la longue période des Empires ottoman, safavide et Mogol, les muftis ont contribué de manière continue à maintenir la prise en compte de ce que P. Bourdieu a appelé «*le sens pratique*» (*'amal*) dans leurs avis jurisprudentiels. Les centres politiques lointains laissaient une autonomie plus ou moins étendue à l'activité judiciaire. Quand les Partis-États prennent le contrôle total du pouvoir judiciaire, ils mettent fin à tous les codes locaux pour aller dans le sens unificateur voulu de longue date par les deux répertoires devenus concurrents : le religieux dans sa rigidité scolastique ritualisée et le moderne dans son positivisme indifférent aux effets pervers incalculables et le plus souvent refoulés dans l'*implicite vécu*.

6 et 7) Dans la présentation de ces deux derniers points, l'auteur marque plus nettement la nouveauté de son approche de la question du droit comme un tout relié au législateur, au juge et au justiciable avec son avocat. Le droit est défini dans son accessibilité à l'étape de sa production, son acceptation au stade du jugement et sa réception au niveau de la sentence qui clôt le procès. On peut et doit aller plus loin

---

1. Sur le fonctionnement rhétorique de cette stratégie de refus, voir J. P. Deconchy, «La nature et la signification du dogmatisme» dans *Archives de sociologie des religions*, 1970, n° 30. L'auteur présente les travaux de M. Rokeach sur la psychologie de l'esprit dogmatique.

que ne le fait l'auteur dans la sociologie de la réception pour mesurer la distance qui se creuse entre les normes imposées hors de tout débat démocratique et les attentes de justiciables qui n'ont pas encore accédé au statut de citoyens de plein exercice, surtout quand il s'agit de femmes face à leurs maris et de droits des enfants. C'est ce travail qui reste à faire pour chaque société afin de permettre à la CRJ d'asseoir sur des données et des attitudes concrètes, ses dévoilements et ses propositions de dépassement du droit comme «*fiction institutive*» et genèse «*autopoiétique*»[1].

DE L'ISLAMOLOGIE CLASSIQUE À LA CRITIQUE DE LA RAISON JURIDIQUE JALONS HISTORIQUES

La raison juridique et la raison théologique sont au cœur de toute raison religieuse. C'est pourquoi j'avais choisi la *Risâla* de Shâfi'î pour poser les premiers jalons d'une définition critique des axiomes, des postulats, des thèmes, des procédures de la raison islamique. Cet exemple est significatif, mais point décisif pour repérer les continuités et les discontinuités entre la méthodologie formelle mise au point dans les *Uṣûl* et la raison procédurière en action dans l'élaboration et l'application des normes juridiques, c'est-à-dire dans la pratique du *fiqh* proprement dit. Pour parler de celui-ci, les juristes utilisent la métaphore des branches (*furû'*) et des racines, ou qualifications légales (*aḥkâm*) dérivées des bases ou fondements (*Uṣûl*) que constituent les textes sacrés. Les étapes et les lieux pertinents de l'enquête sont relativement faciles à déterminer; mais l'ampleur des œuvres à dépouiller, la variété et la complexité des discussions à engager aussi bien avec les auteurs anciens qu'avec les interprètes «modernes» de ce qu'on continue de nommer le droit musulman, découragent les chercheurs les plus persévérants. C'est ce qui explique mon retard à faire aboutir un projet mûri méthodologiquement et épistémologiquement depuis longtemps. Heureusement, un certain nombre de publications récentes rendent la tâche plus abordable. À défaut d'une somme achevée qui ferait date dans tout exercice futur de la pensée

---

1. Cf. p. 80 *sq.*

juridique et théologique non seulement dans la logocratie islamique, mais dans toutes les grandes traditions de pensée religieuse, on peut au moins saisir les occasions offertes par certaines contributions novatrices pour poser des jalons utiles sur une route difficile à parcourir sans l'aide d'autrui.

On trouvera dans la bibliographie générale donnée dans mon *Unthought*, une sélection des publications récentes les plus suggestives des orientations actuelles de la recherche sur le *fiqh*[1]. On tiendra compte des titres qui traitent de problèmes plus étendus, mais étroitement liés à ce qui, dans mon esprit, doit aider à la promotion d'une philosophie et anthropologie du droit dont l'une des nouveautés résiderait dans l'extension systématique de la démarche critique à toutes les traditions de pensée actuellement en compétition, voire en conflit au sujet de la question du fondement ultime ou de l'instance « universelle » de l'autorité légitimante. Il est temps, en effet, de sortir définitivement de la clôture idéologique où continuent de s'opposer les polarisations idéologiques **religieux** *vs* **séculier** ou **laïc** qui voilent ou expulsent les enjeux les plus décisifs de la critique de la connaissance, de la valeur, du droit, du religieux et du politique. Avant d'évaluer les positions méthodologiques et épistémologiques de B. D., je dois préciser les acquis les plus récents de l'islamologie juridique.

J'ai choisi de partir de quatre ouvrages novateurs et complémentaires :

---

1. J'utiliserai ce terme arabe de préférence au concept de droit trop marqué en français par des positions philosophiques et une sécularisation trop souvent projetées vers l'arrière pour juger le droit dit musulman hors du contexte épistémique et épistémologique où il s'est construit. *Fiqh* ne réfère pas directement à la notion de droit, mais à une racine utilisée dans le Coran pour signifier la connaissance fine et pénétrante. Je retiens la définition de B. Johansen pour le *Fiqh* en tant que discipline tendant vers l'autonomie : « Fiqh, in the sense of a normative system concerned with human acts is, from the eighth century of our era onwards, increasingly viewed as providing the judiciary with the standards for judge which are legitimate from the point of view of religious principles and ethics as well as of juristic methodology », *Contingency in a sacred law*, p. 3. Cette définition retient la référence à des principes religieux et éthiques, mais insiste à juste titre sur la construction intellectuelle du *fiqh* tendant vers l'autonomie ; c'est pourquoi, je préfère l'expression droit dit musulman pour éviter de suggérer que ce droit est entièrement sous la dépendance de « l'islam » construit par et pour l'imaginaire religieux en perpétuel travail dans le social-historique.

Baber Johansen, publié sous un titre suggestif d'une ambition réflexive, *Contingency in a Sacred Law. Legal and Ethical Norms in the Muslim Fiqh*, Leiden, Brill, 1999 ;

Brannon M. Wheeler, *Applying the Canon in Islam. The Authorisation and Maintenance of Interpretive Reasoning in Hanafī Scholarship*, SUNY Press, 1996 ;

Muhammad Kh. Masud, Brinkley Messick, David S. Powers (eds.), *Islamic Legal Interprétation. Muftis and their Fatwas*, Harvard, Harvard University Press, 1996.

Eric Chaumont, *Le Livre des rais illuminant les fondements de la compréhension de la Loi. Traité de théorie légale musulmane* ; traduction du *Kitâb al-luma' fī Uṣûl al-fiqh d'Abû Isḥâq Ibrâhîm al-Shîrâzî* (m. 476/ 1083), « Robbins », Berkeley, 1999.

Robert Gleave, *Inevitable Doubt : Two theories of Shî'î jurisprudence*, Leiden, Brill, 2000.

La contingence dans la loi sacrée

Dans son *Contingency in a Sacred Law*, B. Johansen a réuni neuf articles très denses et érudits qui récapitulent plusieurs années de recherche et d'enseignement à Berlin, puis à Paris. Dans une longue introduction de 72 pages, il offre un bilan critique de la production sur le *fiqh comme droit sacré* depuis Snouck Hurgronje jusqu'à J. Shacht, A. Sanhouri et Ch. Chehata. Il ne se contente pas de reconstituer en historien des idées les interprétations des doctrines juridiques classiques ; il livre une réflexion théorique qu'il vaut la peine de résumer ici parce qu'elle éclairera et justifiera les prolongements et les réorientations proposés par la CRJ.

Tous les chercheurs qui se sont intéressés au *fiqh* – y compris Max Weber dont le grand mérite a été d'utiliser plusieurs expériences culturelles pour éclairer son approche comparée des religions – ont contribué plus ou moins à figer cette discipline dans des définitions essentialistes, ethnographiques à partir de la rationalité des Lumières qui a produit le droit positif tel qu'on vient de le présenter. Je me souviens des cours de droit musulman de G.H. Bousquet à l'Université d'Alger à la veille de la guerre de libération. S'appuyant notamment sur les travaux de Snouck Hurgronje et d'I. Goldziher, il tournait en dérision avec une ironie voltairienne, un droit réduit à une simple déontologie, un corpus d'obligations et d'interdictions, fortement contrasté avec un droit moderne qui prend en charge la construction laïque du lien social, de l'État de droit et la promotion des droits de l'homme et du citoyen. Je recevais ces définitions totalement décontextualisées comme des blessures et des motifs de désespoir de devoir subir dans ma société d'origine, un héritage si négatif, si pesant, si handicapant, alors que la France, modèle de référence historique, a légué à ses enfants d'aujourd'hui, un droit, des institutions, une culture si libérateurs! L'enseignement gratuit, obligatoire et laïc de la IIIᵉ République atteignait ainsi ses objectifs essentiels : le déracinement intellectuel et culturel des «indigènes» sans possibilité de se ré-enraciner dans le modèle donné à admirer. Durant toutes mes années d'études universitaires à Alger, puis à Paris, j'ai été confronté à cette présentation violemment contrastée et parfois agressive des deux traditions de pensée et de culture. Cette expérience a nourri en moi une attitude critique de plus en plus radicalisée. Je rapporte cet élément autobiographique parce qu'il réfère aux crises de la conscience, aux frustrations intellectuelles, aux désarrois psychologiques vécus dans le silence par toutes les générations qui ont grandi depuis le XIXᵉ siècle dans cet affrontement inégal qui atteint un paroxysme idéologique en ce début de siècle.

Johansen a préféré s'adresser à Max Weber plutôt qu'à Karl Marx, l'auteur de la fameuse *Critique de la philosophie du droit*. Plus sociologique et plus comparatiste, M. Weber ne pouvait s'appuyer que sur les travaux de Snouck Hurgronje et de Goldziher, de même que S. Huntington a utilisé principalement B. Lewis pour se documenter sur l'islam. Ainsi se reproduit scolastiquement le regard «savant» de l'Occident sur l'islam. Le modèle d'histoire universelle visé par le comparatisme de M. Weber ne pouvait aboutir à un résultat fiable et durable avec l'érudition et les constructions historicistes et positivistes disponibles entre 1860-1920 au sujet des civilisations dites orientales auxquelles l'islam est arbitrairement rattaché. Et Weber contribue fortement à la montée d'un rationalisme européen, sans doute plus ouvert, moins militant que celui de Marx, mais faussement sécurisant sur la validité et l'universalité de ses théorisations. Ainsi, le rationnel n'est opposé à l'irrationnel que pour renforcer la suprématie du préjugé de rationalité comme modèle revendiqué par la pensée et la science européennes de 1800 à 1950-1962. Souvenons-nous que la guerre d'Algérie a pris fin en mars 1962 et que la décolonisation de la pensée et de la culture dominantes reste inachevée en raison notamment de la nouvelle dialectique des sociétés développées et du monde sous-développé, puis du «*clash des civilisations*» entre les valeurs de l'Occident et la violence destructrice de l'islam terroriste notamment...

Quand il fait un détour théorique et méthodologique par M. Weber, Johansen obéit à une forte tradition allemande. J. Schacht aussi s'est servi du même auteur dès 1935, en reprenant la catégorie de Loi sacrée commune aux peuples du Livre, pour l'appliquer au *fiqh* reconnu comme un système **rationalisant** de normes juridiques, mais non libéré dans ses procédures d'établissement de la preuve, des moyens **irrationnels** (serments, formules de malédiction, recours à des puissances surnaturelles). Johansen note soigneusement tous les points théoriques sur lesquels J. Schacht confirme les positions de M. Weber : par exemple la stricte séparation entre les normes édictées par la Loi sacrée et la praxis sociale, ou encore le fait que la Loi sacrée insiste surtout sur les droits subjectifs. J. Schacht va plus loin encore dans le placage sur le *fiqh* des présupposés philosophiques non analysés que Weber avait introduits avec les catégories de rationalité/ irrationalité procédurale ou formelle et rationalité/irrationalité substantielle. Je ne peux reprendre toutes les analyses et les différentiations qu'apporte Johansen sur ce point qui touche, on le voit, à des questions décisives pour la CRJ. Je retiendrai avec Johansen que Schacht se libère de l'affirmation de Snouck Hurgronje qui déniait toute rationalité au *fiqh* présenté comme une somme incohérente de règles uniment rapportées à «*la volonté inscrutable de Dieu*». Il reste à savoir si, comme le dit Johansen, J. Schacht a fait «*trois pas importants en avant*»[1] en donnant au concept wébérien abstrait de *rationalité substantive* un contenu historique concret, puis en distinguant à l'intérieur du *fiqh*, les devoirs religieux et éthiques des normes proprement juridiques[2]. Avant de passer aux réponses de l'auteur à cette question, notons encore à propos de l'introduction que dans sa discussion des apports contemporains sur le *fiqh*, il ne retient que deux noms d'auteurs arabes connus pour leur reformulation strictement

1. Cf. p. 56.
2. Cf. p. 51-57.

juridique du *corpus juris* classique : il s'agit de 'Abd al-Razzâq al-Sanhûrî (1895-1971) et son disciple Chafik Chéhata avec qui j'ai eu de fréquents échanges durant son long séjour parisien. Il aimait soutenir que la science des *Uṣûl* n'était qu'un bavardage sur des théories abstraites qui ne préoccupaient guère les juristes de métier. Je n'ai jamais réussi à atténuer le laïcisme militant qu'il projetait sur le *fiqh* classique pour le tirer à tout prix vers le droit positif moderne. Ce faisant, il élimine comme tous les juristes positivistes le rôle de la référence religieuse dans l'intériorisation de la norme éthico-légale et dans le fonctionnement de la justice.

Les deux auteurs précédents ont travaillé dans le climat intellectuel et culturel de la *Nahdha*, c'est-à-dire du moment libéral de la pensée arabe contemporaine. Il y a beaucoup à dire sur le devenir du droit dans tous les contextes islamiques après l'installation des Partis-États postcoloniaux. Les tensions entre les partisans d'une *Sharî'a* imaginée plus que connue et un droit positif moderne vont jusqu'à nourrir des guerres civiles. L'islamologie appliquée prend en charge la gestion critique de cette phase d'une histoire longue de la pensée islamique et plus particulièrement des nouvelles conditions d'exercice de la raison juridique. Hormis le domaine connu sous le nom de statut personnel (*al-aḥwâl al-shakhṣiyya*), tous les autres secteurs du droit dépendent désormais des codes et des voies législatives en usage dans les pays d'Occident. On notera cependant que les constitutions retiennent encore le principe de la prévalence des normes de la *sharî'a* sur celles de la législation humaine. En outre, on fait valoir que la légitimité et la légalité des assemblées formellement élues sont partout entachées par les recours courants à la fraude électorale. On ne pourra pas parler de droit moderne démocratique tant que les institutions et la culture démocratiques seront ignorées et cyniquement manipulées dans les conditions que l'on connaît.

On reviendra sur ce point aussi pour marquer les limites de fait de toute critique de la raison juridique dans les contextes actuels où « *le consensus sur les formes n'implique en rien le consensus sur les contenus* »; en effet, « *la discussion (entre juristes) sur l'application de la Loi divine relève de... la solidarité sans consensus, puisque deux juristes (l'un partisan, l'autre opposé) utilisent la même rhétorique coranique pour défendre leur point de vue* »[1]. On importe des connaissances juridiques pour les consommer comme des marchandises, des technologies, des savoirs faire en général, dans la mesure où elles ne sont pas le produit d'évolutions effectives de la société globale. Il est vrai qu'il y a des secteurs de cette société constitués en enclaves de la société occidentale moderne. Un abîme sépare ces secteurs de ceux de la vie et de la culture populistes (bidonvilles des grandes cités, paysans, nomades, marginaux, chômeurs…). C'est cette disparité qui perpétue la demande de *sharî'a* qui joue plus le rôle de plateforme de contestation politique que d'adhésion réelle à une Loi religieuse réduite à des répétitions rituelles.

Revenons aux neuf chapitres du livre. L'auteur montre avec une minutieuse érudition les liens entre les normes juridiques et les réalités sociales, politiques et économiques prises en charge par les juristes dans le cadre propre à la Cité musulmane classique. Il traite successivement de la Cité et de ses institutions, de l'action normative du droit sur les pratiques sociales; des interactions entre la rationalité juridique et les normes éthiques; de la propriété comme institution d'intégration sociale; de l'autorité politique comme fondement de l'intégration sociale; du concept territorial du droit (révélation et tyrannie, le droit des non musulmans; du concept de *'işma* dans le droit hanafite; des rapports entre État, droit et religion en islam sunnite; de la preuve et de la procédure comme clef de la structure du *fiqh;* de la quête d'une justice substantive, etc. En lisant des analyses aussi riches confrontant les constructions juridiques et les demandes d'une société urbaine, travaillée par la culture savante écrite et pas seulement la culture orale, contrôlée par l'État central, on ne peut plus douter que le grand *corpus juris* élaboré par les écoles juridiques classiques recèle un droit positif qui garde cependant des liens avec la force sacralisante des textes fondateurs de ce que j'ai appelé la *Tradition islamique exhaustive*. Celle-ci englobe le Coran, les corpus de traditions propres aux sunnites, shî'ites imâmiens et ismâéliens, khârijites. Les techniques

1. J. N. Ferrié, *op. cit.*, p. 15.

d'élaboration du droit est la même, bien que les contenus des corpus soient différents[1].

Nous apprenons ainsi que les droits de Dieu (*ḥuqûq Allah*) sont distingués des droits de la personne (*ḥuqûq al-'abd, al-'ibâd* ou *al-nâs*) sujet de droit; mais ils sont en fait confiés à l'appareil d'État pour ce qui concerne l'application des peines pénales (*ḥudûd*), l'aumône (*ṣadaqa*), la prière du vendredi et le butin (*fay'*). Pour le droit des personnes, il est idéalement fondé sur le donné révélé islamique qui clôt les cycles de la Révélation et doit potentiellement être appliqué à tous les hommes; mais dans les faits, il est lié au territoire sur lequel s'exerce tel pouvoir politique qui détermine les normes concrètes et leur application. La loi dans sa partie normative appliquée par le juge est reconnue comme à la fois contingente et sacrée. Elle est contingente parce que les raisonnements humains conduisant à l'énonciation de la norme sont faillibles; ils ne peuvent pas intégrer adéquatement en tout temps et tout lieu les contenus intentionnels (*Maqâṣid al-sharî'a*, dira plus tard al-Shâtibî) des propositions incitatives (*inshâ'*) de Dieu qui ne sont ni vérifiables, ni falsifiables; pas plus qu'ils ne sauraient épuiser la densité ontologique de la Parole de Dieu qui articule les Commandements et les Prohibitions (*Awâmir wa Nawâhî*). Ainsi, « *le droit naît de la religion, mais son application relève du pouvoir politico-militaire* »[2], se contente de transcrire l'historien moderne du droit à la suite des auteurs dont il explicite les positions et les décisions, sans les problématiser. On concédera volontiers que le travail de CRJ ne relève pas nécessairement de celui de l'historien; mais celui-ci peut y préparer et y contribuer comme le fait indéniablement Johansen. Car tout en nous faisant participer au travail d'élaboration du *fiqh*, il libère cette discipline des définitions abstraites qui en faisaient un ensemble de règles théoriquement rattachées à des textes sacrés, pour la restituer à ses fonctions positives de régulation de la cité, des conduites sociales, de la circulation des biens, de « *la propriété comme institution d'intégration sociale* », des rapports entre musulmans et non musulmans, de quête précise,

1. Voir S. C. Lucas, *Constructive critics, Ḥadith literature and the articulation of Sunnī Islam. The legacy of the generation of Ibn Sa'd, Ibn Ma'în and Ibn Ḥanbal*, Brill, Leiden, 2004.
2. Cf. p. 235.

concrète et obstinée de la justice. La pensée juridique responsable de
ce travail sait que la norme est contingente dans sa forme, inscrite dans
le code et dans ses applications par des pouvoirs humains; à ce titre,
elle est sujette aux changements. La capacité de modifier la doctrine
en vigueur n'est pas toujours conditionnée, comme on l'a laissé croire,
par le préalable du droit à pratiquer ou non l'*ijtihâd*.

Canons et Corpus Officiellement Clos

Voyons quelles avancées nous permet de faire à ce sujet le travail
de B.M. Wheeler. Le grand mérite de l'auteur est de déplacer résolument la question du Canon textuel (la Parole de Dieu devenue C.O.C.
ou Parole-Texte) du statut d'un donné révélé intangible qui réduit la
raison à une activité serve et enferme le croyant dans la condition du
serf-arbitre, à celui d'un corpus ordinaire de textes sans cesse sollicités par la communauté interprétante. Il s'inscrit ainsi dès le départ,
dans un champ théorique où peuvent s'appliquer toutes les stratégies
de l'analyse linguistique et sémiotique du discours, elle-même mise
au service du programme plus complexe de la déconstruction. Il
s'appuie sur des concepts travaillés par des anthropologues, comme la
pratique (selon la définition de P. Bourdieu dans *Le sens pratique*)
substituée à loi et orthodoxie trop marquées par la normativité théologico-juridique; le *local* et le *global* (selon Cl. Geertz dans *Local
knowledge*) préférés à indigène ou natif; **autorité canonique** dans la
pratique des devins Ndembu qui dévoile des mécanismes de raisonnement et des stratégies d'articulation de normes visant des **effets
d'autorité** pour le groupe, comparables à ceux que l'historien
commence à identifier dans l'activité des juristes et des historio-
graphes musulmans durant les quatre premiers siècles de l'Hégire.
Plus importante encore à mes yeux est l'innovation intellectuelle
qu'introduit B.M. Wheeler en accordant une attention particulière à la
dimension épistémologique du raisonnement juridique, sans renoncer, bien sûr, à sa perspective d'historien-anthropologue visant à situer
dans chaque contexte sous étude, les conditions *a priori* de validité de
toute connaissance produite par la raison. C'est bien ce que j'ai en vue
en parlant d'**épistémologie historique** comme préoccupation fondamentale de toute histoire des activités de la raison dans toutes les

disciplines marquées ou non par le fait islamique : exégèse, théologie, philosophie, droit, historiographie, linguistique, sciences, etc.

Revenons à la question du Canon et de son devenir sous la pression des sollicitations d'une raison juridique pour définir des normes régulatrices et intégrer de nouveaux groupes ethnoculturels dans l'Empire en voie d'expansion sous les Omeyyades et la première période abbaside. C'est parce que l'avis motivé (*ra'y*) de chaque juge pouvait avoir force de loi que la nécessité s'est fait sentir d'unifier la législation en imposant une méthodologie contraignante pour tous. Qui dit méthodologie contraignante pour l'énonciation de la norme juridique dit instance de l'autorité habilitée à légitimer la substance de la norme et les raisonnements formels utilisés pour sa validation. On sait que ces parcours à la fois théoriques et pratiques de la rationalité juridique pour résoudre des cas d'espèce réfèrent à la nécessité plus haute de définir les prérogatives et les fonctions de l'instance de **l'autorité** et de l'instance du **pouvoir**[1]. Cette formulation pourrait être jugée anachronique pour la période de formation de la pensée islamique en général ; pourtant, même si les concepts d'autorité et de pouvoir n'avaient pas encore reçu des définitions claires en théologie politique et dans un droit balbutiant, on sait à quel point les débats véhéments sur la succession de Muhammad impliquaient des questions de légitimité, donc d'instance pouvant la conférer[2]. Retenons pour l'instant les enseignements principaux de l'enquête effectuée par B.M. Wheeler :

– le Coran, Canon suprême, Instance ultime, intangible et indépassable de toute légitimation, est très vite remplacé, dans les pratiques normatives locales, par l'autorité du Calife, du gouverneur, du qâḍî, du *'âlim mujtahid*. La lecture minutieuse du *Muwaṭṭa*, par exemple, révèle une hiérarchie des autorités inverse de celle qu'a retenue la tradition orthodoxe : celle-ci a imposé formellement la voie descendante du Coran et/ou du Prophète à l'imâm *mujtahid* :

---

1. Sur ce problème qui conditionne aujourd'hui tous les débats sur le droit constitutionnel en contextes islamiques, je renvoie à *The Unthought*, chap. 7.

2. Voir W. Madelung, *The succession to Muhammad. A study of the early Caliphate*, Cambridge, Cambridge University Press, 1996.

Coran → Prophète → Compagnons → Suivants → Mâlik ;

en fait, c'est l'autorité de Mâlik en tant qu'intervention interprétative pour énoncer des normes légales, qui s'impose en premier lieu selon la hiérarchie suivante, voilée par la précédente :

Mâlik → Suivants → Compagnons → Prophète → Coran[1].

En effet, les soi-disant fondateurs d'écoles juridiques sont devenus des points de départ, alors qu'ils sont des aboutissements d'un processus social-historique de construction des instances de l'autorité qui élaborent les normes tout en intervenant dans les processus de transmission des traditions érigées en référentiels obligés. C'est ici qu'on saisit les procédures subreptices de sacralisation d'un droit qui d'un maître éponyme promu rétrospectivement aux commentateurs et aux transcriptions de gloses, est entièrement le produit de divers acteurs sociaux également engagés dans le travail mythohistorique de représentation de soi et de la communauté interprétante.

Il ne faut jamais perdre de vue ce lieu de tension à la fois spirituelle, intellectuelle et, indissociablement politique, que vivent avec des intensités variées, aussi bien les praticiens de l'*ijtihâd* qui « traduisent »[2] les **signes** de Dieu (*āyāt*) en normes juridiques (*fiqh*) ou en contenus précis de foi (théologie, *Kalâm* ou logos), que les croyants ordinaires lorsqu'ils produisent leurs actes vis-à-vis de Dieu (*'ibâdât*) ou de leurs semblables (*mu'âmalât*). On notera à cet égard que le terme d'*uṣûl*, pluriel de *aṣl* utilisé pour les deux disciplines – méthodologie du droit et théologie – renvoie aux techniques intellectuelles de l'exégèse des textes sacrés qui constituent la référence obligée pour toutes les sciences dites religieuses (*'ulûm dîniyya*). Or c'est dans l'écriture exégétique que l'on peut suivre de manière précise, grâce aux techniques de l'analyse du discours, les processus explicites et implicites de sacralisation d'une Loi qui sera donnée à percevoir et à vivre comme sacrée et transcendante. Il est vrai que les juristes s'occupent du versant normatif, procédural du logos divin, tandis que les théologiens affrontent davantage la difficulté de transcrire en lan-

---

1. Cf. B. M. Wheeler, *Applying the Canon in Islam*, p. 30.
2. Il s'agit bien d'une traduction avec tous les aléas qu'elle implique et nourrissent les interminables conflits d'interprétation. J'y reviendrai avec le livre de M. Rosenfeld.

gage rationalisant, argumentatif, un discours religieux de structure complexe. À mesure que l'outillage aristotélicien gagne du terrain, l'usage **logocentriste**[1] de la raison tend à détacher le discours législatif des discours de structure mythique (discours narratif, discours prophétique, discours de sagesse). Cela va dans le sens de l'autonomisation de la pensée juridique même dans le contexte de la culture médiévale dominée partout par le Corpus englobant de la croyance. Ces observations sont des jalons précieux sur le parcours épineux et complexe de la CRJ. Continuons à poser d'autres jalons avec les travaux de M. Kh. Masud, D.J. Stewart et B.G. Weiss.

En Janvier 1990, M. Masud organise à Grenade une conférence internationale sur le thème « *The making of a Fatwa* ». Avec l'aide des deux autres coéditeurs du livre, l'organisateur eut l'heureuse idée d'ajouter aux dix sept communications faites à la conférence, huit autres contributions expressément sollicitées pour réaliser un meilleur équilibre entre les périodes, les régions, les écoles, les langues, les cas juridiques abordés. Le résultat est une monographie riche, très instructive sur les adaptations de la fonction de mufti, le raisonnement juridique, les liens entre les responsabilités du *mujtahid* et celles du mufti, la diversité des cas examinés (car il a été demandé à chaque contributeur de traduire une *fatwa* et d'en faire le commentaire juridique et historique).

Deux textes introductifs donnent un cadre historique et ouvrent des « perspectives théoriques » à l'ensemble des contributions : M. Kh. Masud traite de Muftis, *Fatwas* and Islamic Legal Interprétation ; W.B. Hallaq compare *Iftâ'* and *Ijtihâd in Sunnî Legal theory : A developemental Account*. Les deux auteurs rappellent utilement des faits et des données généralement connus, mais en dépassant, dans l'espace et dans le temps, les textes de la période classique ; le premier insiste, à juste titre, sur les périodes ottomane et safavide, l'Asie centrale et l'Asie du sud ; le second parcourt la littérature des *Uṣûl* de Shâfi'î (m. 820) jusqu'à Al-Bannânî (m. 1784) en passant par Abû-l-Ḥusayn al-Baṣrî (m. 1044), Al-Juwaynî (m. 1085), Al-Gazâlî

---

1. J'ai analysé dès 1978 l'importance décisive du logocentrisme dans la formation et le fonctionnement de la raison en contextes islamiques dans « Logocentrisme et vérité religieuse dans la pensée islamique d'après *al-I'lâm bi-manâqib al-islâm* ».

(m. 1111), Al-Âmidî (m. 1234) avec lequel s'amorce un changement important dans le statut de *mujtahid* reconnu au *Mufti*.

Il convient de noter ici que les «perspectives théoriques» annoncées sont celles des auteurs musulmans consultés, puisque les chercheurs eux-mêmes ont choisi de parler uniquement dans le cadre théorique orthodoxe défini par «la tradition islamique» : «*According to Islamic tradition*», ou «*Sunnî Legal theory*», explicitent-ils. Nous demeurons ainsi dans la clôture dogmatique qui commence à s'imposer dans les lignes sunnite et imâmienne dès la fin du III e/IX e et au début du IV e/X e siècle avec, notamment, Ibn Qutayba, Bukhârî, Muslim, Tabarî suivis par Kulaynî, Ibn Bâbûye…Voici comment W. Hallaq introduit son propos historique :

> I begin with the celebrated al-Shâfi'î (d. 820), who does not explicitly state that a mufti must be capable of ijtihâd, but nonetheless enumerates the branches of knowledge in which one must be proficient in order to qualify as a mufti. It turns out that these branches are precisely those at which the mujtahid must be adept, and they include skilled knowledge of the Qur'ân, of the Prophet Sunna, the Arabic language, the legal questions subject to consensus, and the legal reasoning (*qiyâs*)[1].

M. Masud procède de la même façon quand il évoque la mutation (*shift*) intervenue avec ceux qu'il considère comme les muftis contemporains : al-Qarḍâwî, Shaltût, al-Qalqilî; «*such muftis refer directly to the source texts of the Quran and the Sunna of the Prophet, without citing the positions of the old schools*»[2].

Le grand intérêt de l'ouvrage pour notre propos réside dans le nombre de *fatwas* rassemblées, la diversité des thèmes abordés dans des contextes éloignés dans l'espace et dans le temps. On peut ainsi vérifier à quel point les discours de tous les praticiens musulmans de la *fatwa* aussi bien que ceux de leurs analystes modernes, demeurent enfermés dans le grand Corpus de la croyance orthodoxe qui continue de fonctionner comme clôture dogmatique. On s'étonnera aussi que l'histoire de la pensée juridique et des corpus doctrinaux se poursuive à l'écart non seulement de l'histoire générale des sociétés, mais même de l'histoire et de l'anthropologie comparées des religions, des systè-

---

1. *Op. cit.*, p. 33.
2. *Ibid*, p. 30.

mes théologiques, de la pensée linguistique qui commandent le cadre cognitif de toutes les activités discursives. Cette attitude réfère à une sorte de loi dans l'histoire des postures épistémologiques et des idéologies qu'elles génèrent : les acteurs sociaux ne changent de posture que s'ils trouvent un intérêt immédiat lié à leur position de classe, ou à une conjoncture historique qui bouleverse les positions acquises dans l'espace socio-politique où se construit leur propre destin. Nous verrons comment la stratégie d'Abû Ḥanîfa reflétant le milieu nouveau et diversifié de Kûfa, visait à conquérir un espace de l'autorité par opposition à celle de Mâlik s'appuyant sur le milieu médinois, ou d'Al-Awzâ'î lié au milieu syrien. De la même façon, la visibilité sociale récente de l'islam et des musulmans en France explique les tensions entre des acteurs aux intérêts idéologiques inconciliables.

Ijtihâd et Taqlîd

Pour concrétiser davantage ces observations, je m'appuierai sur le chapitre consacré à l'*ijtihâd* par Abû Isḥâq al-Shîrâzî dans le *Kitâb al-luma'* que vient de traduire E. Chaumont avec d'abondants commentaires. Ce choix se justifie par deux considérations : l'importance d'un auteur classique qui pratique lui-même un *ijtihâd* critique ; les discussions qu'engage le traducteur avec les positions et les raisonnements de l'auteur. On peut ainsi comparer trois cadres cognitifs d'exercice de la raison référant à trois moments différenciés, mais toujours en compétition avec l'épistémologie historique : le cadre d'un donné révélé ou d'une sagesse ancienne transformé en clôture dogmatique par la raison théologico-juridique ; le cadre de la connaissance critique selon la raison des Lumières et ses diverses « révolutions scientifiques » ; le cadre de la raison émergente en contexte de mondialisation. Cette dernière est en train de conquérir son propre statut en généralisant l'activité critique aux héritages toujours vivaces des deux précédentes postures et aux forces de mondialisation gérées par la raison télétechnoscientique. Retenons que dans les trois espaces cognitifs d'exercice de la raison, celle-ci garde un trait constant décrit sous le nom de raison procédurale[1].

Dans son introduction, le traducteur note que Shîrâzî «est un légiste shâfi'ite accompli, un pur *faqîh*, ayant par ailleurs des convictions dogmatiques qui, à l'instar de tant de ses condisciples, font de lui un ash'arite sur le plan théologique... La pensée légale de Shîrâzî se déploie dans le *Kitâb al-luma'* comme une "grammaire du discours légal"... plutôt qu'une philosophie ou une théologie de la Loi»[2]. L'objet des *Uṣûl* est la preuve légale (*dalîl*) entendue comme «les preuves sur lesquelles est bâti le *fiqh* et ce qui, de manière globale, permet d'aboutir à [ces] preuves»[3]. Il s'agit donc d'une raison formellement procédurale, capable de détecter les cheminements, les réfutations les plus subtiles, mais qui accepte d'enfermer cette activité dans une clôture dogmatique qui demeure jusqu'à nos jours l'impensé majeur d'une raison qui se coupe, comme on l'a dit, des objections et questionnements philosophiques, des débats théologiques et, bien entendu, dans l'étape moderne de la pensée, des rationalités construites par les sciences de l'homme et de la société. Toute tentative de sortie hors de la clôture entraîne l'excommunication majeure non seulement dans le cas de l'islam qui nous occupe, mais dans tous les systèmes cognitifs contrôlés par la raison théologico-juridique ou sa version «moderne» sécularisée dans les régimes politiques totalitaires. Ce rapprochement avec le totalitarisme «moderne» ne doit pas nous faire oublier que la pensée canonique qui a élaboré et contrôlé les adaptations de la Loi religieuse dans les trois religions monothéistes, a laissé un espace de liberté aux déploiements spirituels du sujet humain dans une relation personnelle avec Dieu. Les condamnations légales de certaines expériences mystiques n'ont pas empêché la multiplication des ordres religieux et des confréries qui ont pris en charge avec un pragmatisme fécond les codes culturels locaux demeurés hors du contrôle de la Loi articulée par des élites savantes et appliquée par des pouvoirs centralisateurs. Cela veut dire que la raison islamique mise

---

1. Voir les travaux du Centre de philosophie du droit de l'Université Catholique de Louvain dirigé par J. Lenoble; notamment «Introduction à la Raison procédurale» par J. de Munck, *Cahiers*, p. 40-44 et 48-49, 1997.

2. Cf. p. 17-18.

3. Cf. p. 18.

en œuvre dans la discipline des *Uṣûl* a toujours eu jusqu'à nos jours une expansion sociologique limitée dans les faits.

L'*ijtihâd* tel qu'il est défini et pratiqué permet de tracer les limites cognitives de la raison islamique et les conséquences intellectuelles, morales, spirituelles et politiques de sa solidarité constante jusqu'à nos jours avec les régimes politiques centralisateurs comme les grandes dynasties qui se sont multipliées dans le *dâr al-islâm* depuis l'avènement des Omeyyades en 661. Ici encore, cette forme de solidarité n'est pas propre à l'exemple islamique ; elle renvoie à une réalité historique et anthropologique présente dans tous les ordres socio-politico-juridiques et dans tous les temps : **pour être obéie, la Loi a besoin de se fonder sur un régime discursif de la vérité revendiqué et contrôlé par le régime politique en place**. Il faut attendre l'avènement du pluralisme culturel démocratique, le triomphe des libertés de penser, de publier, de s'associer pour que plusieurs régimes de vérité s'épanouissent sous l'égide d'un État de droit laïc. Cependant, même avec ce type de régime politique, il subsiste un régime officiel de la vérité qui conserve la possibilité de contenir les « débordements » les « dérives » des régimes de vérité tolérés.

Laissons Shîrâzî définir lui-même les limites de l'*ijtihâd* :

> L'*ijtihâd*, selon l'usage des légistes, désigne le fait d'user de toutes ses capacités et de déployer un effort dans la recherche du statut légal. Les statuts sont de deux sortes : rationnel et légal. En ce qui regarde les [statuts] rationnels – tels l'adventicité du monde, l'établissement de la réalité de l'Artisan…, de la Prophétie et d'autres questions dogmatiques fondamentales encore – le vrai en ces questions, se trouve en un [dire] et ce qui s'en éloigne est faux…
>
> Quant aux statuts légaux (*aḥkâm*), ils sont de deux sortes : l'une en laquelle l'*ijtihâd* est admis ; l'autre où il ne l'est pas. Ceux des statuts légaux où l'*ijtihâd* n'est pas autorisé sont de deux sortes : la première est constituée par les statuts qui sont connus de manière contrainte grâce à la religion du Messager : ainsi les prières imposées, les aumônes obligatoires… Qui diverge de cela après en avoir eu la science est infidèle (*kâfir*)… Secondement, il y a les statuts légaux qui ne sont pas connus de manière contrainte… qui sont établis par l'accord unanime des Compagnons et des légistes des différentes générations… ; le vrai concernant ces statuts se trouve en un seul dire : celui qui fait l'objet d'un accord unanime parmi les gens. Celui qui en diverge après en avoir eu la

science est pécheur (*fâsiq*). Quant à ce en quoi l'*ijtihâd* est admis, ce sont les questions au sujet desquelles les légistes des différentes cités ont des avis, deux ou plus, divergents. Nos condisciples divergent à ce propos… (suit une énumération d'avis divergents).

Il n'est pas admissible que les preuves s'équivalent en ce qui regarde un même cas; en revanche, il faut impérativement faire prévaloir l'un des deux dires sur l'autre.

Il est permis au mujtahid d'apporter deux réponses à une même question… en ce sens que toute autre réponse que ces deux-là est fausse… Chez Shâfi'î, la résolution d'une question par deux réponses se répartit en plusieurs cas…

Il est admissible de recourir à l'*ijtihâd* en la présence du Messager de Dieu. Certains de nos condisciples disent que ce n'est pas admissible. Il était certes permis au Messager de Dieu de statuer sur des choses advenantes en recourant à l'*ijtihâd*…; il était possible qu'il fît erreur…; Il est admissible que Dieu donne à son Prophète l'ordre de le servir en instituant la Loi (*waḍ' al-shar'*) et qu'il lui dise : « Oblige et trace ce que tu penses correspondre à l'intérêt des êtres créés »[1].

Les notes du traducteur sont limitées aux éclaircissements histo-riques et doctrinaux qu'exige le genre thèse de doctorat. Il s'autorise à souligner telle omission ou inconséquence par rapport à d'autres positions, ou encore certaines incohérences dans les raisonnements formels de l'auteur; ce faisant, il accepte sans les discuter les postu-lats, les principes, les déductions utilisés par Shîrâzî. Cette attitude historiciste devant un texte aussi lourdement chargé de présupposés non explicités, de principes péremptoires avancés comme autant de points d'appui pour articuler uniquement le vrai et les normes justes, est, on le sait, la règle sacro-sainte de l'érudition moderne. Quand au surplus il s'agit de fondements d'une foi étrangère à celle du chercheur, la distanciation critique atteint sa plus grande « rigueur » où se mêlent à des degrés variables selon les auteurs, le respect réel des convictions d'autrui, l'indifférence intellectuelle, la froideur politique et morale à l'égard d'une pensée et d'une culture qui n'affectent en rien les **vraies solidarités historiques et intellectuelles du chercheur**. Dans ces conditions, aucune forme d'intervention dans le sens d'une déconstruction des appareils conceptuels, des procédures cognitives, des systèmes doctrinaux de la raison islamique, ne peut

1. Cf. p. 349-365.

s'imposer comme pertinente dans le cadre d'une quête de la connaissance à la fois théorique et appliquée.

Il est clair pourtant que dans le cas du droit dit musulman aujourd'hui, il n'y a pas seulement une pertinence intellectuelle et cognitive à déconstruire le discours juridique classique et contemporain; il y a une urgence politique au sens de la gouvernance des sociétés contemporaines, à **subvertir** tous les discours juridiques hérités tant de la pensée religieuse canonique que de la pensée moderne classique qui inspirent le droit dit positif. La subversion visée ici est celle que poursuit, par exemple, à Louvain-la-Neuve, le Centre de philosophie du droit déjà cité. La subversion du discours légal de Shîrâzî en tant qu'il est représentatif du discours légal tenu par la raison islamique dès les premières discussions générées par les versets coraniques et les dits du prophète, se fera par trois opérations conduites simultanément : **transgresser** les limites de la clôture dogmatique non pas en les effaçant par un geste iconoclaste, mais en les **déplaçant** (seconde opération) vers les espaces d'intelligibilité ouverts par les révolutions scientifiques depuis les premières interventions de la modernité face à la pensée médiévale dans son ensemble; **dépasser** par une troisième opération les stratégies cognitives et interprétatives qui ont assuré jusqu'à nos jours la survie de systèmes juridiques dont les fondements théologiques ou philosophiques sont de plus en plus ébranlés. On voit qu'il ne s'agit pas dans ces trois opérations de disqualifier la pensée médiévale avec les outils et les critères de la pensée moderne et métamoderne. La stratégie comprend un moment de **psychologie historique** qui consiste à identifier les niveaux et types de rationalité, d'irrationalité, de mémoire collective, d'imaginaire social mis à contribution dans le discours légal et ses applications non seulement dans les sociétés médiévales, mais aussi dans les groupes d'immigrés musulmans dans les sociétés européennes d'aujourd'hui (il en va de même pour les communautés de fidèles chrétiens, juifs, bouddhistes, hindouistes...); vient ensuite un **moment psycho-sociologique et anthropologique** pour expliquer comment peuvent coexister dans un même espace de citoyenneté moderne et démocratique, deux systèmes juridiques fondés sur des présupposés aussi éloignés que ceux du droit religieux renvoyant à l'espace mental médiéval et d'un droit positif généré par la modernité critique. Il s'agit donc d'un élargissement considérable du territoire de l'historien, de ses outils d'enquête et d'analyse.

La première donnée à retenir à propos de l'*ijtihâd*, c'est que les musulmans d'aujourd'hui le réclament comme une pratique intellectuelle qui a garanti irréversiblement la méthode de validation rationnelle de l'élaboration du droit. Ce postulat couvre les sciences religieuses auxiliaires utilisés par le juriste : linguistique de l'arabe, collection du Coran et des *ḥadîths*, *sîra*, *tafsîr*, historiographie, méthodologie et théologie du droit. C'est pourquoi les juristes et muftis d'aujourd'hui s'autorisent à faire l'économie d'une révision radicale de ces sciences datées du Moyen Âge. La notion d'épistémologie historique demeure un impensable pour les gestionnaires des orthodoxies. Le pouvoir officiel est obligé de s'aligner tant que sa légitimité est liée à l'application de la Loi divine. Dans ces conditions, les appels à l'*ijtihâd* restent un exercice rhétorique où la fonction apologétique l'emporte sur l'indispensable travail de réévaluation de tout le travail accompli durant les quatre premiers siècles de l'Hégire et récapitulé dans le grand Corpus de la croyance et de la Loi. On invoque l'*ijtihâd* comme voie de rénovation à la portée de tous, ou au moins des clercs, mais on demeure prisonnier de toutes les contraintes de la reproduction scolastique (*taqlîd* terme évité à cause de ses connotations négatives pointant vers le conservatisme, l'immobilisme, la régression).

Ce qu'enseigne Shîrâzî à propos de l'*ijtihâd* offre un bon repère chronologique : déjà au XIe siècle, on réfère aux maîtres fondateurs éponymes (al-Shâfi'î et ses disciples pour Shîrâzî); on réaffirme les définitions et les principes déjà consacrés comme des fondements intangibles de la construction juridique; on s'autorise seulement à discuter les positions d'autres condisciples dans les limites du pensable religieux et juridique désormais soustraites à toute révision critique. On aura remarqué le style normatif qui énonce ce qui est admissible et ce qui ne l'est pas dans le traitement des statuts dits rationnels et des statuts légaux. La définition initiale de l'*ijtihâd* fixe les conditions de possibilité de son exercice et les limites du champ où il peut s'appliquer : tous les enseignements explicitement fixés par le Coran et le Prophète à propos des statuts dits rationnels sont objets d'assentiment de la foi (*taṣdîq*), donc exclus des compétences de l'*ijtihâd* comme le montrent les discussions sur l'adventicité du monde (*muḥdath*). Il en va de même pour les statuts légaux définis dans le Coran et la Sunna comme des obligations canoniques pesant sur tous les croyants. Les statuts légaux établis par l'accord unanime (*ijmâ'*) des Compagnons et des légistes posent des problèmes nombreux rejetés dans l'impensable, c'est-à-dire hors de l'emprise de l'*ijtihâd* comme quête ouverte du vrai par un *mujtahid* respecté du xiᵉ siècle déjà. « *Le vrai concernant ces statuts se trouve en un seul dire* » consacré par *l'ijmâ'* parmi les gens. Il y a dans cette restriction deux dégradations de l'*ijtihâd* perpétuées jusqu'à nos jours : le pluralisme doctrinal pratiqué dans la pensée islamique jusqu'au triomphe des corpus officiels clos est progressivement mis en échec par l'autonomisation des écoles reflétée dans la littérature des classes de savants (*ṭabaqât*). Cette tendance se poursuivra en relation avec les centres de pouvoir qui officialisent une école. Les reproductions scolastiques dans la ligne de chaque école s'éloignent de plus en plus des premières grandes discussions sur les statuts légaux mentionnés par Shirâzî. Les recherches modernes sur l'autorité des Compagnons, des Suivants, des légistes « fondateurs » ont clairement établi qu'il y a construction rétrospective de Figures mythiques comme Ibn 'Abbâs pour imposer l'idée « fondatrice » du « *vrai se trouvant dans un seul dire* ». Le même procédé de transfiguration des Figures de l'autorité s'est étendu à ceux que j'appelle les *Maîtres éponymes* construits à l'intérieur de chaque école à partir du ivᵉ-vᵉ/xᵉ-xiᵉ siècles.

On trouvera au chapitre suivant plusieurs analyses d'ouvrages qui permettent d'enrichir le travail d'une critique de la raison juridique qui représente le cœur battant et tous les lieux de résistance de la raison islamique. J'ajouterai ici une importante référence à la pensée shî'ite imâmienne que je n'ai pas évoquée jusqu'ici. Le concept de raison islamique doit couvrir, en effet, toutes les productions discursives dans les différentes écoles de pensée par delà les frontières théologico-juridiques qui ont été tracées entre des Communautés interprétantes également mobilisées par une surenchère mimétique sur la construction et la défense de ce que chaque école tient pour la seule authentique orthodoxie. Cette rivalité explique pourquoi le concept d'orthodoxe comme constructions doctrinales idéologiques en compétition ne peut encore être traduit en arabe ou en persan. Ainsi, les sunnites se présentent comme « la Communauté fidèle à la Tradition prophétique et au rassemblement » et les Shî 'ites comme la Communauté soudée par l'infaillibilité et la justice » (*Ahl al-Sunna wal-jamâ'a* versus *Ahl al-'işma wal-'adâla*).

Dans *Inevitable Doubt. Two theories of Shî'î jurisprudence*[1], R. Gleave a présenté deux docteurs tardifs du Shî'isme imâmien : Yûsuf ibn Aḥmad al-Baḥrânî mort en 1186-1772 après trente-six ans d'enseignement à Karbala et Najaf ; Muḥammad Bâqir al-Bihbahânî (m. 1206/1791-1792) qui a été reconnu comme novateur (*mujaddid*), fondateur (*mu'assiss*) dans la science des fondements (*Uṣûl*). L'auteur avertit que son travail n'inclut pas l'ensemble des écrits des deux autorités retenues ; il s'en tient à l'introduction aux *Uṣûl al-fiqh* de Baḥrânî dans son vaste ouvrage *Al-ḥadâ'iq al-nâḍira fî aḥkâm al-'iṭra al-ṭâhira ;* et *al-fawâ'id al-ḥâ'iriyya* suivies d'*al-fawâ'id al-jadîda* d'al-Bihbahânî. C'est là que les deux maîtres développent leurs positions théoriques sur la construction et l'application de la Loi. La méthode suivie par chaque auteur dans son raisonnement juridique est définie dès le premier chapitre à partir d'un problème traité dans les deux ouvrages retenus : il s'agit du statut légal de celui qui ignore la Loi de Dieu (*fî ḥukm al-jâhil bi-l-aḥkâm*). Les réponses données à ce problème éclairent les différences entre deux stratégies cognitives : pour Baḥrânî, la certitude peut être atteinte, mais seulement dans le domaine de l'action, pas celui de la Loi elle-même ; pour Bihbahânî, la certitude est hors d'atteinte, car « la porte de la connaissance est close » ; le premier croit pouvoir surmonter le doute ; le second intègre le doute à l'intérieur d'un dispositif cognitif qui veut réduire l'anarchie épistémologique.

En choisissant dès le départ de concentrer ses analyses sur les dispositifs cognitifs et les choix épistémologiques des auteurs, R. Gleave a le grand mérite de **déplacer** les curiosités de l'historien des questions d'authenticité des textes, de filiation des idées et des doctrines, de formation et du destin des écoles vers des problèmes de critique de la connaissance, des systèmes de pensée qui ont commandé le fonctionnement de la raison procédurière tant dans les méthodologies d'élaboration de la Loi que dans les mécanismes et les chemine-

---

1. Leiden, Brill, 2000.

ments des experts juridiques (muftis et qâdîs) chargés d'appliquer cette Loi à partir de ses codifications. Je retiens cet exemple à cette place pour bien asseoir l'idée exprimée ci-dessus sur les réorientations en cours de l'islamologie juridique et son inscription dans les préoccupations d'une CRJ. On se souvient de ce qui a été dit à partir de la *Risâla* de Shâfi'î[1] au sujet d'une instrumentalisation de la raison pour fixer les règles et les sources contraignantes de toute articulation d'un énoncé légal de la *sharî'a-fiqh*. La stratégie critique reçoit ici une confirmation avec l'exemple de deux docteurs shî'ites tardifs.

Car l'une des données historiques que visait à établir l'analyse synchronique et diachronique des déploiements discursifs de la Raison islamique était que ses fondements épistémiques et épistémologiques mis en place dans les premières constructions théoriques comme la *Risâla* de Shâfi'î, allaient se perpétuer dans le temps jusqu'à nos jours par delà les différences entre les diverses mémoires collectives[2] et les communautés interprétantes au sujet de ce que les shî'ites appellent le *marji' al-taqlîd* : l'autorité de référence obligée pour tous les croyants et d'abord ceux qui ont la responsabilité d'exercer le Magistère doctrinal (*a'imma mujtahidûn*). Le fait que les sunnites réduisent le *marji'al-taqlîd* aux énoncés coraniques et à la sunna authentique du prophète, tandis que les shî'ites l'étendent aux Imâms, ne change rien au fonctionnement de la raison procédurale liée par les règles de l'exégèse interprétative, de la discussion sur l'authenticité des textes admis dans les Corpus Officiels Clos (ḥadîths et corpus classiques de droit) utilisés comme sources et recueils des fondements[3].

Au chapitre 6, l'auteur traite de l'autorité du juriste. Une fois de plus, je noterai qu'on cède à une facilité paresseuse quand on utilise une terminologie moderne inadéquate comme droit, juriste, jurisprudence dont les correspondants en arabe recouvrent indistinctement des champs de la réalité et de la conceptualisation qui vont de la religion, la spiritualité, la sainteté, le sacré, l'éthique à ce qui est propre-

1. Je traite longuement de cette question dans « Le concept de Raison islamique » dans *Pour une Critique de la Raison islamique*, Paris, 1984.

2. Sur la sociologie des mémoires collectives et leur rôle déterminant dans l'élaboration des corpus de la tradition, voir A. J. Newman, *The formative period of Twelver Shî'ism. Ḥadîth as Discourse between Qum and Baghdad*, que j'analyse au chapitre VI.

3. Voir *Inevitable Doubt*, chapitre 2 sur les sources textuels de la Loi.

ment le droit, la pensée juridique positive, le juriste. L'autorité dont il est question engage les compétences liées à ces différents champs perçus et vécus tant par les docteurs qualifiés pour énoncer la Loi que par les justiciables de cette Loi. Cela apparaît clairement dans les discussions sur les conditions (*sharâ'iṭ*) d'accès au rang et aux fonctions du Magistrat capable d'énoncer la Loi après l'Occultation de l'Imam, devenant alors l'autorité que les croyants ordinaires ont l'obligation d'imiter (*marji'-al-taqlîd*). Exposant la théorie de Baḥrânî, R. Gleave énumère les principes qui commandent l'activité exégétique dans le travail d'énonciation de la Loi; il parle de principes liés à l'épistémologie; mais il se contente de relater les énumérations et les définitions casuistiques selon le style bien connu des *fuqahâ'*.

Dans la mesure où la raison procédurale guidée par ces principes continue de s'imposer dans les discussions théologico-juridiques d'aujourd'hui, la critique épistémologique de cette raison doit dépasser la simple transcription des énoncés casuistiques des auteurs traditionnels. Ici l'auteur n'opère aucun déplacement des cadres de l'analyse et des lieux de la critique revendiqués par les deux auteurs. Plusieurs problèmes d'ordre épistémologique se posent à propos des neufs disciplines [1] comme autant de parcours que le Maître doit effectuer avec compétence pour être qualifié de *Mujtahid*. Comment situer la pratique effective de ces disciplines par les deux Maîtres étudiés par rapport à celle des Maîtres classiques dont ils dépendent et plus généralement, au champ intellectuel de la pensée islamique classique? Et puisque nous sommes au XVIIIe siècle avec les deux Maîtres, il faut au moins s'interroger sur la pertinence historique et les conditions de validité d'une comparaison entre l'état de la pensée islamique et celui de la pensée européenne durant ce siècle. Une telle interrogation ouvrirait enfin la voie à une connaissance critique comparée de ces deux traditions de pensée – l'islamique et l'européenne – qui s'entre-choquent aujourd'hui non seulement dans les instances internationales et dans les guerres ouvertes, mais dans les sociétés occidentales qui ont laissé s'installer des millions d'immigrés livrés à leurs ignorances et à leurs imaginaires militants. On comprendrait mieux aussi la marche des sociétés dites musulmanes à rebours de l'histoire

---

1. Énumérés, *ibid.*, p. 240.

moderne. Les protagonistes des conflits en cours construisent des arguments homologues sur la « guerre juste » ignorant dans les deux cas les décalages de culture et de civilisation qui ont continué de se creuser de 1800 à 2004 entre le tout puissant « Occident » et toutes les sociétés régressives.

Dans la conclusion, l'auteur explique la portée du titre du livre : « *L'inévitable doute* » (*shakk, shubha*). Les deux auteurs ont dirigé tous leurs efforts vers l'amoindrissement et surtout le dépassement de tout doute vers la certitude au sujet du contenu de la Loi comme *sharî'a-fiqh*. Laisser grandir, s'étendre le doute sur le côté juridique ne manquerait pas d'affecter les fondements de la croyance-foi. Il est intéressant de noter que les penseurs du xviiie siècle ressentent la nécessité de lutter contre l'extension du doute parce qu'il résulte d'une détérioration de la certitude acquise au temps des Imams vivants parmi les fidèles. En clair, le travail intellectuel et technique du juriste-théologien s'inscrit non pas dans un champ cognitif visant à conquérir une autonomie même relative par rapport au champ religieux, mais dans un cadre **mythohistorique** où la Vérité plénière, intangible donnée dans la Révélation doit être sans cesse reconquise par un retour au Moment inaugurateur contre les désintégrations, les dissolutions qu'impose le temps vécu comme processus chronologique et comme destin (*zamân, ayyâm, fiṭra, dahr*) et non comme historicité de la condition humaine. Encore un exemple parlant de marche à rebours d'un Occident projeté vers la conquête du présent et de l'avenir pour dynamiser l'imaginaire du progrès. Voici pour terminer une proposition théorique de Bihbahânî[1] qui souligne plus clairement encore le drame de la rupture historique entre deux paradigmes de production de l'existence humaine :

> Vous savez que l'objet de la différence (*manât al-farq*) entre l'Akhbârî et le Mujtahid est l'ijtihâd lui-même s'exerçant sur la base de la conjecture (*zann*). Quiconque déploie son activité sur cette base est un *mujtahid*; et quiconque revendique de ne pas le faire et dit travailler sur la base de la science religieuse (*'ilm*) et de la certitude (*yaqîn*) est un Akhbârî.

---

1. Citée p. 252.

L'auteur ne souligne pas assez la portée politique du clivage entre les *Uṣûlî* – qu'il faut ici traduire par fondationalistes et non fondamentalistes – présentés à tort comme des « rationalistes » et les *Akhbârî* (traditionalistes attachés aux textes et à l'authenticité de leur transmission). Il ne donne pas non plus les analyses et les critiques épistémologiques qui permettraient d'ouvrir de nouveaux champs de recherche et de réflexion sur les développements contemporains du droit dans les différents contextes islamiques, à partir notamment, des oppositions paradigmatiques et bien mises en lumière, entre Baḥrânî et Bihbahânî.

Culture, éducation et politique

Ces trois domaines d'intervention dans la formation du sujet humain ne peuvent être hiérarchisés; ils sont interdépendants et requièrent des réappropriations et des élargissements constants. Cependant, quand on considère les conditions historiques de formation de la *Sharî'a-fiqh*, on constate qu'une culture est toujours déjà là avec sa langue d'expression; celui ou ceux qui exercent le pouvoir politique sont porteurs, à des niveaux variés, de la culture du groupe. La sociologie historique de la *Sharî'a-fiqh* a montré l'importance décisive des coutumes et pratiques locales dont les juges et les premiers grands juristes ont tenu compte. À mesure qu'a grandi le corpus d'une Loi islamique, il y a pénétration, conditionnement des cultures locales par la nouvelle culture juridique qu'applique l'administration judiciaire mise en place par l'État-Empire omeyyade, puis abbaside; inversement les pratiques et coutumes locales demeurent assez vivaces pour obliger juristes, juges et muftis à réajuster constamment l'application de la partie positive du *fiqh*. Cela se vérifie particulièrement dans la longue période des empires ottoman, safavide et moghol, quand l'éloignement du pouvoir central a favorisé la formation de pouvoirs d'extension réduite sous la direction de saints locaux plus proches des cultures de groupes avec leurs langues, leurs croyances et leurs coutumes. Il y a là un autre facteur de contingence et de relativisation d'une *Sharî'a-fiqh* transfigurée par la fiction de son enracinement dans la Parole de Dieu et les enseignements du Prophète. J'ai pu vérifier que cette fiction fonctionne comme un pilier de la clôture dogmatique même chez les personnes familières avec le droit moderne. Lorsqu'on évoque, par exemple, une révision du droit des successions, la première objection immédiatement soulevée est que l'opération est impossible parce qu'elle impliquerait la mise à l'écart de versets explicites. L'idée d'une relecture de ces versets dans le cadre cognitif d'une critique globale de la raison religieuse et de ses procédés interprétatifs des Écritures, demeure un **impensable**. C'est cet obstacle psychoculturel qui bloque la révision du droit de la famille et l'émancipation juridique de la condition féminine.

Quelle est la part du politique dans ce blocage? Elle est évidemment décisive; non seulement l'enseignement de la religion à l'école crée de nouveaux obstacles dès l'école primaire, mais la politique de la religion est un enjeu vital pour la conquête, la légitimation et la conservation du pouvoir. On connaît le tournant pris par l'histoire des écoles de *Sharî'a-fiqh* avec la multiplication des médersas officielles à partir du XIᵉ-XIIᵉ siècle. Tout pouvoir central a besoin de codes juridiques unificateurs pour éviter la dispersion, les mouvements autonomistes, les schismes indissociablement politiques et religieux. Le prix payé est l'appauvrissement de la pensée et de la culture juridiques même chez les praticiens du droit. À cet égard, la responsabilité des États postcoloniaux est considérable; ils ont favorisé partout l'isolement des facultés de *sharî'a-fiqh* qui ont continué à enseigner une scolastique dogmatique, anhistorique du droit, tandis que le droit moderne est enseigné au sein des universités modernes où la problématique d'une CRJ est demeurée une préoccupation exceptionnelle de juste quelques enseignants chercheurs. On se trouve depuis la montée politique des oppositions islamistes devant un paradoxe apparent: au moment où la volonté d'islamiser le droit dispose de l'assise sociologique la plus large, les juristes capables de conduire le passage d'un droit religieux à un droit positif moderne sont très rares. Il y a soit des juristes traditionnels incapables d'élargir la pratique de l'*ijtihâd* aux sciences historiques et exégétiques, soit des juristes modernes de haute compétence, mais peu enclins à accorder leur temps précieux à un bricolage réformiste d'un droit considéré comme simplement obsolète. Effectivement, les juristes du temps des Lumières ont simplement construit et appliqué un droit positif moderne en abandonnant à l'Église catholique la tâche de faire vivre le droit canon. On retrouve ici la nécessité et la portée concrète du principe de séparation entre l'Église gestionnaire de la sphère religieuse et l'État laïc administrateur de l'espace public citoyen.

Le principe islamique de non distinction a porté les tensions entre raison religieuse et raison moderne autonome et critique au niveau des guerres civiles et du terrorisme international qui pèsent si lourd sur l'histoire en cours. Il explique aussi la précarité du réformisme qui a inspiré l'introduction des *Tanzimat* par le pouvoir ottoman au xixe siècle. On mesure ainsi l'urgente nécessité d'identifier et de traiter les tâches d'une critique radicale de la raison religieuse dans ses prétentions à construire un droit universel et intangible malgré tous les démentis cinglants infligés par l'histoire concrète à un tel héritage.

LES TÂCHES SPÉCIFIQUES
OU LIEUX DE LA CRITIQUE DE LA RAISON JURIDIQUE

Nous savons maintenant que les lieux – *topoi* – de la CRJ se situent en amont des lieux institutionnels, ceux de la production des normes et des rapports que les acteurs entretiennent avec elles. Il importe donc de repérer ces lieux dans des textes représentatifs de la pensée juridique actuelle tels que ceux que B. D. a recueillis pour ses propres analyses. On peut y ajouter ceux des juristes musulmans classiques comme je l'ai fait pour la *Risâla* de Shâfi'î dans mon élaboration du concept de raison islamique [1]. On ne manquera pas de justifier l'identification de chaque lieu comme tel. Un lieu ne peut être retenu dans le programme que s'il engage à la fois la forme et la substance de la norme juridique, étant entendu que celle-ci fait appel plus ou moins explicitement aux idées de **vérité** et de **valeur**. On voit que le travail d'identification des lieux ne peut pas se contenter des textes juridiques contemporains, c'est-à-dire liés à la période ouverte par l'introduction d'un droit positif élaboré pour des sociétés européennes entrées dans le processus historique de sortie irréversible du cadre de pensée lié à la raison religieuse. La construction de ce droit laïc revêt alors l'importance d'une des tâches majeures requises par le passage d'un droit religieux

---

1. Dans *Pour une critique de la Raison islamique*. J'ai repris et étendu ce chapitre pour une réédition du livre sous le titre *Penser l'islam aujourd'hui*.

intangible parce que divin à un droit humain explicitement conçu et appliqué comme contingent, précaire, sujet à toutes les révisions et à toutes les contestations démocratiques.

Tant que des millions de croyants, musulmans et autres, continue-ront à manifester leur adhésion à la validité d'une Loi religieuse universalisable à leurs yeux comme la *sharî'a-fiqh*, on doit laisser le débat ouvert à la connaissance comparée des systèmes juridiques et à la quête critique du droit le plus solidaire de la construction humaniste du sujet individuel et du sujet collectif. Ce principe démocratique rend plus impérative la vigilance critique également appliquée à toute prétention à la rationalité juridique, surtout quand elle prend la forme d'un code complet et systématisé de normes.

J'appellerai **système cognitif théologico-juridique** l'ensemble des procédures discursives utilisées par la raison religieuse dans les contextes médiévaux juifs, chrétiens et musulmans pour construire des codes éthico-juridiques. C'est sur la déconstruction de ce système et l'évaluation épistémologique des postulats qu'il se donne que doit porter la critique de la raison juridique. Il sera nécessaire de tester la validité des résultats obtenus à partir de l'exemple islamique en éten-dant la même investigation aux cas juif et chrétien depuis le Moyen Âge jusqu'à nos jours. Cet élargissement de la recherche devra se pour-suivre dans la perspective d'une anthropologie et d'une philosophie critiques du droit. On sait que les études comparées s'aventurent rare-ment et toujours timidement dans le domaine de l'islam. On espère que le présent essai encouragera quelques audacieux.

Les penseurs médiévaux ont touché à leur manière à certaines questions liées à la critique de la raison juridique et théologique. Je pense aux débats si pertinents entre les défenseurs de la logique logo-centriste dans la ligne du corpus aristotélicien et les partisans de la logique intrinsèque à la grammaire arabe, ou plus explicitement la logique propre à l'articulation du droit à partir des techniques linguis-tiques de l'exégèse des textes sacrés. Les œuvres suscitées par les deux logiques ont longtemps rehaussé les débats entre les tenants des « sciences rationnelles » et les défenseurs des « sciences religieuses » (*'ulûm 'aqliyya versus naqliyya/dîniyya*) du IXe au XIIIe siècle. On a beaucoup écrit sur les deux régimes concurrents de représentation et de fonctionnement de la vérité que seule la raison moderne viendra ébranler, sans parvenir encore en ces débuts incertains du XXIe siècle, à dépasser de façon pertinente et irréversible les ratiocinations obsolètes sur les polarisations binaires foi et raison, théologie et philosophie, Loi religieuse et droit naturel positif, Révélation et histoire, croyance et connaissance, etc. Je pense aux *disputatio* (*munâzarât*) entre le grammairien Al-Sîrâfî et le logicien Mattâ bnu Yûnus, aux réfutations véhémentes des logiciens (*al-radd 'alâ-l-manṭiqiyyîn*) par le redoutable dialecticien Ibn Taymiyya; ou encore à l'œuvre massive du littéraliste exotérique Ibn Ḥazm contre à la fois les interprètes ésotéristes (*ta'wîl bâṭinî*) et les logiciens partisans d'un déductivisme formaliste fondé sur la *'illa* et le *qiyâs*. Du côté du système cognitif théologico-juridique, les postulats et les enjeux constants de toutes ces disputes de haute tenue intellectuelle et de grande érudition, peuvent être ramenés aux six thématiques suivantes[1] :

1) la Parole de Dieu révélée aux hommes par la médiation des prophètes messagers est récapitulée dans la Révélation faite à Muhammad, sceau des prophètes. Cette ultime « descente » de la Parole de Dieu est scrupuleusement collectée et transcrite dans un Corpus (*Muṣḥaf*). Pour la croyance orthodoxe, la consignation par écrit des énonciations orales faites par Muḥammad n'affectent en rien le statut de Parole articulée par Dieu; ce statut est intériorisé et réaffirmé par chaque fidèle lorsqu'il récite liturgiquement ce qui est nommé indistinctement *qur'ân*, à la fois énonciation première, récitation et texte. L'analyse distingue soigneusement ces trois modes de manifestation d'un phénomène rarement vécu dans sa complexité réelle. De même, les théologiens juristes gardent la conviction qu'ils travaillent sur la Parole de Dieu lorsqu'ils se livrent professionnellement à l'exégèse du texte pour construire à la fois le système musulman de

---

1. J'ai défini ces thématiques avant d'avoir pris connaissance des textes recueillis par B. D. pour ses propres analyses. Les axiomes, les postulats, les énoncés dogmatiques de la croyance qui commandent toute l'articulation linguistique de ces textes se retrouvent dans les six thématiques. Le fait que cette articulation est due à de grands juristes producteurs ou utilisateurs des normes juridiques, permet de dire que la critique des « fondements » avancés pour donner force de loi à leurs normes et au travail interprétatif de ces normes, affecte directement la validité des normes, et la légitimité de la Loi dans son ensemble. La question de la légalité des jugements prononcés à partir de cette loi se trouve également posée.

croyances et de non croyances définissant la foi et la Loi devenue *Sharî'a-fiqh* comme on l'a vu.

Ces précisions indispensables pour la critique de la raison islamique en général, ne retiennent jamais l'attention des érudits qui s'en tiennent à la lecture historico-critique et philologique du texte tel qu'il est reçu dans le Corpus Officiel Clos.

2) Les normes juridiques articulées par les docteurs de la Loi posent le problème de la contingence du droit positif du fait de l'inévitable médiation humaine pour passer de la Parole de Dieu comme *mystère insondable perpétuée par la foi* à un code de règles déclarées divines alors qu'elles assurent le fonctionnement d'un ordre politique, social et même conceptuel entièrement contingent. Ce mélange du spirituel divin et du contingent historique organise **l'implicite vécu** de la foi, mais n'a jamais été constitué en objet d'étude critique qui permettrait de le faire passer à **l'explicite connu**, ou à le connaître de plus en plus adéquatement. Il est vrai que la pensée médiévale en général, dans ses modalités juives, chrétiennes et islamiques, a connu les tensions entre foi et raison, spirituel et temporel, Loi de Dieu, lois des hommes, vérité révélée et vérités précaires des hommes. Le cadre binaire de cette spéculation continue à s'imposer jusqu'à nos jours dans les dialogues interreligieux ; la critique de la raison religieuse offre des voies de dépassement non seulement de la pensée théologique, mais des discussions très actuelles sur la loi de séparation entre l'instance religieuse et l'instance laïque ou séculière du pouvoir politique.

Pour réduire les effets dissolvants, relativisants de la contingence d'un droit vécu comme sacré, les catholiques et les musulmans shî'ites ont introduit la doctrine de l'*infaillibilité* (*'işma*) de l'Imâm comme du Pape. Les sunnites ont construit, comme on l'a vu, des Figures éponymes de l'autorité capables d'atteindre la connaissance intime la plus fine de la Parole de Dieu (c'est le sens de *faqaha* dans le Coran, ce qui explique le choix du nom *fiqh* pour le droit positif). Il est éclairant de suivre la genèse historique et les modalités d'application effective du principe d'infaillibilité dans les deux cas. Il est certain que le recours à la raison procédurière demeure le seul recours pour assurer une crédibilité au droit religieux face à l'expansion du droit positif élaboré et appliqué dans des instances démocratiques.

3) Les *Uṣûl al-dîn* et les *Uṣûl al-fiqh* sont deux disciplines rationa-
lisantes, interdépendantes et interactives qui, en deçà de l'infaillibilité, garantissent la « légitimité spirituelle » (concept à redéfinir) et la
validité discursive des parcours de la raison théologico-juridique pour
parvenir à l'articulation des qualifications légales (*istinbâṭ al-aḥkâm*).
Les shî'ites imamiens affrontent ce défi théorique et pratique d'une
manière particulièrement pressante depuis que Khomeiny a créé l'illusion d'une restauration valide et durable de la gouvernance du juris-
consulte (*wilâyat al-faqîh*). Avec les shî'ites islaméliens, l'infaillibilité
de l'Imâm vivant continue de cimenter l'unité spirituelle de la communauté pourtant dispersée dans des régimes politiques très divers.

4) Les conditions de validité du consensus (*ijmâ'*) sur les qualifications admises à figurer dans le *corpus juris* de chaque école ont
toujours nourri des débats théoriques plus ou moins pertinents. C'est
finalement le temps lent de la tradition vivante et la montée politique
d'un groupe social comme la famille des Sa'ûd en Arabie, qui consacrent l'adoption ou le rejet d'une norme ou même le succès d'une
école comme le Wahhâbisme ou la fin d'autres comme le Ẓâhirisme
ou al-Awzâ'isme au Moyen Âge. Cela veut dire qu'il y a une compétition constante entre les diverses orthodoxies qui organisent la cohé-
sion des groupes sous l'autorité d'une Figure éponyme d'une école ou
d'une confrérie à partir du XIIᵉ-XIIIᵉ siècle.

La pratique des consultants (*mufti*) et des juges (*qâḍî*) contribue au
renforcement de cette scolastique avec l'application des règles positives à des cas d'espèce concrets. Ce que j'appelle reproduction scolastique est connue sous le nom de *taqlîd* couramment traduit par imitation. En fait le *taqlîd* réfère théoriquement au respect du degré
d'*ijtihâd* ou autorité intellectuelle et spirituelle attribuée aux Imâms et
aux Figures éponymes construites dans la tradition comme maîtres
fondateurs d'écoles. Il est nécessaire de perpétuer la fidélité à des
Figures Symboliques idéalisées pour que la loi continue d'être intériorisée comme l'expression d'impératifs divins. Cette fonction psychologique du *taqlîd* est totalement perdue de vue par ceux qui retiennent
la seule imitation ou reproduction passive des normes et des rites.
De même, en réclamant rituellement la réouverture de la porte de

l'*ijtihâd*, on vise plus les performances de la raison procédurière que l'instance de l'autorité spirituelle mythiquement construite dans la pensée médiévale, mais idéologiquement réactivée dans les contextes sécularisés des sociétés d'aujourd'hui.

L'ensemble des musulmans contemporains et pas seulement les fondamentalistes vivent dans un anachronisme généralisé. On postule en effet la continuité historique jusqu'à nos jours des conditions épisté-miques et épistémologiques de l'exercice du couple *ijtihâd/taqlîd* dans l'espace mental médiéval. Que valent une foi et un droit qui s'expriment et veulent s'imposer politiquement avec cet anachro-nisme partout consolidé par l'enseignement et tout le discours social depuis les années 1950 et l'émergence des divers Partis-États? Les réponses à cette question constituent le programme d'une critique de la raison juridique et plus généralement religieuse aujourd'hui. Quand la pensée islamique se donnera les moyens scientifiques et éducatifs de sortir de son anachronisme massif, le *fiqh* comme droit positif ne pourra plus s'articuler à la *sharî'a* comme cadre spirituel de son élabo-ration et de son application. Les coups de force politique d'une sépara-tion des sphères religieuse et civile seront voués à l'échec tant que le travail de **subversion intellectuelle** et **scientifique** de la pensée anachronique n'aura pas conquis une base sociologique assez large et solidaire à l'instar de la bourgeoisie capitaliste en Europe. Les appels à des juristes médiévaux supposés novateurs comme Shâṭibî (m. 790/ 1388) ou Al-Qarafî (m. 685/1285)[1] s'inscrivent dans le même anachronisme qui nourrit l'illusion réformiste. On rappellera que la pensée islamique s'est privée non seulement des apports de la philo-sophie réflexive, mais aussi des interrogations de la théologie. Cela est de moins en moins vrai dans le christianisme occidental comme l'atteste l'ouvrage récent de Pierre Gisel, *La Théologie face aux sciences religieuses*[2].

5) Avant la systématisation méthodologique et procédurale impo-sée par la discipline des *Uṣûl al-fiqh*, la pratique des juges laissait une

---

1. Al-Qarafî a des développements très explicites sur la vigilance intellectuelle et spirituelle qu'implique l'attitude d'un *taqlîd* bien compris et intériorisé. Voir les analyses de Sh. Jackson, *Islamic Law and the State. The Constitutional jurisprudence of Shihâb al-dîn al-Qarâfî*, Leiden, Brill, 1996.

2. Genève, Labor et Fides, 1999.

large place à l'appréciation personnelle devant chaque cas d'espèce (*ra'y*). Cela a favorisé l'expansion d'un pluralisme doctrinal et la multiplication des écoles, mais contrariait la politique centralisatrice de l'État-Empire omeyyade, puis abbasside. Ainsi s'est tissée une solidarité d'intérêts entre les nécessités politiques du contrôle étatique et l'impératif religieux de l'unification de l'*Umma*. En fait, cette solidarité entre religion et État était déjà un des lieux communs des *Miroirs de princes* à la cour sassanide, comme en témoigne la veine littéraire illustrée par les 'Abd al-Ḥamîd al-Kâtib, Ibn al-Muqaffaʻ jusqu'à Miskawayh et Niẓâm al-Mulk. On sait comment Ibn al-Muqaffaʻ notamment avait insisté auprès du calife dans sa fameuse *Risâla fî-l-ṣaḥâba*, sur l'urgence qu'il y avait à unifier la législation dans la cité musulmane encore naissante. Dans la perspective d'une critique de la raison juridique, ce que nous devons retenir à ce stade historique de la formation d'une pensée religieuse d'un côté et de l'expansion d'un État-Empire de l'autre, c'est la manière dont vont évoluer les visées (*maqâṣid*) d'une religion nouvelle, autoproclamée vraie (*dîn al-ḥaqq*), qui prêchait l'unicité de Dieu, la fraternité et l'égalité spirituelle des créatures humaines d'une part, les ambitions expansionnistes et les responsabilités gestionnaires d'un État également nouveau, d'autre part. C'est par la relecture historique de ce moment initiateur que nous pourrons élucider la question si embrouillée des fameux rapports entre **religion**, **politique et société** (les trois D en arabe *Dîn, Dawla, Dunyâ* qui ont fait l'objet d'une littérature si féconde à l'époque classique) [1].

6) La limitation du pluralisme doctrinal a été atténuée par le principe du pluralisme normatif inévitable dans l'application des règles de dérivation de la norme ou qualification légale à partir de la Parole-Textes. La divergence des opinions (*ikhtilâf*) a été élevée à la valeur de miséricorde accordée à la Communauté (*raḥmat li-l-umma*) pour résoudre ses différends. La survie de quatre écoles sunnites de droit dites également orthodoxes, ne doit pas dissimuler qu'il s'agit d'un pluralisme illusoire puisque les ruptures théologiques entre sunnites, shîʻites imâmiens, shîʻites ismâʻiliens, khârijites ibâdites demeurent insurmontées jusqu'à nos jours, tandis que les écoles juridiques, plus étatisées que jamais, se trouvent également enfermées dans une repro-

---

1. Cf. M. Arkoun, *L'islam, Morale et Politique*, Paris, Unesco-Desclée, 1986.

duction scolastique d'un droit qui survit difficilement aux irrésistibles poussées de la législation laïque moderne. L'étatisation du droit entraîne celui de toute la sphère religieuse puisque le calife comme le sultan, nommait le grand cadi et le grand mufti, de même que la plupart des gouvernements d'aujourd'hui comprennent un ministre, ou une direction des affaires religieuses. La confusion des instances en islam se trouve ainsi perpétuée depuis l'avènement des Omeyyades par la connivence tacite ou déclarée des clercs et des détenteurs du pouvoir politique : les premiers mettent en scène des procédures de légitimation pour laisser croire qu'ils défendent leur prérogative d'instance de l'autorité spirituelle; les seconds délèguent un certain pouvoir pour combler leur déficit constant de légitimité. Il y a à la fois fraude religieuse et fraude politique comme dans les rapports entre Église et État avant les grandes révolutions européennes. Bien qu'imparfaite à bien des égards, la réussite de ces révolutions a été rendue possible par la conjugaison de plusieurs facteurs positifs. Ceux-ci ont toujours été précaires ou absents en contextes islamiques. Ainsi, la bourgeoisie marchande naissante qui a permis le succès éphémère de l'*adab* philosophique au ive/xe siècle n'a cessé de décliner, de s'effriter jusqu'à se transformer en classe enclavée et plutôt parasitaire dans les sociétés contemporaines à forte pression démographique.

CONCLUSION PROVISOIRE

L'ensemble des positions doctrinales qu'on vient de résumer dans un parcours de six grandes étapes constitue le programme d'une Critique radicale de la Raison juridique dans la pensée islamique. Ce parcours se veut subversif en ce sens qu'il ne fait aucune concession aux tabous que les croyants ont dressés devant toute tentative de désacraliser ce que le temps et les ruses de la raison ont sacralisé, sanctifié et divinisé. La désacralisation n'est pas un simple acte iconoclaste jubilatoire; elle signifie la récupération par une raison mieux armée, mieux protégée politiquement et socialement, des libertés créatrices et des lucidités qui lui ont été refusées pendant des siècles d'acceptation de ce que la pensée protestante a nommé le *serf-arbitre*. Luther a subverti le Magistère doctrinal catholique sans parvenir à libérer totalement la raison du *serf-arbitre* exercé dans la clôture de la théologie dogmatique. La subversion doit s'étendre aujourd'hui à toutes les formes et les dérives dogmatiques de la raison religieuse comme de la raison des religions séculières qui se réclament de la modernité. Les expressions de la raison en contextes islamiques contemporaines cumulent souvent hélas les aveuglements de la croyance fantasmatique et ceux d'un modernisme totalement détaché de la modernité intellectuelle.

Les résistances qu'opposent les croyants de tous niveaux culturels à cette remise en examen de tout ce qu'ils tiennent pour acquis et intangible, seront intégrées comme un donné historique, anthropologique, sociologique, psychologique et politique sur le fonctionnement du religieux en contextes de modernité et de mondialisation. C'est en ce sens qu'une critique de la raison juridique en islam est *ipso facto*, une critique de la raison religieuse et de la raison politique qui s'affrontent plus sur des enjeux et avec des catégories idéologiques que pour proposer une **pensée de dépassement** des impasses pourtant clairement identifiées par les acteurs sociaux. Après les tensions entre tradition et modernité longtemps gérées par une raison prisonnière de la thématique métaphysique, nous sommes entrés dans la phase des luttes inégales entre une raison religieuse bricoleuse et les forces mal maîtrisées de la mondialisation. Les États-Unis viennent de se retirer de cet Irak qu'ils voulaient engager sur les voies d'une démocratie triomphante. Pour couvrir l'échec en Irak, le président américain vient de déclarer son soutien à la Turquie pour entrer dans l'Union européenne. Cette perspective plausible ne peut effectivement se concrétiser dans un succès que si cette Turquie lancée depuis 1924 sur la voie d'une laïcisation plus volontariste que culturelle et intellectuelle, ouvre à l'islam comme religion et tradion de pensée, les chantiers d'une critique systématique de la raison islamique dans le cadre plus universel d'une maîtrise de la raison télétechnoscientifique. L'hypothèse turque a pour l'instant le grand mérite d'ouvrir un horizon de solidarité internationale par ailleurs bouché par tant d'échecs accumulés, de régressions imposées, d'arbitraires impunis, d'oppressions sans recours, de volontés de puissance cyniques, de prédations à l'échelle mondiale. Tout cela cependant ne doit pas arrêter les combats pour un humanisme futur nourri de tous les enseignements de la **crise de la raison** dans cet Occident qui exerce le monopole d'une violence légale en perte de légitimité philosophique, surtout lorsqu'il stigmatise les États voyous qu'il contribue à générer, à soutenir et à dénoncer, éventuellement supprimer, selon son bon vouloir.

CHAPITRE VI

POUR UNE HISTOIRE RÉFLEXIVE
DE LA PENSÉE ISLAMIQUE

Plutôt que de rendre compte séparément d'un certain nombre d'ouvrages qui ont pour thème commun l'histoire de la pensée islamique, j'ai préféré les rassembler sous le titre programme *Pour une histoire réflexive de la pensée islamique*. Bien que les titres de chaires dans les Universités aient été supprimés en France, j'ai tenu à présenter mon enseignement à la Sorbonne de 1961 à 1992 sous le titre englobant d'histoire de la pensée islamique. Après mon départ à la retraite, cette désignation d'un champ disciplinaire historiquement et épistémologiquement identifiable a disparu à Paris III et n'apparaît guère ailleurs. On préfère des appellations plus limitées à des spécialisations comme philosophie, théologie, exégèse, droit, mysticisme, théorie du droit... De telles distinctions ont sûrement leur pertinence ; mais elles ne sauraient faire oublier les liens épistémiques solides que toute la pensée médiévale dans l'espace méditerranéen a toujours maintenus dans la pratique des disciplines touchant à l'activité cognitive et réflexive. C'est pour respecter cette donnée historique indéniable que j'ai parlé de pensée islamique bien avant que les confiscations apologétiques et fondamentalistes, répandues surtout depuis les années 1980, se soient emparées de l'expression pour désigner des pratiques militantes et confusionnistes opposées aux programmes de recherche et à la posture critique radicale et pluridisciplinaire que j'ai assignés au chantier toujours peu fréquenté d'une *Critique de la Raison islamique*.

Lorsque le Comité de rédaction de la revue *Arabica* avait ouvert la section *Méthodes et Débats*, j'avais espéré personnellement que les chercheurs en profiteraient non seulement pour présenter des critiques érudites d'ouvrages et en signaler les imperfections, les insuffisances et les usages discutables de l'information, les fautes avérées de traduction et d'interprétation, mais aussi pour instaurer des discussions sur des problèmes de méthodes, d'épistémologie historique, d'archéologie des savoirs et des postulats qui commandent l'articulation du sens dans les divers types de discours. Alors que depuis la création d'*Arabica* en 1953, il y a toujours eu des contributions à la section *Notes et Documents*, on constate que la section *Méthodes et Débats* a été jusqu'ici bien rarement fréquentée. On s'en tient aux plus ou moins à de brèves et pertinentes remarques critiques formulées dans chaque compte-rendu centré sur un seul ouvrage. Le *Bulletin critique* doit évidemment continuer à remplir cette fonction dont la portée scientifique est indiscutable ; mais j'ai cru utile d'attirer l'attention sur ce que j'appellerai la critique réflexive et interrogative appliquée aux systèmes de pensée et pas seulement aux idées, aux doctrines de tel auteur spécialisé dans telle discipline arbitrairement isolés d'un espace continu de la connaissance et de la pensée.

ANALYSE RÉFLEXIVE SUR L'ENCYCLOPÉDIE DU CORAN
Jane Dammen McAuliffe, *The Encyclopaedia of the Qur'ân*[1]

Le premier volume était très attendu depuis l'annonce par Brill d'un projet de publication d'une *Encyclopédie du Coran* sous la direction de J. D. McAuliffe, professeur à Georgestown University. À vrai dire, on est en droit de s'étonner d'abord de ce qu'une entreprise aussi nécessaire du point de vue de la connaissance scientifique des religions, aussi vitale pour éclairer la vie religieuse des musulmans, ait attendu si longtemps pour trouver un concepteur et un grand éditeur. On peut se demander aussi pourquoi l'initiative est venue de chercheurs occidentaux et d'un éditeur hollandais alors que les musulmans ont placé plus que jamais le Coran au centre de toute leur

1. Leiden, Brill, vol. 1, A-C, 2001 ; vol. 2, E-I, 2002.

histoire, de leur existence individuelle et collective, de leurs réponses politiques à l'histoire en cours, surtout depuis l'expansion des idées de la Révolution dite islamique et davantage encore du terrorisme international. L'accueil au projet et au premier volume, mise à part toute considération d'appartenance confessionnelle, devrait être positif, malgré des réserves légitimes sur la pertinence des découpages thématiques et conceptuels, ainsi que sur la présentation formelle de l'ouvrage. Je n'ai pas pu suivre les réactions des musulmans défenseurs de la croyance orthodoxe, étrangers aux raisonnements et à l'écriture critiques des historiens. Il faudra attendre que les deux volumes disponibles soient mis à la portée d'un nombre assez étendu de lecteurs et d'usagers scientifiques pour se prononcer sur l'évolution positive ou la rigidité dogmatique du public dit croyant. Nous savons que la seconde édition de l'*Encyclopédie de l'islam* dont la réputation scientifique et l'ampleur des connaissances rassemblées ne sont plus à défendre, continue d'être soit ignorée, soit inaccessible pour des raisons de langue et de prix, soit condamnée par les gardiens de l'orthodoxie, surtout sur les thèmes les plus sensibles touchant aux définitions dogmatiques des contenus de la foi.

L'idée d'une telle publication a été examinée pour la première fois en 1993 au cours d'une rencontre entre J. D. McAuliffe et Peri Bearman responsable de la section Islam chez Brill. Un comité scientifique a été formé avec la participation d'A. Rippin, Cl. Gilliot, W. Graham, Wadad Kadi, tous bien connus pour leurs riches contributions aux études coraniques. Il a fallu faire immédiatement des choix éditoriaux pour toute l'entreprise. Comparé aux autres grands corpus de textes religieux, le Coran apparaît plus réduit et maniable, bien que le contenu des sourates soit difficile à répartir dans des catégories assez englobantes pour servir d'entrées dans une encyclopédie scientifiquement conçue. Les catégorisations thématiques faites par les différentes lectures musulmanes ne sont pas plus pertinentes que celles tentées par les chercheurs modernes. Pour donner une idée de la grande diversité thématique et stylistique du Coran aussi bien que de l'immense littérature générée par le Livre sacré, il a fallu opter pour deux types d'entrées : l'une concernant les thèmes et concepts prégnants, les valeurs, les noms propres de personnes et de lieux, les évènements, les grandes Figures présentées dans les récits mythiques, les données de la tradition exégétique musulmane ; l'autre présentant sous forme d'articles plus ou moins développés, des questions comme Art et architecture, épigraphie, cosmologie, chronologie des unités textuelles, méthodes et débats... qui exigent des discussions et des mises au point strictement scientifiques pour enrichir la recherche dans un domaine de grande actualité et relativement négligé si on le compare aux études bibliques et évangéliques. Le tout est centré sur le corpus des textes coraniques et non sur l'immense littérature exégétique. Ainsi, il n'y a pas d'articles sur les grands commentateurs, mais il est fait usage des commentaires comme sources d'information. Pour atteindre le plus large public, l'ordre alphabétique anglais a été préféré à celui de l'arabe; un index des correspondances est prévu. Avec les deux premiers volumes, on ressent déjà fortement la nécessité d'un index des entrées et des auteurs.

Je sais pour avoir contribué aux deux volumes combien la directrice scientifique de la publication veille scrupuleusement à l'harmonisation des présentations rédigées par des auteurs extrêmement divers. Malgré cela, on constate des faiblesses, des insuffisances, des différences de style, de méthode et de perspectives épistémologiques qu'il est sans doute impossible d'éviter dans une encyclopédie portant sur un domaine si complexe et encore trop insuffisamment exploré. On relève d'excellentes contributions rassemblant avec rigueur, une information qui donne à penser dans la direction qui m'est particulièrement chère : une relecture plurielle de tous les contextes historiques, culturels, linguistiques, anthropologiques auxquels renvoient les énoncés de ce que j'appelle non pas le Coran tout court, mais comme l'un des Corpus Officiels Clos dont dépendent encore aujourd'hui les constructions, les expansions, les métamorphoses, les fonctions variées des trois traditions monothéistes vivantes. Je pense aux articles d'Angélika Neuwirth sur cosmologie, forme et structure, géographie; de Claude Gilliot sur Exégèse, de Sebastian Günther sur illettré (*ummî*), de Richard Martin sur Inimitabilité, de Rafael Talmon sur Grammaire et Coran, de Robert Hoyland sur épigraphie, etc. Tout en respectant la règle de concision dans une *Encyclopédie*, des articles de cette qualité devraient être plus nombreux et recevoir la priorité. Ils sont en effet, de nature à assurer une longue carrière intellectuelle et scientifique à l'*Encyclopédie;* ils contribueront sûrement, s'ils sont dûment relayés par divers médiateurs culturels et éducatifs, à modifier les rapports des musulmans et des non musulmans non seulement avec le Coran, mais plus fondamentalement avec tous les corpus religieux fondateurs de traditions croyantes. Avec la trajectoire historique *De Manhattan à Bagdad* (titre de mon dernier livre) ouverte par le 11 septembre 2001, tous nos contemporains peuvent mesurer la portée vitale d'une telle publication.

J. D. McAuliffe a sans doute rédigé la préface du premier volume avant l'événement clef du 11 septembre 2001 ; en réfléchissant comme je l'ai fait sur la trajectoire *De Manhattan à Bagdad*, elle doit se féliciter aujourd'hui d'avoir non seulement mis en chantier un projet essentiel pour la culture, la connaissance critique des religions, mais pour hâter l'avènement d'une recherche scientifique et de systèmes éducatifs appliqués sans distinction, sans réserves, sans concession, sans autocensure, aux domaines et aux croyances les plus sacralisés de l'existence humaine. Le temps des fausses querelles sur « l'Orientalisme », ou des controverses stériles sur la subversion intellectuelle et scientifique des croyances mythologiques, est révolu du fait notamment des subversions terroristes dirigées contre leurs propres sociétés par ceux-là mêmes qui défendent des « valeurs » et des « croyances » soustraites à tout examen critique libre. L'opposition courante entre approche dite croyante et approche scientifique ne peut être féconde que si les deux postures sont également soumises à des critères méthodologiques et épistémologiques qui les dépassent et les transforment l'une et l'autre. J'ai défini ces critères dans une étude consacrée à l'œuvre de mon maître Cl. Cahen sous le titre *Transgresser, Déplacer, Dépasser*[1]. Les musulmans qui continuent à s'en prendre à partir d'une posture dogmatique à la science dite orientaliste, sont soit ignorants des règles élémentaires de la recherche scientifique, soit engagés dans un activisme politique qui peut avoir une légitimité comme tel, mais non imposer ses postulats arbitraires dans les domaines de la connaissance et des transmissions des savoirs scientifiques.

Il y a heureusement de plus en plus de chercheurs « musulmans » (les guillemets signalent qu'il y a désormais plusieurs manières de se rattacher à l'islam comme religion, expérience humaine du divin dite mystique, culture, pensée, manière de vivre, idéologie de combat

---

1. Réécrite pour le chapitre III de ce livre.

politique) qui refusent la distinction obscurantiste entre musulmans et non musulmans; la seule différenciation acceptable entre les chercheurs est, comme je le répète depuis trente ans dans *Arabica*, méthodologique et épistémologique, sans oublier, bien sûr, la rigueur et l'étendue de l'information. Je ne peux que saluer le courage intellectuel de J. D. McAuliffe qui écrit :

> *Conversely, there are non-Muslim scholars who have attempted to write about the Qur'ân in a manner that is not immediately offensive to the theological sensibilities of Muslims. Others have operated with the assumption that such considerations have no place in the realm of academic discourse. Personalities differ, ideological orientations differ and scholarly practices differ on both sides of the dividing line. I have deliberately embraced a plurality of method and perspective within the pages of the EQ, but I have done so conscious of the fact that not all scholars, whether non-Muslims or Muslim, agree with this approach. There are Muslim colleagues who have preferred not to participate out of fear that association with the EQ would compromise their scholarly integrity. There are non Muslim colleagues who have demurred for exactly the same reason. Nevertheless, these are very much the exceptions. Most scholars who were invited to contribute accepted with enthusiasm and alacrity, pleased to see the appearance of a reference work that would foster continued development within the field of qur'ânic studies. It is my sincere hope and that of the associate editors, that the EQ will do precisely that.*

Une *Encyclopédie du Coran*, de la Bible ou de tout autre grand corpus fondateur d'un nouveau départ d'encodage sémiologique et symbolique de l'existence humaine, peut dans un premier temps, limiter ses ambitions à la mise à la portée d'un public large et divers des informations de base indiscutables et indispensables pour aller plus loin dans une exploration sans fin. S'il est légitime d'écarter à ce stade toute option interprétative et toute posture cognitive exclusi-vistes, il me semble souhaitable, voire nécessaire, de signaler, chemin faisant, surtout dans les articles de fond, les horizons nouveaux d'intelligibilité qu'ouvrent les connaissances apportées par la décou-verte de documents décisifs comme les manuscrits de la mer morte, les manuscrits de *muṣḥafs* antérieurs à ceux utilisés jusqu'ici, etc. Les sciences de l'homme et de la société introduisent sans cesse de nouveaux questionnements, écartent ce que Gaston Bachelard

appelait les « fausses connaissances » sur lesquelles reposent les systèmes de croyances et de non croyances véhiculées par les traditions
religieuses dites vivantes. Un exemple frappant de l'accumulation
persistante des fausses connaissances vient d'être donné par l'ouvrage
ambitieux à bien des égards de Christoph Luxenberg : *Die Syro-*
aramäische Lesart des Koran. Ein Beitrag zur Entschlüsselung der
Koransprache[1]. Il faudra du temps pour vérifier les propositions et
hypothèses de ce livre; il en faudra plus encore pour intégrer les
résultats les plus solides dans l'écriture et la didactique propres au
genre encyclopédique. On connaît par ailleurs les ruptures et les
dérives fantasmatiques introduites en contextes islamiques par la
conjugaison de deux puissants facteurs depuis les années 1950-1960 :
je veux parler de la révolution démographique en cours et le triomphe
simultané de Partis-États prédateurs dans un grand nombre de pays
dits musulmans. On a assisté ainsi à des effets multiplicateurs sans
précédent sur l'expansion psychosociologique des fausses connaissances érigées en dogmes refondateurs de ce que les « croyants »
appellent uniment l'islam, malgré les grands fracas idéologiques qui
ont bouleversé et continuent de conditionner lourdement toutes les
expressions contemporaines de sociétés de plus en plus enfouies sous
les mots sacs Islam ou monde musulman. Pour ces raisons et bien
d'autres que je ne peux détailler ici, je soutiens qu'une politique
éducative et culturelle qui ferait de la diffusion de *l'Encyclopédie du*
Coran, même dans son état actuel, un objectif prioritaire, contribuerait
à la réduction, voire à l'arrêt du terrorisme international en contextes
islamiques bien plus efficacement que les guerres punitives,
vengeresses et conquérantes qui renforcent le recours au *Jihâd* comme
obligation canonique pour les vrais « croyants ».

Pour l'heure, *l'Encyclopédie du Coran* est conçue et adressée
uniquement au public anglophone. Soit. Elle a le mérite d'exister.
Mais le Coran joue un rôle primordial dans les conflits en cours; il
n'est permis ni aux chercheurs, ni aux enseignants, ni aux gestionnaires du sacré, ni aux responsables des médias, ni encore moins aux
décideurs politiques, d'ignorer cette donnée ensevelie par des discours
lénifiants, rassurants, anesthésiants qui se contentent de répéter sans

---

1. Berlin, Schiler Verlag, 2002.

conviction que l'islam « authentique » n'a rien à voir avec le phénomène mondial du terrorisme.

Compte tenu de ces enjeux vitaux, il serait inconvenant de s'attarder sur des problèmes de présentation de l'ouvrage, de découpages thématiques et conceptuels, de choix des auteurs, de cohérence de l'écriture, de stratégies cognitives et informatives. Tant il est vrai qu'une *Encyclopédie du Coran* publiée en ces temps tragiques de chocs des imaginaires, des mémoires collectives, des ignorances, des inégalités, des prévarications, des désintégrations de toutes les instances de légitimation, a pour première fonction de faire mesurer l'étendue des retards, des omissions, des lacunes, des oublis, des ignorances, des impensés accumulés par la pensée islamique qui continue encore de résister aux enseignements libérateurs de la pensée critique..

AUTORITÉ, POUVOIR ET LÉGITIMITÉ
Asma Afsaruddin, *Excellence and Precedence.*
Medieval Islamic Discourse on Legitimate Leadership[1]

Ce livre est le résultat de plusieurs années de recherche et a fait l'objet d'une soutenance de thèse à Johns Hopkins University en 1993. Il traite d'une question centrale, récurrente et jamais épuisée dans la pensée islamique. Nous savons comment la Révolution dite islamique qui a amené Khomeiny au pouvoir a réactivé, dans une conjoncture idéologique tendue et de la manière la plus tragique, tous les problèmes de la légitimité du pouvoir politique et de l'autorité religieuse pour les brouiller davantage et plonger un grand nombre de sociétés dans un désordre sémantique, des errements conceptuels sans précédent dans l'histoire. En effet, l'idée d'une Cité (*polis*, anglais *polity*) musulmane défendue comme un Modèle alternatif plus performant, éthiquement supérieur au Modèle démocratique occidental, n'a intégré jusqu'ici aucune des discussions majeures poursuivies de 632 à la fin du XIIIᵉ siècle sur les conditions de légitimation du Calife/Imam comme digne successeur de Muhammad. Le livre d'A. Asfaruddin (AA) va nous fournir l'occasion d'élargir les

---

1. Leiden, Brill, XI-310 pages.

horizons de la discussion au-delà de la confrontation en elle-même cruciale, dont nous allons montrer la richesse.

Disons tout de suite que l'auteur a le mérite de bien connaître les sources anciennes et de les exploiter souvent avec pertinence; elle montre quelque intérêt aussi pour les outils et les questionnements de l'analyse du discours dans la perspective d'une relecture critique non seulement des textes, mais des cadres culturels dans lesquels ils émergent et fonctionnent ensuite. Dès l'introduction, elle fait cette profession de foi dans cette orientation :

> Our focus on how the key concepts of sâbiqa and fadl/fadîla have been invoked as both **historical and metahistorical** referential terms in a variety of literatures to legitimize certain views of leadership, hopefully promotes this kind of **synthetic historical knowledge**... Our intention is to allow a more comprehensive and realistic picture of Sunnî-Shî'î engagements on this crucial issue to emerge, both in terms of their historical trajectory and their emotive representation in the **collective memory** of the polity[1].

J'expliquerai plus loin pourquoi j'ai souligné en gras trois expressions particulièrement signifiantes pour une écriture historienne beaucoup plus féconde et scientifiquement pertinente que l'écriture historico-critique reconnue aujourd'hui comme insuffisante pour une exploitation exhaustive des textes médiévaux en général. La recherche porte sur deux livres particulièrement signifiants dans l'histoire des débats doctrinaux entre Sunnites et Shî'ites sur la succession de Muhammad : le fameux *Kitâb al-'Utamâniyya* de Jâhiz (m. 255/869) et le *Binâ' al-maqâla-l-fâtimiyya (ou al-'alawiyya) fî naqd al-risâla-l-'uthmâniyya* d'un érudit prolifique Ibn Tâwûs (m. 673/1275). Le fait que la *disputatio (munâzara)* rebondit à quatre siècles de distance suffit à faire mesurer la vitalité et la pertinence toujours renouvelées du sujet. On découvre aussi la stagnation intellectuelle, la redondance des argumentaires, le fossé toujours béant entre l'histoire politique et intellectuelle réelle et les discussions théoriques, les idéalités éthiques et spirituelles rituellement ressassées dans la pensée islamique d'hier et d'aujourd'hui.

1. Cf. p. 35.

L'analyse des contenus et des argumentaires des deux livres sont présentés dans six chapitres :

1) l'excellence conférée par la précédence à la conversion et au service de l'islam ;

2) la précédence dans l'accession à l'excellence par a) la générosité ; b) la sobriété ; c) la véracité ; d) la valeur ;

3) l'épistémologie de l'excellence ;

4) l'excellence conférée par la proximité parentale avec le prophète ;

5) le paradigme de l'excellence dans les textes de Ḥadîth ;

6) le paradigme de l'excellence dans les textes coraniques.

La lecture de ces six chapitres est enrichissante parce qu'elle permet d'aller plus loin encore que l'auteur en ajoutant à ses méthodes et questionnements pertinents, l'enquête critique nietzschéenne sur la généalogie des valeurs dans la ligne arabo-islamique. Je dis bien arabo-islamique car la littérature où se déploie pendant des siècles la construction des valeurs, est entièrement rédigée dans la seule langue arabe ; celle-ci tient donc pour la critique philosophique de la valeur, la place du grec et du latin pour le parcours nietzschéen. Je n'entreprendrai pas ici une telle tâche ; mais je tiens à souligner que le livre d'AA prépare et exige de tels prolongements. Il est vrai que j'ai toujours été hanté par l'idée que la *critique de la valeur* demeure un impensé dans la pensée islamique contemporaine ; elle a mis du temps à s'imposer en contexte chrétien et l'on sait les incompréhensions et les rejets suscités par l'entreprise nietzschéenne dans le parcours moderne de la pensée européenne.

Voici comment les positions de Jâḥiẓ et Ibn Ṭâwûs peuvent être résumées. On notera d'abord que tous deux acceptent de se situer dans le cadre de la problématique et des argumentaires déjà mis en place progressivement depuis 632. Si l'on accepte l'authenticité des trois ḥadît explicites (*naṣṣ jalî*) sur la désignation d'Abû Bakr pour diriger la prière, le rang (*manzila*) de ʿAlî par rapport au statut de Muḥammad et sa désignation dans la fameuse déclaration de *Ghadîr khumm*, on comprend que la contestation porte d'abord sur le principe même du recours à un texte (*naṣṣ*) explicite pour régler le problème de la succession. Dès que la discussion s'engage dans ce sens, on doit faire face à toutes les difficultés techniques concernant la classification des

Ḥadît et le statut des *Corpus Officiels Clos* que chaque camp ou fraction de l'Umma s'est donnés pour assurer la validité et la pérennité de sa propre définition de la légitimité. Retenons bien les deux contenus indissociables de celle-ci : elle réfère, en effet, à la légitimité du chef de la Cité musulmane postulée par le Coran et le Modèle de Médine initié par le Prophète ; mais l'accès à cette légitimité dépend de la validité de la connaissance des intentions divines exprimées dans le Coran et les explicitations fournies par Muḥammad. L'établissement de cette validité renvoie elle-même à des activités techniques de la raison : collecter, mémoriser et transmettre avec intégrité morale, rigueur intellectuelle et souci de l'exhaustivité excluant l'oubli ou la moindre omission, la totalité littérale des énoncés coraniques et prophétiques du début à la fin de la *Risâla/Nubuwwa*. Cette seconde mission post prophétique va être celle de la génération des Compagnons (*Ṣaḥâba*), des Suivants (*Tâbi'ûn*), des Imâms fondateurs d'écoles chez les Sunnites, des Imâms charismatiques chez les Shî'ites. Nous reviendrons sur la question des *Ṣaḥâba*.

Ibn Ṭâwûs a choisi Jâḥiz comme interlocuteur sans doute parce qu'il est l'un des plus doués représentants des partisans de l'opinion raisonnée (*Ahl al-ra'y*) face aux partisans de la connaissance *donnée* dans la Révélation et la tradition prophétique dûment transmise (*Ahl al-ḥadîth*). Cette opposition faisait rage à Rayy et Bagdad entre 813 et 848 quand les penseurs mu'tazilites soutenus par Al-Ma'mûn et Al-Wâthiq, bénéficiant des succès de la *falsafa*, pouvaient parler avec assurance des droits et de la fécondité de la connaissance fondée sur ce qu'on peut appeler déjà la raison logocentriste face à la raison croyante, humble servante de la connaissance transmise dans les textes sacrés. Les *Ahl al-ḥadîth* avaient du répondant avec des maîtres prestigieux comme Ibn Ḥanbal et Abû Ḥâtim al-Râzî sur qui on reviendra. Jâḥiz accepte la bataille sur le terrain du ḥadîth ; aucun penseur, même de son envergure, ne pouvait se permettre de sortir des limites dogmatiques déjà tracées pour éviter l'accusation suprême de *zandaqa*. Mais l'auteur malicieux et talentueux du *Tarbî' wal-Tadwîr*, s'autorise à réfuter les raisonnements fondés sur l'autorité des traditions avec des remarques ironiques, cinglantes jetant un scepticisme dissolvant sur la méthode, les procédures de démonstration, les conclusions arbitraires. Il défend aussi des positions critiques de fond en refusant, par exemple, de construire un raisonnement déductif sur des récits totalement coupés de leurs contextes initiaux (les circonstances exactes de la première énonciation de chaque tradition utilisée comme texte probant (*asbâb wurûd al-ḥadîth*) revendiquées comme aussi essentielles que les *asbâb al-nuzûl* pour les versets coraniques). La discussion est alors renvoyée à des connaissances préalables relevant de l'histoire profane (récits de l'historiographie profane) et non seulement sacrée. La raison critique esquisse ainsi une avancée vers ce que nous nommons aujourd'hui l'historicité et la contingence des textes soustraits par la croyance à toute extension de la critique au domaine du sacré, du donné révélé. Il reste que Jâhiz se prête au jeu rhétorique de la défense de la légitimité d'Abû Bakr contre celle de 'Alî. Il est difficile de déterminer s'il poursuit cette bataille par adhésion doctrinale au principe électif si âprement défendu pour les quatre premiers califes, ou s'il cède à l'opportunisme politique qui oblige à défendre la légitimité du pouvoir abbaside en place en ignorant le coup d'état omeyyade qui avait déjà substitué le principe de succession dynastique à celui de « l'élection » comme acclamation populaire sans unanimité qui semble avoir été une des voies finalement rejetée par les deux camps sunnite et shî'ite.

Ibn Ṭâwûs semble avoir fait un pas vers la position sunnite pour renforcer la solidité du principe du texte explicite comme preuve tranchante. Il redéfinit la classification des ḥadîth en utilisant des critères de validité communs aux Sunnites et aux Shî'ites pour les trois premières catégories[1]. Les traditionnistes de l'école Akhbâri lui reprocheront plus tard ce laxisme quand le Shah Ismâ'îl fera du Shî'isme la religion officielle des safavides en 1517. Il n'a pourtant rien cédé sur la différence capitale entre les Corpus sunnites qui accueillent seulement les traditions du prophète et ceux des Imâmiens qui intègrent avec une égale validité et des critères différents, les traditions des douze Imâms infaillibles.

Ainsi, l'opposition demeure radicale et sans ouverture ni cognitive, ni intellectuelle, ni spirituelle, ni, par conséquent, politique. C'est un exercice rhétorique qui sera répété au siècle suivant par Ibn Taymiyya qui, dans son *Minhâj al-Sunna, La Voie de la Tradition*,

---

1. Voir p. 204-206.

répond avec sa véhémente conviction toujours solidement documentée au *Minhâj al-Karâma, La Voie de la Grâce divine* d'al-Ḥillî. On notera la différence de terminologie qui renvoie plus profondément à deux *ethos* religieux qui pourraient être complémentaires, dans une perspective spirituelle comme celle d'Ibn 'Arabî, mais qui, dans le contexte politique et la structure polémique des deux postures, renvoie à des cristallisations idéologiques de deux mémoires collectives pourtant construites avec les mêmes procédures discursives. Ces remarques valent tout autant pour les titres choisis aux ixe-xe siècles par les auteurs de Corpus de *ḥadīth*: aux deux recueils «authentiques» (*ṣaḥīḥ*) de Bukhârî et Muslim répond le recueil complet qui dispense de recourir à d'autres (*kâfî*) de Kulaynî.

Il serait oiseux de revenir sur les thèmes et les notions qui font l'objet de discussions stéréotypées. Jâḥiẓ plaide pour la précédence chronologique (*sâbiqa*) impliquant la préséance et l'excellence (*faḍl, faḍîla*) d'Abû Bakr; Ibn Ṭâwûs maintient celles de 'Alî. Abû Bakr avait atteint l'âge mûr quand il s'est converti; il avait assez de crédit social en termes de valeurs antéislamiques pour entraîner avec lui d'autres conversions, tandis que 'Alî était encore trop jeune pour comprendre les enjeux du passage de la solidarité clanique à la notion neuve de fraternité, voire de communion spirituelle sur la base de la seule piété (*afḍalukum 'inda-llâhi atqâkum*) envers un Dieu qui commence à peine alors à dévoiler ses attributs et son statut radicalement différents par rapport à ceux des divinités polythéistes. La discussion se poursuit à perte de vue sur les chaînes de transmetteurs et le contenu des textes (*matn*) pour valider la **croyance-connaissance** orthodoxe et infirmer celle de l'adversaire nécessairement fausse. Le concept de **croyance-connaissance** n'est pas utilisé par AA; il est pourtant essentiel pour situer les enjeux et la portée de la controverse par rapport à deux prolongements de l'enquête: d'une part, les positions et les usages des musulmans d'aujourd'hui par rapport aux problèmes légués par la pensée médiévale; d'autre part, les conditions intellectuelles et cognitives d'un repositionnement de la pensée métamoderne, transculturelle, transgressive et au besoin, subversive, sur le fonctionnement du fait religieux dans les sociétés travaillées par la métamodernité.

Il est clair que pour toute la pensée médiévale juive, chrétienne et islamique, la croyance orthodoxe définie par les docteurs en théologie et en droit canon appelé Loi divine, est *ipso facto* la **connaissance vraie et objective**[1] sur laquelle reposent les convictions du sujet croyant. C'est ce qu'illustre très éloquemment le débat qui nous occupe. Il porte concrètement sur la définition d'une légitimité politique; mais celle-ci est progressivement éliminée à mesure que l'intérêt se concentre sur la quête des textes-preuves eux-mêmes coupés du vécu des acteurs et des sociétés, car seul compte l'examen de problèmes formels concernant des procédures abstraites de vérification, de quête de véridicité, de construction rétrospective de Figures Idéales vidées corrélativement de toute consistance historique concrète. La croyance fondée sur la «certitude» propre au *'ilm*, *ma'rifa/'irfân*, soutient encore aujourd'hui la pensée religieuse qui se tient à l'abri de la critique épistémologique moderne de toutes les formes, tous les contenus et tous les niveaux de la connaissance.

La thématique, les argumentaires et les fonctions visées sont toujours les mêmes : il s'agit de gagner les adhésions esthético-éthico-religieuses du plus grand nombre de croyants par des mises en scène plus ou moins élaborées d'attitudes, de conduites, d'enseignements légués par des Figures symboliques idéales déjà mythifiées par une longue tradition justement qualifiée de *vivante*. Les mini récits (*akhbâr*) tissent la trame existentielle de la nouvelle société en voie d'émergence et de construction à mesure que le fait islamique élargit les espaces socioculturels de son ancrage. Les *akhbâr* appelés aussi *âthâr*, traces, alimentent non seulement les disciplines essentielles à la vaste construction mythohistorique de l'imaginaire islamique

---

1. Je ne puis m'attarder ici sur l'exposé des différences entre *'ilm* utilisé dans le Coran dans le sens d'une connaissance réception par le cœur de la présentation que Dieu fait de Lui-même; ce sens est pratique, spirituel, éthique; il est lié à la logique de l'existence totalement orientée, informée, imprégnée par la présence du Dieu qui se révèle sans cesse dans le déroulement heureux ou éprouvant de l'existence. À ce sens coranique, viennent s'ajouter progressivement comme pour la Bible et les Évangiles, les connaissances-sciences religieuses, la connaissance ésotérique initiatique dans la ligne sûfie et shî'ite (*ma'rifa/'irfân*); toutes ces formes de la connaissance alimentent et soutiennent les formes correspondantes de la croyance/foi. C'est parce que celle-ci est vécue dans tous les instants et tous les lieux de l'existence comme une connaissance immédiate et fiable qu'elle résiste aux argumentaires de la critique scientifique qui sépare les savoirs-compétences des forces affectives et émotionnelles de l'existence concrète.

commun (biographies, *siyar*) comme espaces de transfiguration des acteurs réels, des événements concrets, des propos édifiants…; épopées des conquêtes, des «généraux», des gouverneurs; figures de juges, juristes, législateurs combinant la collecte, la transmission, l'exégèse des énoncés fondateurs – Coran, Ḥadîth inséparables des *akhbâr*, devenant progressivement des textes-preuves pour l'élaboration des normes éthico-juridico-religieuses…). Les mini récits sont plus concrets, plus précis, plus émouvants donc plus accessibles à tous, plus faciles à mémoriser, plus intégrables dans une trame existentielle extensible, accueillante aux sensibilités les plus diverses. C'est grâce à cette narrativisation de la vie quotidienne à l'aide des nouveaux critères d'évaluation du vrai et du faux, du bien et du mal, du beau et du laid, du permis et de l'interdit, du légitime et de l'illégitime que le **fait islamique** parvient à recouvrir par son vocabulaire propre, son travail sémantique et conceptuel, sa mise en place de codes cognitifs, juridiques et politiques nouveaux, les ordres sociaux et politiques antérieurs disqualifiés avec insistance sous la dénomination négative *Jâhiliyya* dès le stade coranique. On sait comment ce concept polémique est réactivé dans les combats d'aujourd'hui pour faire revivre l'Islam originel (*aṣlî, aṣâla*).

L'historien de la pensée ne peut pas se passer de l'historien «généraliste» pour reconstituer la complexité d'un travail lent et continu de soi sur soi, poursuivi à deux niveaux interactifs dans tous les contextes islamiques émergents entre les Ier-IVe/VIIe-Xe siècles : il y a le niveau de l'*Umma* Muḥammadienne mythique, rêvée, objet d'une espérance terrestre et eschatologique commune à l'Utopie islamique; il y a les niveaux multiples, concrets, très anciens qui constituent le socle anthropologique de toutes les sociétés que vient subvertir le **fait islamique**. Les sujets collectifs que constitue chaque groupe social – de la famille patriarcale et des unités claniques de base, des confédérations tribales unifiées sous un ancêtre éponyme aux larges communautés religieuses, puis nationales modernes que nous connaissons aujourd'hui – ont toujours continué à résister et réactiver les codes culturels antérieurs à l'Utopie de l'*Umma* depuis 632 jusqu'à nos jours. C'est ce que j'ai décrit ailleurs comme la **dialectique** incessante des **puissances et des résidus** en contextes islamiques[1]. Nous savons comment les historiographies les plus travaillées par la modernité continuent de construire des « *lieux de mémoire* » pour cultiver les diverses « exceptions nationales » avec les mises en scène narratives de la mythohistoire[2].

Il est nécessaire de placer dans cette perspective anthropologique critique la relecture de la joute de facture littéraire et mythohistorique qui, au-delà de Jâḥiz et Ibn Ṭâwûs, n'a jamais cessé de constituer le cadre de perception, d'interprétation et d'autopromotion de soi propre à ce qu'on appelle l'*Umma*. Déjà au stade du déploiement historique du **fait islamique** où intervient Jâḥiz (839 environ), les sujets collectifs ne sont plus évoqués que comme des résidus devant évoluer vers l'Utopie de l'*Umma* ou disparaître. Le débat sur le règlement de la succession « religieuse » et « politique » de Muhammad ibn 'Abdallah consacré prophète dans toute la littérature mythohistorique des quatre premiers siècles de l'Hégire, est entièrement centrée sur la construction et les conditions d'application de la légitimité islamique. Les légitimités antérieures au **fait coranique** et au « Modèle » de Médine tel que l'imposent les premiers califes responsables de la mise en place du **fait islamique**, sont ignorées, explicitement rejetées selon les instructions du verset de l'épée (*âyat al-sayf*, 9, 5); les légitimités concurrentes (juive et chrétienne notamment) reçoivent un statut spécial appliqué sous la légitimité islamique (versets 9, 29-30). Cependant, la légitimité islamique reste très disputée entre des groupes sociaux concurrents mûs par des solidarités mécaniques ('*aṣabiyya*) propres à la *Jâhiliyya* dont la traduction la plus suggestive des problématiques qu'elle oblige à introduire serait « *la pensée sauvage* » en opposition à la *pensée domestiquée*. C'est ici que tout se complique pour l'historien moderne qui entend dépasser l'écriture propre au stade cognitif historico-critique du XIXe siècle.

On n'a pas assez insisté sur le fait que malgré les enquêtes philologiques de l'islamologie classique, nous n'avons pas accès au

---

1. Voir *supra*, chap. III.

2. Pour tous ces problèmes d'hier et d'aujourd'hui que j'évoque allusivement, je renvoie à P. Ricoeur, *La mémoire, l'histoire, l'oubli*, Paris, Seuil, 2000. Les historiens des religions et des systèmes de pensée en général ne doivent pas ignorer les riches réflexions d'un philosophe qui a toujours intégré la question religieuse dans son œuvre.

vocabulaire réel des acteurs engagés dans les luttes pour la succession entre 632/750 environ. Il y a encore beaucoup à faire pour affiner la compréhension, donc la traduction du texte coranique, dans la ligne récemment illustrée par le travail de J. Chabbi sur *Le Seigneur des tribus*. Cet effort doit s'étendre à tous les textes qui réfèrent à la période d'émergence du **fait islamique**. On répète à souhait que nos sources sont tardives et utilisent le vocabulaire de la mythohistoire islamique ; on établit avec de plus en plus de vraisemblance depuis les travaux d'I. Goldziher, que les *ḥadîth* sont largement le produit d'expressions d'élites savantes socialisées avec les représentations et les valeurs du fait islamique ; on ne continue pas moins à écrire « l'histoire » avec des argumentations circulaires proches de celles des auteurs musulmans classiques qui acceptent ou rejettent l'authenticité d'un récit selon les besoins de la démonstration. La mise en chantier d'un dictionnaire historique de l'arabe est souvent évoquée et même tentée, mais n'a jamais abouti jusqu'ici. Tant que cet outil de pensée et de recherche fera défaut, on continuera à gloser sur les sens plausibles du vocabulaire coranique et celui de tous les textes liés à la période archaïque du lexique arabe (VIe-VIIe siècle). Je n'ignore pas les précieux apports du Centre de recherche longtemps dirigé par le Professeur Kister sur le thème « *From Jâhiliyya to Islam* ». Outre les publications liées à ce centre, le *Jerusalem Studies in Arabic and Islam* publié depuis 1976 fournit une documentation essentielle pour recadrer toutes les discussions qui nous occupent ici sur les légitimités islamiques. Pourtant, je note que cette référence est absente dans la bibliographie d'AA. Elle est bien consciente qu'elle travaille sur des sources tardives par rapport aux faits et aux acteurs en cause dans les discussions sur la succession de Muhammad ; mais elle ne s'attarde guère à l'analyse philologique et linguistique des textes utilisés par les deux auteurs. Plus généralement, l'écriture mythohistorique, puis historico-critique de l'histoire du fait religieux n'est pas suffisamment identifiée comme des moments distincts de l'évolution épistémologique et méthodologique de la pensée historienne. Or, seules une typologie et des analyses de discours conduites avec rigueur pourront obliger la pensée islamique contemporaine à cheminer comme la pensée chrétienne vers la sortie des deux phases qui continuent d'obstruer les dialogues interreligieux et d'encourager les instrumentalisations mythoidéologiques des traditions religieuses. On observe partout que les citations quotidiennes des Textes sacrés fondateurs se font avec des commentaires et des interprétations surtout mythohistoriques. Il est vrai aussi que les révolutions laïques modernes ont également développé leurs propres usages et entendement mythohistoriques.

Un autre concept opératoire est également absent chez AA à propos d'un sujet qui oblige à l'introduire : c'est la **mythoidéologie** inséparable de la mythohistoire. Le fait que les penseurs et érudits médiévaux ignoraient cette conceptualisation n'implique pas que leur système de pensée est à l'abri des fonctions idéologiques dont se nourrissent tous les imaginaires sociaux. L'historien se doit de faire la part exacte de ce qui peut effectivement relever de l'instance de l'**idéel** et du religieux et les inévitables dimensions idéologiques de cette instance. Il est curieux que les historiens de la pensée religieuse ne parlent pas d'idéologie. Pourtant, il y a des théoriciens qui considèrent que la religion est elle-même une forme de l'idéologie comme orientation doctrinale contingente et finaliste de la pensée et de l'action. Le caractère partisan et l'enjeu politique affirmés des argumentaires sunnites et shî'ites suffisent à conférer un statut idéologique à des controverses qui formellement utilisent un vocabulaire et invoquent des motivations habituellement qualifiés de religieux. En d'autres termes, il faut parler de travestissement systématique d'une pratique idéologique sous des habits, des finalités et des valeurs donnés à percevoir, à penser et à vivre comme des **croyances-connaissances** religieuses qui conditionnent la validité de la relation homme-Dieu. C'est cette fonction de travestissement d'un discours réel par un discours formel – on n'ose dire fictionnel – que suggère le concept de mythoidéologie. Cela veut dire aussi que les valeurs revendiquées sous les termes *éthique, loi, spiritualité, piété, légitimité, religion*, etc. doivent faire l'objet d'un réexamen critique. Ce réexamen s'impose aujourd'hui bien plus encore que pour les textes et les constructions classiques. Faut-il reconnaître un statut « religieux » ou idéologique aux discours diffusés par les cassettes du prédicateur-imprécateur populaire al-Kashk, ou de l'orateur brillant et moderniste à souhait Tariq Ramadan, ou mieux encore, les prestations télévisuelles du prédicateur-acteur hollywoodien 'Amr Khâled, grand mime des télé-évangélistes américains ? Tous ces « prédicateurs »

contemporains remplissent avec des moyens et des canaux de communication modernes, des fonctions comparables à celles des conteurs
populaires traditionnels (*qâṣṣ, quṣṣâṣ*) qui présentaient les vies des
prophètes, des saints, des martyrs pour la Face de Dieu dans des
dramaturgies plus ou moins élaborées.

On a vu que l'auteur a consacré un chapitre à « l'épistémologie de
l'excellence ». On comprendra pourquoi ce titre a particulièrement
retenu mon attention : j'attendais là encore une illustration du concept
d'épistémologie historique que je travaille depuis longtemps dans
plusieurs écrits. Le travail d'appropriation de postures cognitives nouvelles de la recherche à la lecture de contextes islamiques d'hier et
d'aujourd'hui, doit sans cesse être repris, affiné, mis à la portée du plus
grand nombre. Car c'est un fait bien connu que les savants les plus
confirmés, les plus cités, les plus célébrés parmi les « islamologues »
ne sont pas parmi les plus accueillants, les plus attentifs au travail de
reconceptualisation et de **pluralisation** des postures épistémologiques requises comme on vient de le montrer, pour explorer les divers
domaines et champs de la réalité liés au fait islamique. AA s'est donné
une occasion pertinente pour enrichir ce concept. Certes, l'historien
ne peut utiliser ses options épistémologiques modernes pour évaluer
celles de penseurs ou écrivains éloignés dans le temps et les espaces
cognitifs. Il se doit, en revanche, de *dévoiler* par des analyses de
discours appropriées, les portées cognitives et philosophiques des
axiomes, des postulats, des découpages thématiques, des catégorisations logiques, morales, juridiques, métaphysiques, théologiques
qui commandent l'articulation de chaque discours/écriture. C'est ce
qu'exprime la citation de M. Foucault inscrite par AA en exergue du
chapitre 5. Dans le cas qui nous occupe, cette enquête d'épistémologie
historique sur les deux textes choisis, s'impose plus encore qu'ailleurs,
car il s'agit de détecter les principes, les postulats, les thématiques, les
concepts, les raisonnements qui commandent l'articulation sémantique et syntaxique du discours explicite. C'est à ce niveau implicite
de tout ce qui n'est pas nommé que se tisse la trame profonde et indéfectible de la **croyance-conviction-certitude-connaissance** propre
au sujet croyant. Seul, le terme croyance ne suggère pas la complexité
psycholinguistique et sémiologique exprimée par ces quatre concepts
liés ensemble par des traits d'union.

Dans cette perspective d'analyse déconstructive de la croyance, AA apporte beaucoup d'informations et d'exemples précis dans les deux chapitres 5 et 6 consacrés à l'usage que les deux protagonistes font du texte sacré (Coran et ḥadîth) comme *preuve décisive* (*ḥujja, dalîl, burhân*) du paradigme ou canon de l'excellence exclusiviste revendiquée pour Abû Bakr ou 'Alî. Ici encore, des références « subversives » sont invoquées pour aller au-delà de la simple confrontation des argumentaires de Jâḥiẓ (Sunnites) et d'Ibn Ṭâwûs (Shî'ites). À propos de la question globale du « cercle herméneutique », sont cités H. Gadamer, *Vérité et Méthode*, Northrope Frye, *Anatomy of Criticism*, Michel Foucault, *Naissance de la clinique : Une archéologie de la perception médicale*, Castoriadis, *L'institution imaginaire de la société*, E. Said, *Le monde, le texte et la critique*, etc. Il est rare que les islamologues classiques fassent appel à de tels auteurs rangés dans le genre « mode parisienne ». C'est pourquoi je salue cette exception, tout en montrant qu'elle ne va pas assez loin dans l'exploitation des nouveaux questionnements à propos notamment des problèmes liés à la pensée fondamentaliste/fondationnelle qui commande tous les argumentaires soigneusement présentés dans les deux chapitres que je relis précisément pour aller plus loin que l'auteur.

Je passe sur la différenciation bien connue entre l'exégèse des *fuqahâ'* fondée sur le postulat que « chaque mot a un sens » (*al-lafẓ lahu ma'nan*) et la lecture allégorique dominante chez les mystiques et les shî'ites. On oppose aussi le sens obvie ou littéral (*ẓâhir*) et le sens ésotérique (*bâṭin*) lié à l'initiation mystique ou gnostique. Les interprétations commandées par ces oppositions ont leurs mérites, leurs limites et leurs dangers respectifs, que les analyses modernes du discours peuvent identifier, déconstruire sans porter de jugements de valeur positifs ou négatifs comme le font les gardiens divers des orthodoxies, du vrai, du bien et du juste. Faire l'économie de ces analyses linguistiques qui élargissent et approfondissent les disputes philologiques et historicistes sur le statut authentique ou apocryphe d'un texte ou d'un récit, c'est se contenter de proroger les systèmes de pensée médiévaux sans les situer épistémiquement et épistémologiquement par rapport à nos systèmes modernes et désormais métamodernes. Autrement dit, tant qu'on ignorera le recours à l'analyse de discours, les formations sectaires, les affrontements dogmatiques du genre sunnite/shî'ite, catholique/protestant/orthodoxe, judaïsme orthodoxe/libéral, auront encore un long avenir de pertinence psycho-sociale et politique, mais pas nécessairement intellectuelle et spiri-tuelle. On continuera de faire comme si, aussi bien les constructions théologiques et exégétiques médiévales que leurs reprises actuelles de façon répétitive, imitative, avaient reçu depuis longtemps des fonde-ments intellectuels et scientifiques intangibles, échappant à toute historicité (voir mon *Unthought* pour le cas de l'islam).

Ces confusions constantes entre les champs de la réalité et les disciplines scientifiques qui les explorent doivent faire l'objet d'une analyse historique et archéologique au sens foucauldien pour bien faire comprendre les processus de construction et de désintégration au cours du temps de ce qu'on appelle sans autre précision, la croyance et l'incroyance, la foi, la spiritualité, l'expérience mystique, la philo-sophie illuminative, Dieu et ses attributs, les fondements divins du droit, la légitimité politique telle qu'elle a été rediscutée par les réformistes *salafî* dans les années 1920-1930 après l'abolition du Sultanat-Califat par Atatürk en 1924.

C'est ici que l'enquête historique a besoin de recourir aux deux couples interactifs de concepts – **pensable/impensable** et **pensé/impensé** – inséparables des activités discursives de la raison dans tous les contextes culturels et historiques. La recherche doit expliciter ici aussi les dimensions psycholinguistiques, psychosociologiques et, ultimement, philosophiques, assumées implicitement, sans interro-gation épistémologique, par les penseurs d'hier et d'aujourd'hui. L'enjeu d'une telle enquête est de faire apparaître le statut arbitraire (au sens saussurien) et contingent de toute **production du sens**. À mesure qu'un sens s'articule dans un discours linéaire, il délaisse chemin faisant d'autres sens revendiqués par des adversaires, des «hérétiques», des sectes rejetés *a priori* dans l'errance, hors de la Voie droite du Salut (*sirât mustaqîm*). Le sens orthodoxe trace les limites du **pensable** autorisé, tandis que les sens existants, manifestés, réclamés par les groupes excommuniés, ou demeurés potentiels dans un discours symbolique, métaphorique comme le discours prophé-tique, poétique ou philosophique, vont ainsi échouer dans le vaste espace laissé en friche des **impensables** et des **impensés**. La connais-sance des tensions éducatives entre le pensable et l'impensable, le pensé et l'impensé en tant qu'espaces d'exercice de toute pensée, a été longtemps négligée parce que méconnue par les historiens de la pensée restés indifférents aux interrogations propres à la **sociologie de l'échec et de la réussite** telle que je l'ai définie avec l'exemple d'Averroès[1]. Seuls les espaces du pensable sont reconnus, visités, valorisés surtout au niveau de l'enseignement et des formes de vulgarisation de la connaissance. Les pensables sont balisés, bien circonscrits, signalisés par des interdits politiques, des tabous religieux, des réactions sociales violentes, des frontières théologiques et idéologiques et surtout par le vocabulaire du sens commun immédiatement reçu avec tous les présupposés consacrés dans l'usage courant. C'est pourquoi le vocabulaire technique de l'analyse de discours, de la critique anthropologique et philosophique, est aussi spontanément rejeté comme un « jargon » abstrait, impénétrable et ennuyeux. On va même jusqu'à la condamnation, au nom des orthodoxies reçues, des usages les plus novateurs et les plus émancipateurs visant à penser les impensables et les impensés accumulés dans une tradition filtrée, protégée de toute intervention subversive. Je pense aux délits sévèrement punis par la loi sur les blasphèmes, les sacrilèges, les rébellions, les dissidences, les apostasies...

Je désigne Jâḥiẓ comme un exemple particulièrement fécond pour cette enquête inhabituelle sur les processus sociaux, politiques et linguistiques d'accumulation des impensés et des impensables dans toute tradition de pensée. Indéniablement, Jâḥiẓ a largement contribué par son œuvre originale d'écrivain, de penseur, d'acteur perspicace dans la cité, à élargir et féconder l'espace du pensable dans la pensée arabo-islamique. Sur le plan de la pensée religieuse si décisive en son temps, notamment à propos de la légitimité politique mise sous la dépendance de l'orthodoxie en voie de construction, il s'est contenté d'utiliser la dérision et le raisonnement logocentriste pour réduire tant soit peu la montée en puissance des *Ahl al-ḥadîth* face aux *Ahl al-ra'y/al-'aql*. C'est bien ainsi qu'il a mis sa plume prestigieuse au service du parti 'Utmânî dans un livre et des courts traités (*rasâ'il*) incisifs, littérairement percutants, mais partisans et polémiques même au regard du type de raison qu'il défendait. On sait qu'avec l'arrivée

---

1. *Rencontres d'Averroès. La Méditerranée, Frontières et Passages*, Th. Fabre, Arles, Actes Sud, 1999.

au pouvoir de Mutawakkil en 848, l'orthodoxie sunnite défendue par les Shâfi'î, les Tabarî, les Ibn Ḥanbal, les Ibn Qutayba et tant d'autres esprits puissants, haussera davantage le ton et poursuivra sa marche irrésistible vers une suprématie dont nous observons aujourd'hui les conséquences lointaines sur les expressions fondamentalistes et ritualistes de l'islam.

On peut en dire autant d'Ibn Ṭâwûs qui, en plein XIIIe siècle, avait un recul historique suffisant, une documentation considérable pour renouveler tant soit peu une *disputatio* plusieurs fois séculaire. La concession faite aux Sunnites sur la classification des *ḥadīth* n'a pas eu de suite, comme on l'a vu, dans le développement ultérieur de la lutte intra-shî'ite entre les *Akhbârî* et les *Uṣûlî*. Cela m'amène à formuler la question historique rarement prise en compte de façon systématique et continue par les historiens de la pensée islamique : quelles étaient **les limites du pensable** déjà tracées pour Jâḥiẓ au IIIe/IXe siècle, puis bien plus tard pour Ibn Ṭâwûs au VIIe/XIIIe siècle, quand ils ont décidé d'entrer dans la bataille sur **la légitimité religieuse et politique** dans deux domaines cruciaux pour la pensée islamique : **l'autorité** et **le pouvoir**, c'est-à-dire *ḥukm et sulṭa*, pour l'islam, *auctoritas et potestas* selon Thomas d'Aquin dans la pensée catholique ? Repérer historiquement les limites infranchissables assignées au pensable consiste à mesurer deux types d'impensable pour chaque époque et chaque milieu socioculturel. Il y a l'impensable lié aux limites de la connaissance dans une aire culturelle et une époque données, comme l'esclavage dont l'abolition est demeurée un *impensable* jusqu'à l'avènement de la conception moderne des droits de l'homme ; il y a les domaines et les sujets rendus impensables pour une société par un régime politique ou religieux ou politico-religieux de la vérité. Les deux définitions de la vérité reposant sur la primauté d'une forme de la raison contre une autre *('aql/naql;* preuve discursive/preuve inhérente au Texte sacré) illustrent parfaitement au temps de Jâḥiẓ, les enjeux intellectuels, cognitifs et politiques des luttes qui ont conduit à l'inquisition d'un camp contre l'autre. C'est ainsi que le problème du Coran créé ou incréé est devenu un impensable pour la pensée islamique, après avoir été un pensable majeur ouvert à toutes les tensions éducatives entre théologiens, exégètes, linguistes, fondationnalistes, traditionnistes.

On voit qu'il s'agit bien d'histoire enrichie par la sociologie, la psychologie et l'anthropologie historiques. Il est impropre de parler ni de métahistoire, ni de spéculations ésotériques sur le charisme, ni de conceptualisation philosophique abstraite, encore moins de projections vers l'arrière de nos définitions modernes des espaces du pensable et de l'impensable. La modernité comme moment de l'histoire de la pensée génère ses impensables et ses impensés chaque fois qu'elle autorise la confusion entre régime politique et régime intellectuel et scientifique de la vérité. Cela est arrivé avec plusieurs régimes politiques européens en plein XXᵉ siècle et arrive encore sous nos yeux. AA donne parfois le sentiment qu'elle pense à ce type nouveau d'enquête, tant le sujet dont elle traite la réclame ; mais après avoir lu si soigneusement tant de textes anciens, elle n'a pas écrit le chapitre *subversif* que j'attendais pour l'histoire de la pensée islamique en général. En revanche, elle a rempli les tâches ordinaires de la contextualisation historique du débat. Elle a ainsi rappelé que les usages littéraires des *Manâqib/Faḍâ'il* (titres d'excellence, vertus) renvoient à la contrepartie polémique représentée par les *Mathâlib/qabâ'iḥ* (titres d'ignominie, vices) qui ont alimenté les joutes poétiques opposant *madḥ et hijâ'* dans la poésie arabe la plus ancienne.

Cependant, si les enjeux de la bataille ne changent pas totalement et irréversiblement avec l'intervention du discours coranique, celui-ci a introduit des critères et des contenus conceptuels radicalement nouveaux dans le jeu des solidarités agnatiques, des alliances politiques et des finalités éthiques. Le code de l'honneur (*'irḍ*) qui a longtemps nourri le discours poétique, est à la fois retravaillé et resacralisé par la puissance subversive d'un discours (les énoncés coraniques) et d'une pratique sociale-historique, éthique et « spirituelle »[1] de Muhammad ibn 'Abdallah qui s'est difficilement imposé comme prophète. Il ne s'agit plus de remporter des victoires littéraires en célébrant la gloire et la supériorité limitées à son clan ; au-delà des vertus et des vices qui élèvent et abaissent les appartenances généa-

---

1. Les guillemets signalent la nécessité aujourd'hui de revisiter et repenser tout le champ conceptuel et les pratiques correspondantes couverts par les termes spiritualité, théologie spirituelle, spiritualité mystique, les spirituels de telle religion, etc. On sait que plusieurs acteurs se sont emparés et exploitent, avec beaucoup d'arbitraires, les charges émotionnelles puissantes véhiculées par le seul substantif spiritualité ou qualificatif spirituel.

logiques, il s'agit, avec les nouveaux critères coraniques, d'intérioriser et de traduire par les conduites concrètes dans une cité visée comme transtribale, un *éthos* éthico-spirituel qui lie le cœur de la personne croyante à un Dieu progressivement dévoilé et construit en interaction avec le concept d'homme (*insān*) travaillé de manière interactive dans les énoncés coraniques.

Je ne présente pas l'*éthos* éthico-spirituel introduit par le discours prophétique[1] comme un donné psychoculturel acquis, également intériorisé par tous les acteurs convertis à la nouvelle religion du vivant de Muhammad ou après sa mort. Au contraire, la question historique doit rester posée même pour l'ensemble des Compagnons comme on le verra dans la suite de cette étude. Je touche ici encore à un point de sociologie historique dont la prise en charge par l'historien obligerait enfin la pensée islamique à ne plus se contenter des critères traditionnels concernant l'ordre de préséance chronologique de conversion à l'islam, ou l'intervention d'une *ridda* avant une seconde conversion pour classer les Compagnons comme on l'a fait jusqu'ici. Cette objection vaut bien sûr pour 'Alî, Abû Bakr, 'Umar et toutes les grandes autorités comme Ibn 'Abbâs et d'autres encore. Le problème du vocabulaire utilisé effectivement par les Compagnons et les générations suivantes rejaillit pour l'historien qui veut évaluer les niveaux d'intériorisation de l'*éthos* coranique, donc de rupture avec les « valeurs » de l'ordre social *jâhilî*.

Dans l'État actuel des lectures faites par les historiens des sources anciennes, comme on les appelle globalement, nous pouvons seulement retenir que l'*éthos* coranique se muant peu à peu en un ordre islamique de la Cité califale agit comme un **horizon de sens, d'espérance et de valorisation** dont les actualisations sociales et historiques concrètes sont davantage liées au fait islamique qu'au fait coranique proprement dit. L'interaction entre fait coranique et fait islamique varie selon les groupes sociaux considérés et leur proximité soit de la culture savante écrite, soit de la culture orale, surtout quand celle-ci est véhiculée par des parlers non arabes. Dans les dicussions théoriques sur les problèmes de légitimité, de légalité, de rapports entre autorité spirituelle et pouvoir politique, on postule toujours une hiérarchie

---

1. Pour la distinction entre *discours coranique, discours prophétique, discours islamique*, voir mon *Unthought*, chap. 2 et 3.

linéaire des instances allant du Coran au raisonnement par analogie (*qiyâs*) en passant par le *Ḥadîth* et le consensus (*ijmâ '*). On s'enferme ainsi dans l'abstraction et le formalisme des principes et l'on oublie les fonctions concrètes de la dialectique sociale qui réfute constamment dans les faits, la hiérarchie idéale postulée comme on l'a vu dès les premières discussions sur autorité, pouvoir et légitimité. Le fait coranique demeure toujours un horizon de sens, d'espérance, de valorisation et de validation pour les fidèles; mais l'accès à cet horizon est toujours médiatisé par le recours des acteurs aux Figures mytho-historiques de l'autorité supranaturelle : Imâms infaillibles, Mahdis messianiques, Maîtres ou docteurs éponymes de la Loi, saints locaux dits marabouts, leaders autoritaristes et finalement, dans la deuxième moitié du XXᵉ siècle, aux chefs de mouvements politiques qui substituent l'**Actant historique** omnipotnent et omniprésent « **Islam** » (terme utilisé 6 fois seulement dans le Coran) à l'**Actant Allah** qui structure grammaticalement et sémiotiquement la totalité du discours coranique (1697 occurrences sans compter les attributs entitatifs et descriptifs (*ṣifât*)). L'extrême réification et ritualisation du fait islamique dans la présente phase de subversion par la terreur, retentit sur le fait coranique lui-même dans la mesure où les divers acteurs responsables des manipulations en cours du religieux et du politique continuent à se servir de versets ou fragments de versets recontextualisés dans les argumentaires à usage populiste. On est alors loin aussi bien des débats classiques sur autorité spirituelle et pouvoir politique que de la culture démocratique moderne qui rompt radicalement avec toutes les constructions des théologies politiques héritées du Moyen Âge.

Le grand avantage scientifique de cette conceptualisation pour une nouvelle histoire critique et élargie de la pensée islamique, est qu'elle permet d'approfondir l'archéologie des savoirs, les types de connaissances, les usages de la raison, de l'imagination, de l'imaginaire, de la mémoire aussi bien pour l'islam émergent, l'islam classique et scolastique que pour l'islam contemporain. Ainsi, la montée du terrorisme et les ripostes qu'il suscite viennent s'inscrire dans une trame culturelle, imaginaire, existentielle à la fois ancienne et toujours actuelle. Aujourd'hui, il y a une subversion sociale et politique sans doute irréversible par la violence généralisée de l'expression politique et imaginaire des sociétés; mais la réactivation du puissant mythe de la

« *validité de l'islam pour tous les temps et tous les espaces* » (*al-islâm sâlih li-kulli zamân wa li-kullî makân*) mobilise des masses si nombreuses qu'elle parvient à rendre imperceptible l'étendue et la nature de la subversion.

LES COMPAGNONS COMME INSTANCE CLEF DE L'AUTORITÉ
Fu'ad Jabali, *The Companions of the Prophet.*
A Study of Geographical distribution and Political alignment [1]

Je n'ai pu prendre connaissance de cette monographie qu'après avoir rédigé le précédent compte rendu. Tout le monde connaît le rôle déterminant attribué aux Compagnons (*Ṣaḥâba*) dans la construction de ce que je viens d'appeler la **croyance-connaissance** islamique. Je préfère continuer à travailler ce concept plutôt que de parler comme tant d'autres de tradition islamique vivante. On se libère ainsi de la charge théologique et apologétique de l'idée de tradition pour ouvrir le champ nouveau d'un réexamen critique du vocabulaire de la croyance, foi, la religion vraie, la connaissance certaine établie avec les raisonnements circulaires que nous allons retrouver avec l'immense question des Compagnons.

Fu'ad Jabali (FJ) a raison de souligner dès le départ qu'aucune monographie sérieuse n'a été consacrée à l'étude systématique des deux thèmes qu'il a retenus : la dispersion géographique, donc les solidarités socioculturelles locales des Compagnons ; leur rôle construit, proclamé, élevé après coup au statut d'**Instance originaire de l'autorité** en islam. L'érudition historiciste s'est déjà attachée à distinguer ce qui relève de l'histoire positive et ce qui appartient aux amplifications pieuses du travail collectif de transfiguration, dans la vie des figures les plus marquantes comme Ibn 'Abbâs, Ibn Mas'ûd, 'Abdallah b. 'Umar... On a beaucoup fait aussi pour vérifier la structure des chaînes de transmission (*isnâd*) et l'authenticité des textes (*matn*) rapportés dans les divers récits. Travail nécessaire, éclairant, mais ingrat, surtout parce qu'il se heurte toujours à la fragilité, aux lacunes, aux omissions, aux incertitudes, aux polémiques

1. Leiden, Brill, 2003, 522 pages.

sous-jacentes dans toutes les sources épargnées par le temps. La carence de la recherche se situe davantage du côté de l'évaluation des faiblesses, des renoncements, des indifférences de la raison islamique à l'égard de tout ce qui touche les conditions de possibilité d'une théologie critique de la foi en islam. La pensée islamique s'est toujours préoccupée de construire et de protéger des « orthodoxies » en se contentant d'apologie défensive ou de « vérités » proclamées ; elle a ainsi escamoté plusieurs questions de fonds comme celles des conditions de possibilité d'une science des fondements de la Loi religieuse sur la base d'une instance de l'autorité qui n'a jamais fait l'unanimité de toutes les écoles émergées depuis l'épuisement de la génération des témoins de l'expérience de La Mecque et de Médine de 610 à 632. On reviendra sur cette carence devenue un **donné historique** explicatif des dérives actuelles de ce qu'il est difficile d'appeler une pensée islamique.

Au regard de la nécessité actuelle de repenser tous les fondements de la foi islamique, la priorité de la recherche doit être accordée au réexamen du statut des Compagnons comme **Instance originaire** de l'autorité qui a commandé historiquement la constitution du Corpus coranique, des corpus de *ḥadīth*, de la *sîra* de Muḥammad et de ʿAlî, des corpus juridiques classiques avec la médiation des traditionnistes et des théologiens juristes.

Que nous apprend la monographie de FJ pour avancer dans cette tâche de fond ? Disons d'abord qu'il résume bien les apports et les positions des chercheurs occidentaux sur le domaine. Il est significatif qu'à côté des chercheurs occidentaux, il n'est guère fait mention de noms de musulmans travaillant avec les mêmes règles de critique historique. On sait la place qu'occupe en revanche dans l'apologétique islamique contemporaine l'appel à l'autorité décisive, très peu ou pas du tout discutée des « pieux Anciens » (*al-salaf al-ṣâliḥ*). C'est sur cette autorité équivalente à celle des Imâms infaillibles chez les Shî'ites, que repose l'appel de tous les réformistes dits salafiya à la réactivation de la forme « authentique » de l'islam, épurée des scories et déviations imposées par le temps de l'histoire. Autrement dit, on efface l'historicité des Shî'ites pour vivre dans la pureté rêvée, fantasmée d'un Islam éternel et intangible. Si les Shî'ites rejettent l'autorité de plusieurs Compagnons vénérés chez les Sunnites, ils n'utilisent pas moins les mêmes méthodes de construction projective vers l'arrière de grandes figures de l'autorité charismatique. Le point commun à toutes les constructions de la Tradition islamique est l'abolition de l'historicité par le recours systématique aux postulats et aux procédés discursifs de la mythohistoire et de la mythoidéologie depuis les années 1950.

Pour suivre le déplacement des Compagnons et leur installation dans les nouveaux espaces urbains conquis, FJ sait qu'il ne dispose que de sources tardives plus préoccupées de consolider la place des groupes et de leurs intérêts dans des environnements idéologiques effervescents que de restituer une histoire réellement vécue, libérée de tous les présupposés théologico-politiques. Il est inutile de redire que des auteurs comme Sayf ibn ʿUmar (m. 200/815), Balâdhurî (m. 279/892), Ibn Saʿd (m. 230/844), etc., utilisent plus le vocabulaire et les représentations de leur temps que ceux des acteurs réels dans leurs contextes propres, avant tout travail de transfiguration. Les auteurs plus tardifs comme Dhahabî (m. 748/1347) ou Ibn Ḥajar (m. 852/1448), restent sous la domination des récits et des interprétations des sources nombreuses accumulées depuis le VIIᵉ siècle. Les auteurs tardifs avaient des préoccupations d'érudits, mais participaient pleinement aux modes de pensée et d'écriture de la mythohistoire. Voici comment Ibn Taymiyya, auteur également tardif, résume le statut et les fonctions des Compagnons dans la croyance sunnite d'expression hanbalite :

> Cette classe (= les Compagnons du Prophète) avait pour elle la puissance de mémorisation, l'intelligence pénétrante en matière de religion, la clairvoyance en herméneutique. Elle fit ainsi jaillir des textes sacrés, des fleuves de science et en a extrait les trésors, jouissant en cela d'un entendement singulier... Cet entendement est comme le fourrage et l'herbe que fait pousser la bonne terre ; c'est par lui que cette classe se distingue de la seconde classe, c'est-à-dire celle qui a conservé les textes, qui avait pour souci de les conserver et de les fixer exactement. On s'est ensuite adressé à elle et on a reçu d'elle les textes pour en extraire et en mettant au jour les trésors... [1].

---

1. *Naqḍ' al-manṭiq*, p. 79.

FJ connaît parfaitement ces données et les précautions qu'elles imposent; mais il a tendance comme tant d'autres, à utiliser des *ḥadīth* postulés comme authentiques pour consolider les portraits, les conduites, les titres de gloire, les mérites attribués communément aux grandes Figures consacrées dans la mémoire sunnite commune. Un effort considérable a été consacré à l'élaboration de tableaux précis sur les localisations géographiques et les appartenances tribales de 1688 Compagnons : 335 à Basra, 335 à Kûfa, 439 en Syrie (avec ses *junds* : Damas 48, Hims 117, Palestine 40), 259 en Egypte. L'ensemble des huit appendices totalisent plus de la moitié du livre [1]. L'émigration massive des Compagnons semble avoir été encouragée par 'Uthmân pour diminuer l'influence trop grande des *Muhâjirûn* et *Anṣâr* à Médine. Cela prépare le succès politique futur de Mu'âwiya. Est-ce la même stratégie de recherche d'une base sociale large de partisans qui a poussé 'Alî à émigrer en Irak ? Ces indications montrent à quel point des enjeux politiques et économiques se mêlent inextricablement dans ces années de mouvements populaires et de redistribution des dignités, des pouvoirs et des richesses.

Quel qu'ait pu être leur zèle pour la cause de l'islam, les Compagnons ne pouvaient tous échapper aux attraits du pouvoir, des jeux d'alliances et des possibilités d'ascension sociale. S'il est vrai que 'Aqîl, frère de 'Alî, s'est rangé du côté de Mu'âwiya, on ne peut s'étonner que des acteurs moins en vue soient *a fortiori* mûs par la convoitise. Il faut rappeler ces données pour contrebalancer le travail d'idéalisation par les générations successives motivées elles aussi par les rivalités et les luttes idéologiques de leur temps. La préoccupation majeure des biographes est de trier les témoins transmetteurs dignes de confiance (*thiqât*) et du statut d'honorabilité (*'adâla*); les considérations matérielles interviennent de façon allusive pour disqualifier les rivaux, les déviants, les isolés, les marginalisés. Les Compagnons sont toujours convoqués pour trancher les cas les plus disputés, soutenir « le groupe promis au Salut » (*al-firqa-l-nâjiya*), « ceux qui soutiennent la Tradition et la communauté » (*ahl al-sunna wal-jamâ'a*). Ce groupe ou fraction en lutte sévère jusqu'au XIe siècle contre d'autres groupes concurrents (comme les *ahl al-ra'y*, les Mu'tazilites,

---

1. Cf. p. 200-513.

les Shî'ites qui se nomment par opposition polémique, *ahl al-'işma wa-l-'adâla*) deviendra par extension majoritaire l'*Umma* dépositaire de l'Âge inaugurateur de la nouvelle religion.

C'est dans ce contexte socio-politique de rivalités, de polémiques et aussi de tensions intellectuelles hautement éducatives que se construisent les instances durables de l'Autorité religieuse pour les différentes fractions (*niḥal, milal, firaq*) en proie à une surenchère mimétique sur les voies, les moyens, les personnes, les figures idéales capables de renforcer le camp de l'orthodoxie contre ceux de l'errance, l'hérésie, l'incroyance ou infidélité (*Zandaqa*). L'érudition moderne renforce indirectement la ligne de construction de l'orthodoxie sunnite chaque fois qu'elle examine séparément les voies/voix concurrentes, rivales qui s'expriment déjà à travers les assassinats de trois califes dits orthodoxes. La monographie qui nous occupe maintient plutôt le parcours linéaire sunnite. Ainsi, les Compagnons sont globalement présentés comme l'incarnation absolue des trois vertus du Musulman parfait voulu par Muhammad et le Coran : professer l'islam, pratiquer la *hijra* (d'où les émigrations hors de Médine et du Ḥijâz) et le *jihâd* pour élargir l'implantation irréversible de la Vérité révélée. Cet idéal sera repris, enseigné et éventuellement appliqué dans divers contextes et conjonctures historiques.

Les *ahl al-ḥadîth* qui ne peuvent gagner leur combat contre leurs concurrents *ahl al-'aql/ra'y* qu'en s'appuyant sur l'autorité des Compagnons, ont tout fait pour protéger ces derniers de toute accusation de partialité dans la fracture de Siffîn. Ce souci de purification de Figures symboliques pour renforcer l'*éthos* éthico-spirituel de la Communauté explique aussi pourquoi on est si peu renseigné sur les attitudes des Compagnons les plus actifs dans tous les combats et débats autour de la succession de Muhammad dès le processus de « désignation » d'Abû Bakr. À propos de la *Fitna*, on rapporte que 200 à 250 Compagnons étaient encore vivants en 661 : 50 à Basra, 70 à Kûfa, 90 en Syrie, 40 en Egypte. Seulement 4 de Basra, 23/25 de Kûfa, 18/19 de Syrie, 8/10 d'Egypte auraient pris part à la bataille de Siffîn. Tandis que les Auxiliaires (*anşâr*) de Médine se rangent du côté de 'Alî, les Quraysh se divisent en deux camps : 13 suivent 'Alî, 9 préfèrent Mu'âwiya. Cependant, on note qu'aucun parmi les premiers convertis n'a suivi ni 'Alî, ni son adversaire. Ceux qui ont le plus soutenu 'Alî résidaient à Kûfa, à Médine ou en Egypte et appartenaient au clan des Hâshimites; ceux qui ont suivi Mu'âwiya étaient en Syrie et liés au clan omeyyade[1].

FJ se livre ainsi avec patience à des reconstitutions statistiques dérisoires avec les chiffres incontrôlables puisés dans des sources suspectées globalement, mais utilisées quand même pour maintenir l'illusion d'une connaissance fiable. Ses conclusions finales restent des supputations, ou des évidences reçues depuis longtemps – comme l'opposition souvent soulignée *ahl-al-ḥadīth/ahl al-ra'y*) – plus que des connaissances historiques mieux fondées que celles que nous avons déjà sur un certain nombre de Compagnons. La conclusion courte[2] confirme cette observation. Le travail partisan des traditionnistes (*muḥaddithûn*) qui ont toujours lié leur propension à accroître le nombre de Compagnons dignes de confiance (*thiqât et 'udûl*) à leur besoin de disposer de traditions authentiques, est une donnée historique établie depuis longtemps. On peut, en revanche, discuter l'idée que la bataille de Siffîn opposait simplement les plus proches du prophète par la généalogie ou l'adhésion au nouveau message à ceux qui l'étaient moins. Il devait y avoir d'autres enjeux et d'autres motivations dans la détermination des acteurs; mais l'historien ne peut les saisir à partir de sources trop marquées précisément par une opposition d'essence apologétique, pieuse et finalement stéréotypée comme elle l'est encore dans le discours islamique d'aujourd'hui. On reste sceptique aussi sur l'idée que Siffîn est une bataille entre les enrichis (partisans de 'Alî) et les appauvris (partisans de Mu'âwiya). On voit le parti idéologique que peut tirer aujourd'hui le discours islamique de cette « vérité » historique. Car il ne faut pas oublier que les musulmans contemporains renouent avec le combat des *muḥaddithûn* pour contrecarrer à l'aide des *ḥadīth* authentiques, les infiltrations pernicieuses de la science « orientaliste » au service de « l'Occident ».

Curieusement enfin, l'auteur avance aussi la conclusion que le sentiment tribal a joué un « rôle insignifiant » dans la bataille de Siffîn, car les membres des grandes tribus installées dans les régions contestataires – Irak, Syrie et Egypte – y étaient quasi absents. La discussion de tous ces points appartient à la recherche érudite; elle doit être pour-

---

1. Cf. p. 182.
2. Cf. p. 183-186.

suivie; mais quelles que soient ses conclusions finales, elle ne saurait affecter tout ce qu'on peut dire déjà sur les faiblesses et les arbitraires discursifs de la raison islamique dans son travail de construction de la croyance orthodoxe et toujours partisane.

CONSTRUCTION DES ORTHODOXIES SUNNITE VERSUS SHÎ'ITE
Andrew J. Newman, *The formative Period of Twelver Shî'ism.*
Hadîth Discourse between Qum and Baghdad[1]

Voici une monographie qui va nous permettre d'illustrer une des tâches fondamentales de la *Critique de la raison islamique.* En 1977 déjà, j'avais publié une analyse critique de la controverse entre un savant shî'ite du Liban sud – al-Sayyid Ḥusayn Yûsuf Makkî al-'Âmilî – qui avait publié en 1963 un ouvrage intitulé *L'enseignement shî'ite au sujet de l'Imâm al-Ṣâdiq et des autres imâms* (*'Aqîdat al-shî'a fi-l-imâm al-Ṣâdiq wa sâ'ir al-a'imma*) pour réfuter les vues fausses, les interprétations «sectaires» d'un autre savant sunnite – le shaykh Abû Zahra – qui avait consacré un ouvrage à *l'Imâm al-Ṣâdiq* et un autre aux *fondements du fiqh ja'farite*[2].

> On y trouve, écrivait al-'Âmilî, des études qui contredisent la réalité des faits dans la plupart des fondements de notre fiqh, ainsi que d'autres études sur lesquelles nous ne pouvons l'approuver… car il a conduit sa recherche sur toutes ces questions et tous les points de divergence entre sunnites et shî'ites conformément aux exigences de sa position doctrinale, non à celles de notre enseignement et de la réalité… Il a appelé les imâmites à quelque chose qu'ils ne peuvent accepter de lui: il les a invités à se joindre à lui et à renoncer à leurs croyances propres…[3].

La discussion est purement scolastique; elle se nourrit de la seule dynamique sémantique et mythohistorique des textes anciens que les «*ulamâ*» contemporains ne confrontent jamais avec les faits accomplis majeurs de l'histoire concrète des sociétés depuis les premiers

---

1. Curson, 2000, XXVIII-222 pages.
2. En attendant la parution de la nouvelle version de cette étude, voir «Pour un remembrement de la pensée islamique» dans *Critique de la Raison islamique*, Paris, 1984.
3. 'Aqîda, p. 8.

actes d'étatisation du fait coranique, c'est-à-dire pratiquement dès 632 quand il a fallu régler la succession de Muhammad. **L'islamologie appliquée** a pour objectif de remédier aux carences, aux renoncements, aux oublis de la pensée islamique qui continue de refouler toute idée d'historicité dans la genèse et les fonctions concrètes de la croyance religieuse. Mon objectif dans cette étude était de déplacer la controverse de son cadre polémique et théologique dogmatique vers l'espace ouvert de l'histoire et de l'anthropologie critiques du fait religieux d'après l'exemple de l'islam. Avec l'enquête de A.J. Newman (A.J.N. dans la suite), je vais pouvoir aller plus loin à propos du *Ḥadîth* comme second fondement (*aṣl*) de toute la construction de la croyance, de la Loi et de la gouvernance islamiques.

A.J.N. observe à juste titre que la recherche et les discussions sur le problème de l'authenticité du Ḥadîth ont accaparé pendant des décennies l'attention des savants. En outre, cette préoccupation exclusive a surtout porté sur la littérature sunnite, prorogeant ainsi la prédominance de fait de l'État califal impérial et de ses expressions théologico-politiques et juridiques jusqu'à la promotion du schî'isme imâmite au rang de religion officielle par les Safavides. L'originalité de l'auteur est de lier la genèse et la substance des corpus shî'ites de *Ḥadîth* aux conjonctures politiques et aux milieux socio-politiques qui ont commandé la production et donc permettent d'expliquer les fonctions quotidiennes de trois grands corpus: *Al-Maḥâsin* d'Ahmad b. Muḥammad al-Barqî (m. 274-280/887-8894); *Baṣâ'ir al-darajât* de Muḥammad b. al-Ḥasan al-Saffâr al-Qummî (m. 290/902-903); *Al-Kâfî fî 'ilm al-dîn* de Muḥammad b. Ya'qûb al-Kulaynî (m. 329/940-941). On notera que les deux premiers corpus ne sont pas retenus parmi les quatre corpus canoniques qui totaliseraient quarante-et-un mille *ḥadîth* pour la Tradition imâmite.

Avant d'analyser les trois corpus comme discours, l'auteur reconstitue le milieu socio-politique où l'opposition shî'ite au pouvoir omeyyade, puis abbaside, s'est affirmée avec constance et des succès politiques, intellectuels et doctrinaux indéniables. On retiendra les flux d'immigration de *mawâlî* qui ont assuré l'expansion de célèbres cités à l'est de l'Empire, comme Qum, Isfahân, Rayy, Nishâpûr, Merv, Shîrâz, Balkh, Bukhara où sont nés et ont travaillé de grands traditionnistes sunnites. L'islam ḥanafite mâtûridite, puis shâfi'ite à partir de 840, a longtemps prévalu, le shî'isme ne réussissant à s'infiltrer que sous forme de poches plus ou moins larges. Qum conquise en 644 au temps d'Abû Mûsa al-Ash'arî, a accueilli le clan al-Ash'arî qui s'est imposé comme le groupe social, politique et religieux assez dynamique et inventif pour gagner son autonomie par rapport à Isfahân, construire sa propre grande mosquée pour la prière du Vendredi, refuser de payer le *Kharâj* même au temps de Hârûn al-Rashîd, si intraitable à l'égard du shî'isme. Qum est devenue le centre spirituel incontournable où a grandi et a été pieusement recueillie la mémoire collective vivante du shî'isme imâmien par les Compagnons des Imâms cinq à onze. De même Rayy a abrité un grand nombre de Compagnons des Imams six à neuf ; elle rivalisera avec Bagdad sous les Bûyides.

À Bagdad, la communauté shî'ite a une double représentation : le petit peuple du quartier al-Karkh, les familles de premier plan avec de hautes personnalités comme les Nawbakht qui ont réussi à avoir des liens suivis avec le Palais califal. Sous les règnes de Ma'mûn et al-Wâthiq, il y a eu l'alliance politico-doctrinale entre shî'ites, Mu'tazilites et pouvoir califal face à la résistance finalement victorieuse du parti ḥanbalite renforcé par l'intervention de Dâwûd b. Khalaf al-Ẓâhirî (m. 270/883). On a beaucoup écrit sur ce moment exceptionnel de l'histoire politique et intellectuelle de la Cité musulmane ; mais on n'a pas analysé les conséquences de la victoire sunnite dans son expression ḥanbalite-wahhabite pour la ligne sunnite et cléricale depuis les Safavides dans la ligne shî'ite. J'y reviendrai.

Parce qu'il s'intéresse à l'étude des corpus retenus comme discours, A.J.N. ne s'attarde pas à examiner le phénomène du compagnonnage avec les douze Imâms. Y a-t-il eu un mimétisme conscient du modèle connu des Compagnons du Prophète ? Les Compagnons des Imâms se sont-ils exprimés ou ont-ils rapporté des ḥadīths explicites sur ce point névralgique de théologie de la prophétie et de l'Imâmat ? Ou se contente-t-on de la doctrine reçue au sujet de l'autorité charismatique et infaillible (*'iṣma*) revendiquée par la foi shî'ite ? Les anciens ont construit des systèmes de croyances et de non croyances et assuré leur reproduction plus qu'ils n'ont cherché à identifier les traits distinctifs des statuts cognitifs et des fonctions propres au Prophète et à l'Imâm. Je soulève ces questions ici parce que

la pensée islamique contemporaine ne les formule jamais de cette
façon et préfère les ignorer pour mieux réussir les opérations d'instrumentalisation politique d'une instance de l'autorité rejetée dans
l'impensé. Car réactiver de telles discussions obligerait à rouvrir tous
les dossiers théologiques brûlants fermés arbitrairement depuis les
XIIIe-XIVe siècles.

Les conclusions de A.J.N. soulignent à cet égard des lacunes
évidentes dans les *Maḥâsin* d'al-Barqî et l'insistance, au contraire, des
Baṣâ'ir d'al-Saffâr sur la connaissance extraordinaire, voire mira-
culeuse des Imâms héritiers en cela des anciens prophètes et de
Muhammad surtout. L'idée qui soutient cette croyance est que Dieu
ne laisse jamais les croyants sans guidance, on dit aujourd'hui sans
gouvernance. Il y a là une manière de nourrir l'espérance spirituelle en
un temps où tout le shî'isme et surtout à Qum, on discutait beaucoup
de l'Occultation, de sa durée, du nombre exact des Imâms vivants
manifestés (onze ou douze). Il est intéressant de noter aussi que les
auteurs des deux recueils sont des clients du clan ash'arî dont le rôle
politique à Qum est vital. Ainsi, les croyances les plus « pures » et
chargées de « spiritualité » ne sont jamais sans lien avec les exigences
politiques les plus immédiates.

La signification du *Kâfî* de Kulaynî est plus large que celle des
deux précédents recueils. En effet, si la marque de Qum et de ses
dirigeants ash'arî demeure importante, on trouve aussi le souci de
Kulaynî d'intégrer les données et les attentes spécifiques de la
communauté shî'ite de Bagdad où il a séjourné. Il a ainsi fait place
dans son recueil à tous les enseignements nécessaires et suffisants
(*kâfî*) pour relever les défis des courants sunnites rationalistes sans
rien céder des apports essentiels, irremplaçables des Imâms selon la
mémoire de Qum. L'analyse statistique de 7599 *isnâd* des 16199
traditions rapportées dans *al-Kâfî*, a permis de mettre en évidence le
rôle majeur des savants de la famille Ash'arî dans la collection canonique de Kulaynî. Je préfère parler de **mémoire collective qummî**
plutôt que de communauté shî'ite comme le fait A.J.N. Le lecteur
trouvera les raisons de ce choix dans l'ouvrage de P. Ricœur déjà cité,
L'histoire, la mémoire et l'oubli. Parler simplement de communauté
et de ses intérêts maintient le discours dans la perception statique que
les différentes communautés en compétition perpétuent sur elles-

mêmes. Le concept de **mémoire collective** sert mieux la stratégie cognitive qui suit les processus socio-historiques de sélection des lieux (*topoi*, représentations, visions, figures, événements, avène-ments...) qui construisent de façon spécifique et concrète chaque mémoire collective. L'intérêt de la lecture des recueils canoniques proposée par A.J.N. est qu'elle propose pour la première fois une sociologie historique de mémoires collectives en compétition pour l'appropriation d'un capital symbolique commun (l'islam) et divers par les cadres sociaux de la connaissance.

Ainsi, l'élite sociale, économique et politique de la Cité-État de Qum est incluse dans la formation et les fonctions variées de mémoires collectives conflictuelles reflétées dans les collections. Car, Kulaynî intervient pour le shî'isme peu après Ibn Hanbal, Bukhârî, Muslim et d'autres pour les sunnites. Il faudra faire la même lecture pour ces derniers. On peut alors mesurer les lacunes scientifiques et la portée idéologique des lectures spiritualistes, moralisantes, théo-logiques abstraites faites jusqu'ici non seulement par la tradition croyante, mais par le courant néo-spiritualiste-ésotériste-illuminatif contemporain inauguré en Occident par Henry Corbin pour les shî'ites, et par les courants réformistes, puis fondamentalistes pour les sunnites. Je ne dis pas qu'il faut réfuter, encore moins dédaigner ces courants en faisant droit à la seule lecture positive, critique des sciences sociales; il est nécessaire de continuer à s'interroger sur la dimension historique concrète de ce que Corbin a fortement illustré avec le concept *d'imagination créatrice* et la force indéniable de l'*imaginal* dans le déploiement de tout sujet humain à l'aide de ces textes prégnants de « valeurs » exemplaires.

Dans cette perspective de relecture des textes toujours reçus comme à la fois récapitulatifs de traditions sacralisantes et fondateurs pour les parcours historiques des communautés, je dois signaler un livre qui apporte des éclaircissements très pertinents à la discussion que j'amplifie pas à pas : Colin Turner, *Islam without Allah? The rise of Religious externalism in Safavid Iran*[1]. L'intérêt de cette mono-graphie pour notre relecture critique de la pensée islamique tient à la présentation d'une grande figure du shî'isme imâmien : Muḥammad

---

1. Curzon, 2000.

Bâqir Majlisi (m. 1111/1700) auteur de l'immense encyclopédie des textes shî'ites, *Les océans de fleurs* (*Biḥâr al-anwâr*). Cette œuvre est inséparable de la quête de légitimité par la dynastie safavide, exemple parmi beaucoup d'autres en islam, du phénomène de l'étatisation de la religion. Majlisi est le penseur officiel et le gestionnaire clérical en tant que grand cadi, puis Shaykh al-islam – l'équivalent du plus haut dignitaire des Ottomans à Istanbul – de la dynastie dont il a légitimé même l'adoption du principe patriarcal de succession dynastique, étranger pourtant à l'*ethos* politique de l'imâmisme. Le *Biḥâr* prouve la force de persuasion des grands corpus de tradition en islam : non seulement il fonctionne comme l'instance suprême de l'autorité pour l'exercice du nouveau pouvoir safavide, mais il bouleverse toute l'économie du Salut et l'espérance eschatologique construite par « *le Shî'isme originel* » tel que l'a restitué récemment M.A. Amir-Moezzi[1]. Au '*ilm* ésotérique initiatique du Shî'isme classique, Majlisi substitue le '*ilm* ésotérique des *fuqahâ* qui interviennent dans la direction des affaires de l'État comme dans le califat sunnite. Colin Turner qualifie Majlisi *d'externaliste (vs internaliste) extraordinaire*. En effet, il s'attaque non seulement à l'ésotérisme classique, mais à toutes les formes de sûfisme et de rationalisme pour ne conserver que la puissance de l'argumentation fondée sur la compréhension immédiate des textes (*manqûl*) admis dans son nouveau corpus significativement intitulé *Biḥâr al-anwâr* pour marquer la volonté de dépassement des corpus classiques comme *al-Kâfî*.

M.A. Amir-Moezzi n'a pas manqué d'évoquer dans le dernier chapitre de son livre la rupture radicale intervenue dans la doctrine de l'Imâm avec le shah Ismâ'îl, le fondateur de la dynastie en 907/1501. Il se déclarait « *publiquement le précurseur et le "représentant" de l'Imâm caché et ses fidèles le considéraient comme une réincarnation des Imâms* »[2]. En 1517, il fit ajouter à la formule rituelle de l'appel à la prière (*adhân*) et 'Ali est son ami proche (*wa 'alîyyun waliyyuhu*). Mais déjà le calife Mutawakkil qui inaugura la politique de réaction sunnite contre l'alliance Shî'îtes-Mu'tazilites-calife en 848, autorisa la malédiction contre 'Alî lui-même. Je rappelle ces faits historiques pour montrer le rôle déterminant du politique dans la construction et

---

1. Voir *Le guide divin dans le Shî'isme originel*, Paris, Verdier, 1992.
2. *Op. cit.*, p. 332.

les effets psychosociaux de la croyance religieuse appelée *foi* – assentiment spontané et confiant – par les théologiens. Tandis que le shî'isme classique – minoritaire et souvent persécuté, il est vrai – s'interrogeait avec insistance sur la légitimité d'une participation quelconque au pouvoir étatique, voici qu'avec Majlisi le *faqîh* devient une instance incontournable du fonctionnement optimal d'un régime dynastique. C'est par ces mécanismes que l'orthodoxie vécue par les fidèles comme acte de foi dans la religion vraie, se révèle, en fait, subordonnée à l'orthopraxie politique décidée, contrôlée d'abord par l'État avec le concours empressé de ses fonctionnaires cléricaux. La vie et l'œuvre de Majlisi témoignent magistralement de la réappropriation de toute la tradition textuelle imâmite (*al-manqûl versus ma'qûl*) à la nouvelle alliance que réactivera Khomeiny à sa manière avec d'autres acteurs, mais en jouant sur le même imaginaire islamique de la croyance « orthodoxe ». Il a fallu plusieurs siècles de débats virulents parmi les shî'ites – de l'Occultation majeure en 329/ 940 jusqu'à l'installation de l'Imâmisme officiel par les Safavides – pour passer de la doctrine du « *shî'isme originel* » à celle d'un shî'isme qui s'est progressivement rapproché des positions sunnites sur le droit canonique, le rôle de la raison procédurière, de la juridiction humaine, de l'*ijtihâd* du juriste-théologien dont l'imitation servile (*taqlîd*) est inscrite finalement par Khomeiny, dans les institutions définies dans son manifeste sur *Le gouvernement du juriste-théologien* (*wilâyat al-faqîh*). Cette évolution s'est accomplie sous le pouvoir (*sulṭa*) du chef politique qui a lui-même habillé d'une autorité religieuse (*ḥâkimiyya*), une sécularisation systématique de la croyance. Ce processus récurrent de confiscation jusqu'à l'asservissement du religieux par le politique a connu les mêmes intensifications à partir du XVIe siècle avec les Ottomans pour les Sunnites de l'aire méditerranéenne, les Safavides pour l'Iran et les Mogols pour l'Asie centrale. Il est en train d'atteindre le stade final de la désintégration de la « grande illusion » dans la confrontation tragique en cours entre le terrorisme international et les forces punitives de l'Axe du Bien et les libertés contre l'axe du Mal et des États voyous.

SHARÎʿA, FIQH ET CRITIQUE DE LA RAISON JURIDIQUE[1]
Bernard G. Weiss (éd.), *Studies in Islamic Legal Theory*[2]

Sous les auspices du Middle East Center de l'Université d'Utah, un symposium s'est tenu à Alta en Septembre 1999. À la lecture des communications et des discussions approfondies qui ont clos la rencontre, on partage le sentiment exprimé par les participants d'avoir vécu un rare festival intellectuel. Il est réconfortant pour tous les chercheurs de découvrir ainsi qu'un sujet aussi ardu, austère et si longtemps négligé que les *Uṣûl al-fiqh* pouvait susciter tant de verve inventive, tant d'intérêt soutenu et tant de communion dans une quête passionnée de sens et de connaissance explicative et pas seulement descriptive et narrative comme à l'accoutumée. Quatorze communications originales et substantielles sont réunies sous quatre parties :

1) les premiers développements dans la théorie juridique musulmane ;

2) la fonction des *Uṣûl al-fiqh* ;

3) Controverses entre les écoles ;

4) Autorité, Reforme, Principes sous-jacents.

Le long, vivant, exigeant débat placé à la fin du volume a reçu le titre marquant *d'Alta Discussion*. Je pense que ce volume connaîtra le même succès que celui où ont été réunies les communications du fameux symposium organisé en 1956 à Bordeaux par les professeurs R. Brunschvig et G. von Grünebaum. Le sujet là aussi était abordé pour la première fois entre d'éminents savants : *Classicisme et déclin culturel dans l'histoire de l'islam*.

Voici d'après la présentation de B. Weiss, les thèmes traités par les participants. Les cinq premiers essais traitent des origines et du développement de ce qui est devenu à partir du IXe siècle la discipline des *Uṣûl al-fiqh* ou théorie islamique du droit. J. Brockopp évoque les quatre juristes mâlikites de Médine : Mâjishûn, Mâlik, Abû Musʿab et Ibn ʿAbd al-Ḥakam. Nous sommes encore dans la phase des positions différentes prises par chaque auteur, sans invoquer nécessairement l'autorité ni du Coran, ni du prophète. Cela va à l'encontre de la

---

1. Cette partie a été rédigée bien après le chapitre V dont il est un complément éclairant.

2. Leiden, Brill, 2002, XXXI-437 pages.

présentation linéaire et monolithique du développement de la *Sharî'a* selon la tradition qui prévaudra par la suite. L'idée des fondateurs éponymes qui a fini par s'imposer durablement dériverait de l'autorité reconnue à chaque maître avant qu'interviennent les contraintes des textes sacrés comme sources-fondements de la *Sharî'a/fiqh*.

La *Risâla* dont l'attribution à Shâfi'î a été contestée récemment par N. Calder, est rattachée par L. Lowry à la période préusûlî non encore dominée par la méthodologie contraignante des 4 sources-fondements. L'apport essentiel de la *Risâla* est de renforcer les techniques interprétatives des textes sacrés comme fondements des normes juridiques (*istinbât al-ahkâm*). L'objectif est de sacraliser le *fiqh* positif en réduisant le champ de la *sunna* à celui de *hadîth* authentique élevé au rang de second fondement indissociable du Coran. Le fiqh est alors rapproché du statut de Loi divine (*Sharî'a*) comme reflet de la perfection de Dieu même. La façon dont les fondamentalistes d'aujourd'hui perçoivent et appliquent ce qu'ils appellent la *Sharî'a*, refoulant complètement dans l'oubli l'idée de *fiqh* comme droit positif, prouve à quel point la méthodologie sacralisante et procédurière de la *Risâla* connaît une nouvelle expansion mythoidéologique.

Susan Spectorsky s'attache à préciser le sens de *sunna* dans les *responsa* d'Ibn Râhwayh (820-850). Elle montre que la définition restrictive de la *sunna* par Shâfi'î (traditions prophétiques appuyées sur des *isnâds* solides) n'a guère eu d'impact sur les juristes de la génération d'Ibn Râhwayh. C'est la thèse déjà défendue par Wael Hallaq dès 1993. Le terme *sunna* continue de véhiculer les sens anciens – énoncés ou conduites soit du prophète, soit des Compagnons, soit des Successeurs – combattus par Shâfi'î. Bravmann a déjà montré depuis longtemps qu'avant l'islam, le terme *sunna* réfère non pas à la pratique d'un groupe social placée ultérieurement sous l'autorité d'une Figure symbolique construite à cet effet, mais à une pratique instituée par un maître reconnu comme tel de son vivant.

Christopher Melchert revient sur la datation de la *Risâla* de Shâfi'î pour montrer que le cadre de pensée et de discussion des problèmes abordés dans cet ouvrage est plutôt celui de la fin du IXe siècle, période de maturation du genre *Usûl al-fiqh*. Pour travailler cette hypothèse, il s'appuie sur les textes de quatre auteurs Al-Shâfi'î (m. 204/820), Muhâsibî (m. 243/858), Abû 'Ubayd Ibn Sallâm (m. 224/839) et Ibn

Qutayba (m. 276/889) qui couvrent le IXe siècle. Les textes sont relus
après J. Burton qui a négligé le *Fahm al-Qur'ân* de Muḥâsibî dans son
travail *The Sources of Islamic Law : Islamic theories of abrogation*[1].

La contribution de Devin Stewart occupe pas moins de 59 pages.
Elle porte sur l'analyse historique et la traduction du traité d'Ibn
Dâwûd al-Ẓâhirî *Al-wuṣûl ilâ ma'rifat al-uṣûl*. Il confirme les conclusions des auteurs précédents en montrant que les *Uṣûl* sont pleinement
constitués comme genre d'écriture savante sur la théorie du droit dans
la deuxième moitié du IXe siècle. L'émergence de la posture ẓâhirî
dans la pratique herméneutique en liaison avec la quête d'une instance
de l'autorité légitimante pour l'élaboration du droit, illustre le pluralisme des écoles qui commencera à s'appauvrir à partir du XIe siècle.
On sait comment l'intervention du Ẓâhirisme, brillamment enrichie
par Ibn Ḥazm en Andalousie, sera vite vouée à l'oubli en Orient
comme en Occident musulman. Il est à noter aussi comme autre illustration du pluralisme des écoles, que le fragment traduit par D. Stewart
a été cité et utilisé par al-Qâḍî al-Nu'mân dans son *Ikhtilâf Uṣûl al-
madhâhib*.

La fonction de la pensée des *Uṣûl* en relation non seulement avec
l'élaboration du droit positif (*fiqh*), mais aussi avec la communauté
savante et la société globale, est analysée de façon neuve par
Mohammad Fadel et Sherman Jackson. Le premier montre avec le
droit des gages (*ruhûn*) selon la *Bidâyat al-mujtahid* d'Ibn Rushd, que
la théorie des *Uṣûl* a très peu d'effet sur l'argumentation juridique
portant sur des faits concrets. Le raisonnement empirique du juriste
vient remplir les vides laissés dans les textes-sources-fondements
(*nuṣûṣ*). Autrement dit, la richesse révélatoire pratique de ces textes
censés commander toute catégorisation juridique (*ḥukm*), est implicitement reconnue comme insuffisante, voire inadéquate pour traiter
avec équité les cas d'espèce concrets. Si cette observation à propos du
traitement des gages peut être étendue à d'autres domaines du droit, on
sera amené à conclure que les *Uṣûl* sont un exercice théorique d'écoles
qui n'ont pas permis, en fait, de produire le droit positif. Chafiq
Chéhata était parvenu à la même conclusion il y a plus de cinquante
ans. M. Fadel risque une remarque intéressante au sujet de la position

---

1. Edinburgh, 1990.

particulière d'Ibn Rushd, l'auteur du fameux *Faṣl al-maqâl* en réponse au *Fayṣal al-tafriqa bayn al-islâm wal-zandaqa* de Ghazâlî. Dans sa *Bidâya*, le philosophe juriste a choisi précisément de traiter des cas comme les gages pour montrer que le recours aux textes sacrés n'est d'aucun secours pour l'argumentation juridique pratique.

Depuis sa monographie sur le Mâlikite al-Qarafî, S. Jackson est bien connu pour l'intérêt soutenu qu'il a toujours manifesté pour les débats théoriques modernes sur la raison juridique. Ainsi, pour approfondir la critique de la pensée formaliste *uṣûlî*, il utilise les critiques sur le formalisme juridique développées par le *Mouvement critique des Études juridiques* et *le Néo-formalisme juridique*. L'auteur rappelle l'idée centrale que l'esprit humain travaille avec des présuppositions et des préconceptions qui opèrent comme les déterminants réels de la Loi censée dérivée des significations également postulées pour les textes-sources-fondements. Cette approche psycholinguistique du sens projeté sur les textes-sources est exactement celle que j'ai préconisée pour tout le programme de *Critique de la Raison islamique* depuis la publication de mon livre sous ce titre en 1984[1]. La pratique interprétative de la communauté interprétante pour toutes les grandes traditions religieuses scripturaires, n'est pas une activité individuelle autonome; elle est orientée, conditionnée par les techniques rhétoriques formelles développées par un mouvement formaliste comme celui des *Uṣûl* pour envelopper le droit positif sous le voile sacralisateur et mythohistorique de la méthodologie, elle-même formaliste, des *Uṣûl*. Sans avoir fréquenté la littérature formaliste utilisée par Jackson, je trouve ainsi une solide confirmation de tous mes essais plus englobants sur la *Critique de la Raison islamique*. J'ajoute toutefois, que je ne suivrai pas la position de Jackson qui accorde au seul Shâfi'î le privilège exceptionnel de ne pas s'en tenir au seul sens lexical et syntaxique formel des textes sacrés, puisqu'il y ajoute les déterminants des expériences vécues des Arabes auxquels les discours coraniques et les *ḥadîths* prophétiques ont été adressés. En outre, comme le remarque B. Weiss, la critique du formalisme des *Uṣûl* ne doit pas faire oublier que cette discipline a continué d'être étudiée, enrichie, enseignée jusqu'aux XVIII e-XIX e siècles. De ce fait, la percep-

---

1. Voir les prolongements donnés à ce premier essai dans mon *Unthought in Contemprary Islamic Thought* et dans *Penser l'islam aujourd'hui*, à paraître, 2005.

tion de la *Sharî'a* comme une Loi divine dûment enracinée dans les enseignements de Dieu et du Prophète, continue de jouer sous nos yeux un rôle de premier plan dans la conjoncture fondamentaliste intégriste de l'islam actuel. Mais le fondamentalisme ignore ou rejette les enjeux intellectuels et cognitifs théoriques des *Uşûls;* au divorce entre la théorie et la pratique juridique concrète signalée pour la période classique de la pensée islamique, s'ajoute aujourd'hui une double rupture, avec le champ intellectuel pluriel de la phase classique d'une part, avec toute l'épistémologie critique et la pensée historienne propres à la modernité d'autre part.

Les différences entre les *madhâhibs* ont toujours été présentées comme insignifiantes à l'intérieur du Sunnisme. Or, les quatre communications suivantes démontrent que les enjeux de pensée peuvent être déterminants pour la conception et l'application du droit. K. Reinhart éclaire la différence entre les catégories de *farḍ*, obligation canonique et *wâjib*, devoir chez les Ḥanafites et les Shâfi'ites. Pour les premiers, un devoir est dit *farḍ* lorsqu'il est connu comme tel avec une certitude absolue; il est dit *wâjib*, si l'obligation est simplement probable, donc sujette à un certain doute. Pour les seconds, cette distinction ébranle le lien entre toutes les formes de l'impératif et la facture divine (*şîghat al-amr*) de tout commandement. Les nuances sémantiques que présentent deux termes ne sauraient distendre le lien avec le Commandement divin. La distinction a une portée théologique, argumentent les Ḥanafites; le *farḍ* concerne les obligations canoniques dont l'inobservance fait encourir au croyant le statut d'infidélité, tandis que le *wâjib* non obéi n'entraîne pas la même conséquence grave.

Aron Zysow s'intéresse justement aux suites théologiques des définitions juridiques à l'intérieur d'une même école. Aux Xe-XIe siècles, les Ḥanafites d'Irak étaient plutôt mu'tazilites, tandis que ceux d'Asie centrale, partagés entre As'arisme et Mâtûridisme, traquaient toute trace de mu'tazilisme dans les *Uşûl*. Il serait trop long d'entrer dans les détails de la discussion sur le *taşwîb*, déclaration de véridicité de tous les docteurs de la Loi d'une même école quand des conflits d'opinion les séparent; ou sur la capacité qu'a l'homme de choisir une conduite plutôt qu'une autre. Il faut retenir des exemples cités que les *Uşûl* servent à tracer des frontières épistémologiques et doctrinales entre les écoles au temps du pluralisme intellectuel et culturel.

R. Gleave illustre cette dernière fonction en montrant comment l'opposition des Shî'ites au *qiyâs* est purement polémique pour consolider la frontière avec les sunnites. En fait, l'examen des définitions du *qiyâs* depuis Shayh al-Mufîd jusqu'à Ṭûṣî et 'Allâma al-Ḥillî montre que les pratiques sunnites du *qiyâs* ont été progressivement intégrées par les maîtres shî'ites. Il en va de même pour les discussions entre *Akhbârî* et *Uṣûlî* shî'ites analysées par le même R. Gleave dans son *Inevitable Doubt*[1]. On retiendra de ces démonstrations de l'historien critique qu'elles permettent de libérer la pensée religieuse du travail séculaire visant soit à durcir soit à minimiser les différences doctrinales selon qu'on cherche à rehausser l'unité de la Shar'â ou à s'assurer le monopole de la compréhension et de la pratique « orthodoxes » de la religion vraie.

B. G. Weiss, éditeur de ce volume, cherche à répondre à deux questions en relisant l'*Iḥkâm* d'al-Âmidî auquel il a consacré une étude remarquable publiée en 1990[2] : 1) Dans quelle mesure les *Uṣûl al-fiqh* – après la période de formation – servent de forum à des débats entre les écoles articulant explicitement des différences sur le plan de la théorie et de la méthode et référant à des positions distinctives d'une école à l'autre ? 2) Et jusqu'à quel point les *Uṣûl* mettent en place des principes constitutifs du cadre d'exercice de l'*ijtihâd* de chaque école ? L'*Iḥkâm* est assez tardif et inclusif de la littérature sur le sujet pour offrir des réponses à ces questions qui sont plus celles de notre souci moderne de cohérence théorique et méthodologique par delà les contraintes de l'orthodoxie toujours primordiales dans l'espace mental médiéval. Effectivement, l'enquête limitée aux écoles ḥanafite et shâfi'ite, s'est avérée peu fructueuse. Très peu d'attention est accordée dans l'*Iḥkâm* aux différences et aux positions recherchées à partir, me semble-t-il, d'une exigence devenue essentielle dans notre pratique intellectuelle et scientifique libérée des limitations et des *a priori* de la croyance.

Wael Hallaq nous a habitués à des analyses novatrices et fructueuses. Il se garde de poser aux *Uṣûl* des questions qui ne pouvaient

---

1. Voir la fin du chapitre précédent.
2. Voir mon compte-rendu dans *Arabica* 1991.

s'inscrire dans les horizons de pensée des auteurs médiévaux. Ainsi, au lieu de s'attarder aux contenus des raisonnements juridiques comme base distinctive de la formation de chaque école, il met l'accent sur ce qu'il appelle « *la taxinomie hiérarchique* », c'est-à-dire la construction généalogique de l'autorité à l'intérieur de chaque école. Il remonte ainsi à la **Figure** éponyme progressivement construite par et pour chaque école. C'est moi qui écris **Figure** avec une majuscule et souligne la facture mythohistorique commune à la construction d'une Instance ultime de l'Autorité (*ḥukm*) d'essence spirituelle devenue la Référence obligée de validation de toutes les normes et valeurs constitutives de la Loi islamique, *Sharî'a*, entendue comme la Voie islamique de la quête du Salut dans ce monde et dans l'Autre. Quelles que soient les différences entre les écoles dans la codification par le droit positif (*fiqh*) des accomplissements rituels (*'ibâdât*) et des normes juridiques qui régulent les transactions sociales (*mu'âmalât*) durant le parcours terrestre vers le Salut, l'invocation de la Loi enracinée dans les Commandements divins est la condition *sine qua non* de l'expression de la foi en islam. J'ajoute que ce lien et cette distinction à la fois entre Loi et droit positif (*Sharî'a/fiqh*) se retrouvent dans le judaïsme et le christianisme avec la construction mythohistorique et le fonctionnement de l'instance de l'Autorité en rapport avec celle du droit positif (l'*auctoritas* et la *potestas* de Thomas d'Aquin).

Hallaq n'explicite pas ce point, mais ses analyses aident à comprendre l'idée de processus social-historique de construction mythique des rapports entre Autorité et pouvoir (*ḥukm/sulṭa*)[1]. Ce processus est appelé *takhrîj*. Il est éclairant de signaler que La Figure éponyme selon Hallaq diffère de celle que Brockopp nomme « Grand Maître, *Shayh* » : celui-ci est grand en raison de son œuvre propre et de l'enracinement de son autorité dans la culture populaire, tandis que la Figure éponyme est une construction rétrospective par des générations successives d'auteurs liés à la tradition d'une même école. La construction rétrospective permet d'enrichir la Figure éponyme d'attitudes et d'enseignements puisés chemin faisant dans d'autres écoles. Cette possibilité d'élargir l'instance représentée par la Figure se restreint à mesure que grandissent les rivalités et les clivages socio-

---

1. Pour plus de détails, voir mon *Unthought*, chapitre « Autorité et pouvoir ».

culturels entre les mémoires collectives (voir les conditions socioculturelles de formation des mémoires collectives selon Newman).
J'ajoute pour ma part que cette distinction entre Figure éponyme et
grand Shaykh prend ses vraies significations sociologiques et doctrinales quand on l'inscrit dans le cadre anthropologique d'analyse que
j'ai appelé la dialectique des puissances et des résidus [1].

Bernard Haykel définit à l'aide de Shawkânî (1760-1839) l'obses-
sion récurrente de la Réforme (iṣlâḥ) en islam, mais une Réforme
prônant la dissolution des écoles pour rendre possible le triomphe
d'une seule école. Shawkânî, un juriste yéménite de formation à la fois
zaydi-Hadawî et sunnite a la particularité de s'affirmer comme un
mujtahid muṭlaq, libre de toute appartenance à une école quelconque.
Cette position l'amène à repenser le statut des *Uṣûl* dans l'économie
générale de la *Sharî'a-fiqh*. La position est d'autant plus intéressante
que Shawkânî est à cheval sur deux siècles; comme le montre Haykel
dans sa thèse *Order and Righteousness: Muḥammad b. 'Alî al-
Shawkânî and the nature of the Islamic State in Yemen* [2]. Je reviendrai
ailleurs sur ce cas pertinent pour réévaluer toute la question lancinante
de l'*iṣlâḥ* et de l'*ijtihâd/taqlîd* dans la pensée islamique. Il y a trop de
répétitions, de stéréotypes réductionnistes, de partialité et, bien sûr,
d'apologétique simpliste dans ce domaine crucial, surtout lorsqu'on
considère l'état présent du champ intellectuel dans une pensée totalement dévoyée par le politiquement correct, le conformisme orthodoxe, le pointillisme ritualiste, l'entrisme le plus pernicieux, sans
parler de l'autocensure généralisée par les menaces terroristes. On se
demandera en particulier dans quelle mesure il est juste de dire que
Shawkânî a réarticulé les Uṣûl comme méthodologie et épistémologie
pouvant modifier l'exercice de la pensée juridique.

Wolfhart Heinrichs aborde un sujet relativement négligé jusqu'ici
par les historiens des *Uṣûl* et du *fiqh* : il s'agit des *qawâ'id*, ou principes généraux du droit positif. Ces principes sont parfois ramassés
dans des formules concises et faciles à mémoriser comme *al-ḍarûra
tubîḥu-l-maḥẓûra*, la nécessité rend licite l'illicite. Selon Ibn Nujaym,
« les *qawâ'id* sont les réels fondements du droit », car à partir des
qawâ'id le juriste peut faire dériver par un *ijtihâd* approprié des

---

1. Voir ci-dessus, chap. III.
2. Oxford, PHD, 1997.

qualifications légales (*aḥkâm*). La force probante des *qawâ'id* tient à ce qu'ils sont des énoncés induits à partir d'une série de décisions jurisprudentielles antérieures. Les *qawâ'id* attribués à une Figure éponyme ont une autorité plus contraignante encore pour la déduction d'*aḥkâm*. C'est ainsi qu'Abû Tâhir al-Dabbâs a tenté de ramener toute la doctrine de l'école Ḥanafite à dix-sept *qawâ'id*. Cette tentative est clairement indicative des efforts des juristes pour libérer la construction du droit des glissements des *Uṣûl al-fiqh* vers les *Uṣûl al-dîn* du fait de la prééminence doctrinale de ceux-ci sur ceux-là. Ces glissements sont d'autant plus contraignants qu'ils servent à sacraliser, voire à sanctifier le droit positif tiré vers le statut divin de la *Sharî'a*. Dans la pratique soi-disant théologico-juridique des « *'ulamâ* » « organiques » depuis l'émergence des États post-coloniaux, la confusion des niveaux théologique et juridique est à son comble, car les exigences intellectuelles des deux domaines de la pensée religieuse normative ne reflètent même pas les niveaux de rigueur et d'information des penseurs médiévaux.

Je m'en tiendrai là pour cette première partie d'un travail de longue haleine que je compte publier dans les prochaines livraisons d'*Arabica*. Chemin faisant, j'ai encore une série d'autres publications récentes que je présenterai avec la même visée critique, réflexive et constructive. J'insisterai sur les nouvelles stratégies de lecture, d'interprétation, de transgression, de déplacements et de dépassements des cadres de pensée hérités tant du parcours historique de la pensée islamique que de celui de la modernité implicitement ou explicitement revendiquée dans les contributions si fondamentales de chercheurs « occidentaux » qui n'ont plus rien à voir avec le défunt Orientalisme.

APPENDICE

AVEC MOULOUD MAMMERI À TAOURIRT-MIMOUN
DE LA CULTURE ORALE À LA CULTURE SAVANTE

Comme Mouloud, je suis né et j'ai passé mon enfance et mon adolescence à Taourirt-Mimoun, l'un des sept villages qui forment le douar des Béni-Yenni en Kabylie. À ce titre, je puis évoquer quelques souvenirs de portée ethnographique, anthropologique et historique.

Mouloud appartenait à une famille aisée, de haute renommée, non seulement dans le village, mais dans l'ensemble du douar et même au-delà. Selon les divisions courantes dans les villages, les Mammeri faisaient partie de *ceux d'en haut 'Ath-ufella*; leur maison toute blanche se voyait de tous les autres villages parce qu'elle se dressait au sommet de la colline à laquelle s'accrochaient l'ensemble des maisons de Taourirt-Mimoun, selon une hiérarchie descendante correspondant à l'histoire et au statut des familles. Les *Ath-wârab* (ma famille) faisaient partie de *ceux d'en bas* (*Ath wadda*) parce que vers la fin du XVIIIᵉ début XIXᵉ siècle, ils ont dû quitter la région de Constantine pour demander protection (*lânaya*) aux Béni-Yenni. La mémoire orale, dans ma famille, a conservé le souvenir précis d'un certain Larbi, qui, exerçant la vengeance selon les règles bien connues dans toute l'aire méditerranéenne, aurait tué sept personnes et, pour échapper au cycle des ripostes, se serait réfugié à Béni-Yenni. Ce qui est sûr, c'est que l'emplacement de notre maison tout en bas de la colline, traduit très exactement le statut de protégé qui est confirmé par l'ordre de préséance dans la prise de parole dans l'assemblée du village (*thâajmâyth*), ordre qui était encore respecté au début des années 1950.

Dans les années 1945-1952, Mouloud était l'intellectuel brillant, élégant, admiré, écouté au village. Il avait eu le privilège d'étudier à Paris (licence de lettres classiques), de séjourner au Maroc auprès de son oncle Lwannâs, précepteur, puis chef de protocole du sultan Mohammed V. Les tout jeunes comme moi le suivaient du regard pour admirer sa chemise, son pantalon et son burnous en soie fine et dorée ; on l'écoutait avec ravissement lorsqu'il devisait ou plaisantait avec ses amis, le soir, au clair de lune, sur cette place nommée *Thânsaouth* dont il a évoqué la richesse poétique et la fonction socioculturelle dans la *Colline Oubliée*.

« *Colline Oubliée* », déjà en 1950. Pourtant, son père Salem maintenait vivante et vivace la vieille mémoire du village et de la Kabylie. Da Salem était l'*Amîn* du village : homme de confiance, dépositaire de la mémoire collective, protecteur intègre du code de l'honneur (*annîf*) qui assure la sécurité des personnes, des biens, des familles, des communautés parentales. Jusqu'en 1962, le douar n'a connu ni police, ni gendarme, ni justice de paix, ni percepteur. L'administration des communes dites mixtes était lointaine et ne s'intéressait guère aux villages enfouis dans la montagne. L'*Amîn* puise sa légitimité dans la mémorisation parfaite des coutumes, des valeurs, des alliances, des contrats, de la geste fondatrice du groupe, des statuts des familles, du capital symbolique, du patrimoine littéraire, architectural, religieux... C'est de son père que Mouloud a reçu ce sens élevé d'une culture parfaitement intégrée et à grand pouvoir d'intégration, bien qu'elle fût et reste largement encore orale.

Produit lui-même de la culture française écrite, centralisatrice, urbaine, dominatrice, il ressentit très vite la nécessité de consigner par écrit les trésors qui ne vivaient déjà plus que grâce à de rares survivants ou résistants d'une culture orale menacée par l'oubli, la marginalisation, la disqualification, la désintégration. Moi-même, j'ai conservé de mes contacts avec les porteurs de la mémoire collective encore vivante (mes grands parents, mes oncles, mes tantes et d'autres personnes en dehors du cercle familial), l'idée indéracinable que la frontière entre l'écrit et l'oral est certes politique et idéologique ; mais elle a, bien sûr, des conséquences incalculables sur les rapports entre langue et pensée, donc sur l'exercice même de la raison, comme l'a bien montré J. Goody, dans *Entre l'oralité et l'écriture*[1].

L'*Amîn* ne se confond évidemment pas avec le caïd, fonction créée par l'administration coloniale. Les Mammeri avaient reçu des Français cette fonction; mais Mouloud soulignait avec fierté que son père était *Amîn*, non Caïd; son oncle avait même lavé en quelque sorte la famille de toute compromission avec le régime colonial puisqu'il servit un sultan musulman au prestige considérable pour la conscience musulmane maghrébine avant les indépendances. Mouloud recueillait ainsi le bénéfice de deux légitimités fondatrices : celle d'une mémoire authentique renvoyant aux origines les plus lointaines du peuple berbère s'étendant de l'Atlantique à Benghazi et de la côte méditerranéenne à la boucle du Niger. Ses séjours au Maroc et ses voyages au Sahara (Mozabites et Touaregs), lui avaient permis de vérifier la continuité linguistique et ethnoculturelle de ce vaste espace berbère (on dit désormais *Amazigh*) plus ou moins travaillé par la langue et la culture arabo-islamiques. Féru de culture gréco-latine et de littérature française, Mouloud n'insistait pas beaucoup, cependant, sur le versant islamique de sa famille. Il ignorait l'arabe autant qu'il savourait la poésie et la littérature kabyles. En tant qu'analyste critique, il a cependant commis l'erreur de forcer une littérature orale à entrer dans les cadres définis par la critique littéraire française de la première moitié du XXe siècle.

Cet ensemble de données brièvement rappelées seront mieux comprises dans un événement socioculturel dont j'ai été l'acteur principal en 1952. Je venais d'obtenir ma licence de langue et de littérature arabes à l'Université d'Alger. Face à Mouloud si à l'aise, si favorisé par la naissance, l'histoire et la fortune, je ressentais, pour la première fois, une petite compensation aux handicaps sociaux de mon statut de «protégé» : je connaissais une langue, l'arabe, et avais accès aux sources de la *religion vraie*; je pouvais donc m'autoriser à prendre la parole publiquement dans un *foyer rural* (sorte de maison de la culture) récemment créée par Driss Mammeri, docteur en médecine qui venait de s'installer au village pour le bonheur de toute la popu-

1. Paris, PUF, 1993.

lation (jusque là, il n'y avait qu'un humble dispensaire tenu par des Sœurs Blanches à Aït Larbâa, village voisin de Taourirt-Mimoun).

Driss Mammeri participait au prestige de la famille, notamment par l'aisance matérielle; il était beaucoup moins engagé que Mouloud dans la culture et l'animation de la mémoire ancestrale; mais parce qu'il était un Mammeri, il pouvait prendre l'initiative de créer un foyer rural pour offrir aux jeunes de tout le douar la possibilité inespérée de se rencontrer et d'organiser des activités culturelles. J'eus le privilège de participer à l'inauguration du foyer par une conférence sur *La condition de la femme kabyle et l'urgence de son émancipation.*

Il y avait dans cette initiative plusieurs nouveautés de portée «sacrilège»: un obscur jeunet de *ceux d'en bas* prenait la parole devant un public élargi au douar (selon une coutume très établie, les représentants mâles des différents villages ne se réunissaient que pour des raisons très solennelles à ce niveau «confédéral»: enterrement d'une personnalité reconnue, règlement d'un problème commun, célébration d'un événement inhabituel). En outre, ce jeunet osait traiter d'un sujet tabou: l'émancipation des femmes sur lesquelles se concentraient les contrôles les plus tatillons et les contraintes les plus archaïques fixées par le code de l'honneur (*al-nîf*). Ce code, bien antérieur à l'islam, était superficiellement sacralisé par des références rudimentaires à une loi religieuse (*sharî'a*) médiatisée par des marabouts eux-mêmes plus enracinés dans la langue et la culture orales locales que dans les traités guère accessibles du droit dit musulman (*fiqh*).

La conférence eut lieu devant un public réjoui, intéressé, très jeune, ouvert. J'étais pourtant très mal préparé à une épreuve aussi redoutable, car, grandi dans une culture orale, j'avais intériorisé toutes les règles de l'autocensure et tout le rituel du discours et des conduites en public. En outre, certains concepts couramment utilisés en français ou en arabe, n'avaient pas de correspondants exacts en kabyle et j'avais peur, par dessus tout, de transgresser, soit un article du code de l'honneur, soit telle disposition du droit musulman ou de la coutume. Il est vrai aussi qu'une importante partie de l'auditoire communiait facilement avec ma gêne, puisqu'il ressentait les mêmes obstacles et les mêmes limitations dans une épreuve aussi inhabituelle.

On parla de l'événement dans tous les foyers et, bien entendu, Da Salem en eut connaissance. Son pouvoir d'*Amîn* était déjà déclinant depuis l'instauration d'une municipalité élue ; on n'avait donc pas sollicité son autorisation pour donner la conférence. Le lendemain, sûr de me retrouver au café où se réunissaient traditionnellement la plupart des jeunes, il vint vers moi levant sa canne en signe de menace d'une correction physique méritée, et fit cette déclaration publique qui résume parfaitement les modes et les voies de contrôle du discours social et du capital symbolique dans la société kabyle traditionnelle :

> Fils de *Lwannâs Ath-Waârab*, me dit-il d'une voix menaçante au milieu d'un public étonné, comment as-tu pu t'autoriser à prendre la parole devant la confédération (*lâarsh*) des Béni-Yenni, sachant que ton respecté (*dâdâk*) Salem est toujours l'*Amîn* du village ? Ne sais-tu pas que tu appartiens à *ceux d'en bas* et que si quelqu'un doit prendre la parole en kabyle, il revient à *dâdâk Salem* de le faire ; et s'il faut la prendre en arabe, il revient à *dâdâk Lwannâs* de le faire et si, enfin, quelqu'un doit s'exprimer en français, seul *Dâdâk al-Mulûdh* (Mouloud) peut le faire ! Tu as transgressé les hiérarchies établies ; heureusement que ton père est connu pour sa droiture ; je t'invite à suivre strictement son exemple.

J'ai bien sûr demandé pardon à dâ Salem, homme unanimement respecté ; j'ai expliqué que l'initiative de toute l'affaire venait d'un Mammeri et que j'avais voulu simplement préciser les rapports et les différences entre nos coutumes et le droit musulman qui n'avait jamais été appliqué en Kabylie (et ne l'a pas été jusqu'à l'indépendance de l'Algérie en 1962) ; en matière de statut personnel, les Kabyles pouvaient ainsi opter pour le régime kabyle, musulman ou français.

Parmi l'assistance, *ceux d'en-bas* étaient choqués par un mode de domination qu'ils croyaient révolu ; d'autres, ne comprenant pas exactement l'enjeu de l'admonestation, furent simplement amusés de la scène. Mouloud et moi avons souvent commenté devant des amis divers – en riant et en faisant rire comme il savait bien le faire avec son art de conter – les propos et l'indignation de dâ Salem. C'est une des dernières, mais très significatives manifestations des mécanismes de contrôle de la parole porteuse de pouvoir en société kabyle. L'authenticité ethnologique du propos est soulignée par l'emploi répété de *Dâdâk* qui souligne des rapports de respect, c'est-à-dire, en fait, de pouvoir de l'aîné sur les cadets dans la famille et, plus généralement, des plus âgés sur les plus jeunes dans toutes les relations sociales, l'âge pouvant signifier la sagesse, la connaissance et le respect strict du code de l'honneur, un sens de la dignité personnelle et du dévouement à la communauté.

Je n'ai pas été apostrophé par mon prénom, mais par un rappel généalogique qui me renvoyait à ma place et à mon statut dans le « clan » (dont le souvenir est pourtant très estompé depuis longtemps) et le village. De même, la mention de *lâarsh* souligne le caractère exceptionnel et solennel d'une audience qui dépasse celle du village. À ce niveau, l'*Amîn* est le médiateur ou porte-parole incontournable. Seul le « marabout » habilité à solliciter la bénédiction divine au début et à l'issue de toute réunion importante, peut valablement s'exprimer pour ajouter une consécration religieuse aux propos « séculiers » de l'*Amîn*. Au sein de *Thajmayth* (assemblée de village) les représentants des familles peuvent prendre la parole dans le code précis des ordres de préséance et sous la présidence de l'*Amîn*.

Un dernier trait intéressant de l'apostrophe de dâ Salem est la remarquable ouverture à la connaissance de langues autres que le kabyle. L'arabe et le français sont considérés comme des langues de promotion culturelle et sociale (avec une prime supplémentaire pour l'arabe, langue sacrée du Coran et moyen d'accès aux enseignements de l'islam). La maîtrise de ces langues rehausse le statut non seulement de l'individu, mais de la famille. C'est pourquoi dâ Salem réaffirme la vocation des Mammeri à contrôler, à gérer ces facteurs nouveaux (pour le kabyle) de mobilité sociale et, éventuellement, de transformation du capital symbolique qui cesse d'être lié exclusivement à l'usage du kabyle. Ainsi l'histoire met en mouvement des structures archaïques et les structures réagissent à « l'innovation » (la fameuse *bid'a* traquée par les juristes théologiens musulmans à une échelle plus vaste et avec les enjeux plus complexes de vérité divine opposée à la vérité humaine) par la voix de ceux qui y puisent la légitimité de leur pouvoir.

Il y a ouverture aux langues, mais monopolisation du prestige qu'elles confèrent, parce qu'il s'agit de renforcer un ordre ancien et non de le remettre en question par l'apport culturel de ces langues. Quand on compare cette attitude et celle du Front islamique du salut qui, dans l'Algérie de 1989-1999, réclame la suppression de l'enseignement du français pour assurer le monopole de l'arabe, on constate une régression de l'attitude pratique devant l'étude des langues comme voie d'émancipation de la société.

Mouloud Mammeri était, bien sûr, très conscient de toutes ces contradictions; mais il poursuivait avec sérénité et confiance la tâche difficile de collecter et de publier les trésors de la littérature kabyle. Il avait le privilège de puiser à bonne source; il demeurait très à l'aise dans le système de valeurs qu'incarnait et défendait son père; je ne partageais pas cette aisance parce que, pratiquant les trois langues devenues enjeux de pouvoir et refuges d'identités conflictuelles après l'indépendance, je suis davantage sensible aux enrichissements que la personnalité algérienne peut recueillir d'une politique linguistique équilibrée et respectueuse des données historiques et scientifiques irrécusables. Mais ni l'État colonial, ni les Partis-États issus des luttes de libération n'ont pu se passer de la langue comme point d'appui et véhicule du pouvoir « légitime ». La colonisation a légué partout une situation idéologique qui ne pouvait générer que les attitudes rigides observées depuis une quarantaine d'années dans un grand nombre de sociétés de l'ex Tiers-Monde.

La leçon de Taourirt-Mimoun mérite ainsi d'être méditée, analysée, diffusée dans tout l'espace maghrébin : historiquement et anthropologiquement, les Maghrébins ont traversé et traversent encore – avec des lucidités et des obscurantismes variables – des tensions identiques à celles que Mouloud et moi – avec beaucoup d'autres – avons toujours érigées en exercices éducatifs, en efforts de recherche pour un **humanisme maghrébin**.

BIBLIOGRAPHIE

On se contente habituellement de mentionner dans la bibliographie les titres utilisés dans l'ouvrage. J'en ai mentionné très peu par rapport aux lectures bien plus étendues poursuivies pendant plusieurs années dans trois langues principales : l'arabe, le français et l'anglais. En arabe, il y a les sources anciennes de première main et la production contemporaine ; en français et en anglais, la production scientifique des dix dernières années est bien plus étendue aussi bien pour le domaine arabe et islamique que pour les différentes sciences de l'homme et de la société. Pour accompagner l'auteur de la manière la plus féconde, le lecteur est invité à prendre connaissance des titres essentiels retenus dans cette bibliographie très réduite. Deux critères ont dicté le choix de ces titres : la qualité scientifique des informations fournies et l'orientation de chaque auteur vers la conquête d'un nouvel espace d'intelligibilité, de construction et de transmission des savoirs. Ces critères convergent dans le souci constant de renforcer et diffuser les préoccupations et les pratiques cognitives de la raison émergente.

Dictionnaires

ABERCROMBIE N., HILL S., TURNER B. S., *The Penguin Dictionary of Sociology*, 4ᵉ éd. Upper Saddle River, Prentice Hall, 2002.

ARNAUD A. J. et *alii* (éd.), *Dictionnaire encyclopédique de théorie et de sociologie du droit*, Paris, LGDJ, 1993.

BONTE P. et IZARD M., *Dictionnaire de l'Ethnologie et de l'Anthropologie*, Paris, PUF, 1991.

CANTO-SPERBER M., *Dictionnaire d'Éthique et de philosophie morale*, Paris, PUF, 1997.

Dictionnaire d'analyse du discours, CHARAUDEAU P. et MAINGUENEAU D. (dir.), Paris, Seuil, 2002.

Fontana Dictionary of Modern Thought, 2ᵉ éd. New York, Harper Collins, 1999.

LACOSTE J.-Y., *Dictionnaire de théologie*, Paris, PUF, 1998.

RAYNAUD Ph. et RIALS S., *Dictionnaire de philosophie politique*, Paris, PUF, 1997.

SCHMITT J.-Cl. et LE GOFF J., *Dictionnaire raisonné du Moyen Âge*, Paris, Fayard, 1999.

Anglais

ABED S. B., *Aristotelian logic and the Arabic language in Al-Fârâbî*, New York, SUNY, 1991.

AL-AZMEH A., *Muslim Kinship. Power and the sacred in Muslim, Christian and Pagan Polities*, London, Tauris, 1997.

ALTER R., *L'art du récit biblique*, trad. de l'anglais, Bruxelles, Éditions Lessius, 2000.

BALLANTYNE W. M., *Essays and Addresses on Arab Laws*, London, Curzo 2000.

BAR-ASHER M. M., *Scripture and Exegesis in Early Shiism*, Leiden, F *man* 1999.

BASHEAR S., *Arabs and others in Early Islam*, Princeton, Darwin Press, 1 *rative*

BOON J., *Other tribes, other scribes : Symbolic anthropology i comparative study of cultures, histories, religions and texts*, Cam C.U.P., 1982.

BROCKOPP J. E., *Early Mâlikî Law. Ibn 'Abd al-Hakam and hi* *e Bible,* *Compendium of jurisprudence*, Leiden, Brill, 2000.

BRUNNER R. & ENDE W., *The Twelver Shîa in Modern Times*, Leiden, Brill, 2001.

BULLIET R. W., *Islam. The view from the Edge*, Columbia, Columbia University Press, 1994.

BURROW J. W., *The Crisis of Reason. European Thought, 1848-1914*, Yale, Yale University Press, 2000.

BURTON J., *The sources of Islamic Law: Islamic Theories of Abrogation*, Edinburgh, E.U.P., 1990.

CALDER N., *Studies in Early Muslim Jurisprudence*, Oxford, Clarendon Press, 1993.

CARTER S., *Culture of disbelief: How American Law and Politics trivialize Religious devotion*, New York, Anchor, 1993.

COOK M., *Commanding Right and Forbidding Wrong in Islamic Thought*, Cambridge, C.U.P., 2000.

CRONE P. & ZIMMERMANN F. W., *The Epistle of Sâlim ibn Dhakwân*, Oxford, O.U.P., 2001.

DONNER F. M., *Narratives of Islamic Origins. The beginnings of Islamic Historical Writing*, Princeton, Darwin Press, 1998.

DUTTON Y., *The origins of Islamic Law*, London, Curzon, 1999.

EL-HIBRI T., *Reinterpreting Islamic Historiography; Hârûn al-Rashîd and the Narrative of the Abbâside Caliphate*, Cambridge, C.U.P., 1999.

ELLIS J. M., *Against deconstruction*, Princeton, Princeton University Press, 1989.

ESS J. VAN, *Theologie und Gesellschaft im 2 und 3 Jahr hundert Hidschra. Eine Geschichte des religiösen Denkens im frühen Islam*, 6 vol., Berlin, Walter De Gruyter, 1991-1997.

FERNHOUT R., *Canonical Texts. Bearers of absolute Authority. Bible, Koran, Veda, Tipitaka*, Amsterdam, Éditions Rodopi, 1994.

FIRESTONE R., *Jihâd. The origin of Holy war in Islam*, Oxford, O.U.P., 1999.

FRAADE S. D., *From Tradition to Commentary: Torah and its interpretation in the Midrash Sifre to Deuteronomy*, New York, SUNY, 1991.

FUKUYAMA F., *The end of History and the last man*, New York, Maxwell Macmillan, 1992.

GEERTZ Cl., *After the fact: two countries, four decades, one anthropologist*, Harvard, Harvard University Press, 1994.

GERBER H., *Islamic Law and culture: 1600-1840*, Leiden, Brill, 1999.

GOLDINGAY J., *Models for Interpretation of Scripture*, Carlisle, Paternoster, 1995.

GRAHAM W., *Divine Word and Prophetic Word in Early Islam: A Reconsideration of the sources, with special reference to the Divine Saying, or Hadîth Qudsî*, Berlin, Walter De Gruyter, 1977.

– *Beyond the written word. Oral aspects of Scripture in the history of religion*, Cambridge, C.U.P., 1987.

GUTAS D., *Greek Thought, Arabic culture*, London, Routledge, 1998.

HALLAQ W. B., *Law and Legal Theory in Classical and Medieval Islam*, London, Variorum, 1992.

– *A History of Islamic Legal Theories. An introduction to Sunnî Usûl al-Fiqh*, Cambridge, C.U.P., 1997.

– *Ibn Taymiyya against the Greek Logicians*, Oxford, Clarendon Press, 1993.

HARRISON L. E. and HUNTINGTON S., *Culture Matters. How values shape Human progress*, New York, Basic Books, 2000.

HOEXTER M. (ed.), *The public sphere in Muslim societies*, New York, SUNY, 2002.

HOOKER M. D., *The signs of a prophet. The prophetic Actions of Jesus*, London, Trinity Press International, 1997.

HOWARD I. K. A., *Kitâb al-Irshâd. The Book of guidance, by Shaykh al-Mufîd*, Horsham, Balâgha Books, 1981.

HOYLAND R. G., *Seeing Islam as others saw it. A survey and evaluation of Christian, Jewish and Zoroastrian Writings on Early Islam*, Princeton, Princeton University Press, 1997.

HUMPHREYS R. S., *Between Memory and Desire. The Middle East in a troubled Age*, Berkeley, University of California Press, 1999.

JACKSON S., *Islamic Law and the State. The Constitutional jurisprudence of Shihâb al-dîn al-Qarâfî*, Leiden, Brill, 1996.

KERTZER M., *Rituals, Politics and Power*, Yale, Yale University Press, 1988.

KHALIDI T., *Arab Historical Thought in Classical period*, Cambridge, C.U.P., 1995.

KOHLBERG E., *Belief and Law in Imâmî Shî'ism*, London, Variorum, 1991.

LECKER M., *Muslims, Jews & Pagans. Studies on early Islamic Medina*, Leiden, Brill, 1995.

LEEUWEN R. VAN, *Waqfs and Urban Structures; The case of Otto Damascus*, Leiden, Brill 1999.

LEVERING M. (ed.), *Rethinking Scripture: Essays from a compa perspective*, New York, SUNY, 1989.

LLOYD G. E. R., *Demystifying mentalities*, Cambridge, C.U.P., 1990.

LÜDEMANN G., *The Unholy in Holy Scripture. The dark side of th* London, Westminster John Knox Press, 1997.

MADELUNG W., *The succession to Muhammad. A study of the early Caliphate*, Cambridge, C.U.P., 1996.

MADIGAN D. A., *The Qur'ân's self-image. Writing and Authority in Islam's Scripture*, Princeton, Princeton University Press, 2001.

MAGONET J., *The subversive Bible*, London, Trinity Press International, 1997.

MASUD M. Kh., MESSICK B., PAWERS D. (eds.), *Islamic Legal Interpretation. Muftis and their Fatwas*, Harvard, Harvard University Press, 1996.

MELCHERT Ch., *The formation of the Sunnî schools of Law, 9th-10th c.*, Leiden, Brill, 1997.

MOTZKI H., *The Origins of Islamic Jurisprudence. Meccan Fiqh before the Classical Schools*, Leiden, Brill, 2002.

– (ed.), *The Biography of Muhammad. The issue of sources*, Leiden, Brill, 2000.

NERHOT P., *Law, Writing, Meaning. An Essay in Legal Hermeneutics*, Edinburgh, Edinburgh University Press, 1992.

PETERS F. E., *Muhammad and the origins of Islam*, New York, SUNY, 1994.

POWERS D., *Law, Society and Culture in the Maghrib, 1300-1500*, Cambridge, C.U.P., 2002.

RIPPIN A., *Muslims. Religious beliefs and Practices*, London, Routledge, 2000.

RUBIN U., *The eye of the beholder. The life of Muhammad as viewed by the early Muslims*, London, Darwin Press, 1995.

SERJEANT R. B., *Customary and Sharî'a Law in Arabian Society*, London, Variorum, 1991.

SHARABI H., *Neopatriarchy. A theory of distorted change in Arab Society*, Oxford, O.U.P., 1988.

STEWART D., *Islamic legal orthodoxy: Twelver shi'ites responses to the Sunni Legal system*, Utah, University of Utah Press, 1998.

STROUMSA S., *Free Thinkers of Medieval Islam: Ibn al-Râwandî, Abû Bakr al-Râzî and their impact on Islamic Thought*, Leiden, Brill, 1997.

WEISS B., *The spirit of Islamic Law*, Athens, University of Georgia Press, 1998.

– (ed.), *Studies in Islamic Legal Theory*, Leiden, Brill, 2002.

WHEELER B. M., *Applying the Canon in Islam. The Authorisation and Maintenance of Interpretive Reasoning in Hanafî scholarship*, New York, SUNY, 1996.

Français

BADIOU A., *Saint Paul ; La fondation de l'Universalisme*, Paris, PUF, 1997.

BEDARIDA F., *L'histoire et le métier d'historien en France (1945-1995)*, Paris, Maison des sciences de l'homme, 1995.

BENSAID D., *Marx l'intempestif. Grandeurs et misères d'une aventure critique (19ᵉ-20ᵉ s.)*, Paris, Fayard, 1995.

BERNAL M., *Black Athena. Les racines afro-asiatiques de la civilisation classique*, 2 vol., Paris, PUF, 1996-1999.

BLEUCHOT H., *Les cultures contre l'homme ? Essai d'anthropologie historique du droit pénal soudanais*, Aix-en-Provence, Presses Universitaires d'Aix-en-Provence, 1994.

BLOCH M., *La violence du religieux*, Paris, Odile Jacob, 1997.

BOIS G., *La grande dépression médiévale : XIVᵉ-XVᵉ siècles. Le précédent d'une crise systémique*, « Actuel Marx Confrontation », Paris, PUF, 2000 (débat de fond et de méthode sur l'étude du Moyen Âge suscité déjà par la thèse de l'auteur, *La Mutation de l'an Mil. Lournand, village mâconnais de l'Antiquité au féodalisme*, Paris, Fayard, 1989).

BOURDIEU P., *Raisons pratiques. Sur la théorie de l'action*, Paris, Seuil, 1994.

CHABBI J., *Le Seigneur des tribus ; L'islam de Mahomet*, Paris, Noesis, 1996.

CHABRY L. et A., *Identités et stratégies politiques dans le monde arabo-musulman*, Paris, L'Harmattan, 2001.

CHAUMONT É., *Le Livre des rais illuminant les fondements de la compréhension de la Loi. Traité de théorie légale musulmane ; traduction du* Kitâb al-luma' fî Uṣûl al-fiqh *d'Abû Isḥâq Ibrâhîm al-Shîrâzî (m. 476/1083)*, « Robbins collection », Berkeley, University of California Press, 1999.

COMTE-SPONVILLE A. et FERRY L., *La sagesse des modernes. Dix questions pour notre temps*, Paris, Robert Laffont, 1998.

DAKHLIYA J., *Le divan des rois. Le politique et le religieux dans l'islam*, Paris, Aubier, 1998.

DARTIGUENAVE J.-Y., *Rites et Ritualité. Essai sur l'altération sémantique de la ritualité*, Paris, L'Harmattan, 2001.

DÉCOBERT Ch., *Le mendiant et le combattant : l'institution de l'islam*, Paris, Seuil, 1991.

– (éd.), *Dynamiques identitaires en Égypte*, Aix-en-Provence, Presses MMSH, 1999.

DÉTIENNE M., *Comparer l'incomparable*, Paris, Seuil, 2000.

DUCHET M., *Anthropologie et histoire au siècle des Lumières*, Paris, Albin Michel, 1995.

DUPRAT A., *Le roi décapité. Essai sur les imaginaires politiques*, Paris, Le Cerf, 1993.

ELSTER J., *Le laboureur et ses enfants. Deux essais sur les limites de la rationalité*, Paris, Minuit, 1986.

En substances, Mélanges F. Héritier, Paris, Fayard, 2000.

FERRIÉ J. N., *Règles et dilemmes*, Paris, Karthala, 1999.

FINKELSTEIN I. et SILBERMAN N. A., *La Bible dévoilée. Les nouvelles révélations de l'archéologie*, Paris, Bayard, 2002.

FLORI J., *Pierre L'Hermite et la première croisade*, Paris, Fayard, 1999.

– *Croisade et chevalerie*, Bruxelles, De Boeck Université, 1999.

FONTENAY E. DE, *Le silence des bêtes. La philosophie à l'épreuve de l'animalité*, Paris, Fayard, 1998.

GAUCHET M., *Révolution des pouvoirs*, Paris, Gallimard, 1995.

– *La religion dans la démocratie. Parcours de la laïcité*, Paris, Gallimard, 1998.

GEERTZ Cl., *Savoir local, Savoir global. Les lieux du savoir*, Paris, PUF, 1986.

GILLIOT Cl., *Exégèse, Langue et Théologie en islam. L'exégèse coranique de Tabarî*, Paris, Vrin, 1990.

GISEL P., *La Théologie face aux sciences religieuses*, Genève, Labor et Fides, 1999.

GISEL P. et ÉVRARD P. (éd.), *La théologie en postmodernité*, Genève, Labor et Fides, 1996.

GODELIER M., *L'idéel et le matériel*, Paris, Fayard, 1984.

GRIGNON Cl. et PASSERON J.-Cl., *Le savant et le populaire. Misérabilisme et populisme en sociologie et en littérature*, Paris, Seuil, 1989.

HABERMAS J., *Critique de la raison fonctionnaliste*, Paris, Fayard, 1987.

HALBWACHS M., *La topographie légendaire des évangiles en terre sainte. Étude de mémoire collective*, Paris, PUF, 1941.

HERVIEU-LEGER D., *La religion pour mémoire*, Paris, Le Cerf, 1993.

IOGNA-PRAT D., *Ordonner et exclure. Cluny et la Société chrétienne face à l'hérésie, au judaïsme et à l'islam*, Paris, Aubier, 1998.

ISRAEL G., *La question chrétienne. La pensée juive du christianisme*, Paris, Payot, 2000.

JULLIEN F., *Le détour et l'accès. Stratégie de sens en Chine, en Grèce*, Paris, Grasset, 1995.

KELSEN H., *Théorie générale du droit et de l'État*, suivi de *la doctrine du droit naturel et le positivisme juridique*, Paris, LGDJ, 1997.

KOZAKAÏ T., *L'étranger, l'identité. Essai sur l'intégration culturelle*, Paris, Payot, 2001.

La raison et la question des limites, BENMAKHLOUF A. (dir.), Casablanca, Le Fennec, 1997.

LAGARDÈRE V., *La vie sociale et économique de l'Espagne musulmane aux 11e et 12e siècles à travers les fatwas du Mi'yâr d'Al-Wansharîsî*, Mélanges de la Casa Velasquez, Paris, de Boccard, 1990.

LAMBERT J., *Le Dieu distribué. Une anthropologie comparée des monothéismes*, Paris, Le Cerf, 1995.

Les applications de l'anthropologie, BARÉ J. F. (dir.), Paris, Karthala, 1995.

LUROL G., *E. Mounier. Le lieu de la personne*, Paris, L'Harmattan, 2000.

MALRIEU Ph., *La construction des imaginaires*, Paris, L'Harmattan, 2000.

Mare Nostrum. Dynamiques et mutations géopolitiques de la Méditerranée, SANGUIN A.-L. (dir.), Paris, L'Harmattan, 2000.

MESLIN M., *L'expérience humaine du divin*, Paris, Le Cerf, 1988.

MINOIS G., *Histoire de l'athéisme*, Paris, Fayard, 1998.

MUNCK J. DE, *L'institution sociale de l'esprit*, Paris, PUF, 1999.

NAMER G., *Halbwachs et la mémoire sociale*, Paris, L'Harmattan, 2000.

« Passés recomposés. Champs et chantiers de l'histoire », *Autrement*, n° 150-151, Paris, 1995.

PERROT M., *Les Ombres de l'histoire. Crime et Châtiments au 19e siècle*, Paris, GF-Flammarion, 2001.

PHILONENKO M., *Le Notre Père. De la prière de Jésus à la prière des disciples*, Paris, Gallimard, 2001.

RICŒUR P. et LA COQUE A., *Penser la Bible*, Paris, Seuil, 1998.

ROSSI P., *La naissance de la science moderne en Europe*, Paris, Seuil, 1999.

ROULAND N., *Introduction historique au droit*, Paris, PUF, 1998.

SAINT-SERNIN B., *La raison au XXe siècle*, Paris, Seuil, 1995.

Shâfi'î : La Risâla. Les fondements du droit musulman, traduction et notes SOUAMI L., Arles, Sindbad, 1997.

SHINN T., « Structures épistémologiques des relations Nord-Sud », dans *Les sciences hors d'Occident au 20e siècle*, Paris, Colloque UNESCO 19-23/9/1994.

TARDIEU M., *La formation des Canons scripturaires*, Paris, Le Cerf, 1993.

TEUBNER G., *Le droit. Un système autopoiétique*, Paris, PUF, 1993.

TODOROV T., *Le jardin imparfait*, Paris, Grasset, 1998.

TOUATI H., *Islam et voyage au Moyen Âge*, Paris, Seuil, 2000.

VATIN N. et VEINSTEIN G., *Le Sérail ébranlé. Essai sur les morts, dépositions et avènement des sultans ottomans, 14e/19e siècles*, Paris, Fayard, 2003.

VEYNE P., *Le pain et le Cirque. Sociologique historique d'un pluralisme politique*, Paris, Seuil, 1976.

– *Les Grecs ont-ils cru à leurs mythes ? Essai sur l'imagination constituante*, Paris, Seuil, 1983.

ZEGHAL M., *Gardiens de l'islam. Les oulémas d'Al-Azhar dans l'Égypte contemporaine*, Paris, Presses de la Fondation Nationale des Sciences Politiques, 1996.

ZERTAL I., *La Nation et la mort*, trad. fr. *Israël, le sionisme devant la Shoah*, Tel-Aviv, Éditions Dvir, 2002.

ZUMTHOR P., *La lettre et la voix. De la « littérature » médiévale*, Paris, Seuil, 1987.

TABLE DES MATIÈRES

JUSTIFICATIONS 7

CHAPITRE PREMIER

RETOUR À LA QUESTION DE L'HUMANISME
    EN CONTEXTES ISLAMIQUES 15
        Arabe et/ou islamique ? 17
        L'humanisme arabe au IVe/Xe siècle 22
        Humanisme et idéologie de combat (*jihâd*) 27
        Humanisme, démocratie et violence dans la phase de
            mondialisation 37
        De la supériorité de l'Islam selon A. al-Jundi 41

CHAPITRE II

CONCEPTIONS DU BONHEUR ET QUÊTE DU SALUT
    DANS LA PENSÉE ISLAMIQUE 53
        Problématiser la recherche 53
        Le paradoxe de l'islam 57
        Bonheur et salut dans la pensée classique 61
        Penser le bonheur, préparer le salut 65
        Penser les ruptures d'hier et d'aujourd'hui 71

CHAPITRE III

TRANSGRESSER, DÉPLACER, DÉPASSER

HISTOIRE GÉNÉRALE ET HISTOIRE DE LA PENSÉE 77

  Problème de découpage 82

    Aires de cultures et de civilisations 82

    La périodisation 88

    La dialectique des puissances et des résidus 95

    La territorialisation 103

  Problème de conceptualisation 108

  De la connaissance historique 115

    La substance, ou le raisonnement historien 117

    Place et fonctions 124

CHAPITRE IV

STATUT ET TÂCHES DE L'INTELLECTUEL

EN CONTEXTES ISLAMIQUES 131

  Les tribulations de la raison 132

  L'intellectuel en contextes islamiques 137

    Le champ intellectuel islamique 138

    Champ intellectuel et clôture dogmatique 144

  Sortir des clôtures dogmatiques 156

  Temps de la réforme et temps de la subversion 160

  Les théories de la sortie de la religion 165

  Critique de la valeur et de la légitimité 173

  Appendice 181

CHAPITRE V

POUR UNE CRITIQUE DE LA RAISON JURIDIQUE

DANS LA PENSÉE ISLAMIQUE 187

  Le projet d'une critique de la raison juridique en islam 187

  Déconstruction de la raison juridique moderne 189

    Hans Kelsen lu par Lenoble et Ost 190

    Le droit entre Éthique et Politique 196

    Au nom de quel droit ? 196

De l'islamologie classique à la Critique de la Raison
   Juridique. Jalons historiques 208
      La contingence dans la loi sacrée 210
      Canons et Corpus Officiellement Clos 216
      Ijtihâd et *Taqlîd* 221
   Culture, Éducation et Politique 232
   Les tâches spécifiques ou lieux de la Critique de la Raison
      Juridique 234
   Conclusion provisoire 241

Chapitre VI

Pour une histoire réflexive de la pensée islamique 245
   Analyse rélexive de l'Encyclopédie du Coran 246
   Autorité, pouvoir et légitimité 252
   Les compagnons comme instance clef de l'autorité 271
   Construction des orthodoxies sunnite versus shî'ite 277
   Sharî'a, *Fiqh* et Critique de la Raison Juridique 284

Appendice

Avec Mouloud Mammeri à Taourit-Mimoun
   De la culture orale à la culture savante 295

Bibliographie 303

Table des matières 313